浙江大学文科高水平学术著作出版基金
中央高校基本科研业务费专项资金　资助

浙江学者丝路敦煌学术书系

中西交通与西北史地研究

向 达 著

刘进宝 刘 波 编

ZHEJIANG UNIVERSITY PRESS
浙江大学出版社
·杭州·

图书在版编目(CIP)数据

中西交通与西北史地研究 / 向达著;刘进宝,刘波
编. —杭州:浙江大学出版社,2022.8
(浙江学者丝路敦煌学术书系 / 柴剑虹,张涌泉,
刘进宝主编)
ISBN 978-7-308-22465-9

Ⅰ.①中… Ⅱ.①向… ②刘… ③刘… Ⅲ.①中外关
系－国际关系史－研究 ②历史地理－西北地区－研究
Ⅳ.①D829 ②K928.6

中国版本图书馆 CIP 数据核字(2022)第 051216 号

中西交通与西北史地研究
ZHONGXI JIAOTONG YU XIBEI SHIDI YANJIU

向　达　著　刘进宝　刘　波编

责任编辑	胡　　畔(llpp_lp@163.com)
责任校对	赵　静
封面设计	项梦怡
出版发行	浙江大学出版社
	（杭州市天目山路 148 号　邮政编码 310007）
	（网址:http://www.zjupress.com）
排　　版	浙江时代出版服务有限公司
印　　刷	杭州高腾印务有限公司
开　　本	880mm×1230mm　1/32
印　　张	11.625
字　　数	350 千
版 印 次	2022 年 8 月第 1 版　2022 年 8 月第 1 次印刷
书　　号	ISBN 978-7-308-22465-9
定　　价	78.00 元

总　　序

　　浙江，我国"自古繁华"的"东南形胜"之区，名闻遐迩的中国丝绸故乡；敦煌，从汉武帝时张骞凿空西域之后，便成为丝绸之路的"咽喉之地"，世界四大文明交融的"大都会"。自唐代始，浙江又因丝绸经海上运输日本，成为海上丝路的起点之一。浙江与敦煌、浙江与丝绸之路因丝绸结缘，更由于近代一大批浙江学人对敦煌文化与丝绸之路的研究、传播、弘扬而令学界瞩目。

　　近代浙江，文化繁荣昌盛，学术底蕴深厚，在时代进步的大潮流中，涌现出众多追求旧学新知、西学中用的"弄潮儿"。20世纪初因敦煌莫高窟藏经洞文献流散而兴起的"敦煌学"，成为"世界学术之新潮流"；中国学者首先"预流"者，即是浙江的罗振玉与王国维。两位国学大师"导夫先路"，几代浙江学人（包括浙江籍及在浙工作生活者）奋随其后，薪火相传，从赵万里、姜亮夫、夏鼐、张其昀、常书鸿等前辈大家，到王仲荦、潘絜兹、蒋礼鸿、王伯敏、常沙娜、樊锦诗、郭在贻、项楚、黄时鉴、施萍婷、齐陈骏、黄永武、朱雷等著名专家，再到徐文堪、柴剑虹、卢向前、吴丽娱、张涌泉、王勇、黄征、刘进宝、赵丰、王惠民、许建平以及冯培红、余欣、窦怀永等一批更年轻的研究者，既有共同的学术追求，也有各自的学术传承与治学品格，在不同的分支学科园地辛勤耕耘，为国际"显学"敦煌学的发展与丝路文化的发扬光大作出了巨大贡献。浙江的丝绸之路、敦煌学研究者，成为国际敦煌学与丝路文化研究领域举世瞩目的富有生命力的学术群体。这在近代中国的学术史上，也是一个值得关注的现象。

始创于1897年的浙江大学，不仅是浙江百年人文之渊薮，也是近代中国社会科学与自然科学英才辈出的名校。其百年一贯的求是精神，培育了一代又一代脚踏实地而又敢于创新的学者专家。即以上述研治敦煌学与丝路文化的浙江学人而言，不仅相当一部分人的学习、工作与浙江大学关系紧密，而且每每成为浙江大学和全国乃至国外其他高校、研究机构连结之纽带、桥梁。如姜亮夫教授创办的浙江大学古籍研究所（原杭州大学古籍研究所），1984年受教育部委托，即在全国率先举办敦煌学讲习班，培养了一批敦煌学研究骨干；本校三代学者对敦煌写本语言文字的研究及敦煌文献的分类整理，在全世界居于领先地位。浙江大学与敦煌研究院精诚合作，在运用当代信息技术为敦煌石窟艺术的鉴赏、保护、修复、研究及再创造上，不断攻坚克难，取得了举世瞩目的成就，拓展了敦煌学的研究领域。在中国敦煌吐鲁番学会原语言文学分会基础上成立的浙江省敦煌学研究会，也已经成为与甘肃敦煌学学会、新疆吐鲁番学会鼎足而立的重要学术平台。由浙大学者参与主编，同浙江图书馆、浙江教育出版社合作编撰的《浙藏敦煌文献》于21世纪伊始出版，则在国内散藏敦煌写本的整理出版中起到了领跑与促进的作用。浙江学者倡导的中日韩"书籍之路"研究，大大丰富了海上丝路的文化内涵，也拓展了丝路文化研究的视野。位于西子湖畔的中国丝绸博物馆,则因其独特的丝绸文物考析及工艺史、交流史等方面的研究优势,并以它与国内外众多高校及收藏、研究机构进行实质性合作取得的丰硕成果而享誉学界。

现在,我国正处于实施"一带一路"倡议的起步阶段,加大研究、传播丝绸之路、敦煌文化的力度是其中的应有之义。这对于今天的浙江学人和浙江大学而言,是在原有深厚的学术积累基础上如何进一步传承、发扬学术优势的问题,也是以更开阔的胸怀与长远的眼光承担的系统工程,而决非"应景""赶时髦"之举。近期,浙江大学创建"一带一路"合作与发展协同创新中心,举办"丝路文明传承与发展国际学术研讨会",都是在新的历史条件下迈出的坚实步伐。现在,浙江大学组织出版这一套学术书系,正是为了珍惜与把握历史机遇,更好地回顾浙江学人的丝绸之路、敦煌学研究历程,奉献资料,追本溯源,检阅成果,总结经验,推进交流,加强互鉴,认清历史使命,展现灿烂前景。

浙江学者丝路敦煌学术书系编委会
2015 年 9 月 3 日

出版说明

　　本书系所选辑的论著写作时间跨度较长，涉及学科范围较广，引述历史典籍版本较复杂，作者行文风格各异，部分著作人亦已去世，依照尊重历史、尊敬作者、遵循学术规范、倡导文化多元化的原则，经与浙江大学出版社协商，书系编委会对本书系的文字编辑加工处理特做以下说明：

　　一、因内容需要，书系中若干卷采用繁体字排印；简体字各卷中某些引文为避免产生歧义或诠释之必需，保留个别繁体字、异体字。

　　二、编辑在审读加工中，只对原著中明确的讹误错漏做改动补正，对具有时代风貌、作者遣词造句习惯等特征的文句，一律不改，包括原有一些历史地名、族名等称呼，只要不存在原则性错误，一般不予改动。

　　三、对著作中引述的历史典籍或他人著作原文，只要所注版本出处明确，核对无误，原则上不比照其他版本做文字改动。原著没有注明版本出处的，根据学术规范要求请作者或选编者尽量予以补注。

　　四、对著作中涉及的敦煌、吐鲁番所出古写本，一般均改用通行的规范简体字或繁体字，如因论述需要，也适当保留了一些原写本中的通假字、俗写字、异体字、借字等。

五、对著作中涉及的书名、地名、敦煌吐鲁番写本编号、石窟名称与序次、研究机构名称及人名，原则上要求全卷统一，因撰著年代不同或需要体现时代特色或学术变迁的，可括注说明；无法做到全卷统一的则要求做到全篇一致。

书系编委会

目　录

向达先生与中西交通史研究 ………………………………………（1）

中外交通小史 ………………………………………………………（14）

中西交通史 …………………………………………………………（87）

昭武考——大月氏拾遗 ……………………………………………（180）

论龟兹白姓 …………………………………………………………（187）

论龟兹白姓兼答冯承钧先生 ………………………………………（190）

论龟兹白姓答刘盼遂先生 …………………………………………（194）

敦煌考古 ……………………………………………………………（197）

国立敦煌艺术研究所发现六朝残经 ………………………………（206）

西征小记——瓜沙谈往之一 ………………………………………（213）

论敦煌千佛洞的管理研究以及其他连带的几个问题 ……………（247）

记第二次从敦煌归来 ………………………………………………（267）

西域见闻琐记 ………………………………………………………（272）

新疆考古概况 ………………………………………………………（280）

陈诚、李暹《西域行程记》《西域番国志》跋 ……………………（294）

记巩珍《西洋番国志》 ……………………………………………（296）

记现存几个古本《大唐西域记》 …………………………………（298）

《敦煌变文集》引言 ………………………………………………（308）

冯承钧《西域南海史地考证论著汇辑》序 ………………………（315）

评黄文弼近著高昌三种 ……………………………………（320）

[书评]我的探险生涯、亚洲腹地旅行记……………………（335）

[书评]佛游天竺记考释 ……………………………………（341）

悼冯承钧先生 ………………………………………………（346）

怀章俊之 ……………………………………………………（356）

向达先生与中西交通史研究

　　向达（1900—1966）先生，字觉明，笔名方回，是我国著名的史学家、敦煌学家，在敦煌学、中西交通史研究等方面有卓越的贡献。《唐代长安与西域文明》是其学术代表作，奠定了他在学术界的地位。另外还有《大唐西域记古本三种》、《中西交通史》、《敦煌变文集》（合编）等，译有《斯坦因西域考古记》等。

一、向达先生的学术道路

　　向达先生是湖南溆浦人，1900 年 2 月 19 日出生。童年时期，他的父亲在广东梅县做官，他跟随在任所。1909 年，在向达还不到 10 岁时，他父亲逝世，母亲舒和玉得亲友资助，带着儿女们回到家乡湖南溆浦。向达在家乡读小学，民国初年考入长沙明德学堂。这座学堂成立于 1903 年，是湖南省近代第一所新式学校。中学期间，向先生勤奋学习，成绩优异，业余爱好踢足球，人称"铁脚"。

　　1917 年向先生中学毕业，因家贫不能负担大学学费，在家自修一年。1919 年考取免收学费的东南高等师范学校，入数理化部攻读化学。进入大学以后，受五四新文化运动的影响，向先生改变了"实业救国"的主张，转入文史部，从此投身史学研究事业。大学期间，向先生是学生学术团体史地学会的主要成员，参与编辑《史地学报》，并开始在该刊发表译作与论文。1923 年师范毕业，当时南京高等师范学校已经改为东南大学，向先生又在东南大学史学系就读一年，1924年毕业。大学期间，向先生刻苦勤学，得到柳诒徵、陈鹤琴等教授的赏识。

1924年夏，向先生投考商务印书馆编译所，被录用为临时编辑。因学识过人、工作勤勉，不久得到商务印书馆聘书，任英文见习编辑。当时商务印书馆编译所所长王云五、百科全书委员会历史部主任何炳松组织编辑百科全书，要求编辑每人每日至少翻译1500字。向先生白天埋头做翻译工作，晚上的休息时间还用来背英文字典，几年间在工作和学业上都取得了不俗的成就。在商务印书馆6年间，向先生翻译或合译了多种图书，包括勒柯克《高昌考古记》等西域考察著作，巴克尔《鞑靼千年史》、巴克尔《匈奴史》、韦尔斯《世界史纲》等外国史地著作，以及不少论文。此外他还撰有《印度现代史》。在商务印书馆，向先生结识了胡愈之、叶圣陶、周建人、郑振铎等同仁，他们当时都是商务印书馆的编辑。

1929年8月，国立北平图书馆与北平北海图书馆合组，留美图书馆学家袁同礼任副馆长，主持馆务，广泛延揽人才，各项事业蒸蒸日上。1930年，因原东南大学校友赵万里介绍，向达先生转任国立北平图书馆编纂委员会委员。北平图书馆馆藏宏富，研究条件优越，馆内有赵万里、王重民、王庸、孙楷第、贺昌群等一批学有专长的青年学者，互相砥砺商讨。在北平图书馆，向达先生如鱼得水，他废寝忘食、夜以继日地投身工作，并致力于中西交通史研究，发表了《唐代长安与西域文明》《唐代俗讲考》等系列论著。1934年，向达先生兼任北京大学讲师，讲授"明清之际西学东渐史"等课程。

向达先生的工作成绩和学术造诣深得袁同礼的赏识，1935年，他以交换馆员的身份前往英国牛津大学图书馆，整理该馆所藏中文藏书，后来向先生发表了《记牛津所藏的中文书》。1936

年牛津的工作完成后,转到伦敦调查英国博物馆所藏敦煌遗书,由于当时负责管理这批文献的翟林奈不够友好,一年间仅调阅500余卷,重要的卷子则拍摄了照片。向达先生在英国阅读敦煌写卷的收获,见于《记伦敦所藏的敦煌俗文学》和《伦敦所藏敦煌卷子经眼目录》。此外,向先生还注意调查太平天国文书。

1937年全面抗战爆发以后,向先生加入了中国留英学生抗日救国会,刻蜡版办报纸,做宣传工作。1937年冬,向先生转赴巴黎,调查法国国家图书馆所藏敦煌遗书与明清之际天主教文献。在开始巴黎的工作之前,向先生游历德国柏林、德累斯顿、慕尼黑等地,在普鲁士科学院调查吐鲁番出土文书,拍摄了一些文书照片,还观览了德国人所得新疆壁画。

1938年8月,向达先生带着亲手抄录的大量资料,从海路取道香港回国。他辗转由越南经昆明、贵阳,回到湖南溆浦,与“七七事变”之后回乡的妻儿会合。据《向达的自传》:“回国以后,因北平图书馆已迁至昆明,缩小范围,遂辞去职务,在老家住了半年。一九三九年三月,迁到广西宜山的浙江大学找我去教书,遂携带妻和两个孩子到了浙大。”向达刚到浙大史地系任教不久,北大就决定恢复“文科研究所”,而且“暑假后必设置”。因此蒋梦麟、姚从吾、汤用彤等先生都希望聘用向达。由于向达不善教书,而北大文科研究所内“设专任导师,不教书,事务极少,不过指导二、三研究生”,这与向达的性情和要求完全符合。所以,向达“在浙大史地系教了半年书,又转就北京大学之聘,于一九三九年秋到了昆明,作了北大文科研究所的专任导师,并兼任西南联合大学历史系的教授”,向达遂转往昆明。

1942年春,中央研究院、中央博物院筹备处等组织西北史地考察团,向达由中央博物院筹备处聘请,并以个人身份、在北大“请假一年”参加考察。向达参加西北史地考察,并不是代表北京大学。正因为如此，双方才约定：向达在请假参加考察期间，其薪水由北大照发，考察期间的一切费用则在考察经费中支付。

西北史地考察团有历史组、地理组、植物组等，向达被聘为历史组主任。历史组另有史语所劳榦、石璋如二人，劳榦兼文书，石璋如兼会计。同年5月，考察团在兰州集合，然后分组开展考察活动。向先生因安顿家眷，行程推迟，于9月25日飞抵兰州，10月9日抵达莫高窟。之前劳榦、石璋如已经完成了在莫高窟和阳关、玉门关的测绘考察，于9月下旬离开敦煌，因此向达未能与历史组另两位成员会面。此后两个月间，向达详细考察了莫高窟，并考察了西千佛洞、寿昌城遗址、阳关故址、大方盘城、小方盘城、安西榆林窟等处。此外，还在敦煌借抄当地人士收藏的敦煌文献，如邓秀峰藏《逆刺占》、任子宜藏敦煌禅宗典籍五种、祁氏藏《寿昌县地境》、任子宜藏道真《见一切入藏经目录》，这些资料后来由荣新江教授整理，编为《向达先生敦煌遗墨》，2010年由中华书局影印出版。

有感于莫高窟当时缺乏管理、任人破坏的现状，向达先生写成《论敦煌千佛洞的管理研究以及其他连带的几个问题》一篇长文，建议将莫高窟收归国有，由学术机构管理。这篇文章经傅斯年推荐，署名方回，在1942年12月27日至30日的重庆《大公报》上刊出，使敦煌莫高窟保护问题引起社会关注，对敦煌艺术研究所的成立进程有很大的推动作用。

1943年7月初，向达先生自敦煌东归，同月26日抵达重庆。这次考察历时近10个月，由于条件艰苦，事务方面的协调安排也不够周密。向达先生万里孤征，仍然取得了可观的成绩。

随后，中央研究院、中央博物馆筹备处、北京大学文科研究所合作组织西北科学考察团，任命向先生为考古组组长。1944年3月下旬，向先生开始第二次西北考察。4月，沿途考察酒泉文殊山、金塔县汉代烽燧遗址等处，19 日抵达敦煌，31 日开始发掘佛爷庙魏晋墓葬。7 月墓葬发掘工作结束，月底向达、夏鼐、阎文儒三人移住莫高窟考察，8 月 31 日结束。其间还调查了千佛洞南二里的破城子，并重录任子宜藏敦煌禅宗史料四种。8 月 30 日，敦煌艺术研究所在中寺后园土地庙残塑像中发现一批文献，即土地庙文书，由于西北科学考察团成员正在莫高窟，了解相关情况，向达撰写《国立敦煌艺术研究所发现六朝残经》加以介绍。9 月初，考察团开始发掘佛爷庙西区墓地，这项工作至 10 月 20 日结束。向先生原本还有意考察新疆，因新疆局势有变，只能放弃。10 月 19 日，向先生启程东归，夏鼐、阎文儒则仍在甘肃考察。

向达先生的两次西北考察，取得了丰硕的成果：撰写了记述考察过程和史地考证的系列论文，即《西征小记》《两关杂考》《莫高、榆林二窟杂考》《罗叔言〈补唐书张义潮传〉补正》等；抄录了一批散藏在甘肃人士手中的敦煌文献；开展了系列考古调查，获得了不少文物；提出将莫高窟收归国有加以管理的提议，推动了敦煌石窟的保护。总之，向先生多方面的考察成就，不仅扩展了敦煌学的研究领域，在研究方法上也给后人以丰富的启迪。

1945 年抗战胜利，1946 年北大复员，向达先生随校迁回北平。1948 年北大举办五十周年校庆，向先生主持文科研究所的"敦煌考古工作展览会"，展出了西北考察所得史料和文物。1948 年底中国人民解放军包围北平，北大校长胡适匆匆乘飞机南下。向达先生坚决拒绝了南下的邀请，留在北大。当时北大由秘书长郑天挺、法学院院长周炳琳、文学院院长汤用彤三人维持校务，他们请向达先生担任北大图书馆馆长，这是向先生首次承担行政职务。此后向先生一直承担这项工作，直到 1957 年被错划为"右派"。

1949 年之后，向达先生较多地参与社会工作。1949 年 8 月，北平市各界人民代表会议召开，向先生是会议代表之一。1950
年，文化部副部长郑振铎主持筹办"敦煌文物展览"，向先生参与
筹备，次年4月展览开幕，引起了广泛的社会关注。1951年，参
加第一次赴朝慰问团，慰问中国人民志愿军和朝鲜人民军，为期
一个月。回国以后，奉派前往陕西、甘肃和新疆做宣传工作，行程
中关注文物古迹，撰有《新疆考古概况》。1951年中国史学会成
立，向先生任秘书长。1954年5月，兼任中国科学院历史研究所
第二所第一副所长（所长为陈垣），6月任中国科学院哲学社会学
部委员。1954年，当选北京市人民代表大会代表。1955年，又担
任中国人民政治协商会议第二届全国委员会委员；1959年连任
政协全国委员会第三届委员。

　　20世纪50年代，受时代风气的影响，向达先生也开始用新
的史学观点来开展研究。他撰写的《试说郑和》，便是用新史学理
论来重新评价历史人物的尝试。对于近代革命文献与革命史，他
也予以关注，撰有《记新发现的〈湘江评论〉》《彭湃烈士与1919年
5月7日中国留日学生东京示威游行运动》等文章。向先生还一
改往日专心做精深研究的做法，写了一批适合普通大众阅读的通
俗读物，发表在《旅行家》杂志上。

　　由于向达先生呼吁认定土家族并在湖南成立土家族自治地
区，他被指搞民族分裂主义、破坏民族团结，在1957年"反右"运
动中被错划为"右派"，受到很大的冲击，北大图书馆馆长和科学
院历史二所副所长的兼职被撤，北大历史系教授级别也从一级降
为二级。

　　虽然受到不公正对待，向先生仍然坚持不懈从事学术研究，
主要投身于中西关系史的史料整理工作。然而不幸的是，不久
"文化大革命"开始了。向达先生很快被揪出来，一再遭受批斗，
国庆节前后又和其他"牛鬼蛇神"一起到昌平下乡劳动。向达先

生患有尿毒症,没有得到合适的治疗,1966 年 11 月病重回京,下旬便遽尔病逝,年仅 66 岁。

二、向达先生的中西交通史研究

向达先生毕生致力于中西交通史研究,并取得了显著的成就。早年在商务印书馆工作期间,向先生便翻译或编撰了多种有关中西交通史与西域探险的著作,包括《苜蓿考》《葡萄考》《高昌考古记》,以及《斯坦因黑水获古纪略》《斯坦因敦煌获书记》《斯坦因第三次中亚考古略记》等。这些论著展现了向达先生的学术兴趣,也为他日后深耕这一领域做了准备。

从 20 世纪 30 年代开始,向达先生陆续发表了众多中西交通史论著,其贡献主要包括以下几个方面。

其一,建立中西交通史的框架,对中西交通史研究有开创之功。1930 年,向先生在商务印书馆出版《中外交通小史》。1934 年,向先生所著《中西交通史》由中华书局出版。这两部书此后一再重版,流传甚广。它们以时间为纲,系统地梳理了中西交通的发展历程、渊源流变以及双向影响。两书篇幅虽然都不大,却有深远的影响,它们是最早以"中西交通"命名的学术著作,开创了中西交通史这一学术领域。

其二,中西交通史专题研究成就斐然。向达先生在中西交通史的很多具体研究领域,都有精深的研究。概括起来说,大致有以下几个主要方面:

(1)西域文化对中原的影响。早年在商务印书馆工作时,向先生翻译了美国学者劳费尔(Berthold Laufer)所著《中国伊朗编》(*Sino-Iranica*)中讨论苜蓿和葡萄这两种由西域传入中原的作物,以《苜蓿考》《葡萄考》为题发表。1926 年向先生发表论文《龟兹苏祇婆琵琶七调考原》，专论燕乐所出的苏祇婆琵琶七调与印度音乐的关系。1933 年发表的《唐代长安与西域文明》，是向先生最重要、影响最大的学术论文。这篇长文从胡人、商业、日常生活、绘画、乐舞、游艺、宗教等多个方面阐述了唐代西域对中原文化的深厚影响，同时也讨论了长安胡人的华化，展现了兼容并包、海纳百川的大唐气象。这篇论文引据广博，考证精详，论述系统而有层次，且富有可读性，发表以来备受赞誉。这是向先生的代表作，他的论文集即以这篇文章的标题为书名。关于西域诸国，向先生还有《昭武考》《论龟兹白姓》等考证文章。

（2）明清之际中西文化交流。向达先生非常关注明清以来西方文化入华的历史，早年撰写过《汤若望进呈图象残存考》《十三洋行行名考》《程大约墨苑中四幅耶苏教宗教画之作者》《明清之际中国美术所受西方之影响》等文章。20 世纪 30 年代访书欧洲时，明清之际传教士史料就是其关注的重点之一，《记牛津所藏的中文书》专设一节介绍基督教中文图书。此外，他还撰有《明清之际公教史话》《徐光启逝世三百周年纪念》《美国教会和美国的对华政策》等文章。

（3）中国印刷术的对外传播。向先生在商务印书馆工作时，便翻译了美国学者卡特（Thomas Francis Carter）《中国印刷术的发明及其西传》的部分章节，如《吐鲁番回鹘人之印刷术》《日本孝谦天皇及其所印百万卷经咒》《高丽之活字印刷术》《中国印刷术之发明及其传入欧洲考》《中国雕板印刷之全盛时期》《现存最古印本及冯道印群经》《论印钞票》等，陆续发表在《图书馆学季刊》等学术刊物。与此同时，向先生也从事印刷史研究，于 1928 年发表论文《唐代刊书考》，否定了雕版印刷发明于隋及隋以前的说法，又旁征博引，从文献记载和现存实物两方面论证唐代发明雕版印刷的史实。1930 年，向先生又在《中学生》杂志发表《中国印刷术的起源》,向年轻读者介绍关于印刷术起源的研究成果。

(4)西方人在中国西北的考察探险活动。向达先生较早系统地翻译斯坦因的探险记录,他在 30 年代初翻译了《斯坦因敦煌获书记》《斯坦因第三次中亚考古略记》两篇文章,并撰写了《斯坦因黑水获古纪略》,揭示了斯坦因从中国西北地区攫取文物的经过。后来译成《斯坦因西域考古记》,1936 年由中华书局出版,这是斯坦因 *On Ancient Central-Asian Tracks* 一书的第一个中文全译本。他还撰写过斯文·赫定《我的探险生涯》的书评。

(5)敦煌文物文献与艺术研究。向达先生在北平图书馆工作时,便开始从事敦煌文献整理研究工作,发表了《敦煌丛抄》,首次刊布了 BD08679《姓氏录》等文献的完整录文。后来赴英、法调查敦煌文献,撰有《伦敦所藏敦煌卷子经眼目录》《记伦敦所藏的敦煌俗文学》。抗战后期两次西北考察,又撰写了《记敦煌石室出晋天福十年写本寿昌县地境》《国立敦煌艺术研究所发现六朝残经》等。西北考察期间亲自踏勘各遗址的经历,也促使向先生撰写了《西征小记》《两关杂考》《跋夏作铭太初二年以前玉门关位置》《莫高榆林二窟杂考》等。向先生长期关注敦煌俗文学文献研究,早在 1929 年就发表了《论唐代佛曲》;1934 年又发表《唐代俗讲考》,这篇文章后经增补,1944 年再次发表;1947 年向先生发表《补说唐代俗讲二三事兼答周一良、关德栋两先生》,继续探讨敦煌变文的相关问题;最终在 50 年代,与王重民等五位先生合作,完成集大成式的著作《敦煌变文集》。向先生在敦煌学的多个分支都有卓越贡献,是我国第二代敦煌学家的代表人物之一。

(6)西南民族史研究。1934 年,向先生发表书评《新出云南边务书三种》,这是他关注西南史地研究之始。抗战期间向达先生寓居云南,有更多的机会开展西南史地研究,撰有《唐袁滋豆沙关题名跋》《唐代纪载南诏诸书考略》《南诏史略论》等研究云南历史的论文。又积二十余年之力，研究唐樊绰所著《蛮书》，撰成《蛮书校注》，1962 年由中华书局出版，对西南地区民族史研究作出了重要贡献。他还考察西南一带的崖葬，撰有《中国崖葬制》，认为这是苗族的葬制。

（7）有关中西交通史的通俗读物。为了向大众普及历史知识，加强爱国主义教育，50 年代，向达先生撰写了一批介绍中西交通史上重要人物及其事迹的文章，如《玄奘法师》《三宝太监下西洋》《马可·波罗与马可·波罗游记》《张骞》等，都发表在《旅行家》杂志上。这些文章以通俗易懂的文字，深入浅出地介绍历史上对中外文化交流有突出贡献的几位重要人物，向一般民众普及历史知识。

向达先生的中西交通史研究，视野宽广，主题涵盖中外文化交流史上的众多重要问题。向达先生既从事专深的考证，推进对若干具体问题的认识，为世人提供新知；也译介外人佳作、撰写通俗读物，做学术交流与普及的桥梁。

其三，策划系统整理中西交通史料，并身体力行完成多种文献校注著作。重视史料的搜集与整理，是向达先生治学的突出特点之一。这一特点的形成，可能与他在商务印书馆、北平图书馆的工作经历有关。30 年代向先生奉派赴欧，在牛津大学、英国博物馆、法国国家图书馆、普鲁士科学院等处，如饥似渴地调查文献、抄录资料，其中便包括大量的中西交通史料，如 16 世纪的海道针经《顺风相送》《指南正法》、明清之际来华传教士史料等。1938 年回国时，随身携带在欧洲四年间抄录的资料数百万字，可谓满载而归。

1960 年，向达先生在北京大学历史系支持下，策划编辑"中外交通史籍丛刊"，开列书目四十余种，由中华书局出版。向先生亲自整理的有《西洋番国志》《郑和航海图》《两种海道针经》《西游录》等。《西洋番国志》作者巩珍为郑和下西洋随行翻译,其书内容与马欢《瀛涯胜览》大多重合,因此历来不为人所重,向先生别具只眼,揭示其卷首所录三通诏书、内文所记航海技术的史料价值,并指出其部分文字可勘正《瀛涯胜览》、费信《星槎胜览》之误。《郑和航海图》出自明茅元仪《武备志》第二百四十卷,原名《自宝船厂开船从龙江关出水直抵外国诸蕃图》,绘出郑和出使西洋各国的航程和所历地名、方位,向先生认为它是郑和最后一次下西洋的路线图,为 15 世纪有关亚非诸国最翔实的地理图籍。《两种海道针经》所收即向先生从牛津大学图书馆抄录的《顺风相送》《指南正法》,它们是 16 世纪中国航海家们留下的珍稀史料,国内早已没有传本,因向先生慧眼识珠,钩沉抉隐,得以在学术上大放异彩,成为海上丝绸之路研究的基本史料。耶律楚材《西游录》记载了他应召随成吉思汗西征花剌子模的行程和见闻,是了解 13 世纪西域山川地理、民情风俗的宝贵资料。

"中外交通史籍丛刊"自向先生发凡起例,后来成为中华书局的一大品牌,延续至今仍在不断推出新的品种,季羡林等《大唐西域记校注》(1985)、周连宽校注《西域行程记西域番国志》(1994)、朱玉麒整理《西域水道记》(2005)、章巽《法显传校注》(2008)、苏继庼《岛夷志略校释》(2009)、白化文等《入唐求法巡礼行记校注》(2019)等,都列入这个丛刊出版。

向先生还着手校注《大唐西域记》,未完成的手稿现存于北京大学图书馆。为了讨论其中的某些问题,向先生于 1964 年春专程南下中山大学拜访陈寅恪,数日间多次长谈,临别之际陈先生有诗相赠:"吾有丰干饶舌悔,羡君辛苦缀遗文。傥能八十身犹健,公案他年好共参。"

1966 年春,向先生打算扩展中外交通史籍整理计划,草拟了一份《自明初至解放前(Cir. 1405—1948)中国与非洲交通史料选辑说明》。这份计划分四部分,即四个历史时期,简明扼要地概括了中非交通史及其主要史料,提纲挈领,可以启发后人处不少。

综上所述,向先生在中西交通史的学科建设、专题研究、史料整理、著作译介、知识普及等方面,都有不可磨灭的贡献,令人敬仰。

三、关于本书

本书选入向达先生关于中西交通史与西北史地研究有关的论著 23 种,包括以下几部分。

第一部分是中西交通史的两部奠基之作《中外交通小史》《中西交通史》。这两部书近年鲜见再版,尤其是《中外交通小史》1949 年以来没有重排过,找寻不易。本书将它们全文收入,以便学者参考。

第二部分是关于西北史地研究的系列文章。由于向先生的论文集《唐代长安与西域文明》多次重印、再版,很容易获取,该书所收的论文,本书一般不再重复收录;但《西征小记》因系向先生西北史地考察研究的代表性著作,特为收入。《论敦煌千佛洞的管理研究以及其他连带的几个问题》发表时删去了一段文字,本书所收据中国第二历史档案馆所藏原稿补出,恢复了向先生文章的原貌,更能代表他的原意。1949 年后的几篇西北考察文章,也一并收入。

第三部分是几篇文献研究论文,讨论的对象大多是中西交通史方面的要籍。《敦煌变文集》的引言出自向先生之手,代表了当时学界对变文的认识,还交代了该书编校方面的一些考虑,可供后来的文献整理工作参考。

第四部分是他人著作的序言和书评。所评各书,都是中西交通或西北史地研究方面的著作。向先生在恰当评价各书成就的同时，直言不讳地指出其缺点和错误，不仅有助于读者，也足为作者诤友。

第五部分是纪念两位学者的文章。冯承钧、章俊之都是中西交通史研究的名家，与向先生学问上有同好，志趣相投，交往密切。向先生的纪念文章，对他们的事业成就、研究精神以及人格秉性，都有传神的记述。

向先生的专题论文，以前仅有《唐代长安与西域文明》一次结集，该书仅收录论文23篇，还有大量的论文没有收入其中，散见于各种报刊，不便研究参考。以上五部分，虽然不足以展现向达先生在中西交通史与西北史地研究方面的全部成就，不过与《唐代长安与西域文明》配合使用，大体上可以涵盖向先生这两方面研究的精髓，略微弥补向先生全集尚未出版的遗憾。

本书所收各论著，一般以初次发表的版本为底本进行整理，各论著版本与整理底本选择等相关情况，括注于文后。需要特别交代的情况，以脚注形式加以说明。文字一概谨遵原貌，唯将繁体字转为简体字。原版明显的错别字、极个别不符合当前出版规范的词语（如称敦煌在"中国本部"最西），酌予校改。翻译名词的用字，往往与现在习用的不一致，本书未加统一，以保存原貌。特此说明。

编者
2022 年 5 月

中外交通小史

作者赘言

中外交通史这个题目太大了，并且也太广了：在时间方面既然须上下几千年，在空间方面也得要纵横九万里。不仅要述到中外政治上的交通，即在文化方面，小而至于名物度数之微，大而至于思想世运之转，都不能不为之一一标举，溯其流变。这不是这一本中外交通小史所能包举无遗的，也不是如我这样浅学所能率而操觚，以来著作这样广博的书的。

我以前读 Henry Yule 编译和 Henri Cordier 修订过的 *Cathay and the Way Thither* 这一部书的时候，很是心服。书中关于中古时代西方人士，说到中国或亲自到过中国而写成的纪行之作，收罗很详（《马哥·孛罗游记》，别有专书，故未放入），考证也极详审。第一册为导言，专言好望角航路尚未发见以前，中西交通的概况，提纲挈领，颇为得要。我因以此册为张本，写成这一部中外交通小史。不过我也不是完全据此书，此书只详中国同西方的交通，于中国文化的东被及南传既不着只字，于中外交通在文化上的收获，也没有提及；又于明清之际中西文化上的交通，更屏弃不道，对于这些处所，我都就我所知，为之补充。至于各时代的交通路线，则就中国史籍所纪为之摘录，列于附注之内；偶有可以补充正文的也列入附注。所以这部小书其实就是一部中外文化交通小史。

自然，以上下几千年纵横九万里的中外交通史实，要归纳到不满四万字的小册子里面，挂一漏万和叙述失当，这还待说。不过我一方面总很愿意使这一本小册子对于读者多少有点补益。一方面我对于我自己的错误，并不想文饰，而希望有人肯赐以教正！十九年四月十日作者述于上海。

绪　论

所谓交通史有两个意义：一是就交通制度的本身而言，如中国历代交通器具的变迁以及交通时间的缩短，都是这一类交通史中讨论的资料；一是就这一个地理单位同又一个地理单位在各时代交往的情形及其影响而言，如中国同日本历代往来的梗概，和其在文化上所激起的变革，那是这一类交通史所要讨论的。所谓中外交通史当然是属于后一类的。

中国的文化自来都以为是孤立的，不受外来影响的。但是从十九世纪末叶考古学和比较语言学兴起以后，考古中亚的前仆后继，在那里所发见的古文化很多，中国同其他文化错综糅杂的痕迹到处可见。又自所谓世界史（universal history）的意义阐明以后，读史的人才知道这一民族在历史上所发生的大变动往往影响到其他民族的兴盛和灭亡，如匈奴民族之西徙，就是一个例证。所以中国的文化并不是孤立的。不仅各时代环绕中国的其他民族想同中国交往，就是中国自己也不绝地有人抱着玄奘法师"发愤忘食，履险若夷，轻万死以涉葱河，重一言而之奈苑"的精神，去深入他国。魏、晋以后，印度的佛教东来中土，始则尚有主客之分，终则竟成连鸡之势。佛教的思想竟侵入中国的各方面，而不能辨别。隋、唐以后，中国的文化又渡海东去，传入日本，大化维新，于是日本的一切无不模效唐风。至于六朝以及辽、金、元时代，北方民族同化于中国，于是中国民族中又骤然添了不少的他民族的成分在内。元、明以后，中国同西洋又相接触，卒之有今日之局。凡此皆可以见中国文化实无时无刻不与他民族发生关系。

因为考古学同比较语言学兴起，中国文化同其他民族的关系逐渐明了，同时中国文化同民族的来源问题，一时也成为讨论的中心。有的以为中国文化是起于本土，民族也是土著；有的以为文化同民族都是从其他地方迁徙过来的。后一说中又分西来南来诸说。聚讼纷纭，至今未有定论。最近，瑞典人安特生（J. G. Andersson）考古的发现，西来说又死灰复燃，新进的学者且有主张殷墟文字也受有外来的影响的。

因为西洋学者对于中国民族同文化的来源有西来诸说，恰巧清朝末叶，民族主义勃兴，遂有不少的中国学者借着这种新来的学说为他们的政治主张；且最先不过一种手段，入后竟翕然附和。相传为先秦古书，如《穆天子传》《逸周书·王会解》等等，此时都有人为之加一种新的解释，以为可以考见古代中国同西方的交通；并举其他种种史实以为可以证明中国文化同民族之为西来。同时也有不少的学者对于这种主张加以非难反驳的。

自然，这两派议论都各有其立场，不过要求解决，还得等待中国的考古学大盛，地下掘出的实物一多，方才可以得一近乎正确的解答。不过这种议论，都不是本书的篇幅所能说及的。所以我对于这一种学说，概从删落，只就文献和实物上确实有据的为之择要叙述。民族和文化的起源，应该留待中国民族史一类的书籍去研究。

我这部小史断限始于张骞之通西域，止于乾隆之禁西教。其所以始于张骞之通西域，是因为自汉武帝时代以后，中外交通方才有正确的史料可以遵循。至于止于乾隆之禁西教者，则因为以前的中外交通，大都是雾里看花，不甚明白，一直到乾隆时犹是如此。虽是朝代屡易，这一点观念却未变更。乾嘉以后，中外交通的形势起一空前的变革，外国正式以武力压迫到中国的本部，使中国觉悟到外力的可畏。道光鸦片一役，门户洞开，遂成旷古未有的局面。所以乾、嘉以前，中外的交通，大都是以中国为主体，乾、嘉以后，中国时时处于被迫的地位，无由自主；最后不得已而放弃几千年的传统思想，以迎受外来的文化。仅仅一世纪间，中国在文化上所起的变革，其急剧竟为前数千年所未有。所以本书时期以乾隆禁止西教为止，以为是一个天然的分限。至于乾、嘉以后，以至于今，自当别有一部中国近代新史来阐明其中的过程和可以兴慨的变革。那是后话，不在本书的范围之内了。

第一章　希腊罗马与中国古代的文化交通

在西元前第四世纪的时候，希腊亚历山大大王（Alexander the Great）秉着一股的雄心，想征服世界；东征波斯以后，继着挥军东进，侵入印度北部；到印度河口，看见那茫茫一遍的水势，误会是世界尽头，不禁抚髀兴叹，以为无用武之地。后来因为叙里亚发生变故，匆匆赶了回去，不幸一场热病，将这位盖世人豪葬送了去。征服世界的伟业，就此如镜花水月；然而却发生了一点别的影响，便是希腊人在中亚建立国家。这些希腊人大都是历山大王的将卒，如建立大夏的塞琉古（Seleucid）等，即是一例。希腊人既在中亚建国，希腊的文化自然也随之东来。

中国在西元前第三第四世纪时，秦国僻处西陲，声势极盛。到汉武帝时候，国势甚盛，很想开拓边境；南平闽、越，北拒匈奴。张骞凿空，于是中国始知流沙以外的西域，还有更广大更富庶的地域。西域诸国也因此很震动于汉家的文明。同时西洋方面，罗马继希腊而起，声威也及于中亚一带。于是中亚乃成为当时中西文化交汇的枢纽。自此以后，中国与罗马的史家时时有纪述西国的文字发现。中国史上并纪载罗马使臣至中国的事。汉代中国人称罗马帝国为大秦，又称之为犁靬，其实都是罗马帝国的别名。

中国人足迹曾否到过罗马帝国的本部，现无可考。《后汉书·西域传》说甘英使大秦，抵条支，临大海欲度，为安息西界船人所阻而罢。可是中史所纪大秦使者及贾人眩民之属到中国来的却不少。汉桓帝延熹九年（一六六），大秦王安敦遣使自日南徼外来献，这里的大秦王安敦就是罗马皇帝 Marcus Aurelius Antoninus(121—180)。安敦于一六五年征服波斯，使者到中国在一六六年，路途辽远，所以至汉土时，要在安敦征服波斯后一年了。其后到晋太康中（二八四—二八五），大秦王又曾遣使来献，有人说《晋书·大秦传》的大秦王就是 Casus(282—283)。Casus 以二八三年克波斯，则 Casus 遣使中国在事实上是办得到的。《后汉书·西南夷传》并说汉安帝永宁元年（一二○），掸国王雍由调献海西幻人，海西即大秦，掸国在今安南北部。掸国西南通大秦；当时印度与大秦、安息的海上贸易也很盛。汉时中国与印度诸国的海上交通，颇为频繁。《汉书·地理志》曾杂记自日南、障塞、徐闻、合浦船行所至的国名，其中的黄支国即印度的建志补罗(Kanchipura)，并专设有管理通商的译长，属于黄门。因为中国与印度、安息的海上交通很便，是以吴孙权黄武五年（二二六），有大秦贾人到中国贸易的事。《梁书·海南诸国传》说大秦国人行贾往往至扶南、日南、交阯，这一定是很确的。《汉书·地理志》，张掖郡有骊靬县，此外有陇西郡的大夏县和上郡的龟兹县，都是为处置归义降胡而设，而汉时罗马帝国与中国交通之盛，于此也可概见。

西洋古代载籍中纪述及于中国的也很不少。那时外国称中国有两个称呼：一是由秦国蜕出的支那(China)；一是由丝缯而得名的 Seres。秦服西戎，声威远振，所以到汉武帝时，大宛还称中国人为秦人。一方面中国的缯彩颇为西方诸国所重，安息为要垄断中国的缯彩贸易，竟至阻止中国与罗马的交通；汉武帝时遣使者自日南、障塞、徐闻、合浦遵海通诸国，即多赍缯彩以行；所以称中国为 Seres 者，即丝国之意也。西元前四百年左右，希腊 Ctesias 书中述及 Seres，西元前五四年左右，罗马地理学家 Strabo 也曾转述其说。此后如 Pomponius Mela de Situ Orbis，如 Publius Vergilius Maro，如 Quintus Horatius Flaccus，如 Sextus Aurelius Propertius，如 Silius Italicus，如 Publius Ovidius Naso 诸诗人俱曾述及中国，或作 Seres，或作 Seras，或作 Sericus。罗马 Pliny 所著《博物志》(*Natural History*)亦及中国。西元后一五〇年左右，罗马大地理学家 Ptolemy 的地理学中，纪有 Seria 同 Sinæ 两国，Seria 国都为 Sera，Sinæ 国都为 Thinæ；Seria 在 Sinæ 的北方。其实这两者都是中国。由陆路传到西方的中国就名为 Seria，从海道传到西方的中国就名为 Sinæ。此外说到中国的也还不在少数。西元后两世纪左右，罗马还有一名史家名 Florus 的，著《罗马史略》的书中说及奥古斯都(Augustus)皇帝即位的时候，各国来朝；来朝的各国中，却有 Seres 一国，这大约也是商人之流远至罗马，罗马史家不察，遂以为是中国贡使了。

据中国同西方的载籍所纪，中国同罗马在往古既曾互相知道；中亚地方希腊人又曾建立国家，与中国势力接触过；所以在文化方面的交光互影，是势所必至的了。近代西洋学者研究中国历史的，一天多似一天，中国民族和文化的来源，一时成为讨论的中心。其中因此有一派人主张中国的文化受有希腊的影响。一九〇二年，英国翟理斯(H. A. Giles)在美国讲学，其讲稿后刊成书，名《中国与中国人》(*China and the Chinese*)，内中第四讲为

《中国与古代希腊》，就是说中国古代文化蒙有希腊的影响的。他历举中国文化与希腊相似之点，为两国文化有关系的论证。以为文天祥《正气歌》的杀身成仁的精神，正是荷马（Homer）史诗《伊利亚得》(Iliad) 中 Sarpendo 鼓励 Glaucus 慷慨赴义的缩影。他如中国的傀儡戏、眩人、猜枚、刻漏、乐律、历象等等，翟氏以为都是传自希腊。张骞通西域携回的葡萄，就是希腊文 Βότρυς 一字的译音；传流至今的海马葡萄镜，也就是希腊的遗制。

正在那个时候，日本有位学者名饭岛忠夫，也倡中国文化导源希腊之说，与翟理斯成桴鼓相应之势。饭岛氏在《东洋学报》上发表了不少的文章，发挥他的主张，后来总集为《支那古代史论》一书。饭岛氏的议论比翟氏更为缜密透彻，他研究中国古代的天文学，结论以为中国的古历同西元前三三〇年希腊所行 Calippus 历制定的根据，观测的年代，周期的计算，全然相同。木星周期的分配，起点的采取，以合于实际的方法，同印度古历一致。巴比伦于西元前三一二年始，关于五星的位置，都详记于楔形书中；其开始的年代与中国印度恰相符合。中国古历之冬至点在牵牛初度，和希腊巴比伦的春分点在 α Arietis 附近冬至点在 β Capricorni 附近，也是一致。中国与希腊、巴比伦、波斯、印度都以木星配最高的神祇。西元前四世纪后半期，自巴比伦传至希腊的占星术同中国古代所有的占星术，其理论的根据都是一样。中国太一阴阳之说同希腊哲学家 Heraclitus（c. B. C. 500）的类型说有点仿佛；五行说以五元素与五天帝相结合，和希腊哲学家以五星与五天神相结合的五元素说，也很类似。中国《易经》用数学的方法来说明宇宙组织的道理，同希腊 Pythagoras 所主张者相同；中国的音律又同希腊 Pythagoras 诸人的学说相同。而中国施行这种历法以及音律等等，都比希腊来得晚；希腊那时的势力已到中亚的大夏；中国与希腊在古代都曾彼此知道。饭岛氏根据此点，遂以为中国古代的文化的确受有希腊的影响，即是儒家的经典也不无带有希腊的色彩。

说到中国的文化同民族，以为完全出自西方，或者竟说是导源希腊，这个问题未免太大。文化同人种的发源到底是一元还是多元，至今还无定论。不过依一般人的意见，在同一的环境之下，人类每可以发生同一的文化。所以主张中国古代文化的自发说者也不乏其人，如日本的新城新藏，便是反对饭岛忠夫的一个最有力者。但是中国的文化到了两汉以后，因为同西域交通，其中受希腊影响的或所不免，如海马葡萄镜的图案，可算是与希腊相同的一个例证；不过葡萄一辞，乃是出于波斯，并非传自希腊。至于间接受希腊影响而后来流传很盛的，还有犍陀罗一派的佛教美术，这也可以算是希腊文化东传的一点余波。

犍陀罗美术发生的期限，约在西元前后以至于西元后四百年左右。犍陀罗（Gandhara）本是印度西北一地名，都城名丈大城（Purusapura）。印度北部此时正在大月氏贵霜王朝的治下，文学美术，一时称盛。犍陀罗一派的雕刻与印度以前所有者全然异趣，而为受有希腊影响的作品。据近人的研究，犍陀罗雕刻，约有五点，可以看出与希腊的关系：（一）雕像风格，酷似希腊、罗马作品；（二）颜帽衣服屣等，皆印度所未有，纯然为希罗式；（三）衣服雕法仿自西欧，与印度原有之雕像不同；（四）人像衣褶描以写实的曲线，中心点偏于右肩，当时建筑雕刻之中多见此种趋势；（五）柱头多属哥林多（Corinth）式。

当大月氏贵霜王朝的时候，佛教传播极盛，为佛教崇拜对象的雕刻也随之俱去，这种美术东播所到的第一站，就是今日的新疆，即是往日号称西域的地方。一九〇七年至一九一四年，德国土鲁番考古队（Turfan Expedition）到新疆考古，经 Le Coq 同 Grünwedel 两教授的努力，发见了很多的佛像同壁画，其中为犍陀罗作风的，颇属不少；有许多壁画中所绘的胡人，竟然与欧洲人一般无二。Grünwedel 先曾假设希腊风的犍陀罗曾流传到西域一带，至此居然觅得实物，为之证明。至于中国内地是否有犍陀罗美术的痕迹，现今一般东西学者都还聚讼未决。可是说中国佛教美术史时，我们总还记得有两句话，叫做"曹衣出水，吴带当风"。曹就是曹妙达，吴就是吴道子；出水表示紧促，当风表示飘逸。紧促束身，几乎可以现出身体的曲线，这是注重人文主义的希腊的作风，也就是犍陀罗美术的一点特征。所以说希腊美术间接的影响到中国的美术，并非无稽之谈。

以上所说中国同希腊、罗马的交通，大都是隋、唐以前的现象。唐、宋以后，中国史籍上仍然时见大秦之名，如《宋史·拂菻传》说元丰四年（一○八一）十月，其王灭力伊灵改撒始遣大首领你厮都令厮孟判来献鞍马刀剑真珠；元祐六年（一○九一），其使两至。《明史·拂菻传》说拂菻即大秦，元末，大秦国人捏古伦入市中国，元亡，不能归，明太祖洪武四年八月召见，命赍诏书还谕其王。

中国史所纪述的罗马帝国名称，历代不同，张骞通西域，称之为犁靬，《后汉书》作大秦，唐、宋以后，诸史称为拂菻。有人以为汉时的大秦，的是指定都罗马的罗马帝国而言；唐、宋以后的拂菻指东帝国而言；《明史》又明说大秦，为古如德亚地。无论如何，中国史上的大秦、犁靬、拂菻，都是指的罗马帝国，却是确实的。至于元朝教皇遣使宣化中国，明季耶稣会教士到中国来重振宗风，以后别有专章述此。

附注

汉、魏间古史时时述到从中国通西方大秦，或大秦与东方相通的路径。现为撮录一二如次：

《汉书·地理志》："自日南、障塞、徐闻、合浦船行可五日有都元国；又船行可四月有邑卢没国；又船行可二十余日有谌离国。步行可十余日有夫甘、都卢国。自夫甘、都卢国船行可二月余，有黄支国，民俗略与珠崖相类。其州广大，户口多，多异物。自武帝以来皆献见。有译长属黄门，与应募者俱入海市明珠璧流离奇石异物。赍黄金杂缯而往，所至国皆禀食为耦。蛮夷贾船转送致之，亦利交易剽杀人；又苦逢风波溺死，不者数年还。大珠至围二寸以下。平帝元始中，王莽辅政，欲耀威德，厚遗黄支王，令遣使献生犀牛。自黄支船行可八月到皮宗，船行可二日到日南、象林界云。黄支之南有已程不国，汉之译使，自此还矣。"此处的黄支国，据日本藤田丰八考证，即《大唐西域记》中之建志补罗（Kanchipura），很可信据。

《三国志·魏志》引鱼豢《魏略·西戎传》："大秦道既从海北陆通，又循海而南，与交阯七郡。外夷东北又有水道，通益州、永昌，故永昌出异物。前世但略有水道，不知有陆道，今其略如此。"

《梁书·海南诸国传》："中天竺国西与大秦、安息交市海中；多大秦珍物、珊瑚、琥珀、金碧、珠玑、琅玕、郁金、苏合。汉桓帝延熹九年，大秦王安敦遣使自日南徼外来献，汉世唯一通焉。其国人行贾，往往至扶南、日南、交阯。其南徼诸国人少有到大秦者。"

第二章　中国与中亚

中亚是现在地理学上的一个名辞；凡是里海以东，波斯、印度、中国内地以北，以及西伯利亚以南的一段地域，都可称为中亚。就狭义说来，中国史上的西域可说是相当于今日的中亚地方。

中国和中亚的交通，为时自然很古，有人说先秦古籍中的渠搜、析支，都在今中亚俄属土耳其斯坦境内。《山海经》《穆天子传》中的地理知识都很广博，往往道及流沙以外的国家。不过这种古书的时代，是否属于先秦，还系西汉的作品，至今尚无定论；不能据以说先秦的地理知识已到流沙以外。中国对于西域的认识，确然有据的还是始于汉武帝时张骞之凿空，那时西域诸国为数有三十六。到哀平之际，渐分至五十余。建武以后，以至于魏，所余不过二十国。北魏太延中董琬等使西域，已稍相并为十六国，其后并合无常，更难尽记。这里所说的西域诸国，大都在今中亚一带。

汉时西域诸国为数虽多，然以那时候匈奴雄长北地，所有诸国大都役属匈奴。神爵以后（西元后六一以后），匈奴内讧，日逐王降汉，西域诸国遂各自分割。王莽时，中国势力不能顾及，又为匈奴所役。和帝永元初年，窦宪大破匈奴，三年，班超平定西域，诸国又复内属。其后与中国的交通，总是时断时续。隋末，天下大乱，突厥崛起西陲，于是西域诸国又屈居于突厥的压迫之下。突厥为唐所败后，回鹘继起，称霸西陲。（回鹘之势，到元朝的时候，犹自存在，其时西辽建国，西域形势，因而改观。）唐中叶时候，阿拉伯人声势大盛，葱岭以西，多受回回教人的卵翼，于是唐朝与阿拉伯的势力竟在西域地方相接触了。

中国同西方的交通，最先接触的地方，便是今称中亚细亚的西域。据上面所说，中国在先秦时候，与中亚似乎即有交通，不过不甚明显。汉武帝的时候，张骞凿空，西域方正式与中国交通。张骞之后，中国与西域的交通日趋频繁：李广利伐大宛，汉宣帝时西域南道诸国俱归于汉，神爵后，汉置西域都护，后汉时，班超又定西域，五十余国一时都纳质内属于汉。苻秦时，吕光平西域，汉家声威又振。隋炀帝时令裴矩于武威、张掖间以利诱啖西域诸国，至大业中，相率来朝者又有四十余国。唐时大食势盛，天宝十载,高仙芝西征怛逻斯,唐家兵力及于今俄属中亚一带。蒙古兴起,横扫宇内,中亚细亚俱入其版图。元亡,中亚也与中国日渐分离。明成祖时,遣陈诚使西域,在近古史上,这要算中国与中亚交通最后的一次了。

中国同中亚交通的结果,中亚有许多事物因此流入中国;而自中国流入中亚的也未始没有,如李广利攻贰师城,城中获得秦人,善凿井,城因而久攻始下,可见凿井之术,实自东方传入西土。自中亚传入中国的,如酿葡萄酒法,即是一端,最著者要算摩尼教传入。

摩尼教(Manichaeism)为西元后三世纪左右波斯人摩尼(Mani)所创。糅杂火祆教、基督教、佛教而成,创二宗三际之论。其教不容于波斯,反东传以盛于中亚一带。摩尼教之入中国,据陈垣所考,约在唐武后之时。其后回鹘崛起西域,崇奉摩尼教甚力;唐至德以后,遂因回鹘的势力而大盛于中国,那时的唐朝很有一点世界的精神,无论哪一种宗教,都兼收并蓄;于是长安一城几成为世界各教的博物馆,其中乃有摩尼教的大云光明寺。其他各处也建有摩尼教寺。不仅摩尼教寺散布各处,唐时的道家也无形中受了摩尼教的影响,这是中国宗教史上可以纪念的一点。

附注

中国历代与西域交通的路线,据诸史所纪,代有不同。今为辑录如次,也可以看出其中的一点变迁。

《汉书·西域传》:"自玉门阳关出西域有两道。从鄯善傍南山北波河西行,至莎车,为南道。南道西逾葱岭则出大月氏、安息。自车师前王庭随北山波河西行,至疏勒,为北道。北道西逾葱岭则出大宛、康居、奄蔡、焉耆。"

《三国志·魏志》引鱼豢《魏略·西戎传》:"从敦煌玉门关入

西域，前有二道，今有三道。从玉门关西出，经婼羌，转西越葱岭，经县度入大月氏为南道。从玉门关西出，发都护井，回三陇沙北头，经居卢仓，从沙西井转西北过龙堆，到故楼兰，转西诣龟兹，至葱岭为中道。从玉门关西北出，经横坑，辟三陇沙及龙堆，出五船北到车师界戊己校尉所治高昌，转西与中道合龟兹，为新道。"

《魏书·西域传》："其出西域本有二道，后更为四。出自玉门度流沙西行二千里，至鄯善为一道。自玉门度流沙北行二千二百里，至车师为一道。从莎车西行一百里，至葱岭，葱岭西一千三百里，至伽倍为一道。自莎车西南五百里，葱岭西南一千三百里至波路为一道。"

《隋书·裴矩传》引矩撰《西域图记》序："发自敦煌，至于西海，凡为三道，各有襟带。北道从伊吾经蒲类海、铁勒部、突厥可汗庭，度北流河水至拂菻国，达于西海。其中道从高昌、焉耆、龟兹、疏勒度葱岭，又经钹汗、苏勒、沙那国、康国、曹国、何国、大小安国、穆国，至波斯，达于西海。其南道从鄯善、于阗、朱俱波、喝盘陀度葱岭，又经护密、吐火罗、呾呾、帆延、漕国，至北婆罗门，达于西海。其三道诸国亦各自有路南北交通。其东安国、南婆罗门国等，并随其所往，诸处得达。故知伊吾、高昌、鄯善并西域之门户也。总凑敦煌，是其咽喉之地。"

第三章　中国与伊兰文化

伊兰二字，指古波斯而言。张骞通西域，所知道的地方有安息与条支，这都在今波斯境。两汉时代，安息称盛，现在的波斯和阿美尼亚（Armenia）地方都为安息所有。三国以后，安息势衰，Ardashir 称王，是为波斯萨珊王朝（Sasanids）太祖。至于本章所说的伊兰，广义说来，波斯同阿美尼亚都在其内。

　　张骞通西域以后，汉朝的兵力竟及于大宛，至今葱岭以西的地方。汉朝使节抵安息、奄蔡、犁靬、条支、身毒诸国。汉时，中国与西方的丝缯贸易很盛，而以安息为其枢纽。后汉和帝永元九年（西元后九七），都护班超遣甘英使大秦，即曾经安息境内。永元十三年（一〇一），安息王满屈献狮子及条支大鸟，所谓满屈，据说即是安息王 Pakor 二世。Pakor 二世卒于九七年，至永元十三年为西元后一〇一年，满屈犹献物，这大约是贡使路途迁延，否则便是中国史家误记了。汉时不仅安息进献贡物，并且满屈的儿子还到中国，传布佛教，这就是中史上有名的安世高。到萧梁的时候（中大通二年，西元后五三〇），波斯又曾同中国相通过。前乎萧梁，在北魏时（神龟中，约当西元后五一八至五一九）也曾到中国献过方物。周天和二年（五六七），安息又曾遣使朝贡。隋炀帝的时候，很有志于经略西域，使裴矩于敦煌招致诸番，又遣云骑尉李昱使波斯。到了唐朝，波斯先后为突厥、大食所灭，波斯王子卑路斯家破国亡，无可如何，只有奔归唐朝；卑路斯即 Perozes or Piruz。唐朝虽以疾陵城为波斯都督府，仍然无裨大局，波斯西部陀拔斯单勉强支持，竟为黑衣大食（Abbassides）所灭。卑路斯死后，其子尼涅斯（Narses）矢忠唐室，唐遣高仙芝率兵往，为之复国。天宝十载（西元后六七九），高仙芝兵败怛逻斯（Taraz）城，尼涅斯奔吐火罗，后仍至唐。那时候有一位杜环随高仙芝军西征，兵败被虏，游历西域诸国，后从大食乘贾舶自南海归国，他著有《经行记》，此书现虽不传，尚有几条，散见群书，还足以考见当时西域的史事呢！

　　不仅中国人到过伊兰，中国史籍纪载到伊兰，就是伊兰的古籍中也曾述及中国。西元后四四〇年左右，有一位 Moses of Chorene 所著书中道及中国，称之为 Jenasdan，这一个名辞是从印度的 Chinistan 得来。书中说中国人民和善，富产丝绵之属。

Sinæ 国，即在其国的附近。书中又说当西元后二世纪时，还有一些中国人流寓在阿美尼亚。那时阿美尼亚人称中国皇帝为Jenpakur。后来阿美尼亚流寓的中国人，逐渐成为土著，其中有一族名为 Jenpakuriani，据说乃是表彰他们之为中国皇帝的苗裔，因取此名的呢。书中又说在萨珊王朝太祖 Ardeshir 的晚年，中国国王为一名 Arpog 者，其一子名 Mamkon 忤父王意，逃至波斯，中国追兵继至，Mamkon 不得已，逃至阿美尼亚。阿美尼亚王Tiridates 乃以 Daron 省赐中国王子及其从人。阿美尼亚的 Mamigonians 族据说就是中国王子 Mamkon 的苗裔；阿美尼亚的史家都众口一声，主张此说。大约即在此时中国皇帝遣使西来与波斯的 Ardeshir 同阿美尼亚的 Khosrau I 通好；而阿美尼亚St. Gregory 的兄弟 Suren 也因事逃到中国。这些话可靠与否，很是难说，不过这种传说后面之隐有一段交通的史实，则是大约可决的了。当 Kobad 的儿子 Naoshirwan 在位的时候，中国皇帝又曾遣使臣到波斯来修好。使者曾携厚礼，献诸波斯。

以上这一大段故实，不见中国史籍。到了西元后六三八年，萨珊王朝最后一王 Yazdegerd III 在位的时候，以不堪大食的压迫，遣使至中国乞援。这一件事中国同波斯的史籍都曾纪载着，中史称之为伊嗣候，大约即是 Yazdegerd 的音译。中国同伊兰的交通到此方始可以互相印证。

附注

　　中国同伊兰在文化上的交通方面很广；论中外文化交通同中国文化关系最密的，印度而外，就要算伊兰了。美国芝加哥博物院人类学部主任 Berthold Laufer 博士著有 *Sino-Iranica* 一书，言中国对于古代伊兰文化史上的贡献，其中说及有苜蓿、葡萄、阿月浑、胡桃、石榴、胡麻、亚麻、胡荽、黄瓜、豌豆、蚕豆、番红花、郁金、燕支、茉莉、凤仙、胡桐泪、刺蜜、阿魏、龋齐、无食子、木蓝、胡椒、诃黎勒、金桃、莳萝、波斯枣、菠薐、恭菜、莴苣、蓖麻、巴旦杏、无花果、齐墩果、阿勒勃、水仙、阿勃参、胡芦巴、番木鳖、胡萝卜等植物，多自波斯传入中国。此外还有苏合、没药、青木香、安息香等。其他如波斯锦以及宝石五金等还很多。自中国传入伊兰的，有邛竹杖、丝、桃、李、桂皮、黄连、蜀葵、土茯苓、纸币等等。

自波斯传入中国的还有火祆教（Zoroastrianism）。陈垣《火祆教入中国考》，述之甚详，现只略取数语："西历纪元前五六百年，波斯国有圣人曰苏鲁阿士德（Zoroaster），因波斯国拜火旧俗，特倡善恶二元之说，谓善神清净而光明，恶魔污浊而黑暗；人宜弃恶就善，弃黑暗而趋光明；以火以光表至善之神，崇拜之，故名拜火教；因拜光又拜日月星辰，中国人以为其拜天，故名之曰火祆。西历二百二十六年，波斯国萨珊王朝定火祆为国教，一时盛行于中央亚细亚。南梁北魏间始名闻于中国，北朝帝后有奉事之者，谓之胡天。六百二十五年大食国灭波斯，占有中央亚细亚，祆教徒之移住东方者遂众。唐初颇见优礼，两京及碛西诸州皆有祆祠；祆字之由来，即起于此际。会昌五年（西元八四五），武宗毁佛，斥外来诸教，火祆与大秦，均受株累。武宗没，禁渐弛，五代两宋，祆祠犹有存者。"唐时两京俱有祆祠，国家且特设萨宝府来管理，其盛况可以想见了。

唐时中国与波斯贸易很盛，波斯人流寓中国的也很多。《新唐书·田神功传》："刘展反，邓景山引神功助讨，自淄青济淮。众不整，入扬州，遂大掠居人赀产，发屋剔窖。杀商胡波斯数千人。"唐人小说也常说及扬州波斯胡店。波斯人流寓之多，于此可见一斑。义净《大唐西域求法高僧传》记当时求法的僧侣，自广府乘波斯舶到天竺的很多；《梁书·海南诸国传》说天竺西与大秦、安息交市海中；这都可以见出六朝至唐，波斯在南海海上的势力来。

唐时候波斯人不仅因经商而流寓中国的甚多，并且还有在中国文学史上很享盛名的。王国维先生跋《花间集》有云："李洵鄂州本作李珣，毛本亦同。《鉴诫录》四，李珣字德润，本蜀中土生波斯也。少小苦心，屡称宾贡，所吟诗句，往往动人。尹校书鹗者，锦城烟月之士也，与李生常为善友，遽因戏遇嘲之，李生文章，扫地而尽。诗曰：异域从来不乱常，李波斯强学文章，假饶折得东堂桂，胡臭熏来也不香。黄休复《茅亭客话》，亦纪其为波斯人。以异域人而所造如此，诚为异事。"据《茅亭客话》，李珣先本波斯国人，黄巢之乱，随唐僖宗入蜀，后遂流寓其地为土著。李珣还有一弟名李玹，号李四郎，很信道家之言。至于《鉴诫录》所云李生文章，扫地而尽的话，恐怕是形容过甚之辞，《花间》《尊前》诸集中多录李珣的词，同尹鹗并列，可见李珣在词坛上的地位，并没有受尹鹗的影响了。据陈垣的推测，以为李珣兄弟即唐代波斯贾人李苏沙之后，世业香药，大约是可信的。李氏一家，不仅德润（李珣字）文采斐然，即其妹李舜絃，后为王衍昭仪的，也颇饶词藻，有《鸳鸯瓦上》一首，风光旖旎，至今犹可想见也。

第四章　印度文化之东来

说到外国同中国文化关切最密的，自然要算印度。印度的文化自传入中国以后，势力蔓延很广，直到今日，渗透在各方面之中，同中国社会的生活，几乎不可分离。中国人的思想也曾因之而大异其本来的面目。不过中国同印度的交通到底始于何时，却传说纷纭，不一其辞。

印度之知道中国，大约很早，摩奴法典（Laws of Manu）中即有 Chinas 一辞，以为是堕落了的刹帝利族；史诗《摩诃婆罗多》（Mahabharat）中也曾提及此字。这两部书大约成于西元前四百年左右(我国周安王时)。而据佛家的传说,佛陀就学毗舍蜜多罗阿阇黎,所举各种书名有脂那国书一种,脂那就是支那,即是中国。又《大宝积经》中也曾述及吴、蜀、秦地。似乎西元前五世纪左右佛陀在世时,便已知道中国了。这如一派人说《春秋》上所纪的恒星夜陨如雨,即是纪的佛陀诞生之瑞,竟是同样的荒诞了。到了阿育王的时候,为着分封他的儿子法益,其所分封地也有秦土之名,说见《阿育王息坏目因缘经》。《历代三宝纪》又说秦始皇时,天竺法门室利防等到过中国;不过据现在所知道的阿育王摩崖刻石,第十三柱纪阿育王在世时派遣大德到各地传布佛教的情形,内中并未提到中国。所以说先秦时候中印即有交通的话,不大可靠。至于日本人以《史记》所载始皇不得祠的话,以为不得祠即浮屠祠;又有人以为墨子是印度人,是婆罗门教徒或佛教徒;还有一派人以为先秦的文化如天文之属受有印度的影响。这种种说头,不是根据薄弱,便是神经过敏,难以据为典要。

中国之确实知道印度,大约在汉武帝的时候。张骞使西域,在大夏看见邛竹杖蜀布,一问大夏国人,才知道是从身毒来的,身毒即印度;武帝时并设有译长,属黄门,专司与外国交通的事。自日南、障塞、徐闻、合浦南行所到有黄支国,黄支即印度的建志补罗(Kanchipura),这都可以见出印度同中国来往的情形来。自此以后,中国同印度在政治上的来往,不绝于书,汉唐间史籍都载有印度遣使至中国的事。到了唐朝武德的时候,正当印度麴多王朝(Gupta Dynasty),建羯若鞠阇国(Kanyakubja)到戒日大王(Siladitya,一译尸罗逸多)在位,五印大乱,大王练兵聚众,所向无敌,"四天竺之君皆北面以臣之"。唐太宗降玺书慰问,两国因而相通。唐朝又派人报使。后来又遣王玄策使印度,恰巧戒日大王死,国中大乱,大王的臣子那伏帝阿罗那顺篡立,拒王玄策,不使入境。王玄策力战被擒,宵遁泥婆罗、吐蕃乞兵,复定羯若鞠阁,擒阿罗那顺,献俘长安。太宗葬于昭陵,并刻石像阿罗那顺之形,列于玄阙之下。这在中印交通史上也可算是一桩赫赫的大事了。中国同印度在政治上的交通自唐以后,遂很少来往,到了明成祖永乐时,遣中官郑和下西洋,曾一至榜葛剌,榜葛剌即今日之孟加拉(Bengal),又到过印度的柯枝同古里,这即是今日的Cochin 同 Calicut。

中国同印度交通以后,所有最大的影响便是佛教的传入。至于佛教传入中国的年代,为说各异。普通都以为汉明帝感梦,佛教始入中国。但是楚王英在那时候已自诵黄老之微言,尚浮屠之仁祠,而明帝诏书中并且有伊蒲塞桑门等梵名,似乎佛教传入已有年所。所以近来大都主张佛教传入中国当在汉哀帝元寿元年(西元前二年),博士弟子景卢从大月氏王使伊存口受浮屠经的时候,到汉明帝已有五六十年。

佛教传入中国,中国正在末世衰乱民不聊生的时候,不久就天下三分。这种主张离弃现世别求精神上的乐土的宗教,就很快的为民众所欢迎。所以到西元后第二世纪的时候,笮融"大起浮图祠,以铜为人,黄金涂身,衣以锦采,垂铜盘九重,下为重楼阁道,可容三千余人,悉课读佛经。令界内及旁郡人有好佛者听受道,复其他役以招致之,由此远近前后至者五千余人户。每浴佛,多设酒饭,布席于路,经数十里,民人来观及就食且万人,费以巨亿计"。这是今日江苏地方的情形,其他各处可想而知。两晋六朝以后,中国始终在一个大混乱的时期中,道教佛教都很昌盛,佛教的发达,尤为迅速,净土一宗终六朝之世都占着重要的位置;这也可以聊窥世变了。

佛教传入中国,因为语言殊异,迻译不无讹误,于是引起一般信徒的疑心,乃有西行求法之举。自晋至唐至印度的中国僧人不计其数,仅就作有游记现尚存留者说来,有宋云(北魏神龟时,即

中外交通小史

西元后五一八年到过印度,著有《行记》,见杨衒之《洛阳伽蓝记》)、法显(晋安帝隆安时,即西元后三九九年赴印度,著有《佛国记》,今存)。此外如智猛诸人,其所著游记,今虽不存,尚有零篇断面,可以考见当时西域的情形。到了唐朝,玄奘法师入竺,更为一代盛事。他所口授的《大唐西域记》,至今为言印度古史者绝好的史料。玄奘之后,又有义净著《大唐西域求法高僧传》及《南海寄归传》。唐代中国同印度的交通,由这两部书中可以看出一个大概。那时广州商务已是繁盛,成为中外交通的重要口岸。波斯、锡兰(那时称为师子国)、大食诸国的商船,都聚集广州港口,外国人称广州为广府。天宝年间,还有一位僧人名悟空者,到过印度。宋乾德二年(九六四)僧人继业又纠合沙门三百人入天竺求经,其所记西域行程,在范成大《湖船录》中尚可以看见一二。此外还有道圆诸人,中国书上虽然不甚可考,而其在印度菩提伽叶大寺中所立汉字碑,近年已经发见,也足证明中国在第十世纪到十一世纪,到天竺求法的还是婵媛不绝呢。同时印度人到中国的为数也很多,慧皎、道宣诸人的《高僧传》中纪载甚详,今不烦举。

佛教传入中国以后,宗派繁兴,胜义如云,比在故国还要兴盛,单就所译三藏而言,达数千卷。中国同外国文化接触,如所受印度文化的影响之大者,恐无其比。到了宋朝理学发生,糅合儒佛,别成一派新的哲学,这在中国哲学史上也应占很重要的一章。不过印度同中国交通,所传来的除佛教而外,其他方面也是很多,在中国文化上发生的影响也很大。

中国吸收印度文化以六朝时候为最盛,除去佛教教理而外,最先传入中国的要算美术。中国在两汉的时候,虽然也有武梁石室等浮雕的雕刻,不过规模都很小。到了六朝,受了印度的影响,造像之风大盛,于是如敦煌鸣沙山千佛洞、大同云冈石窟、天龙山隋刻、洛阳龙门、巩县石窟寺、栖霞千佛岩，所雕佛像大至寻丈，小至数寸，在中国美术史上蔚为大观。

不仅雕刻如此，绘画方面情形亦然。六朝画家据张彦远《历代名画记》所载约有百四十人，画题中带有印度成分的有三十九人，占三分之一以上。张僧繇在江宁一乘寺寺门所画的凹凸花，据说就是天竺遗法，同印度阿旃陀窟壁画相同。又有一位谢赫，论画有六法，有人以为与第三世纪时印度 Vatsyayana 所说的六法（Sandaga）相似，而印度东来的僧人如僧迦佛陀、昙摩拙义、金刚三藏皆善绘画。曹妙达所绘的衣褶又有出水之喻。所以中国绘画同印度的关系，其密切不言可知。

中国当时在医药和天文方面似乎也受有印度的影响。印度古有五明，五明之一为医方明。六朝时来游中国的印度古德大都曾学五明；当时僧人也有通达医理者。如敦煌于道邃即善方药，而于法开且祖述耆婆妙通医法。《隋书·经籍志》记有各种印度药方书达四五十卷。在天文方面，很有许多人主张中国古代的天文学中间蕴有印度的成分在内，不过尚难成为定论；六朝以后，印度天文学传入中国，那却确然可据。《隋书·经籍志》有印度传来的各种天文同算法书达六十卷。关康之也曾从月氏沙门支僧纳学算，妙尽其能。到了唐朝，僧一行同瞿昙悉达介绍印度历数之学到中国来，至今为中国天文学史上一大事。

还有中国今日的注音字母，也并不是毫无渊承的。唐守温有三十六字母，这纯然是取则印度梵文，《大般涅槃经》同《华严经》中也有梵文字母。就是沈约的四声恐怕也带有印度的色彩。而陈思王曹植深通梵音，制为梵呗；所谓梵呗大约即是后来敦煌发见的俗文变文之类。俗文变文大率演说佛经故事，有长行有偈语，可以咏唱，后来的弹词即从此推演而出；这是中国通俗文学受有印度影响的吉光片羽。中国戏剧象征的意味很厚，所以有人说也受有印度的影响。虽然证据不甚充分，却也大有可能。

其次，还有音乐。中国的古乐，汉魏以来，丧失殆尽，六朝以后所谓雅乐，其实都杂有外国的成分在内。当时"西域丑胡，龟兹杂伎，封王者接武，开府者比肩"。隋唐的时候，遂有所谓十部乐者，天竺乐就是十部中的一部。可是十部乐的乐器一相比较，与天竺乐都大同小异；说不定是同一祖祢。正在隋的时候，又有一龟兹乐人名苏祇婆者传入琵琶七调，其后燕乐的二十八调就是从这七调中演化出来的。唐朝又有一种佛曲，也是苏祇婆琵琶七调的支与流裔，这所谓苏祇婆琵琶七调，其实就是印度北宗音乐Hindustanic School 的一派。后来的南北曲即是导源燕乐，而其远祖乃是印度。所以中国中古以后的音乐史同印度也有分离不开的关系。至于张骞自西域带回的摩诃兜勒一曲，就字音说，很像印度的产物，不过别无确证，今置不论。

其次，中国的印刷术，大约导源隋唐之际，起源于寺院之中，而以像印为其前驱。近来敦煌发见的遗物之中即有一种像印，并有印成的千体摺佛。这种像印同千体摺佛，都是发源于印度，由敦煌以传入中国。印刷术是中国四大发明之一，而其起源却受了印度的暗示，这真是研究中国文化史的人所不可忽视的一点呢。

不仅印度文化传入中国，如上所述，中国也曾努力把中国的文化点点滴滴地传到印度。如印度之自中国传入梨桃，玄奘以梵文译老子《道德经》及《大乘起信论》，唐代秦王破阵乐之演奏于戒日王宫廷，都可以窥见一鳞片爪。

明成祖以后，中国同印度的交通，日益微细。到了清朝还时有佛教中大德西行入竺求法之举。最近印度哲人太戈尔（R. Tagore）来华讲学，取华名为竺震旦，拾千载之坠绪，继前贤之芳踪；这又是后事，不在本书范围之内，只好付诸缺如了。

附注

中国同印度交通的路径，诸史中也偶然道及，今为比次如左：

《三国志》引鱼豢《魏略·西戎传》："盘越国一名汉越王，在天竺之东南数千里，与益部相近。其人小，与中国人等，蜀人贾似至焉。"这里所说的盘越或汉越，我疑心即是《史记·大宛列传》中的滇越。张骞在大夏所见的蜀布、邛竹杖，大约是由蜀贾输至滇越，由滇越再输到印度。张骞想从蜀经印度以通大月氏，取道昆明，理想与事实并没有相差过远，只不过为时势所阻罢了。

汉魏以后，中国僧人西行求法者渐多，如法显、宋云、玄奘、义净、继业等，都留有游记，可以考见他们到印度去的路程。法显、宋云入竺，大都自敦煌到鄯善经偞彝至于阗，然后由此越葱岭，渡新头河，到乌苌国，以入北印度境。宋僧继业的行程和法显、宋云等都大略相同。玄奘西行的路径却是两样：他是经伊吾（今哈密）、高昌，循天山南道，过银山，经焉耆、拜城，逾天山，至素叶城；自此经康居各地，逾铁门，至睹货罗，渡缚刍河，至活国；自此以至迦毕试、健陀罗诸国以入北印度境。义净则从广府乘波斯舶遵海道至印度，由耽罗栗底（Tamralipti）上岸。

唐时自中国到印度还有一条路，即是取道吐蕃经泥婆罗以入印度。唐贞观中，卫尉丞李义表奉使往天竺，即取此道。

此外还有一条路便是经安南以通天竺。唐时贾耽有《皇华四达记》同《古今郡国县道四夷述》，现俱不传，《新唐书·地理志》最后有边州入四夷道里，共记七道，大约就是取自贾耽之书。其第六道曰安南通天竺道。凡分三道：一路自骠国行向印度；一路自诸葛亮城西行向印度；一路自骠州向印度。其路程自"安南经交趾、太平百余里至峰州；又经南田百三十里至恩楼县。乃水行四十里至忠城州。又二百里至多利州。又三百里至朱贵州；又四百里至丹棠州；皆生獠也。又四百五十里至古涌步；水路距安南凡千五百五十里。又百八十里经浮动山、天井山,山上夹道皆天井,间不容跬者三十里。二日行至汤泉州;又五十里至禄索州;又十五里至龙武州;皆爨蛮,安南境也。又八十三里至傥迟顿,又经八平城,八十里至洞澡水,又经南亭百六十里,至曲江;剑南地也。又经通海镇,百六十里渡海河利水至绛县;又八十里至晋宁驿,戎州地也。又八十里至柘东城,八十里至安宁故城;又四百八十里至灵南城,又八十里至白崖城;又七十里至蒙舍城,八十里至龙尾城;又十里至太和城;又二十五里至羊苴咩城;自羊苴咩城西至永昌故郡三百里。又西渡怒江至诸葛亮城二百里;又南至乐城二百里。又入骠国境,经万公等八部落至悉利城七百里。又经突旻城至骠国千里。又自骠国西渡黑山至东天竺迦摩波国,千六百里。又西北渡迦罗都河至奔那代檀那国六百里。又西南至中天竺国东境恒河南岸羯朱嗢罗国四百里。又西至摩羯陀国六百里。一路自诸葛亮城西去腾充城二百里;又西至弥城百里;又西过山二百里至丽水城。乃西渡丽水、龙泉水二百里至安西城。乃西渡弥诺江水千里至大秦、婆罗门国。又西渡大岭三百里至东天竺北界个没卢国。又西南千二百里至中天竺国东北境之奔那代檀那国;与骠国往婆罗门路合。一路自欢州东二日行至唐林州安远县,南行经大罗江,二日行至环王国之檀洞江;又四日至朱崖,又经单补镇,二日至环王国城,故汉日南郡地也。自欢州西南三日行,度雾温岭,又二日行至棠州日落县,又经罗伦江及古朗洞之石密山;三日行至棠州文阳县;又经蓁蓁洞;四日行至文单国之算台县;又三日行至文单外城;又一日行至内城,一曰陆真腊;其南水真腊。又南至小海,其南罗越国;又南至大海"。

第五章　中国与阿拉伯的交通

阿拉伯在唐以前隶属于波斯，到唐以后，方始强盛，于是中国史上乃有大食之名；大食是波斯人用以称阿拉伯的，这也可见中国之知阿拉伯，是从波斯得来的了。可是阿拉伯方面之知道中国，为时却甚早。在西元后第五世纪的前半期，中国同阿拉伯已有交通。据阿拉伯史家所纪，古巴比伦西南库法（Kufa）城附近傍幼发拉底（Euphrates）河畔的希拉（Hira）城下，万国商舶云集，其中时有中国同印度的商舶远航来此。其后希拉城日渐凋零，于是商埠移至鄂波拉（Obolla），由鄂波拉又移至邻近巴士拉（Basra）城，后又移至海湾北岸的施拉夫（Siraf），以后逐渐地移至吉什（Kish）同忽鲁汉斯（Hormuz）。西元后八九世纪的时候，中国商船不仅出没于印度河及幼发拉底河一带，并且远至亚丁（Aden）。

中国同南海诸国的交通，汉以来荟萃于广州一带；所以汉武帝时有译长一官，属于黄门，其通海南，即自日南、障塞、徐闻、合浦船行。到了六朝，广州同外国的贸易大盛，各国番舶，聚集其地，做广州刺史的人只要从广州城门一过，便可发二三千万的财。唐宋以后，泉州、杭州、扬州相继兴起，中外海上交通频繁，观于唐代广州之设市舶使，可见贸易之盛。隋唐以前，阿拉伯同中国的交通，以取道海南为多。阿拉伯称中国为 Sina，乃是从印度的称法；八世纪以后，陆上交通继起，于是阿拉伯人始又称中国为 Seres。

中国同阿拉伯正式交通，见于中史当始于唐高宗永徽二年（六五一）；在这一年大食王徽密莫末腻（Emir al Muminin）始遣使同中国通好。到第二年（六五二）波斯为大食所灭。波斯王子卑路斯奔吐火罗,遣使至唐求援。唐玄宗时,以西域诸国不附,命高仙芝往讨,西域七十二国俱来朝贡。只以石国国王为仙芝所诱杀,王子求救于大食,天宝十年(七五一),大食大破高仙芝于怛逻斯(Taraz)城,这是阿拉伯的势力同中国正式接触。其后,阿拉伯人到中国的仍是不绝于书,长安、广州、扬州一带,到处都有大食商人。

高仙芝西征的时候,随军书记杜环,以怛逻斯城兵败被虏,俘至大食,后从大食遵海道回国,其所著《经行记》中曾述及回教教仪及教义,虽未明白说出回教,而中国书中述到回教的,恐怕要以杜环为最早。杜氏述及大食法,谓不食猪、狗、驴、马等肉,回教之入中国,大约即在此时。

大食与唐虽然有怛逻斯城一战之嫌,可是唐朝很知道大食的强盛,并不愿同大食结怨,不唯不结怨,安史之乱,且借大食兵以平乱,而且还有主张联大食以抗吐蕃的。因为如此,所以天宝以来,胡客留住长安不去的至达四千人。同时中国人留寓大食的也自不少。杜环至大食曾见汉匠作画者京兆人樊淑、刘泚,织络者河东人乐环、吕礼,可见那时两国交往之盛了。唐僖宗乾符五年(八七八)七月黄巢陷广州,那时阿拉伯恰有一位游历家名 Abu Zaid 的,也在广州,他的游记中记到此次黄巢陷广州时杀人之惨,以为回回教徒、犹太教徒、基督教徒、穆护教徒被杀者达十二万人;阿拉伯人流寓中国者之多,其数惊人。到了宋朝,因为外国人流寓各埠者甚多,于是泉州、广州等处乃有番坊之设,其无番坊如杭州者,也大都住在一处;如阿拉伯人 Ibn Batuta 到杭州时所记回教徒区,即是一例。唐宋之际,外国人称广州为广府,称泉州为刺桐城;所以称为刺桐,乃是因为环城种植刺桐树的缘故。

高仙芝怛逻斯一役,中史并没有其他的纪载,只知道杜环曾经因兵败被虏,到过大食。可是据阿拉伯史家所纪,则此役对于东西文化的交通，关系很是不浅。据说高仙芝兵败后，阿拉伯俘得的中国兵士，其中有善于造纸的工人；阿拉伯人因命此辈俘虏在撒马尔干(Samarkand)地方设厂制造。于是中国的造纸术遂因此一战由中国传到大食，由大食以传到欧洲。后来欧洲的文艺复兴，同造纸术的传入，有很大的关系。后来中国罗盘，也因中国的商船往来南海、阿拉伯一带，阿拉伯人因知此物；更由阿拉伯人传至欧洲；欧洲近代史上的发现时代，同罗盘也有离不开的关系。中国同阿拉伯的交通，即此两端，已可见其关系之密切，及其同中西文化交通的影响了。

宋朝与阿拉伯在商务上的关系更密，泉、广诸州，番舶云集，大都为大食舶；南渡而后，泉、广、明州市舶抽分，为南宋国家岁入的大宗。元明之际，与大食的交通犹未断绝，明成祖时，三宝太监郑和下西洋，即曾一至天方。其随军译人如马欢之流即为回教徒；马氏先世或即为流寓中国的阿拉伯人，也未可知。

附注

唐武宗大中时有大食人李彦昇以范阳连帅卢钧之荐，竟登进士第，这要算是阿拉伯人华化之最先者了。宋末元初，泉州的蒲寿宬、寿庚兄弟，也是很有名的。蒲寿庚同元朝的开国很有关系，日本桑原骘藏著有《蒲寿庚之事迹》一书，考证宋元时代中国同阿拉伯的交通以及蒲寿庚的事迹，甚为详尽。蒲寿宬并是一位文学家，著有《心泉学诗稿》《心泉诗余》，卓然为一大家；同波斯人李珣可以先后辉映。元朝文人先世之为回回世家的尤其多，陈垣《元西域人华化考》述说甚详，可以参看。

中国同大食交通的路径，诸书传说不一。今略举如次：

《新唐书·西域传·苦国传》纪有自西域诸国至大食路程，略云："自大食西十五日行得都盘，西距罗利支十五日，南即大食。

二十五日行,北勃达一月行。勃达之东(据丁谦云应作西南),距大食二月行。西抵岐兰二十日行。南都盘北大食(丁云应作怛满),皆一月行。岐兰东(丁云应作西)南二十日行得阿没,或曰阿昧。东南距陀跋斯十五日行。南沙兰一月行。北距海二日行,居你诃温多城,宜羊马,俗宽柔,故大食常游牧于此。沙兰东距罗利支,北怛满,皆二十日行。西即大食二十五日行。罗利支东距都盘,北陀拨斯,皆十五日行。西沙兰二十日行。南大食,皆一月行。北岐兰二十日行。西即大食,一月行(丁云此处脱一国名)。"

《新唐书·地理志》后附边州入四夷之路,其七曰广州通海夷道,述广州至大食诸国的路程很详:"广州东南海行二百里至屯门山;乃帆风西行二日至九州石;又南二日至象石。又西南三日行至占不劳山;山在环王国东二百里海中。又南二日行至陵山。又一日行至门毒国。又一日行至古笪国。又半日行至奔陀浪洲。又两日行到军突弄山。又五日行至海峡,番人谓之质,南北百里;北岸则罗越国,南岸则佛逝国。佛逝国东水行四五日至诃陵国,南中洲之最大者。又西出硖三日至葛葛僧祇国,在佛逝西北隅之别岛,国人多钞暴,乘舶者畏惮之;其北岸则个罗国,个罗西则哥谷罗国。又从葛葛僧祇四五日行至胜邓洲。又五日行至婆露国。又六日行至婆国伽蓝洲。又北四日行至师子国,其北海岸距南天竺大岸百里。又西四日行经没来国,南天竺之最南境。又西北经十余小国,至婆罗门西境,又西北二日行至扳曶国。又十日行经天竺西境小国五,至提曶国。其国有弥兰大河,一曰新头河,自北渤昆国来,西流至提曶国,北入于海。又自提曶国西二十日行经小国二十余至提罗卢和国,一曰罗和异国,国人于海中立华表,夜则置炬其上,使舶人夜行不迷。又西一日行至乌剌国,乃大食国之弗利剌河,南入于海,小舟沂流二日至末罗国,大食重镇也。又西北陆行千里,至茂门王所都缚达城。自婆罗门南境从没来国至

乌剌国皆缘海东岸行，其西岸之西皆大食国，其西最南谓之三兰
国。自三兰国正北二十日行经小国十余，至设国。又十日行经小国
六七，至萨伊瞿和竭国，当海西岸。又西六七日行经小国六七，
至没巽国，又西北十日行经小国十余，至拔离歌磨难国。又一日
行至乌剌国，与东岸路合。西域有陀拔恩单国（正应作陀拔思单
国），在疏勒西南二万五千里，东距勃达国西至涅满国，皆一月行；
南至罗刹支国半月行；北至海两月行。罗刹支国东至都槃国半月
行，西至沙兰国，南至大食国皆二十日行；都槃国东至大食国半月
行，南至大食国二十五日行；北至勃达国一月行。勃达国东至大
食国两月行，西北至岐兰国二十日行，北至大食国一月行。河没
国东南至陀拔恩国半月行，西北至岐兰国二十日行，南至沙兰国一
月行，北至海两月行。岐兰国西至大食国两月行，南至涅满国二
十日行，北至海五日行。涅满国西至大食国两月行，南至大食国
一月行，北至岐兰国二十日行。沙兰国南至大食国二十五日行，
北至涅满国二十五日行，石国东至拔汗那国百里，西南至东米国
五百里。罽宾国在疏勒西南四千里，东至俱兰城国七百里，西至
大食国千里，南至婆罗门国五百里，北至吐火罗国二百里。东米
国在安国西北二千里，东至碎叶国五千里，西南至石国千五百里，
南至拔汗那国千五百里。史国在疏勒西二千里，东至俱密国千
里，西至大食国二千里，南至吐火罗国二百里，西北至康国七百
里。"这里的后一段自西域通大食的路程可与上引《苦国传》末所
附路程对勘。中国如丁谦的《新唐书西域传地理考证》和吴承仕
《唐贾耽边州入四夷道里考实》二书，西文则有伯希和（P.
Pelliot）的 *Deux Itinéraires de Chine en Inde à la fin du VIIIe
Siècle* 和夏德（F. Hirth）、罗智意（W. W. Rockhill）合译赵汝适
《诸蕃志》的导言，日文有大正五年七月《史林》所载桑原骘藏的
《波斯湾头之东洋贸易》，凡此诸作，大都考证《新唐书・地理志》

所附边州入四夷道里,阅之可以得一概要,此处不能详举。

九世纪中叶,阿拉伯游历家 Ibn Khordadbeh 和 Soliman 两人的游记中都曾纪述到自大食到中国的路程,宋周去非《岭外代答》中也曾述及。桑原骘藏的《蒲寿庚之事迹》中曾括述诸家之说,大约以为:"大食中国间航程日数,详见九世纪半伊本考尔大贝之《道程及郡国志》及贾耽'广州通海夷道',两书大体一致,日数均为总计约九十日。与伊本考尔大贝约略同时之索里曼,计海道日数为百三四十日。据其计算,自波斯湾之尸罗夫(Siraf)港。经阿曼(Oman)之 Mascate,至南印度之 Koulam(故临国,俱蓝国)凡四十日。自 Koulam 至今马来半岛之 Kalâh-bâr(个罗国,古罗国)约一月,日数均妥当。惟自 Kalâh-bâr 至中国之 Khanfou(广府)须七十日,则失之过大。夏德、罗智意两氏本此,计 Kalâh-bâr 与 Khanfou 间距离为三四十日,盖误算矣。据南宋周去非《岭外代答》卷二,自广州至今苏门答腊岛西北端之蓝里(即 Soliman 之 al-Ramny),航程四十日,蓝里至故临约一月,故临至大食(波斯)又约一月,总计约百日,与唐代所传略同。此航程九十日乃至百日,乃以顺风为准者,寄泊日数尚不在内。故彼时商舶往来实际日数,必过此数远甚。据《岭外代答》卷三,是年仲冬广州开船,约四十日达蓝里,营贸易,避夏期西南风。翌年冬,乘东北风经故临国而至大食。观此,广州至大食,满一年以上为普通矣。自大食归广州亦同;是一往复间约二年也。故《岭外代答》卷三航海外夷条曰:诸番国之入中国,一岁可以往返,唯大食必二年而后可。又卷二故临国条:中国舶商欲往大食,往返经二年矣。"

赵汝适《诸蕃志》大食国条说:"大食在泉之西北,去泉州最远,番舶艰于直达。自泉州发舶四十余日至蓝里博易住冬,次年再发,顺风六十余日方至其国。"到明朝三宝太监郑和下西洋,关于从中国到海南诸国的道程纪载更为详细,马欢《瀛涯胜览》天方国条说:"此国即默伽国也。自古里国开船投西南申位,船行三个月方到本国马头,番名秩达,有大头目主守。自秩达西行,一日到王居之城,名默伽国。"至于自中国南京以至古里的路程,明茅元仪《武备志》所附郑和航海图于其道程远近以及针位纪载甚详,这里不能细述。

第六章　中国文化之东被与南传

中国的文化并不是孤立的,观上述各章,可见中国在秦汉以降,无时无刻不与外国交通往来,因此在文化方面也时时交光互影。不过中国所受于外国文化的影响固然很多,尤其是所受于印度者,但是东方诸国所受于中国文化的影响却也不小,如朝鲜、日本以及安南即是受中国文化影响最深最著的几个国家。我们要说中国的文化,必须博览诸国的史乘,看其彼此交通影响的处所,方可不致囿于方隅,而说中国文化是一种孤立的发展。本章所要说的即是叙述中国文化传播到朝鲜、日本、安南诸国的概况。不过这几国同中国的关系特别密切,最好是别成一书,专论中国文化的东被与南传,本章只能撮取大要,稍加陈述。

中国同毗邻诸国交通最早见于古书最为可信的,大约要算安南。安南古称交趾,先秦古书如《尚书》《墨子》都曾说及交趾。至于暹罗,古称掸国,见于《史记》,掸国王雍由调曾进献过大秦国的眩人。缅甸唐称为骠国,曾因大理以通中国。海南诸国之通中国,为时也是很早:三国孙吴的时候,曾遣康泰、朱应使海南诸国,其后康泰有《扶南土俗吴时外国传》,朱应有《异物志》,所述南海诸国有斯调、都簿、诸昆、顿逊诸国,大都在今马来半岛一带。汉武帝时,也曾遣人自广州入海,求五色琉璃。《汉书·地理志》末所述诸地名,现都不甚可考,但大致也当在今南印度以南马来半岛一带。所以中国在秦汉的时候,对于南方以及南海中诸小国,大约即已知道,且有过往来。唐宋以后,如安南、暹罗、缅甸诸国且受中国封册,居于藩属之列。安南诸国在文化上所受中国的影响也自不少,尤其是在政治制度一方面,大概都模仿中国。开科取士,诵读《诗》《书》,俨然汉家威仪。明成祖时命三宝太监郑和以艨艟巨舰七下西洋;其所谓西洋,就是今日的南洋。于是中国人在南洋的威势到了明朝,竟呈空前的盛况;至今南洋一带,犹仰慕三宝大人的声威不置。中国人之移民南洋,当始于唐宋之际,可是要以郑和下西洋的前后,为最盛的时期了。

中国同朝鲜、日本的交通,为时大约也是甚早。战国齐威宣王、燕昭王的时候,即传有蓬莱、方丈、瀛洲三神山,相传在渤海中;于是威宣、燕昭俱使人入海求三神山。三神山虽然始终没有求得,不过这一定不是毫无根据之谈,所指大约即是日本。到秦时徐福引三百童男女入海,一去不回,了无音信。到了三国孙权的黄龙二年,还因为徐福的缘故,重演一回浮海求夷洲和亶洲的故事。所以日本之正式见知于中国史籍,要比朝鲜为后。朝鲜自檀君立国,已在中国唐尧之世。到战国时,朝鲜北部,为燕所有。汉初燕人卫满亡命入据朝鲜北部。汉武帝定朝鲜,改为四郡,自后朝鲜同中国总是处于藩属的地位。六朝的时候,自中国输入佛教,中国文化的输入,也在汉隋之间。唐代高丽有君子国之称,其使臣到中国来的,同中国士大夫唱和,彬彬有礼。崔志远《桂苑笔耕集》一书至今蜚声文苑,崔氏唐时入居中国,历数十年,回国后刊印此书。宋元以后,中国理学大盛,朝鲜也受其感染。明朝的时候,朝鲜又发明铜活字版,印刷书籍,为朝鲜文化史上放一异彩,不过这种铜活字是否为朝鲜所自创,尚无确证,或者受有中国影响,亦未可知。

只是中国在唐以前，对于朝鲜的势力，只及于北部、南部，南部如任那一府，即始终受着日本的控制。到了唐朝，中国同日本的势力在朝鲜半岛南部的百济起了冲突，于是乃有刘仁愿、刘仁轨之两度征伐。麟德二年白江口之役，百济所请来的日本援兵，战舰为中国焚去的达四百艘，这是中日外交史上一件最可纪念的事。自此以后，中国在朝鲜南部的势力始日益增厚。到了明朝，日本丰臣秀吉野心勃勃，又想平定朝鲜半岛以进窥中国，于是又惹出一场恶战。

朝鲜的形势，一方面像一把匕首插入日本的胸中，一方面又为中国东北的屏藩，所以有史以来，即成为两国势力交会的场所。朝鲜在唐时所受中国文化的影响即已不盛，《旧唐书·高丽传》说其书有五经及《史纪》、《汉书》、范晔《后汉书》、《三国志》、孙盛《晋春秋》、《玉篇》、《字统》、《字林》，又有《文选》，尤爱重之。但是所有文化都是因袭中国，在政治上，亦只依违两大。明清以后，中了理学清淡的流毒，终日无所事事，以致国势日趋疲弱，竟酿亡国之惨。这大半是地理上的缘故有以使之如此。

日本同中国的交通，据《论衡》所记，远在成周之初，道家说在黄帝时，日本自己说在秦时，诸说都不可信。正式的交通，大约始于汉朝，其时使驿通于汉朝的有三十余国；汉光武时并封委奴国王，赐以印绶，"汉委奴国王印"，近来曾在日本发见，可证中史之真。那时中国已知道日本王室居于大和，称大和为邪马台国。魏明帝时，日本神功皇后在位，魏封之为亲魏倭王，称神功为卑弥呼。晋宋以降，中国同日本的交往仍复蝉联不绝，中国也时时予以封号。不过日本史书对于汉魏以降，日本同中国的交通，概行否认，只承认隋时小野妹子通使中国以后之事为实。

到了唐朝，中国文化发达如日中天，唐室声威遍于四裔，日本也闻风向慕，遣唐使节络绎于途：综计自唐太宗贞观四年到唐昭宗乾宁元年,日本遣唐使共有十四次,唐朝派人陪送日使回国也有三次。这是专指正式遣使而言,派遣学生来唐留学的还不在内。仅就唐朝日本留学中国的学生而言,即有一百三十二人,也可算得洋洋大观了。到了元朝,元世祖抱统一六合的雄心,想把日本收归版图,于是乃有文永、弘安两役。结果元朝虽然以地理不熟,一败涂地,然而当时日本朝野惶惶,到处求神祈祷,其恐慌之状,也可想见。最后到了明朝,日本萨摩一带的浪人驾了八幡船到中国沿岸钞暴为虐,沿海一带小儿一闻倭子至,至不敢夜哭。所以明初倭寇,实成为国家当前的一件大事;明太祖即位之初,于钟山广植桐棕之属,以供将来造船之用,其用意未尝不在防海。而成祖以之修造大舰,扬威海南,真可谓先得我心了。

中国与日本交通了好几千年,可是在宋以前对于日本历史的知识浅薄得很。到了宋朝雍熙元年(九八四),日本国僧奝然与其门徒五六人浮海而至,献有《今王年代纪》一卷,后来著《宋史·日本传》的人,就将奝然所传的《年代纪》抄撮成篇,中国才确实知道日本历代至守平天皇为止的历代帝王的年号。元明以降,因为倭患日深,中国学人所著关于日本的书籍也日益加多,不过关于日本历史的知识,竟未能比《宋史》所纪增加了多少。

《后汉书》上说韩有三种:一曰马韩,二曰辰韩,三曰弁辰。辰韩民族原是秦之亡人,避役适韩。马韩割东界地居之,言同秦人相似,所以又名为秦韩。可见秦汉之际中国人有迁移到朝鲜半岛的。在日本应神天皇十四年(二八三),有秦人弓月氏自说是秦始皇后,从百济迁到日本;其后遂有太秦氏,始传养蚕之术。雄略天皇十四年(西元后四六九),又从中国吴地求得吴织汉织并缝女姊妹小工女还。应神以降,中国人徙居日本的,为数日多,钦明天皇时,秦户竟至七千,其他日本各姓出自中国的甚多。秦徐福到日本的事,确否难考,而汉以后,日本民族中之夹有不少汉族分子,并且大都是取道朝鲜半岛,迁徙而来,那是确凿可据的。

不仅中国的民族其始多由朝鲜半岛迁到日本,即是中国的文化,最初也取道朝鲜半岛传入日本。应神天皇时,始从百济得汉籍,学汉学;雄略天皇时,从徙来的汉人学种桑养蚕织缝。今日日本佛教很盛,也是钦明天皇时从百济传来的;而在钦明以前继体天皇的时候,即有南梁司马达到日本,欲辉弘佛教。隋以后,日本同中国正式通使,才互见于两国史籍。到了唐朝,日本学生留学中国的风起云涌。日本国中上自政制,下至习俗,无不模仿唐风。宗教方面,如法相、律宗、台宗、密宗等宗,莫不传自中国。因为留唐风盛,结果竟有吉备真备模仿汉字,创作假名,僧空海又创平假名,至今为日本通行的文字。而日本政治史上有名的大化维新和文化史上有名的奈良朝和平安朝,其实就是将唐朝的制度文物整个地搬到日本。主持大化维新的人物,如高向元理等就是以前的留唐学生;其所改革,就是改从唐朝的制度。后来的大宝养老诸律令以及各种格式,都是仿效唐制。不仅政治制度模仿唐朝,日本历史上有名的平安京,其实就是仿照唐朝的西京而造的。当时日本朝野上下唐化的热忱可谓盛极一时。唐宋以后,日本人尊视中国的态度没有变更。明亡,朱舜水逃至日本,水户藩待为上宾,舜水教人严夷夏之防,重廉耻,尚气节,这与日本后来的维新,也有很大的影响。

明治维新以后,日本一意效法西洋,中国文化在日本的声势一时失堕。但是中国文化在日本历史上的地位依然如故;至今日本人的生活以及所表现出来的文明,还依然是唐朝的流风余韵。中国文化到了唐朝,可说极精细之致,如今离唐朝已千余年,而看了日本的生活情形,还可以反映出千余年前之唐朝文化一鳞片爪呢!

附注

安南、朝鲜诸国人士历仕中国的很不少。汉文著作也斐然可观。中国人就仕外国的，亦时见于史，如唐时日本织部正之李元环，雅乐员外兼花苑司之皇甫东朝；袁晋卿以善声学，习《尔雅》《文选》，竟为日本的大学头。大学头即今日的大学校长；这又是两国文化交通史上的佳话了。唐时日本遣唐学生还有一位仲麻吕，以慕华风，不肯回国，其后就仕于玄宗之朝，回国一次，又复入唐，卒于中国。仲麻吕在中国易姓名为朝衡，历左补阙、仪王友，见闻该洽。在唐五十四年，同那时唐朝的名诗人王维、李白、包佶、储光羲之流时相赠答。储光羲《洛中贻朝校书衡》有"朝生美无度，高驾仕春坊"之句。《全唐诗》收有朝衡《衔命归国作》一首。唐时万国辐辏于长安，流寓中土者而娴文学者也自不少。如朝衡其人，在东方诸国流寓中土的文人中间，要算佼佼者了。朝衡回国时从明州上船，夜深月出，朝衡作歌，世传为绝唱，即《三笠山辞》。由此看来，朝衡不仅在唐代文学中有其地位，即在本国的文学史上也颇负盛名。

《新唐书·地理志》附边州入四夷路，其二曰登州海行入高丽渤海道，自"登州东北海行过大谢岛、龟歆岛、淤岛、乌湖岛。三百里北渡乌湖海，至马石山东之都里镇。二百里东傍海壖，过青泥浦、桃花浦、杏花浦、石人汪、橐驼湾、乌骨江。八百里，乃南傍海壖，过乌牧岛、贝江口、椒岛，得新罗西北之长口镇，又过秦王石桥、麻田岛、古寺岛、得物岛。千里至鸭绿江唐恩浦口，乃东南陆行。七百里至新罗王城。自鸭绿江口舟行百余里，乘小舫溯流东北三十里至泊汋口，得渤海之境；又溯流五百里，至丸都县城，故高丽王都。又东北溯流二百里至神州。又陆行四百里至显州，天宝中王所都。又正北如东六百里至渤海王城"。

以上是从山东登州出海至朝鲜的路程。宋宣和时徐兢奉使高丽，自浙江明州（今宁波）出海，徐兢著有《奉使高丽图经》四十卷，有海道一篇，专纪自明州出海到高丽的沿途岛屿名称。唐时日本遣唐使有从明州上岸的，也有从扬州上岸或出海的。至于南宋，杭州兴起，出洋下海的人有从杭州出帆，往泉州而到南海者。于是行在之名时见于外国人书中，那是后话，现不赘说。

第七章　景教与也里可温教

唐朝声威之盛，远达中亚细亚一带；那时长安一城，万国辐辏。其为外国人所钦慕，真有过于宋元时代的天城（City of Heaven，当时外国人称杭州曰天城，中国俗谚亦曰上有天堂，下有苏杭），因此住居长安的胡人一时至四千余人。不仅各国胡人麇集长安，即随各国人传来的宗教在长安也各自建寺传教：穆护、祆、摩尼各教随波斯、阿拉伯、回鹘诸国人传入长安，各有各的教寺。同时在穆护、祆、摩尼各教以外，还有一种基督教的别派名曰景教的，也行于长安，其教寺先称为波斯寺，后改为大秦寺。会昌废佛之役，景教也在废除之列。宋元之间，又见于中国，不过不名为景教，而名为也里可温教。元时罗马教皇几次遣使东来传教，就是风闻中国方面也有基督教徒，因而不惮山海之遥，来为同气之求。所以关于唐代的景教同元代的也里可温教，在中西交通史同中外交通史上，都是值得大书而特书的。

关于唐代景教，中国载籍很少注意。明末天主教传入中国，到天启三年（一六二三），长安掘地得碑，题曰《大秦景教流行中国碑》，经那时候传教中国的西洋人耶稣会教士考证，证明唐代的景教即是基督教的别支，于是才知道中国在唐朝的时候便已有了基督教，而唐代基督教流传中国的情形，从碑文中也可以窥见一个梗概。

据碑中所载:唐太宗贞观九年(六三五),有大秦国上德名曰阿罗本的由大秦远来长安传教。阿罗本到的时候,太宗使宰相房玄龄郊迎。贞观十二年七月,由国家于长安义宁坊为造大秦寺一所,度僧二十一人。高宗时,崇敬不衰,并于诸州各置景寺,仍崇阿罗本为镇国大法王。圣历、先天之际,因为佛教大盛,景教颇受攻击,差幸教中还有僧首罗含、大德及烈以及其他西方信士共相维持,才得无事。玄宗时景教的情形还不坏。天宝三年(七四四),又有大秦国僧佶和不远万里,东来中土。肃宗时,并于灵武五郡重立景寺;可见灵武等地,在肃宗以前,即有景教流行其间也。德宗时,又有教士伊斯从大秦来到中国,颇蒙当时名将郭子仪赏识,于是将景教更大加辉弘。那时的景教徒感激之余,因为立《大秦景教流行中国碑》,以扬休烈。碑下及左右三面并刻有景教教士汉名,凡六十七人,汉名之外,别列外国字,据最近考证,知其为叙利亚文。由这些人名之中,可知当时景教在中国的教父是景净,叙利亚文作 Adam;大主教为宁恕,那时称为法主,叙利亚文作 Hananisou,此外还有教士六十五人,碑上俱有题名。不过唐时流行中国的景教,在彼教中人自称为景教,取其光明广大之义。但是教外人却称之为弥尸诃教;弥尸诃或作迷师诃、弥施诃、弥师诃,即是 Meshiha or Messiah 的译音。

基督教传入中国,据基督教东方教会的传说,以为圣多默(St. Thomas)和圣巴尔多禄茂(St. Bartholomew)两人即曾至中国传教,大约在中国的后汉时候。第三世纪,又有一位基督教人著书说基督教圣道所被各地,于波斯米太(Medes)而外并举有 Seres。这种种说头,因为除了教中典籍以外,别无可证,所以很难依据。大约还要以《大秦景教流行中国碑》所载,于贞观九年(西元后六三五)由阿罗本传入中国之说,为比较可靠。碑文中还有翻经书殿一语,可见景教传入中国,并且还将景教的经典译成汉文。这种经典到底有无存在，内容怎样，以前都毫无所知。前清光绪末叶，英国人斯坦因(M. A. Stein)和法国人伯希和(P. Pelliot)先后在甘肃敦煌发见了不少的古籍，其中就有景教经典在内，现在知道还存在的有《大秦景教三威蒙度赞》《一神论》《序听迷诗所经》《志玄安乐经》和《宣元志本经》五种。据《三威蒙度赞》后附尊经所说，大秦景教本经目录有五百三十部，后令景净译述，才得三十部；而近来学者考证，《序听迷诗所经》文字与《三威蒙度赞》《一神论》等文字各有不同，疑心景净而后，景教经典，还有其他教士译过。再就现存的景教典籍一看，可以感觉景教初入中国的时候，感受佛教的影响很大，经文字句以及名辞，大都模仿佛经。景教翻经的景净并曾与佛教徒名般若者共同译过胡本《六波罗蜜经》。虽然"般若不闲胡语，复未解唐言，景净不识梵文，复未明释教"，所以批评者说所译的《六波罗蜜经》"虽称传译，未获半珠"，但是景教教士初到中国，和佛教僧人混杂往来的情形，却可以窥见一斑。

景教自贞观九年传入中国，历十三代，犹然流布未衰。西元后八二三年以前，中国还有一所景教的教会，教主名为大卫(David)，到了武宗，以志学神仙，师事道士赵归真、刘玄靖等，至会昌五年(西元后八四五)，遂有废佛之举。释教既已厘革，大秦、穆护、祆等教亦视同邪法，不能独存，于是各教教士本国人则勒令还俗，递解回籍，仍须完税纳粮；外国人则送还本处收管。所谓大秦，即是景教，也随佛教同时销声匿迹。所幸会昌废佛，为时只二十年，佛法便又重振，大秦、穆护各教以后怎样，却无明文可寻。但就火祆、摩尼诸教看来，历唐宋元，犹未灭绝，景教大约也不会完全绝迹。第九世纪时，阿拉伯游历家 Abu Zaid 漫游东方诸国，曾到广州，称之为广府。他到广州，正是唐僖宗乾符五年(八七八)。黄巢围攻广州，据他所纪，广府陷落，中国人被杀的不算，单是侨居广府的大食、犹太及基督教人就有十二万之多。第九世纪的一位阿拉伯人,据说他曾到过中国,并进见过唐朝的天子,皇帝同他大谈其基督教故事,如诺亚(Noah)、先知者摩西(Moses)、耶稣(Jesus)诸人的名姓都知道,并且坐右桌内,还藏有诸人的画像。由此可见唐末的时候,景教之在中国并没有完全消灭。到宋太宗时,报达景教教主眷念中国教务,遣修士六人来查,看见各处教堂被毁,教友亦星流云散,废然而返。景教到了这个时候,真是若存若亡,不绝如缕了。

但是景教之在中国,并没有完全绝迹。西史上曾载宋时哈剌契丹国通国奉基督教,其国王有名铎德若望的,曾与西洋奉教诸国使节往来不绝。十字军时,铎德若望并曾致书西洋奉教诸国,愿与之联盟以攻阿拉伯人。教皇以若望所奉系景教一派,正教鄙为外道,因遣太医官斐理伯使其国,劝之改崇正信。所谓哈剌契丹,即是西辽;所谓铎德若望,有人以为即是西辽末帝直鲁古。直鲁古的父亲也是铎德。据说西辽皇室在十一世纪之初,德宗西迁前百年左右,即已崇奉基督教。所以有人说辽兴宗取名崇真,改元景福。道宗斋僧好道,大约即是信奉基督教。这种说法,虽然难于置信,但是辽金时代,中国之确有景教,却还有证据。元时有马祖常者,以文学著名元代,可是他的祖先是西域人,就是信奉景教的,始迁至中国的为和禄罙思,于辽道宗咸雍间(西元后一〇六五至一〇七四)来中国,家于甘肃之临洮。马氏金元以后,代有闻人,俱信奉景教,到元朝的马祖常才弃而从儒。这是辽金时代中国有景教的一个确证。不仅在文献方面可以证明辽金时代中国有景教,今河北房山曾发见古十字寺遗迹,有元顺帝敕赐十字碑记,谓此为辽时遗迹,碑上并有古叙里亚文,义作仰望此依靠此。十字寺即古代用以称景教寺院的。由此看来,会昌废佛而后,景教虽曾一时衰歇,但是并未中断,其后蝉联不绝,还时时有从西域

来的景教教徒，流寓中国。所谓中断，或者在中国南部稍为零落，
而北部却仍流行民间。

到了元朝，蒙古铁骑所及，遍于欧亚，于是西域诸国相率来
朝，西域人流寓中国的也日盛一日；那时称此辈为色目人，族别至
四五十种。因为外国人流寓中国的甚多，而属于景教的基督教虽
因黑衣大食（Abbassides）衰落，报达景教教父的势力失坠，然而
景教的势力，仍然盛传于中亚一带。元时的色目人既多自中亚徙
来，于是景教徒也因之东入中土，赓续李唐之盛。不过元代之称
景教，不曰景教而曰也里可温，说者以为也里可温即是阿拉伯文
Rekhabium 字的对音，即为《大秦景教流行中国碑》中的阿罗诃。

元朝公文之类，大都以也里可温和僧、道、医、儒、答失蛮（回
回教）并举，到元中叶以后，并于礼部中特设一崇福司，管理也里
可温，可见也里可温教人在那时的社会上不在少数，所以特设专
官。其时镇江一郡侨寓户三千八百四十五家，而也里可温有二十
三家，每一百六十七家中有也里可温一家；口躯合计一万三千五
百三人，也里可温估二百十五，每六十三人中有也里可温一人。
也里可温人服官的也自不少。广惠司卿聂只儿，淮南廉访金事马
世德，镇江府路总管马薛里吉思，总管兼府尹安震亨，达鲁花赤兼
管内劝农事阔里吉思，潭州路兼扬州达鲁花赤阔里吉思之子鲁
合，镇江府路达鲁花赤兼管内劝农事太平，丹徒县达鲁花赤马奥
剌憨、斡罗思，同知广东道宣慰使司副都元帅安马里忽思及其子
也里牙，又塔海亦为广东道宣慰使司副都元帅，江浙行省左丞哈
喇，海北廉访使康里不苑，秘书少监督失列门，著作郎雅古，奏差
囊加台，诸人都是也里可温教徒。此中有良医，有名臣，有文人学
士；可见也里可温一教中人物之盛。据当时东来的教士所纪，元
朝太宗的皇后都剌吉纳也奉景教，极为热心；宗室贵胄以及黄帝
的太医奉教的也很多。著名的文人有马润、马祖常、马世德、雅琥

诸人。那时雍古部人大都信奉基督教,其中最著名的有高唐王阔里吉思。阔里吉思自身以及其父叔兄弟姊妹,大都奉基督教。元世祖时东来之意大利人马哥·孛罗所著游记中时时提到佐治王(King George)。据近人考证,以为佐治王即高唐王阔里吉思。阔里吉思起初也是相信景教的,到后来遇见罗马教皇派来的修士孟高未诺(Montecorvino),才改从天主教。

据那时东来的教士所纪,元定宗时,以母后脱那哥那信教甚虔,所以皇宫附近别有圣堂一座。镇江则以马薛里吉思之努力,建有也里可温寺七座,在银山的名为云山、聚明二寺;此外如镇江的大兴国寺,杭州城内荐桥东面三太傅祠之旧大普兴寺,丹徒之安寺、高安寺,大兴国寺侧的甘泉寺,皆在阔里吉思所建七寺之内。据那时外国人的纪载,杭州特有一区(第三区),专住基督教徒;泉州等处也有基督教徒,并且发见许多基督教的遗物,这些大约都是所谓也里可温的景教徒的遗物。

中国同西域交通,因而火祆、摩尼、回回、佛教相继传入中国,其中如佛教等更自中国传至高丽、日本诸国。而与西亚交通的结果,则有景教东来。因为有景教东来,后来欧洲人士闻知东方有同一信仰之人,为之神往,于是罗马教皇遂派遣修士,正式同元朝通好。但是元朝之同西方信奉也里可温教国家通往来,在《元史》上也屡见不一见。至元十九年,元朝曾遣广东招讨司杨廷璧招抚海外诸番,俱蓝国(Koulam)也里可温主兀咱撒里马即遣使奉表进贡;至元九年,亦黑迷失曾奉使海外八罗孛国,十二年再使其国,八罗孛国谅来也信也里可温。亦黑迷失归国的时候,曾与其教士并携圣油以返。所谓圣油,即是耶稣墓前灯油,《马哥·孛罗游记》中也曾提到此事。因为元朝对于基督教知道得很详细,信奉的人也不少,西方罗马教皇心想将这些信奉景教异端的基督教徒劝化过来,改信天主教,才有遣使东来之举;元世祖也因此有请求教皇派身通七艺之士一百人的使节：这都是为明季中西交通复活伏一株根芽。关于宋元时代西方人士游历中国及罗马教皇遣使东来诸端，俱见下章，现不能赘。

附注

唐朝的景教对当时的思想界究竟发生甚么影响，以材料不足，很难考索。但是从当世人的著作中偶然可以窥见一二，如李白的《上云乐》一诗，据近人研究，其中所咏，便属景教教理也。《上云乐》辞曰："金天之西，白日所没；康老胡雏，生彼月窟。巉岩容仪，戌削风骨；碧玉炅炅双目瞳，黄金拳拳两鬓红。华盖垂下睫，嵩岳临上唇，不睹诡谲貌，岂知造化神。大道是文康之严父，元气乃文康之老亲。抚顶弄盘古，推车转天轮。云见日月初生时，铸冶火精与水银。阳乌未出谷，顾兔半藏身，女娲戏黄土，团作愚下人；散在六合间，濛濛若沙尘；生死不了尽，谁明此胡是仙真！西海栽若木，东溟植扶桑，别来几多时，枝叶万里长。中国有七圣，半路颓鸿荒，陛下应运起，龙飞入咸阳。赤眉立盆子，白水兴汉光。叱咤四海动，洪涛为簸扬，举足踏紫微，天关自开张。老胡感至德，东来进仙倡。五色狮子，九苞凤凰，是老胡鸡犬鸣舞飞帝乡。淋漓飒沓，进退成行。能胡歌，献汉酒，跪双膝，并两肘，散花指天举素手。拜龙颜，献圣寿。北斗戾，南山摧，天子九九八十一万岁，长倾万岁林！"所谓大道元气，即是景教的上帝。而"抚顶弄盘古"以下十二句，则为基督教的创世说同中国相传的神话糅杂而成，全篇中充满了异国情调，同景教的风趣，以前注释家多未留意及此。

唐时大秦寺僧景净所述之《景教流行中国碑》是基督教史同中国宗教史上的一桩重要史料，今为撮录如次，以供参考。

景教流行中国碑颂（并序）

大秦寺僧景净述

粤若常然真寂,先先而无元;窅然灵虚,后后而妙有。总玄枢而造化,妙众圣以元尊者,其唯我三一妙身,无元真主阿罗诃欤。判十字以定四方,鼓元风而生二气。暗空易而天地开,日月运而昼夜作。匠成万物,然立初人,别赐良和,令镇化海。浑元之性,虚而不盈;素荡之心,本无希嗜。洎乎娑殚施妄,钿饰纯精,闲平大于此是之中,隙冥同于彼非之内。是以三百六十五种,肩随结辙,竞织法罗。或指物以讬宗,或空有以沦二,或祷祀以邀福,或伐善以矫人,智虑营营,恩情役役,茫然无得,煎迫转烧,积昧亡途,久迷休复。于是我三一分身,景尊弥施诃,戢隐真威,同人出代。神天宣庆,室女诞圣于大秦;景宿告祥,波斯睹耀以来贡。圆廿四圣有说之旧法,理家国于大猷;设三一净风无言之新教,陶良用于正信。制八境之度,炼尘成真;启三常之门,开生灭死。悬景日以破暗府,魔妄于是乎悉摧;棹慈航以登明宫,含灵于是乎既济。能事斯毕,亭午升真。经留廿七部,张元化以发灵关;法浴水风,涤浮华而洁虚白;印持十字,融四照以合无拘。击木震仁惠之音,东礼趣生荣之路。存须所以有外行,削顶所以无内情。不畜臧获,均贵贱于人;不聚货财,示罄遗于我。斋以伏识而成,戒以静慎为固。七时礼赞,大庇存亡;七日一荐,洗心返素。真常之道,妙而难名,功用昭彰,强称景教。惟道非圣不弘,圣非道不大,道圣符契,天下文明。太宗文皇帝光华启运,明圣临人。大秦国有上德曰阿罗本,占青云而载真经,望风律以驰艰险;贞观九祀,至于长安。帝使宰臣房公玄龄总仗西郊,宾迎入内。翻经书殿,问道禁闱,深知正真,特令传授。贞观十有二年秋七月诏曰:道无常名,圣无常体,随方设教,密济群生。大秦国大德阿罗本,远将经像,来献上京。详其教旨,玄妙无为;观其元宗,生成立要。词无繁说,理有忘筌。济物利人,宜行天下。所司即于京义宁坊造大秦寺一所，度僧廿一人。宗周德丧，青驾西升；巨唐道光，景风东扇。旋令有司将帝写真，转摸寺壁。天资泛彩，英朗景门；圣迹腾祥，永辉法界。案《西域图记》及汉魏史策：大秦国南统珊瑚之海，北极众宝之山，西望仙境花林，东接长风弱水。其土出火綄布、返魂香、明月珠、夜光璧。俗无寇盗，人有乐康。法非景不行，主非德不立。土宇广阔，文物昌明。高宗大帝克恭缵祖，润色真宗，而于诸州各置景寺，仍崇阿罗本为镇国大法主。法流十道，国富元休，寺满百城，家殷景福。圣历年，释子用壮，腾口于东周；先天末，下士大笑，讪谤于西镐。有若僧首罗含，大德及烈，并金方贵绪，物外高僧，共振玄纲，俱维绝纽。玄宗至道皇帝，令宁国等五王，亲临福宇，建立坛场。法栋暂桡而更崇，道石时倾而复正。天宝初，令大将军高力士送五圣写真寺内安置，赐绢百匹，奉庆睿图。龙髯虽远，弓剑可攀，日角舒光，天颜咫尺。三载，大秦国有僧佶和，瞻星向化，望日朝尊。诏僧罗含、僧普伦等一十七人，与大德佶和于兴庆宫修功德。于是天题寺牓，额戴龙书。宝装璀翠，灼烁丹霞，睿扎宏空，腾凌激日。宠赍比南山峻极，沛泽与东海齐深。道无不可，所可可名；圣无不作，所作可述。肃宗文明皇帝于灵武等五郡重立景寺，元善资而福祚开，大庆临而皇业建。代宗文武皇帝恢张圣运，从事无为。每于降诞之辰，锡天香以告成功，颁御馔以光景众。且干以美利，故能广生；圣以体元，故能亭毒。我建中圣神文武皇帝披八政以黜陟幽明，阐九畴以维新景命，化通玄理，祝无愧心。至于方大而虚，专静而恕，广慈救众苦，善贷被群生者，我修行之大猷，汲引之阶渐也。若使风雨时，天下静，人能理，物能清，存能昌，殁能乐，念生响应，情发自诚者，我景力能事之功用也。大施主金紫光禄大夫同朔方节度副使试殿中监，赐紫袈裟僧伊斯，和而好惠，闻道勤行，远自王舍之城，聿来中夏。术高三代，艺博十全。始效节于丹廷，乃策名于王帐。中书令汾阳郡王郭公子仪初总戎于朔方也，肃宗俾之从迈。虽见亲于卧内，不自异于行间。为公爪牙，作军耳目。能散禄赐，不积于家，献临恩之颇黎，布辞憩之金罽。或仍其旧寺，或重广法堂，崇饰廊宇，如翚斯飞。更效景门，依仁施利。每岁集四寺僧徒虔事精供，备诸五旬：饿者来而饭之，寒者来而衣之，病者疗而起之，死者葬而安之。清节达娑，未闻斯美，白衣景士，今见其人。愿刻洪碑，以扬休烈，词曰：

真主无元，湛寂常然。权舆匠化，起地立天。分身出代，救度无边。日升暗灭，咸证真玄。赫赫文皇，道冠前王。乘时拨乱，乾廓坤张。明明景教，言归我唐。翻经建寺，存殁舟航。百福偕作，万邦之康。高宗纂祖，更筑精宇。和宫敞朗，遍满中土。真道宣明，式封法主。人有乐康，物无灾苦。玄宗启圣，克修真正。御榜扬辉，天书蔚映。皇图璀璨，率土高敬。庶绩咸熙，人赖其庆。肃宗来复，天威引驾。圣日舒晶，祥风扫夜。祚归皇室，祆氛永谢。止沸定尘，造我区夏。代宗孝义，德合天地。开贷生成，物资美利。香以报功，仁以作施。旸谷来威，月窟毕萃。建中统极，聿修明德。武肃四溟，文清万域。烛临人隐，镜观物色。六合昭苏，百蛮取则。道惟广兮应惟密，强名言兮演三一。主能作兮臣能述，建丰碑兮颂元吉。

大唐建中二年岁在作噩太簇月七日大耀森文日建立，时法主僧宁恕知东方之景众也。

朝议郎前行台州司士参军吕秀岩书。

关于研究《景教流行中国碑》的书实在太多，为普通参考起见，明末耶稣会士阳玛诺（Emmanuel Diaz）的《唐景教碑颂正诠》，日本佐伯好郎的《景教碑文研究》和冯承钧的《景教流行中国考》诸书都可以一看。至于元代也里可温和其他基督教的情形，则陈垣的《元也里可温考》，美国 Latourette：*The History of Christian Missions in China* 以及 Yule & Cordier：*Cathay and the Way Thither* 都是很好的参考书。

第八章 中古时代到过中国的几位外国人

汉武帝时张骞归自西域，述诸国事，司马迁的《史记·大宛列传》即是采取张骞之言而成。《隋书·经籍志》有《张骞出关志》一书，不知何人所作；要之，中国所有纪述西域的文籍，要算根据张骞所说而写成的《大宛列传》为最古而最确了。魏晋以降，中国同四裔的交通日益频繁，述行纪游之作，也较前为多，其中如：孙吴时康泰之《吴时外国传扶南记》，朱应之《扶南异物志》，万震之《南州异物志》，纪述海南诸国的风物，虽至今无从窥其全豹，即其所存的一鳞片爪，也很足以考证诸国史事。六朝至唐佛教大盛，游历西域的也愈多，于是述作大兴，如：法显之《佛国记》同玄奘的《大唐西域记》原书具存，至今为言印度史的双宝；他如宋云《行纪》，释智猛《游行外国传》，释昙景《外国传》，释法盛《历国传》，慧生《行传》，慧超《往五天竺传》，常愍《游天竺记》，都是一些求法高僧以亲历目识之所得者，著为篇章，虽只残篇断简，难窥全豹，然而于考西域诸国史事，补益很是不鲜。唐时王玄策奉国命三至印度，著有《中天竺国行记》，杜环因讨大食被虏，归著《经行记》，二书可惜今已不存。其余尚有达摩笈多、彦琮合著《大隋西国传》，彦琮与裴矩合修《天竺记》，裴矩《西域图记》等等。单就《隋书·经籍志》所纪，已不下五十余种。这些都是隋、唐以前的著作。宋以后，如《诸蕃志》，如《岛夷志略》，如《西使记》《西游录》《西游记》，如记郑和下西洋的"星槎""瀛涯"诸《胜览》，以及陈诚《西使记》，又是一二十种。古代中国人游历外国，所作的纪游之书，可算很多,大都可以为考证西域同海南诸国的古史之助。不过中古时代,外国人游历中国,著有行记的也不在少数,其中也有足以补中国史籍之阙的,本章所要说的就是这些曾经到过中国而有游记的外国游历家。

在中古时代的这些游历家中要以日本的圆仁—号慈觉大师者为最先。圆仁于日本仁明天皇承和二年(唐文宗开成元年,西元后八三六)随遣唐大使藤原常嗣入唐求法,不幸舶破,四年再度出发,五年七月始于扬州登陆。回国时为承和十四年,在唐朝共住了十年。足迹曾经今河北、山东、山西、河南、陕西、安徽、江苏七省。圆仁在这十年中曾有日记,名曰《入唐求法巡礼行记》,其时正当会昌废佛的时候,《行记》关于当时唐朝的风俗、仪式、官府制度、地方组织,固然都有记载,政治、战争以及外交问题,也常常道及。佛教方面纪载特详,而道教、摩尼教也间或述及。这部书在交通史以及唐代经济史上都很有供献。

圆仁入唐在开成元年,以会昌废佛,不能立足,因而归朝,那时已是大中元年。自此以后,会昌所废诸寺,重复兴起,对于各教,又恢复以前宽宏的态度。会昌废佛,不仅对于诸教加上一种摧残,即是流寓中国的外国人大约也受了一点影响。但是各教并未完全绝迹,外国人流寓中国的还是很多。有两位阿拉伯人,曾于九世纪后半期游历过中国,后来归国,留有纪录。其中一个名为 Ibn Wahab,本是 Hebar 的后人,父亲名叫 Al Asud,世居 Busrah 城,其后以国中发生叛乱,此城大遭劫掠,不可终日,遂迁居到 Siraf。一天看见有一艘海舶扬帆启椗,预备开往中国,因此,激动了他漫游的豪兴,也就附舶而去,以图一看那富丽离奇的中国。这时大约是西元后八一四年,即唐宪宗元和九年。先到中国的广府,由广府再到长安,途中凡历两月。到长安以后,晋见皇帝,对答多时。Ibn Wahab 所记的这些对话,很是有趣。据说皇帝以为宇内凡有五王：阿拉伯国主据宇内之中，为王中之王；次之，为唐朝皇帝，乃人类之王；又次，为突厥可汗，乃狮中之王；又次，为五印度之象王，乃智慧之王；又次，为希腊王，乃人中之王也。又谓皇帝曾把一些宗教画，其中有诺亚方舟，摩西扶杖以色列人追随其后，耶稣骑驴门弟子环侍，以及穆罕默德同其他先知者的画像等很多。又说到当时长安的情形，同中国书上所纪相差不远。其后 Ibn Wahab 颇蒙皇帝的优赉，从驿站送回广府，备蒙当地官府的优待，然后回国。到西元后八五一年左右，即唐宣宗大中五年，又有一位阿拉伯商人名为 Soliman 的，曾到中国广州，说到当时广州的番坊，以及广州用竹木造屋，容易失火的情形。于阿拉伯的回教徒在中国的情形，也有所纪述。到唐僖宗时，黄巢作乱，中外通商，一时停顿，乾符五年（西元后八七八）黄巢陷广州，焚杀极惨，恰在那时有一位阿拉伯人名为 Abu Zaid 的，游历至此，据他所说，广州城破以后，中国人杀死的且不去说，单是回回教徒、犹太教徒、基督教徒以及波斯教徒殉难的就有十二万人。自此以后，阿拉伯商人及舶主大受迫害，于是只好成群结队归回故国；这在中国同阿拉伯的交通上的确起了一大打击。

Ibn Wahab 和 Abu Zaid 以后，阿拉伯人纪述到中国的，为数甚多，如西元后八二〇年到八三〇年，Ibn Khurdadhbah 的《道程郡国志》（*The Book of Routes and Provinces*），西元后九〇三年左右的 Ibn Rosteh 所著的 *Al-A'Lâk An-Nafîsa*，Mas'ūdī 的《黄金牧场》（*Meadows of Gold*）以及 Abu-Dulaf Mis'ar Ibn Muhalhil，Abu Sa'īd Abdul-Hay Ibn Dhaḥḥāk Gardīzī，Edrisi 的《地理书》（*Geography*），Benjamin of Tudela，Abulfeda（1273—1331）诸人，都遗有纪录说到过中国，虽然有些只偶存一二，却也可见一斑。此中如 Masūdī，如 Abu-Dulaf Mis'ar Ibn Muhalhil，如 Abulfeda，都曾到过中国，以其身历，笔之于书；其他

诸人大都得之传闻。这些人大概都在宋元之际，其所纪述，虽然琐屑错乱的居多，但是可以考证中国史事的却也不少。

十二世纪末，宋室就衰，北方金人的势力很盛，在这时候蒙古人忽然苍头突起，盖世人豪成吉思汗奋起平定乃蛮诸部，威名远播，附近未服的只有金人。于十三世纪之初，遂兴兵南征，金人不能敌，迁都汴京，以避蒙古的兵威，到西元后一二三四年，金人卒为太宗窝阔台所灭，这是后话。当成吉思汗平定各部，慑服金人之后，又征服西辽，于是势力同西域的货勒自弥相接触。西元后一二一八年藉口货勒自弥杀蒙古使人商贾，决定大举西伐，蒙古人混一欧亚，也即始于此时。成吉思汗亲征西域，既灭货勒自弥，凯旋回国，而遣部将速不台、哲别穷追货勒自弥苏尔滩穆罕默德之子札剌勒丁，因此平定波斯，进略俄罗斯东南二边。到了太宗窝阔台、宪宗蒙哥时，又曾两度西征。元朝三次西征，中亚细亚、波斯、俄罗斯、马札儿（Magyars）、波兰（Poland）诸地，俱为蒙古兵力所征服。那时蒙古的势力东起太平洋岸，西达波罗的海，南临波斯湾，大汗的金牌，可以直达欧亚，毫无阻碍，所以有人说蒙古西侵乃是将往日阻塞未通的道路，一一为之开辟，以使一切民族，俱能聚首一堂，彼此交换意见；换一句话说，就是东西的文化在此时期得一度的开明的交通。在物质方面如指南针、火药、雕版、印刷术、纸币、纸牌、算盘之属，近代史家以为都是由蒙古西侵以后传入欧洲的，而火炮、回回历等也由西域方面传入中国。

元朝混一欧亚，其在文化方面所发生的影响还不止此，最大的要算是欧洲文明曾一度想乘此东来，因而有了小小的交通。虽然这一次所谋无成，但是后来圣方济各（St. Francis Xavier）辈之来中国，实是受有元代东来诸西洋教士的暗示。元朝三次西征，因建钦察、察哈台、伊儿三汗国，为西北三藩，南俄、西亚、中亚一带胥成为元朝宗室藩封之地。这般蒙古人同那些新环境接触，因而改奉基督教的甚多，如伊尔汗国的旭烈兀、阿鲁浑即奉基督教，台古塔尔（Tagudar Khan）、合尔班答则曾受基督教洗礼。阿鲁浑曾两次遣使同罗马教皇和英法两国国王通好，合尔班答也曾同罗马教皇和英法国王通过使节。伊儿汗国之阿八哈汗祖孙都曾娶过东罗马王的女儿；合赞汗曾娶小亚美尼亚王女为妻，小阿美尼亚王也曾娶过一蒙古公主。元世祖时候北京一畏吾儿人名玛巴琐马（Mar Bar Sauma）者奉命为景教大主教，曾游历过罗马和英、法各国；法国菲力王（Philiple Bel）军中有一蒙古工匠；元顺帝时曾遣使到过罗马教廷。这都是元朝时候到过欧洲的蒙古人。而在十三世纪末叶北京有基督教会十二所，有一意大利之方济派教士为远东总主教；十四世纪初一法国人继其任。此外法国妇人服役宫廷以及为蒙古军通译和服务的英、法、俄、弗来铭诸国人都不少；歌伶漂泊风尘，也有辗转以至蒙古的；至于欧洲商人贸易东来的更多。这都是一些曾经到过中国的欧洲人。由这两端看来，元代中西交通的密切，也可概见了。

那时元朝的武力，横扫东西，而拔都建钦察汗国，又逼近欧洲，欧洲人震慑不置，称蒙古人为上帝之鞭，唯恐为其蹂躏。一方面蒙古人扫荡西亚，建立诸汗国，而诸汗信奉回教的不多，奉基督教加以保护的反数见不鲜。于是欧洲人又旧事重提，以为往昔传说中的僧人约翰就是成吉思汗，如教皇之流，因此颇想遣一介之使以教义相劝，使蒙古人不复为欧洲之害。一二四五年罗马教皇英诺增（Pope Innocent）因召集里昂会议，于四月十六日议决派遣教士谒蒙古大汗，讲信修睦，劝之信教。第一次秉节东征的伟人即是有名的柏朗嘉宾（John of Plano Carpini）。

柏朗嘉宾，意大利人，属圣方济各会修士，为人博学多才，长于应对。奉命东行的时候，他的年龄已六十又五，身体很胖，但是他为宗教的热忱所驱使，对于这样的万里长征，并不退缩，毅然前往。受命的时候有一波西米亚人士提反(Friar Stephen)同往,中途疲惫,不能追随,只剩有自不勒斯劳(Breslau)赶上的一位波兰僧人名叫本笃(Friar Benedict)与之同行。那时虽是阳历四月,而塞外寒冷,仍同严冬,冰雪塞途,柏朗嘉宾以六十高年同本笃二人子身东迈,饥食干粮,渴饮清水,其劳苦可想而知了。柏朗嘉宾东行,先到基辅(Kiev),见蒙古守将,告以来意,然后至撒拉依(Sarai)谒拔都,自此乘驿东行。计自欧洲里昂启程为阳历四月,到蒙古大汗驻节的和林,已经是七月末了。

柏朗嘉宾东来,带有教皇致蒙古大汗的书信两通:一书劝蒙古大汗率领臣民领洗入教;一书劝蒙古罢兵息战,毋与基督教国家为仇。柏朗嘉宾到和林为一二四六年七月二十二日,那时元太宗殂逝,定宗恰于是年即位。定宗对于教皇的来书,作一答函,要教皇与所属诸侯王公亲来和林朝贡,方允修和;至于信教,则回答更为滑稽。总之,柏朗嘉宾这一次东来,竟是空跑一趟,对于教皇使命,毫无结果可言。可是就柏朗嘉宾所遗《行纪》看来,于当时东西交通的情形,却可以窥见一二。柏朗嘉宾诸人到了和林,就寄居在一俄国人葛斯默(Gosmos)家中;葛氏也是教友,为大汗御匠,御座和御玺都为葛氏所造。那时流寓和林的欧洲教友正自不少,有俄国、希腊、匈牙利等国人,小亚细亚、阿美尼亚以及叙利亚诸国人为数尤多。太后名都剌吉纳,即中籍所称为六后者,也已奉教。皇宫附近,有圣堂一座,常按照希腊教规,在内举行弥撒祭等。流寓的欧洲教友颇有修士与神品班人,大汗御医且有为西方教友者。那时和林与中西交通的情形正自可想而知了。

柏朗嘉宾这一次东行既没有结果,一二四八年法兰西王圣类思(St. Louis)因又派圣多明我会修士隆如美(André de Lonjumel)带随员六人,出使和林,劝蒙古大汗信教,并以各种宗教画绣幡赠予大汗。隆如美等到和林时恰值定宗殂谢,国内无主,此次又成虚行,其时在一二四九年也。【在此以前,西方人士还有小阿美尼亚王海屯(Hayton)之弟森巴德(Sempad)和角儿只王子大卫(David)兄弟俱于定宗即位的时候,曾到过和林。】隆如美虽然失败,圣类思并不灰心,第二次又派圣方济各会修士罗柏鲁(William of Rubruquis,1215—1270)和巴尔多禄茂(Bartholomew)二人到蒙古大汗那里去。二人先到拔都住处,由此再赴和林,启程时为一二五二年五月,到十二月末才抵和林。罗柏鲁此行目的在宣播教义,劝化大汗,但是所得结果并不见得比柏朗嘉宾为佳,也是徒虚此行。罗柏鲁在和林也遇见了不少的欧洲人,有法国的金银匠,有为某公主家保姆的法国少妇,又有日耳曼、匈牙利、俄罗斯诸国人,都信奉基督教。皇宫附近且有一形式如圣堂的大帐幕,内中有隐修士,系阿美尼亚司铎,属天主教。至于和林信奉景教的人尤其众多,有贵族显宦,有宗室近臣;有经堂一座。中国内地奉景教者凡有十五城,西安有主教一人。宪宗时候,曾荟集各教英彦,为其教辩护,儒释道回各俱有人,代表基督教的就是罗柏鲁。一二五四年七月初八日,罗柏鲁自和林返国,第二年八月十五日方到本土。以圣类思已返国,罗柏鲁因将所历缮写成书呈上,并言蒙古所以强盛之理。后来欧洲中古时代有名的倍根(Roger Bacon)还曾会见过罗柏鲁,细询东行经过,倍根的 *Opus Majus* 一书中即有关于罗柏鲁行程的札记。

罗柏鲁以后,到过中国的还有小阿美尼亚国王海屯第一,为时在宪宗三年。海屯以后,便是有名的孛罗诸人(Polo)了。柏朗嘉宾去中国时,同行的有伯莱斯拉夫(Breslaf)、波兰、奥地利的商人,归国时取道俄国,也有热内亚(Genoa)、威尼斯(Venice)的商人和他同行,可见那时欧洲人到东方来经商的为数很多。尼可罗·孛罗(Nicolo Polo)同弟马飞·孛罗(Maffio Polo),俱为意大利威尼斯人,一二六〇年经商于君士坦丁堡一带,辗转以至蒙古大汗之庭。时大汗为忽必烈,见尼可罗等大喜,因缮书致教皇,请求教皇送精七艺、善辞藻、能辩论之耶稣信徒一百人东来说教,并欲取耶路撒冷圣陵长明灯油少许。命尼可罗兄弟将此信递呈教皇。一二六九年(至元六年),二人归国,以旧教皇崩,新教皇尚未选出,因返故乡威尼斯,住一年多,乃携尼可罗的儿子马哥·孛罗,共凡三人,一同东行。途中谒见新选出的教皇,教皇对于忽必烈要求派遣深通七艺的教士一百人之事,藉故推却。这时已是一二七一年。马哥等三人于是赴中国,到上都受命。马哥·孛罗那时虽只二十岁左右,人极聪明,颇为元世祖忽必烈所爱。于是先后奉使到云南、缅甸、占城、印度,又曾为枢密副使、淮东道宣慰使。马哥在中国计历一十六年。到一二九二年,是为元世祖至元二十九年,马哥等忽动乡思,正在那时科克清伯岳吾公主下嫁波斯,元廷以马哥等老于行旅,因命他们顺便扈从公主到波斯,然后回国。马哥等从泉州放洋,二十六个月始抵波斯。由波斯西归时在途中闻忽必烈崩殂的消息,抵故乡威尼斯后,就不复东来。这是中古旅行家中有名的马哥·孛罗的故事。

马哥等归故乡以后,一二九八年威尼斯与热内亚开战,马哥身与其役,兵败被擒,狱中述其经历,由罗斯梯谢奴(Rusticiano)为之笔记,这就是现今世所共知的《马哥·孛罗游记》。马哥在中国前后十六年,曾参与过元廷大事,如诛阿合马,如伐日本,马哥都曾与闻,游踪也极广阔,游记中所纪,颇多足以考见中国当日的情势的。据马哥所纪,元时的基督教也很盛行:亲王乃颜即为教徒,世祖以及伯颜的侍卫多为奉教之亚兰人。那时北京、泉州、西安各有景教总主教驻扎,北京有大教堂一所,甘州、宁夏各有大教堂三所。镇江路总管薛里吉思所建大兴国寺,马哥书中也曾提到。只可惜元世祖请求教皇派遣深通七艺信奉基督教教士百人东来一举,竟为教皇拒绝,坐望亚洲一望皆白,而竟无人收获。否则以有深通七艺之士一百人东来，宣传西方的学术同宗教，其所下的种子，比之明清之际利玛窦诸人还有过之无不及呢。

马哥·孛罗诸人归国在一二九二年，而在一二八九年的时候，又有意大利人孟高未诺（Jean de Montecorvino），奉罗马教皇尼古拉斯第四（Nicolas IV）之命，赴中国请建教堂，世祖许之，遂于北京建天主教教堂四所，各处来受洗的至六千人，并购儿童一百五十人，教之学希腊、拉丁语。罗马教皇大加称许，晋孟高未诺为大主教，并别派教士七人东来来帮助他。《新约全书》也由汗巴里（Khanbuliq，北京）主教自拉丁文译为蒙古文。一三〇七年北京主教为法兰西人伯莱哥尼色（Preconise），一三二八年信奉者达三万人。那时又有一位法国教士名奥代理谷（Odoric of Pordenone，一作和德理）到中国，遍游中国各处，在泉州建立教堂多所；奥代理谷东来是取海道，从泉州上陆的。此外比较出名的欧洲人有泉州主教安德鲁（Andrew of Perugia）。安德鲁之前，尚有两人；他们的教堂则是由一侨寓泉州的阿美尼亚女教友所修。又有约翰科拉（John of Cora）。这些由教皇派来的教士中间，有一位马里诺利（John Marignolli），在中国书上也有纪载。元明之际，盛传的拂菻国献天马一事，就是纪这位马里诺利的故事。此后还有一位阿拉伯商人名为伊宾拔都他（Ibn Battuta）的，也曾到过中国泉州、杭州一带，遗有纪录，其中所述泉、杭诸州事，大可以补正中籍所未备。自此以后，中国则元室日就衰微，到处大乱，卒至朱元璋崛起民间，代元而有天下。在西方则突厥人忽然兴起，陆上交通以及西方同东方的贸易都在他掌握之中，于是东西交通，一时阻塞。这样消沉了一二百年，到十五、十六世纪的时候，东西交通方又重开，于是乃有明清之际西学之兴，为中国同西方邻国往古交通作一殿军。这是后话，其大略见于第九章中，今不赘。

附注：

中古时代到过中国的外国人，为数很多，今为简明起见，根据李思纯《元史学》中欧洲人至中国表，稍加扩充。别成一表，附于本章之末。

西名	汉名	国籍	教派	到中国时次	东来原因	曾至何地	附记
Ibn Wahab		阿拉伯人		八一四（唐宪宗元和九年）	游历	广州、长安	
Soliman		同上		八五一（唐宣宗大中五年）	同上	广州	
Abu Zaid		同上		八七八（唐僖宗乾符五年）	同上	同上	有游记
Mas'sudi		同上		？	？	？	
Abu Dulaf Mis'ar Ibn Muhalhil		同上		九四一（后晋高祖天福六年）	伴中国使臣归国	成都（？）	
Benjamin of Tudela	Tudela			？	？	？	
Abulfeda		阿拉伯人				杭州、泉州、广州、扬州	有游记
John of Plano Carpini	柏朗嘉宾	意大利人	圣方济各会	一二四六（元定宗元年）	罗马教皇 Innocent IV 派使蒙古	和林	有游记
Benedictine	本笃	同上	同上	同上	同上	同上	
Sempade		小阿美尼亚人	同上	同上	阿美尼亚王 Haithon I 弟，奉命来朝	同上	
two Davids		Georgia 人	同上	同上	大卫兄弟皆角尔只王子，被征入朝	同上	
Yaroslaf		俄罗斯人	同上	同上	俄罗斯王子，奉命入朝，中毒死	同上	

续表

西名	汉名	国籍	教派	到中国时次	东来原因	曾至何地	附记
Michael		同上		同上	俄罗斯王子，入朝不跪拜，被杀	同上	
Alexandre		同上		同上	Ywrosalf 之弟，兄死后奉命入朝	同上	
Andrew		同上		同上	同上	同上	
André de Lonjumel	隆如美	法国人	圣多明我会	一二四九（元定宗九年）	法国国王圣路易派使蒙古，劝蒙古信教	同上	
William of Rubruquis	罗柏鲁	同上	圣方济各会	一二五三（元宪宗三年）	同上	同上	有游记
Haithon I	小阿美尼亚人			一二五四（元宪宗四年）	小阿美尼亚国王，奉命入朝	同上	
Nicolo Polo	意大利威尼斯			一二六〇（元世祖至元元年）	经商中国，一二六八年赍大汗命返欧洲	北京	
Maffio Polo		同上		同上	同上	同上	
Marco Polo	马哥·孛罗	同上		一二七一（元世祖至元）	一二七一年与父 Nicolo 等至中国，历任要职，一二九二年扈科克清伯岳吾公主归欧洲	北京及中国东南西南各地	有游记
Ismailgen	亦思马因	波斯人		一二七四（元世祖至元九年）	此下至马合摩德皆波斯大马色城等处炮手，阿八哈汗遣往中国，助攻襄阳	襄阳	

西名	汉名	国籍	教派	到中国时次	东来原因	曾至何地	附记
Alai ud din	阿老瓦丁	同上		同上	同上	同上	
Ababack	阿八伯克	同上		同上	同上	同上	
Iblash	伊伯拉希	同上		同上	同上	同上	
Mahommed	马合摩德	同上		同上	同上	同上	
John of Montecorvino	孟高未诺	欧洲人	圣方济各会	一二九二左右（元世祖至元廿九年至三十年）	教皇 Nicolas IV 派之来蒙古开教	北京	
Master Peter of Lucolongo		同上		同上	同孟高未诺来中国经商	北京	
Thomas		同上		一三一一	教皇 Clement V 派自此以下三人至北京助孟高未诺布教	同上	
Jerome		同上		同上	同上	同上	
Peter of Florence		同上		同上	同上	北京、泉州	
Andrew of Perugia		同上		一三〇八	为泉州主教，继 Peregrine 之任	同上	
Friar Peregrine		同上		同上	偕 Andrew of Perugia 同来中国，为泉州主教	同上	

续表

西名	汉名	国籍	教派	到中国时次	东来原因	曾至何地	附记
John de Marignolli	同上			一三四二	一三三八年元顺帝遣使者十六人至教皇许，以一法朗克人 Andrew 为首，一三三九年因派使报之，共三十二人，一三四二年到北京，住三四年	同上	
Ibn Battuta		阿拉伯人		一三四七		泉州、杭州	

　　John de Marignolli 东来，中国史籍上也有所纪载，张星烺先生有《中国史书上关于马黎诺里使节之纪载》一文，登于《史学与地学》第三期，又《燕京学报》第五期，可以参看。至于《马哥·孛罗游记》张先生迻译全书，用功最勤，现已出有《导言》及第一卷各一册。

　　中古时代外国人纪载到中国路程的也自不少，今选译两家，以概其余。其一见 Ibn Khurdadhbah 的 *The Book of Routes and Provinces*，辞曰："自 Sanf(占城)到中国第一大埠曰 Al-wakin(交州龙编?)，无论海陆，为道俱一百程。在此有优美的中国铁器、瓷器和米。Al-wakin 为中国第一大埠，由此到 Khanfu(广府)，海道四日，陆道二十日。广府产各种水果、菜蔬、小麦、大麦、米、甘蔗之属。自广府到 Janfa(泉府)，凡八日，所产与广府同。然后再行六日，遂到 Kantu(江都)。中国无论何埠都有一可以通航的河道，水势每因潮水而为进退。江都出产鹅鸭及各种野禽之属。自

Al-maïd 沿海到中国的又一端,航行要两个月。"(下略)

又有一部书名为 *Abu Sa'īd Abdul-Hay Ibn Dhaḥḥāk Gardīzī*,内中曾纪有陆道到中国的路程,以为:"从 Toghuzghuz(回鹘?)的 Činandjket(此即 Turfān-Karakhodjo)到 Kumul 八日;到了 Bagh Shūrā,一定要乘小船渡过一道河;然后在草原中行七日,一望只是水井牧场,于是就到沙州,第七世纪以后,称为敦煌;现在路程是过安西府以向沙州的西北;自此行三日到一石砾充塞的戈壁,再七日到肃州;三日到甘州;八日到 Kuča;又十五日临一河,名为 Kiyan(黄河?),可以通船。从 Bagh Shūrā 到中国的长安路上要经过一月,若是将全程都算在内,要四十三日。"

这两家都是在第九世纪末叶到第十世纪之初,可与唐贾耽的边州入四夷道里对比,唐宋间中国同西方水陆交通的路线,观此大致可以明白了。

第九章 明清之际之中西交通与西学

中西的交通,到了元朝,本已豁然开朗。不谓元世祖一死,元室日即衰零,更无余暇经营域外。西洋方面则以突厥人兴起,东西陆路交通,为之梗塞。于是中国同西洋在以前本已交通无阻的,至是又山程水程,不相闻问。不过欧洲方面,经过文艺复兴和十字军诸役,得了希腊文明和东方传来的罗盘等等,于是发见了人,更发见了世宙。到了十五世纪之末,因为经济同其他的原因,航海之风大盛。中国呢,在明初的时候,正是一个新兴的国家,诸事蓬勃,明成祖又雄才大略,颇有经略四夷的雄心。因此卒有十五世纪末叶东西两方对于发见新地开拓疆土,不侔而合的情事发生。

元世祖时,曾遣使臣到过南洋一带,并曾征讨过爪哇。到了明成祖永乐时,国势方盛,遂有派三宝太监郑和七下西洋之举。郑和之下西洋,始于永乐三年,止于宣德七年,前后共历二十八年;南洋各处,大率有其足迹,最西竟及于非洲的木骨都束,有人说他还曾环绕过马达加斯加岛(Madagascar),距好望角不远。试查中国史书,同异域交通,足迹之远比得上郑和的竟是没有;这不能不算是中国史上的一位伟人。郑和下西洋在十五世纪末叶。而西洋方面,在这时候,也却不甘寂寞,热心探险。欧洲各国以国主的提倡和经济上的需要,于是航海探寻新地之风,一时大盛。一四四八年葡萄牙人到赤道北一千五百里处;一四八六年地亚士(Bartholomew Diaz)发现好望角;一四九二年哥伦布发现美洲;一四九七年葡萄牙人德伽马(Vasco da Gama)抵印度;一四九八年麦哲伦环绕好望角,达到印度;于是阻塞数百年的东方与西方至是始又复通。这期间西方的努力探索新地同中国郑和的七下西洋,一先一后,相距不过半世纪,真是世界史上一桩奇迹!

自达东方的新路发现以后,于是葡萄牙、西班牙、荷兰、英国俱相继东来,殖民于南洋同印度一带。最后遂将势力伸张到远东的中国同日本,首先到中国的是葡萄牙。正德十一年(西元后一五一六)Rafael Perestrello 到中国;明年,Ferdinand Andrade 等又到广东,泊上川岛;自是以后,来者日多。到嘉靖中叶,上川、浪白及澳门遂成为葡人的居留地;宁波、泉、漳诸州也有此辈的踪迹;后来都移居于澳门。嘉靖末叶,葡萄牙公然视澳门为"殖民地",设官"治理"。《明史》称此辈为佛朗机。后来西班牙、荷兰、英国相继而来。荷兰则据澎湖列岛及台湾;崇祯时英国人到广州。明季广东文武官月俸,多用番货来代,其盛可以想见。明亡清继,外国商人到中国来的日益加多;中外通商史上有名的广州十三洋行,就始于清初的时候。关于这一类交通的史实,本书以为篇幅所限,不能多说,只能就中西交通以后,明末清初之际,西洋学术的奇葩在中国思想史上作昙花一现的情形略述一二；求详求尽，还当别求专讲明清之际的西学一类书籍。

中西交通复兴以后，在文化方面所表见的，第一便是基督教的再度传入。最初想入中国传教的是圣方济各沙勿略（St. Francis Xavier）。圣方济各于明嘉靖二十九年（一五五〇）乘葡船入中国广东之上川岛，百计不能入境，遂病殁于此。其后圣多明我会、圣奥斯定会、圣方济各会修士每多潜入中国内地如广东、福建等处，没有多少时候，就被逐出境。只有澳门，因为西洋人聚集很多，曾立有教堂。并由教皇简派主教驻扎澳门，统管中国日本一切教务。万历九年（一五七九），耶稣会士意大利人利玛窦（Matteo Ricci）抵澳门，其年有耶稣会士罗明坚（Michael Ruggieri）得入广东。万历十年，利玛窦同罗明坚一同至广东端州（今肇庆）开教；基督教自元朝灭亡，久绝于中国，至是始又复通。利玛窦在广东宣传基督教，同中国的士人夫往来，教义而外，并以西洋的科学点点滴滴地介绍过来，颇得一些士大夫阶级的信仰。因为中国士大夫的怂恿，于是由广东经江西到南京；不遇，又返广东。后又到南京结交京朝士夫；万历二十八年（一六〇〇）又到北京，遂于其地开教。自此以后，中国士大夫信者渐多，西洋教士如庞迪我等相继而来；当时有名的官吏如李之藻、杨廷筠、徐光启、瞿太素等，都靡然从风。基督教的势力，一时很盛。到了清朝，如汤若望（Johann Adam Schall von Bell）、南怀仁（Ferdinand Verbiest）诸人供职钦天监，颇蒙清帝的信用，基督教徒打着水部侍郎南的旗帜，便可以各处游行无忌。广东、福建、浙江、江苏各处教务都很兴盛。

万历二十八年，利玛窦到北京，上书神宗，所献诸物，于天主天主母像、天主经、十字架而外，且有报时钟、万国图志及西琴诸物。他在肇庆的时候，就间制地图、浑仪、天地球、考时晷、报时具赠于当道。他所画的《万国舆图》至今尚有存者。利氏还著有《乾坤体义》一书专论大地。其后艾儒略（Giulio Aleni）增补利氏《万国舆图》，而成《职方外纪》。南怀仁也有《坤舆全图》和《坤舆图说》之作。这都是西洋教士最初以西洋地理学介绍到中国来的。这种西洋的地理学介绍到中国以后所生最大的效果，便是康熙时候派西洋教士到中国各省测量、绘画地图一举，前后历时九年，始成《皇舆全览图》一书，此后中外舆图大都以此为蓝本。中国的舆图学虽然肇端很早，《禹迹》《华夷》诸图，虽也有可观，但多凭臆为之，正式用科学的方法求得全国舆图的真形，还是以此为始。所以自有西洋教士传入西学而后，中国人才真正知道中国的地舆的形像。

西洋的地理学传入中国，使中国人对于空间上得一新观念，而西洋的天文历算传入以后，中国在对于时间方面的知识上也起了空前的革命。当利玛窦到北京的时候，明朝钦天监以推算日月食累俱不验，于是很有许多人主张改历的。利氏在本国对于天文历算之学，本来研究很精，因此到北京上疏，疏中说天地图及度数，深测其秘，所制观象考验日晷，与中国古法吻合云云。利氏当时虽未获展其学，可是利氏死后，修改历法的需要日甚，到万历三十八年遂有信奉西学的五官正周子愚荐庞迪我（Diego de Pantoja）、熊三拔（Sabatino de Ursis）和徐光启、李之藻诸人修历，后来以监官据大统、回回诸历推日食不验，乃征取西士开局修改，以徐光启督修新法，成书数百卷。而新法历竟因旧派人士的阻挠，在明朝始终未能见用。清顺治时，始令西洋教士汤若望以西法测验天象，改用新法；汤若望且赐号通微教师。康熙初，以旧派人士如杨光先之流对于新法诋毁甚力，并诬其谋反，于是汤若望、南怀仁等俱拿问待罪；康熙四年，汤若望竟死于狱中。不过杨光先的观测推算究竟不准，新法到头仍得胜利；康熙帝自此以后，反更重用西士,制永年历法,并修《历象考成》;乾隆时戴进贤(Ignace Kögler)又修《仪象考成》。康熙以前关于天文学说方面,虽多介绍第谷(Brahe Tycho)的学说,以为日动,但是到了戴进贤,哥白尼(Nicolaus Copernicus)地动之说随又传入。此外在算学方面,启发介绍,影响也自不小:利玛窦著《乾坤体义》,说到数学;徐光启、利玛窦合译《几何原本》,为西算输入中国之始。此外还有李之藻译《圆容较义》《同文算指》,徐光启译《测量法义》,穆尼阁(Johann Nikolaus Smogolenski)传入对数表;康熙末叶西洋的代数学也传入中国,称为借根方。西洋算学传入中国以后,中国人研算最精的当推梅文鼎、王锡阐、戴震诸人。

利玛窦上表明神宗,所献有报时钟二架,那时西士又有《自鸣钟说》一书,大约即是述其制作之概。崇祯时候毕方济(Francisco Sambiasi)上疏,所献有千里镜一筒,汤若望后著《远镜说》,述其原理;这是西洋的光学最初传入中国。那时耶稣会士金尼阁(Nicolas Trigault)到中国,携来彼中图书七千余部,陕西王徵因艾儒略之授,取其中言应用小学的一部分图说,译成《远西奇器图说》一书,万历时李之藻从西士熊三拔译《泰西水法》一书,述取水蓄水等力学机械。徐光启编《农政全书》,其中也有不少牵涉到应用物理学的处所。后来方以智、戴震诸人颇有依据西法,创造新器以及解释物理者。至于圆明园中的水木明瑟一景和乾隆时扬州平山堂的水竹居,都应用西洋水法造成,那又是实地应用到建筑方面去了。

崇祯时毕方济上疏中有"蒿目时艰,思所以恢复封疆而裨益国家者:一曰明历法以昭大统;二曰辨矿脉以裕军需;三曰通西商以官海利;四曰购西铳以资战守"。明朝因为对付满洲,对于防敌御侮的利器如西洋大炮之属,感着急切的需要。天启时曾派使澳门,命罗如望(Johannes de Rocha)、阳玛诺(Emmanuel Diaz)、龙华民（Nicolaus Longobardi）等监制西洋大炮。至是毕方济又以此为请。于是教士陆若汉（Johannes Rodriguez）同澳门西绅公沙的西劳（Gonzaeves Texeira）乃率西兵，携带铳炮，效力中朝，屡经战阵。其后汤若望并曾替明廷大铸其炮，焦勖述其所授，成《火攻挈要》一书，对于西洋诸式火器的铸造、运用、安置以及子弹、火药、火箭、地雷等等的制造法，叙述很详。到了清朝康熙时候，又用了南怀仁，为铸西洋大炮几百尊，分配各省。南怀仁又编有《神武图说》，也是讲究西洋铳炮之术的。至于毕方济所云"辨矿脉以裕军需"一节，则汤若望于崇祯十六年（一六四三）奉命赴蓟督军前，除教授火器、水利外，并及采矿之法。可惜明朝随即灭亡，此事竟未及举办。

此外如高一志（Alfonso Vagnoni）之《空际格致》，阐明火气水土为宇宙四大原素之说。邓玉函（Jean Terenz）的《人身说概》，即是西方的人体学。利玛窦进呈各物中有西琴一张，又著有《西琴八曲》。康熙时有徐日昇（Thomas Pereyra）等成《律吕正义续编》，述西方"弦音清浊二均递转合声之法"。这是西洋音乐之开始传入中国。至于那时教堂遍设各省，堂中多有西琴，赵瓯北、屈翁山都曾见到，那又当别论。

此外在美术方面，明清之际，西洋美术传入中国，多少也不无可观。利玛窦东来，曾以天主和天主母像进呈，又曾以尼各老修士（Pere Nicolaus）在日本长崎画院所雕印的宗教画送给程大约，程氏以之刻入《墨苑》。金尼阁携来彼中图书，其中即有不少插有图画的。汤若望进呈图像六十四帧，所画都为基督教故事；书今不传，只杨光先《不得已》中尚存四帧；这和利子所传，俱是明清之际西洋传来的美术。到了清朝采用西洋历算，钦天监中西士济济称盛，其中很有懂得画学的，其后如艾启蒙（Ignatius Sichelbarth）、郎世宁（Joseph Castiglione）之流，竟以西洋画人而供职画院,在中国美术史上掺入了一点新风趣。不仅西洋画人供职画院而已,中国人如焦秉贞、张恕、崔错诸人,竟也仿学西画,寸幅之中呈千岩万壑之势,而层次井然。那时西洋的写真术也已传入中国,也有人学为西洋写真的。建筑方面也有采取西洋风趣的,如圆明园中谐奇趣、远音观和水木明瑟即是一种西洋风的作品,那时的西洋教士亲自参与,为圆明园绘画雕饰的也自不少。至今圆明园虽已残败,而希腊式大理石柱犹自矗立于斜阳暮霭之中,可以表见清初的一点西洋风趣哩!至于广州十三洋行的碧堂和扬州仿碧堂而造的澄碧堂,乃是民间建筑之模仿西洋者。那时西洋瓷器尝有传入广东一带的,景德镇瓷器图案也采用西式,有洋彩之称;西式图案一时风行,竟用旧式而上之。西洋教士如殷弘绪(Francois-Xavier d'Entrecolles)之流俱曾亲至景德镇考察瓷器。清初有名的画家如邹一桂,对于西洋画法,也不能不承认其精微近真;而吴渔山竟信从大主教,这又是清初六大家中异军特出的了。

明清之际,西洋教士所传入开创的还有声音文字一端。利玛窦初到中国,因为言语文字未达,苦心学习,按图画人物倩人指点,始渐晓语言,旁通文字。后来因用罗马字拼切汉语。金尼阁著《西儒耳目资》也是这样。这对于西洋人学习汉语,程功甚易,而在他一方面因为用罗马字表出中国的声母同韵母,给予一定的音标,于是分析音素,审定音值俱觉容易。这在中国音韵学上的是一大供献。后来如方以智《旋韵图》、杨选杞《同然图》,都受有耶稣会士的影响。至于刘继庄自《华严》字母悟入,参以天竺陀罗尼、泰西蜡顶话、小西天梵书暨天方、蒙古、女真等音,作《新韵谱》,以摄万有不齐之声。继庄想利用西洋以及其他各种字母,改定中国的语音,科条严密,体大思精,可惜书佚不传,不然在清代古音学史上必可放一异彩呢。

即是西洋的哲学，传入的也颇有可观。欧洲在中古时代，希腊亚理斯多德（Aristotle）的学说盛行一时，耶稣会教士东来中土，亚氏学说也随以传入。天启时候，葡萄牙人傅汎际（Francesco Furtado）到杭州，同李之藻相往来，后遂与译亚理斯多德之书，成《寰有诠》六卷，《名理探》十卷。《寰有诠》乃先就诸有形之类，摘取形天土水气火所名五大有者，为之创译；就是亚氏《物理学》的一部分。《名理探》为 Coïmbre 大学院的课本，乃亚氏论理学的节本，是爱知学的先导；李氏译名学之音为络日伽（Logica）。现今中西大通，关于亚氏著作，除《伦理学》以外，尚无译本，不料三百年前，便已有此伟作！《寰有诠》《名理探》而外，便让利类思（Ludovicus Buglio）所译圣多玛斯（St. Thomas）的《超性学要》（Somme Thiologique）。此外如毕方济的《灵言蠡勺》、艾儒略的《性学粗述》，都是论述形而上学方面的灵魂之作。至于耶稣会士所著讨论神学之作更是繁多。由此看来，明清之际，西洋教士介绍过来的哲学，仍未能脱欧洲中古时代的窠臼，缭绕于亚理斯多德和基督教神学之中。不过自有西洋哲学传入中国，中国士大夫讨论到形而上的问题，每多以泰西之说反证中学的：如方以智《物理小识》时引西说，即是一例。而《宋元学案·晦翁学案》中间枯槁之意，亦有性是如何一段，黄百家即谓："泰西分人物三等：人为万物之首，有灵魂；动物能食色，有觉魂；草木无知，有生魂；颇谛当。"用西洋的哲学来解释中国的旧说，这也足以见出那时西学流行的状况，和中国学者择善而从的情形。不幸者如《寰有诠》《名理探》等书，文字过于艰涩，以至未能光昌，真是可惜。

在明清之际，西学传入中国，虽不甚成片段，点点滴滴，却也颇有可观。同时，东来的教士对于中国学问也颇曾尽力为之介绍到西方去。利玛窦即曾将中国"四书"译以西文，寄回本国。其后耶稣会士柏应理（Philippe Couplet）自中国返罗马，曾以耶稣会教士所译华籍四百余部晋呈教皇。到了十六、十七世纪，欧洲思想界中因此遂有一种新的因素加入其间，中国的学问同美术一时很为欧洲各国所欢迎。美术方面则有一种罗科科（Rococo）运动，喜欢将中国风趣点缀到庭园和器物上去。欧洲的大学者如歌德（Goethe）、福耳泰（Voltaire）诸人思想中也时时流露一二中国的成分在内。那时欧洲经济学一门正是重农学派（physiocrats）兴起的时候，法国经济学名家堵哥（Turgot）的学说，据说即受有中国的影响。东西文化之交光互影，正不必等到三百年以后呢。

但是明清之际西洋学术移植到中国，仅成昙华一现，当时思想界上并未发生多大的影响，远不及印度佛教。这期间的原因自然很多，大致说来不外四端：第一，当时西洋教士传入西学，多是间接传授，如李之藻、徐光启、焦勖之流，无非凭西士口授然后达之以辞，不能直接去探讨西学。第二，如艾启蒙、郎世宁之以西洋画供奉画苑，名动公卿，很可以灌输一点西洋画学，可是他们所画的东西，中国人既瞧不起，西洋人也说他不像，他们自己也不胜悔恨，以为乃是违心之作。于是这些人所画乃成三面不讨好的形势，自然归于淘汰了。第三，明清之际，反对西士的运动太厉害了。如明朝之沈维、清初之杨光先攻击西学，在历数方面虽然失败，而杨光先诸人的攻击还带有伦理的意味在内，是一种思想上的冲突。以为西洋教士所宣传的教义，根本有悖于中国文、武、周公、孔子历圣相传之心法。这种说头，也如后来曾国藩之檄讨太平军，很能引起一般士大夫的同情。第四，西洋教士自身对于中国文化的态度，也分作两派。利玛窦等以中国之祀先敬孔，非属异端；龙华民等则视为异端。其后龙华民一派在教廷方面得胜，教皇立禁约七条，对于祀先敬孔两端，绝对不许通融。中国士大夫对此固表不满，清廷对此以为干涉内政。所以康熙时教皇派专使东来，清廷即大不高兴，乾隆时铎罗（Tournon）来后，竟然决裂。清廷乃决意禁止基督教。基督教一禁，教士东来者少，西学也自然而然地受了狂风暴雨的摧残，中途夭折了！

附注

最近从清宫内发见康熙时教皇七条禁约同康熙对于此事的谕旨，很可以代表当时中西思想冲突的情形，今为摘录如次，以资参考。

教宗禁约

教王第十一格勒门得传为永远世世悉知之事。自从我作教王，第一日以至今，我料理诸事虽多，至于众西洋人在中国互相争论，此是我第一件要紧事。在中国众西洋人因看见中国有几个字，还有几件礼；也有说此有异端之事，也有说此无异端之事。因此争论，寄信与我，彼此相告，要我自己决断，我所定夺，叫他们众西洋人一心一意。此一件事，从先前在位教王第十二殷诺深爵料理起首，因他亡故，此事到我跟前。我将两边所告言词，细细详审，后于天主降生一千七百四年十一月二十日（康熙四十三年九月内）俱已定夺，开写于后：

一、西洋地方称呼天地万物之主用斗斯二字。此二字在中国用不成话，所以在中国之西洋人并入天主教之人方用天主二字，已经日久。从今以后，总不许用天字，亦不许用上帝字眼，只称呼天地万物之主。如敬天二字之匾若未悬挂，即不必悬挂；若已曾悬挂在天主堂内，即取下来，不许悬挂。

一、春秋二季祭孔子并祭祖宗之大礼，凡入教之人不许作主祭助祭之事，连入教之人亦不许在此处站立；因为此与异端相同。

一、凡入天主教之官员或进士、举人、生员等，于每月初一日十五日不许入孔子庙行礼。或有新上任之官，并新得进士，新得举人、生员者，亦俱不许入孔子庙行礼。

一、凡入天主教之人，不许入祠堂行一切之礼。

一、凡入天主教之人或在家里，或在坟上，或逢吊丧之事，俱不许行礼；或本教与别教之人若相会时，亦不许行此礼；因为还是异端之事。再入天主教之人或说我并不曾行异端之事，我不过要报本的意思，我不求福，亦不求免祸；虽有如此说话者亦不可。

一、凡遇别教之人行此礼之时，入天主教之人若要讲究，恐生是非，只好在旁边站立还使得。

一、凡入天主教之人，不许依中国规矩留牌位在家。因有灵位、神主等字眼，又指牌位上边说有灵魂。要立牌位，只许写亡人名字。再牌位作法，如无异端之事，如此留在家里可也。但牌位旁边应写天主教孝敬父母之道理。

以上我虽如此定夺，中国余外还有别样之礼，毫无异端，或与异端亦毫不相似者，如齐家治国之道，俱可遵行。今有可行与不可行之礼，俱由教王使臣定夺。若教王之使臣不在中国，有主事之人同主教之人，即可定夺。有与天主教不相反者许行，相反者俱决断不行。

天主降生一千七百十年九月二十五日（康熙四十九年八月内）。以上禁止条约之礼屡次查明之后，仍定夺照此禁止条约遵行。再我差使臣多罗于天主降生一千七百七年正月二十五日（康熙四十六年十二月内）在中国亦如此定夺，照此禁止条约遵行。我所禁止之事，如此而已。我教王自今以后，不论你们大人小人之言语，我俱不听信。于天主降生一千七百十年九月二十五日（康熙四十九年八月内），我已定夺主意，诸事俱各完毕，还有人不肯顺从。我闻得有在中国西洋人也有说我自己把我发的票禁止不行；也有说此票不明；也有说此票之解说还未到中国；也有说于天主降生一千六百五十六年三月二十三日在位教王亚勒桑多准行此禁止条约之礼等语。以上之言，我心甚是不悦。因此我于天主降生一千七百一十五年三月十九日又写此禁止条约带去申明严示在中国之众西洋人悉知，即便遵行。如或不然，我依天主教之罚处。自今以后，凡西洋人在中国传教，或再有往中国去传教者，必然于未传教之先在天主台前发誓谨守此禁止条约之礼。随后即将发誓之音信寄到罗玛府来。

康熙谕旨

康熙五十九年十一月十八日上召西洋人苏霖、白晋、巴多明、穆敬远、戴进贤、严嘉乐、麦大成、倪天爵、汤尚贤、雷孝思、冯秉正、马国贤、费隐、罗怀忠、安泰、徐茂盛、张安多、殷弘绪等至乾清宫西暖阁。上面谕尔西洋人自利玛窦到中国，二百余年，并无贪淫邪乱，无非修道，平安无事，未犯中国法度。自西洋航海，九万里之遥者，为情愿效力。朕因轸念远人，俯垂矜恤、以示中华帝王，不分内外。使尔等各献其长，出入禁庭，曲赐优容致意。尔等所行之教，与中国毫无损益，即尔等去留，亦无关涉。因自多罗来时，误听教下阎当，不通文理，妄诞议论。若本人，略通中国文章道理，亦为可恕，伊不但不知文理，即目不识丁，如何轻论中国理义之是非。即如以天为物，不可敬天，譬如上章谢恩必称皇帝陛下阶下等语。又如过御座无不趋跄起敬，总是敬君之心，随处皆然。若以陛下为阶下座位，为工匠所造，怠忽可乎！中国敬天亦是此意。若依阎当之论，必当呼天主之名，方是为敬，甚悖于中国敬天之意。像尔众西洋人修道，起意原为以灵魂归依天主，所以苦持终身，为灵魂永远之事。中国供神主，乃是人子思念父母养育，譬如幼雏物类，其母若殒，亦必呼号数日者，思其亲也。况人为万物之灵，自然诚动于中，形于外也。即尔等修道之人，倘父母有变，亦自哀恸，如置之不问，即不如物类矣，又何足与较量中国，敬孔子乎！圣人以五常百行之大道、君臣父子之大伦，垂教万世，使人亲上死长之大道，此至圣先师之所应尊敬也。尔西洋亦有圣人，因其行事可法，所以敬重。多罗、阎当等知识褊浅，何足言天，何知尊圣。前多罗来俱是听教下无赖妄说之小人，以致颠倒是非，坏尔等大事。今尔教主差使臣来京，请安谢恩，倘问及尔等行教之事，尔等众人公同答应，中国行教俱遵利玛窦规矩。皇上深知历有年所。况尔等今来上表，请皇上安，谢皇上爱养西人之重恩，并无别事。汝若有言，汝当启奏皇上，我等不能应对。尔等不可各出己见，妄自应答，又致紊乱是非。各宜禀遵。为此特谕。

今人陈垣有一篇跋，叙述此事极为简要，今摘录如次：

右教王禁约一道、康熙谕西洋人一道，现陈列于故宫博物院文献部之乐寿堂，为中国传教史上极有关系之史料。先是天主教入中国，对于祀先敬孔二事，即有争论，龙华民等以为异端，利玛窦等以为非异端。其后二派讼于罗马教廷。一七〇四年教王格勒门第十一徇一派之议，立禁约七条，并派主教多罗使中国，申明此旨。大为康熙帝所不悦，亦以不准传教为抵制。至是久居中国深通汉学之西洋人乃请教廷收回成命。一七一〇年复下部议，结果仍维持原案。一七一五年再派主教嘉乐使中国，重申此项禁约。嘉乐以康熙五十九年十一月抵京。此禁约即嘉乐所携来之禁约译本，此谕西洋人即康熙未见嘉乐前特召见在京西洋人，告以应对嘉乐之方法也。禁约末有硃批，谕西洋人亦经硃笔删改。此事西洋教史，言之綦详，而中国记载则甚缺乏。得此可见当时中西思想之不相容，而此二道公文适足为两道代表，亦后世得失之林也。（下略）

明清之际西士东来，大都取道好望角，艾儒略《职方外纪》卷五《海道》篇纪述他们来到中国的东西两条路径，颇为简要，其辞曰："儒略辈从欧逻巴各国起程，远近不一，水陆各异。大都一年之内，皆聚于边海波尔杜瓦尔国里西波亚都城，候西商官舶。春发入大洋。从福岛之北过夏至线，在赤道北二十三度半，逾赤道而南，此处北极已没，南极渐高。又过冬至线，在赤道南二十三度半。越大浪山，见南极高三十余度。又逆转冬至线，过黑人国，老楞佐岛夹界中。又逾赤道至小西洋南印度卧亚城，在赤道北十六度。风有顺逆，大抵亦一年之内，可抵小西洋。至此则海中多岛，道险窄难行矣。乃换中舶，亦乘春月而行。抵则意兰，经榜葛刺海，从苏门答腊与满刺加之中，又经新加步峡，迤北过占城、暹罗界。阅三年方抵中国岭南广州府。此从西达中国之路也。若从东而来，自以西把尼亚地中海过巴尔德峡，往亚墨利加之界，有二道：或从墨瓦蜡尼加峡出太平海；或从新以西把尼亚界泊舟，从陆路出孛露海，过马路古、吕宋等岛至大明海，以达广州。然某辈皆从西而来，不由东道；西来之路径九万里也。行海昼夜无停，有山岛可记者则指山岛而行。至大洋中，常万里无山岛，则用罗经以审方，其审方之法全在海图，量取图数，即知海舶行至某处，离某处若干里，了如指掌，百不失一。"当苏彝士运河未通前，中国同西洋的交通，总是取艾儒略所谓西道而行。

（上海商务印书馆 1930 年 10 月出版，列入"万有文库"第一集"百科小丛书"；1933 年 10 月重印初版，1934 年 6 月再版，1947年 2 月第三版，1948 年 8 月第四版，其中第三版列入"新中学文库"；2018 年学苑出版社《海上丝绸之路文献汇编》第十三册影印）

中西交通史

小　引

　　二千年的中西交通史迹，要在这五万字的区区小册子中一一表露出来，其有遗漏和讹误，自不待言。何况我对于这一门学问，还是初攻？我希望海内学者不吝指教，使能于再版时修正。

　　这本书的分量有限，所以只能分作几个题目（Topics），于每一个题目中提示事迹的梗概。因此，年代这一方面就不能不予以疏忽了。本书卷末另附有《中西交通大事年表摘要》，稍稍可以弥缝这一点的不足，但是也不能够详尽。我的希望只是把这一本小书当作一个简略的导言，或是指南，凭着这一个小小的指南，再进而窥探因中西交通而发生的更广阔的世界。

　　因为我的希望只有这样大，所以开的参考书也是有限。我于每一章的后面加附注一条，粗粗举出几种可以补充本章的书籍，以备读者有意作稍进一步的阅读。书内不用小注：一方面可省篇幅，一方面也可以使读者不感觉麻烦。至于附注所开书名以简明而易得者为限，参考书有中文可举的总举中文，中文以外，略举英文书同日文书几种，其他文字概从省略。

　　关于插图方面：所用的几幅地图，大都采自他书，不敢创作。所采的来源俱于插图目录中注明。

　　中西交通史在中国的史学上是一门新兴的学问，现在国内究心于此的很不乏人。我希望我这一部百衲本的小书出版以后，能有更好的著作出现，一方面可以满足读书者的要求，一方面也可以使我有点长进。二十年二月十日向达自记于旧都北海。

叙　论

这一本小小的书。只想将中国同欧洲诸国在政治同文化方面初步的交通情形，作一鸟瞰的叙述。自然，几千年的史实，要用五万字来提纲挈要，毫无遗漏，是办不到的。我自己也觉得遗漏太多，如中俄的关系，就有不少的漏洞。所愿在大的方面能够顾到，也算足了。

要说到二千年来的中西交通，可以先将中国的文化作一个鸟瞰。在整个的中国文化史上似乎可以分作几个段落。先秦以前，中国所有的文化孕育发长，略告完成。近来虽有若干学者，主张中国在先秦以前，文化方面即受有西方的影响，但是证据还嫌薄弱。所以先秦以前总可说是中国固有文化发长时期。

秦汉以后，情形又变了。整个的中国同外族发生关系，一天密似一天，北族而外，就算西方的民族，尤其是印度的文化，同中国发生了不可解开的关系。汉以后，张骞凿空，发见西域这一大块地方。纪元后不久，印度的佛教传入中国。中国这时候在政治上日益崩坏，儒家文化不能维持，黄老之清静无为，因之浸淫于士大夫间。适从西域传来的印度佛教，其组织的严密，同理想的境界之恢诡奇伟，比之黄老学说之简单，胜过远甚，而大概又似乎不甚相远。新来的佛教，就因此而萌生蘖长，植根东土了。

印度佛教思想之传入中国，在中国文化史上成一整个的时期。但是就这一个时期而言，其中似乎又可分为三个段落：汉魏六朝佛教的传入，最初则与黄老，后又易为老庄之说混合，或者可以说是夹杂。稍后一点，又趋重于净土思想，只想超脱现实，别求乐土。到了唐朝，玄奘三藏"轻万死以涉葱河，重一言而之奈苑"。回国而后，正式建立真正的佛教基础，同时其他宗派风起云涌，印度的佛教到此时才算是真正传入中国。宋朝的哲学突起新局，宋儒之学不论他是否能得儒家的真传，而在中国哲学史别幻异彩，那是无可疑的。可是仔细考察，宋儒之学实是儒释两家经过汉魏以至于唐的交荡互激，所发生出来的一种混合物，只要不是卫道的急先锋，大约都会承认的。印度文明之传入中国，到此时大约可算是造了极峰了。印度文明不仅在中国的哲学上发生了重大的影响，社会各方面如风俗、习惯、信仰都渗有印度文明的成分，化合渗透，无迹可寻，与中国人的人生观也已融而为一。

然而中国文明印度化的结果，在中国的历史上很发生一点障碍，激烈一点，也可以说是危害。自从印度文化传入中国，中国人的向后思想日益增长，对于控制自然的努力，远逊于前。中国的文化，从汉以后，创造的思想远赶不上先秦，科学方面的发明同进展，一天一天的衰落：这种现象的养成，印度文化的传入恐怕要负一大部分的责任呢！到了宋朝，是印度文化传入中国以后最为成熟的时期，同时也是中国民族趋于堕落的一个起点。在这个时候中国同西方的交通已大盛于前，而西方的文化也已突飞猛进，于是中国文化史上又突入了一个新的分子，即是西方文化的逐渐传入。

从元以后，西方——或者更确实一点说是欧洲——的文化逐渐向东方传布。七百年来的中国，同西方的文化一天一天的接近，同印度的文化一天一天的离远。直至今日，中国还在这个历程中间，将来的结果如何，此时尚难预断。不过西方文化的传入中国，并不自元朝为始，因为历史上的时代，并不是截然分开，而是互相交错的。所以印度文化传入中国的时候，西方同中国也就有了些微的交通，本书所要探寻的就是这一些些交通的痕迹。

汉以来中国同罗马帝国已彼此互相闻问，并已略有交通，希腊的文化也间接的传了一点到中国来。唐朝威震西域，同西亚、中亚的交通很盛，因而西方的宗教一时都传到中国来了。长安一城为第七世纪至第十世纪世界人种的博物院同宗教的陈列所。这些新来的火祆教、摩尼教而外，还有一种景教，即是基督教的别支。景教不能说是基督教的正宗，而仍不失基督教的精神，实可说是西洋文化中的一个小派。唐朝的景教也曾盛了好几百年，后来虽然销声灭迹，仍然留有余痕，到了元朝，而有也里可温教的发生。这即是基督教的别名，其中有景教，也有其他派别的基督教。

到了元朝，中西交通之盛，为以前所未有，西方欧洲诸国的人士聚集于和林以及大都者为数不少。加以也里可温教的存在和僧人约翰的传述，于是罗马教皇便想用宗教的力量来感化这犷悍的蒙古人，以求得一次意外的收获。柏朗嘉宾诸人相继东来，以临这一望皆白的世界。同时马哥·孛罗诸人也就入仕元朝至十余年。那时北京一隅，奉天主教的至几万人，漳泉一带，都有教堂，也可算盛矣。不料突厥人中途兴起，君士坦丁堡陷落，东罗马帝国灭亡，中西交通的路途，也因之而一时中断。

明以后，因为西洋航海术的发达，中西的交通又复活了。于是欧洲诸国与中国的通商传教都相继而至。在这时候，中国文化史上又获了一个小小的收获，就是西学的传入。自明隆万以至清乾隆，二百年间，西洋的学术如历算、哲理、火器等等在中国植了一点点基础。二千年来的中西交通，都在若蒙若昧之中，元明以来，才得了一点清明的观念。虽然因为宗教上的固执，形势一度恶化，但中西交通到了这一步，已一发而不可遏，虽有壮夫，莫之能挽。鸦片一战，中国同西洋的势力见了一个高低，中国再不能闭关自守了。这是一个划分时代的战争，近百年来的中国，变动之急剧,真是洋洋大观,这又是一个时期,一直到现在,还是在这一个大潮流中回环激荡,未有了日。

本书的目的只在探寻中西交通初步的史实,略略著其梗概,所以即以鸦片战争为全书的结末。近百年来中西交通的史实,应该别有一部中国近代维新史,才可以著其涯略,非此区区短篇所能尽了。

第一章　中国民族西来说

一说到中西交通,便不能不问中西交通究竟起于何时?这是一个尚待解决的问题:其中牵涉到中国民族和文化的起源,须要在考古学上、人类学上以及地质学上有足够的新发见,方能对于中国民族和文化的起源问题,作一近似的决定。这几种学问的探讨,中国尚在萌芽,所得的材料,还不能用米下最后的结论。说到邃古,我们不能不取怀疑的态度。

讨论中国民族和文化的起源,主张也有多种,其中与中西交通有关的是为中国民族西来说。按之中国古书也常常提到西方:一部《穆天子传》就是说的周穆王西巡至昆仑会见西王母的事。《逸周书·王会解》中来朝的各国夹有渠搜、月氏、大夏等西方古国。这都在帕米尔高原和葱岭左近,古书如若可靠,先秦以前,中国同西方便已有了交通的痕迹了。

此外再看先秦以前掌握中原的殷周两大民族。据近人的研究,殷同周是两个民族,文化也各自不同。殷民族似环居于今渤海湾一带,为一种文化,程度灿然可观;周民族兴起于西方汧渭之间,今山陕一带,又是一种文化,而时次较后,程度较低。殷民族文化历时既久,渐形老大,遂为新起的周民族所灭,新兴的周民族与殷的旧文化结合,乃别成为一种新文化——成周以后的文化。

不过周民族虽然起自西部，是否即为从西方，辽远的西方迁徙来的民族？成周以后的新文化，是否因为这新来的民族，带有西方的一种文化成分，与旧文化结合而后，别幻成异彩？先秦的文化中是否真含有西方的成分，如巴比伦、希腊的文化在内？这都还不能决定。只是中国古代因为东方同南方都是大海，北边又有辽阔无垠的沙漠，只西方有路可通，于是对于西方的传说同神话，也自然来得丰富了。

中国以往的载籍中对于西方既时有道及，而明末清初西洋同中国交通大盛以后，研究中国历史的也一天盛似一天，论到中国民族同文化起源的也自不少，而以西来说为最占势力。这些主张西来说的中间有一派人主张中国民族源出西方，与埃及同种，而为埃及的殖民地。他们根据着象形文字、习惯、信仰轮回、养黄牛、商业上反对外国人等事，以及新在埃及发见之中国磁器，西洋史上的古传说诸项，断定中国民族源出埃及。这一说起源最早，始于明清之际，一般耶稣会教士到中国以后。到了近来，经过精密的研究，埃及说已无人提及了。

西来说中又一派人主张中国民族源出巴比伦。以为中国古代的百姓即是巴比伦的巴克族（Bak）。这一族人移居中国以后，对于本国的旧习以及传说，尚保存不少：如洪水传说的存留，神农即巴比伦的萨贡（Sargon），仓颉即巴比伦的同基（Dungi），黄帝即巴比伦的那洪特（Nakhunte），皇古时代半人半鱼的怪物以及文字起源，和吉凶避忌、历算等等。这一说可算是俨然有些相像了。一直到最近还有人如此主张，并从文字上多方罗织，以为中国同巴比伦的文字很多相似的，必是出于一源的民族。

中国民族西来说之传入中国，正在清朝末年，种族思想极盛的时候。一般士大夫痛恨清，不欲与同中国，在那里极力找寻汉族与满族不同的证据，忽然从日本辗转得到中国民族源出巴比伦的一种说头，大为高兴。于是如章太炎，如刘师培，如黄节这一辈人都大做其文章，追寻种源，思慕故国，在那里唏嘘感叹，不能自已。到了最近，中国对于西方学术认识的比较清楚，西方历史也很知道，于是就有不少的人起来反对中国民族西来的一说。因为主张中国民族出于巴比伦的如拉可伯里（Teren de Lacouperie）这一些人，所说神农即萨贡，黄帝即那洪特云云，其实萨贡、那洪特俱是后来史家为措辞方便，将很长的名词截剩这样的几个字，并不是原来就是如此。此外洪水传说，世界各国都有，这一定是远古天地初辟始有人类时的一种传说，也不足以为同源之证。至于象形文字、吉凶避忌、历算，则是原始民族观察自然界的现象，只要环境大致相同，都可生出同样的结果来。所以主张中国民族西来，单靠这一点证据，还是不够的。

近十几年来，中国的地质学同考古学也渐渐的萌芽了。于是有仰韶文化的新发见，有辛店期等的分期，发见了新石器时代前后的中国文化，所得的陶器花纹，又多与西亚发见的陶器有相似处。虽不能即用以实证西来说，而西来说有复活之势，却是实事。最近并且有人发掘山东古城以图证明古代中国文化是否受有西来的影响的。

总之，要证明中国民族是否源自西方，一定要把地下的材料和纸上的文献，充分地找出来，然后验之制度、文物、古代文字、声音、传说而皆合，稽之地下新出各种材料而不悖，方可以作近似的决定。目前各种材料尚未完备，要决定中国民族的西来，以及邃古时代中国同西方的交通，为时尚早。此刻我们也只好阙疑了。

参考书

《东方杂志》第二十六卷第二号有何炳松先生的一篇《中华民族起源之新神话》，摘译法国 Henri Cordier 的 *Histoire Générale de la Chine* 一书，对于西人讨论中国民族和文化起源诸说，列举尚称详尽，可为本章参考。

清季至今中国学者论到中国民族来源的有蒋智由的《中国人种考》（上海华通书局有重印本），章太炎的《序种姓》（见《訄书》，又《太炎文录》），刘师培的《华夏篇》（见《国粹学报》，又《中华民族志》），黄节的《黄史》（见《国粹学报》一卷一号至四卷四号）。至友人缪君凤林的《中华民族西来辨》（《学衡》第三十七期）则反对西来说者也。此外尚有罗罗的《中华民族起源考》（《地学杂志》十二卷三号），章嶔的《中华民族溯源论》（《地学杂志》七卷十号至八卷二号），朱希祖的《文字学上之中国人种观察》（《社会科学季刊》一卷二号），又《驳中国先有苗族后有汉族说》（《北大月刊》一号），陈钟凡的《文字学上之中国人种起源考》（《国学丛刊》一卷二号），屠孝实的《汉族西来说考证》（《学艺》二卷一号至二号）诸篇。关于殷周民族的有王国维先生的《殷周制度论》，见《观堂集林》，于殷周制度之异，以及对于后来的影响，阐发颇尽。讨论殷周为两个民族及其文化的不同和分布者，有徐中舒君的《从古书中推测之殷周民族》，见《国学论丛》一卷一号，《耒耜考》见《历史语言研究所集刊》第二本第一分。

关于仰韶文化等等同西方的关系，有瑞典人安特生的《中华远古之文化》和《甘肃考古记》，俱为地质调查所的专刊。

民国十九年历史语言研究所发掘山东龙山古谭子城，据李济先生的谈话，此次发掘的用意，一方面乃在考究中国文化是否受有西来的影响，发掘结果得陶器碎片八十余箱，尚未整理研究，结果如何，不得而知。

问题

一、中西交通的源始与中国民族起源说有何关系？

二、何谓中国民族西来说？倡之者何人？此说能否成立？

三、此说近又有复兴之势，其根据相同否？

第二章　古代中西交通梗概

中国民族和文化源出西方，现待新证据来证明或否定的太多，我们只好阙疑。要讨寻中西交通的史迹，且把这民族同文化的起源搁置不论，再往下一考先秦的情形。

上面说及《穆天子传》和《逸周书》两部书。古本《竹书纪年》也曾说到穆王北征，西征犬戎，西征昆仑邱，见西王母，西王母来见，以及东征、南征等事。《竹书纪年》中的纪事，本已不十分可靠，而《穆天子传》大约又是根据《纪年》中的这些话加以扩大，成了这样一部书。有人以为穆王真的到过波斯，而西王母乃是古波斯的女王；有人以为穆王所到的不过在今新疆莎车左右。《逸周书》中的渠搜、大夏、月氏都是汉以后西域的国名。先秦旧籍如《管子》书中也曾提到大夏。这大约都是汉朝人所加上去的，所以先秦时代同西域诸国交通的那些文献上的证据，如没有地下的材料为之辅佐，要用作讨论的根据时恐怕还是不能不加以慎重。

不过在这先秦两汉的时候，中西的交通，据说也有许多痕迹可寻。在西元前第四世纪，西方的希腊正是亚历山大大王（Alexander the Great）在位。大王雄才大略，抱着席卷六合的雄心，征服了波斯以后，便提军东迈，进讨印度，摩竭陀诸邦望风而靡。后来大王因为国内起了变动，赶紧归国，以致征服东方的理想，不能实现，同我们中国也没有接触。可是自印度西北往西以至于波斯一带，希腊人沿途建筑城邑，设立国家，如中国史上的大夏（Bactria）就是希腊人所建诸国之一。在西元前第四、第三诸世纪，中亚以西以至西方，一时交通大开，往来甚盛。比之后来同元朝成吉思汗的西征，正是后先辉映。

同时中国也正当战国群雄纷起、秦霸西戎的时候。中国的丝绸，此时也已名闻遐迩。因此印度在最古的《摩奴法典》（*Laws of Manu*）和《摩诃婆罗多》大史诗（*Mahabharat*）中便有了支那（China）的名称，而希腊古书中也时时提到东方一国出产丝绸，名曰赛里斯（Serice）。支那一名传到西方，转为 Sin 同 Thin，又转为 Siæ 同 Thinæ。又以为 Thinæ 乃是国名，而 Sinæ 乃是 Thinæ 的首都。赛里斯国的人民则称为塞勒斯人（Seres），首都则称为赛拉（Sera）。支那一名大约即是从秦国的"秦"字得声，而赛里斯乃是丝国之意。支那同赛里斯两名都传入希腊，希腊人分辨不清，以为实是两国，赛里斯在北而支那在南。

希腊人之知有支那最早在西元前第五、第四世纪。自此以到西元后第二、第三世纪，希腊人同罗马人的书中还时时提到；并有人以为自己曾经到过。在中国这一方面，正是一样。汉武帝开通西域，张骞奉使大宛，于是中国人对于西方今中亚细亚一带的知识，方算确有可据。从此以后，中国书上也时常见到大秦的名称了。

当张骞出使西域时，张骞冒着万险前去，中途为匈奴所捉，后来竟设法到了西域大宛，由大宛经康居以至月氏。大宛即今俄属土耳其斯坦的 Fergana，康居即撒马尔干（Samarkand）。月氏那时击臣大夏，都妫水北，建王廷，国境兼有今布哈尔（Bokhara）同阿富汗的地方，妫水就是现今的阿母河（Amur R.）。张骞从月氏至大夏，留岁余，得不到甚么要领，只好归国。归国时复为匈奴所得，又留岁余，乘匈奴内乱，始亡归汉。这一次张骞的使命虽未达到，而身所至者大宛、大月氏、大夏、康居，又传闻其旁大国五六。传闻诸国中远在西方的有安息，有条枝，有黎轩，安息即古波斯，条枝在今叙利亚（Syria）地方。黎轩，后来作犁轩，据近人的考证,以为即是埃及的亚历山大里亚城(Alexandria)。张骞自己虽未曾到过条枝和黎轩等远西诸国,元朔六年(西元前一二三年)封骞为博望侯,于是遂派遣副使使西域诸国,颇与其人俱来。骞死以后,又曾发使抵安息、奄蔡、黎轩、条枝、身毒。那时黎轩的善眩人也曾献入汉朝。这都是汉武帝前后时候的事。中国对于西域的知识已到俄属土耳其斯坦,里海同黑海中间的地方(奄蔡见《史记·大宛列传》,系张骞在西域得之传闻,后又曾遣使相通的),以及古波斯、叙利亚诸处,并且知道非洲北岸的亚历山大里亚城。当时遣使究到何处,现不甚可考,大约后汉时所谓大秦,在前汉时还不知道,也不曾到过。这是陆道一方面的情形。水道则自武帝平定南方,设置珠崖、儋耳诸郡,大都在今广东一带,地濒南海。那时设有译长,属黄门,并曾遣使往访海南,都元国、邑卢没国、谌离国、夫甘都卢国、黄支国、皮宗国、已程不国诸国,市明珠、璧流离、奇石异物。其中的国家,只黄支一国确知道是印度东岸的Kanchipura,即后来唐朝玄奘三藏所记的建志补罗国。所以在前汉的时候,水道同西方的交通,大约以印度为最远了。那时在陆路上绾毂中西交通的要算敦煌,而在水道上为中外通商的总口岸的则是徐闻、合浦,即今广东海康、合浦二县之地。

到了后汉,情形又不同了。中国经王莽之乱,整理未遑,无暇旁骛,于是匈奴复霸西域,敛税重刻,诸国不堪命。后来匈奴一弱,莎车王贤攻灭诸国,贤死之后,西域又大乱,到了明帝的时候,中国已经休养生息,永元间北征匈奴以后,遂又重通西域,设置西域都护。到了班超平定西域,为都护,西域"五十余国悉纳质内属,其条枝、安息诸国,至于海濒四万里外,皆重译贡献"。在这时候张骞所传闻的黎轩已知道是大秦国了。(这正同魏晋以降,中国高僧大德到印度魏多王朝的国中去,以国都的名名其国,称之为华氏国是一样。)永元九年(西元后九七年)班超仰慕这极西大秦的富庶，要与之通使，因命甘英遍历西域诸国，至安息、条枝，欲从条枝渡海到大秦去。

那时中国同西亚波斯一带已交通甚盛。在西元前后两世纪时，安息的国势很强，西亚诸国，大概都为其臣属。中国同西方交往通商，丝绸一项尤其是西方国家所最欣慕的，而当时的安息就垄断了这项贸易。安息既然独占了中国的丝绸贸易，于是凡有西方国家要同中国通商往来，安息即横亘中途，遮断双方的交通。永元九年班超使部将甘英从条枝渡海往大秦，其时条枝为安息的属国，安息为着自己贸易起见，当然不许中国同远西的大秦有直接的交通，所以甘英到条枝，临大海欲渡，而安息西界船人谓英曰："海水广大，往来者逢善风，三月乃得度，若遇迟风亦有二岁者。故入海人皆赍三岁粮。海中善使人思土恋慕，数有死亡者。"英闻之乃止。大秦想同中国通使，也为安息所遮。两国东西遥遥相闻，而在西元后几十年间竟不能直接交通。

张骞通西域时所知道的黎轩，后来的犁靬、乌迟散，以及班超时的大秦，与夫唐代的佛菻，大概都指罗马讲。黎轩、犁靬、乌迟散，大约即是埃及的亚历山大里亚，古书所谓阿荔散国者即是。至于何以称罗马东徼为大秦，解释者纷纭其说，日本藤田丰八以为米索不达米亚的底格里斯河和幼发拉底河之间一片腴壤，汉时称为 Daksina，传入中国，遂以其地代表罗马东徼全部，而译其国名为大秦了。这一说与实际大约还相去不远。

在西元初，中国同号称大秦的罗马虽未得直接交通，但是大秦国常与安息、天竺人交市海中（同印度的交通也很频繁），自然容易从海道与中国相通。到了汉桓帝延熹九年（西元后一六六年），中国史书纪载这一年有大秦王安敦遣使自日南徼外献象牙、犀角、玳瑁。所谓安敦，据说即是罗马皇帝 Marcus Aurelius Antoninus（121—180A. D.）。当西元一六二年到一六五年

Antoninus 的部将 Avidius Cassius 率军征安息，奠定小亚细亚一带。中国史书上的安敦大约即是此时的事。近人以为此次安敦遣使乃是叙利亚的罗马商人经商安息、天竺海上，在交州弄了一些土产，假借大秦王的名义谋与中国通商。中国与西方的罗马属国从海道直接交通，始于此时。后来到孙权的黄武五年（西元二二六年）又有一位大秦商人名叫秦伦的来到交趾，交趾太守遣送诣权，其后秦伦复返本国。大秦同中国在海道之相通，这要算是第二次了。晋武帝太康时又遣使贡献一次，大约也是取的海道。按西元二八三年罗马皇帝 Carus 又攻有安息，这一次的使臣或者就是他所遣来的呢。

自张骞通西域以后，中国便已知道西方有极为富饶的大秦。大秦别名黎轩、犁靬，所指地域似因时不同，不过总不能出罗马东徼的属地，今地中海东岸的小亚细亚和埃及的北部一带，古罗马都护所护之地，中国书上的安都即是 Antioch 的古译。

中国同罗马的交通大致无疑。唐时杜环随高仙芝西征大食，兵败被虏，到阿拉伯、波斯，亲闻大秦国在苫国西数千里，苫国即今叙利亚。而那时中国人流寓大食的，杜环所见有汉匠作画者京兆人樊淑、刘泚，织络者河东人乐隊、吕礼。

汉以来中国同罗马帝国的交通，始终在若明若昧之中。不过中国同西方在文化上的交通，也有可以数说的。有人说中国先秦的天文学即传自希腊及巴比伦。这一说确否，还待深究，不过在西元前第六世纪时，中国正是春秋战国百家争鸣，印度则教学繁兴，希腊亦学术大盛，东海西海，同时并兴，这也是值得注意的一件大事。到了汉朝，中国的丝绸，确已传入罗马，而罗马的琉璃，也已传到中国，所以汉朝女人的耳珥有用玻璃为之者。匈奴人的遗物中有许多图案，也颇与希腊所有者相似。汉魏六朝时代的海马葡萄镜，乃是受西方影响的作品。

此外在美术方面，中国也曾间接地受了希腊的影响。希腊在西元前第四世纪时亚历山大东征之后，于印度的西北方建了不少的希腊小国。到西元后一二世纪之间，印度的佛教起了一次大变化，马鸣、龙树诸人所倡的大乘佛教即完成于此时，同时佛教美术中的犍陀罗派，也乘之兴起，犍陀罗派的佛教美术，全是受的希腊影响，于是佛的雕像，竟有如希腊的阿波罗像一样的了。印度的佛教美术在魏晋的时候入中国。至今新疆一带考古发见的佛像，还有不少是带有希腊风的犍陀罗式作品；虽然自犍陀罗东行，沿途受印欧民族的影响，不无蜕变，但是大致还可以看得出来。从中国新疆再往东，内地各处的佛像雕刻也约略可见一二。就是希腊式的柱头，在六朝时候，也间或采用。

汉魏六朝，中国同西域的交通既然兴了起来，中国同罗马帝国东徼通商，希腊式的美术传入中国，罗马帝国制的东西以及货币，中国也有得看见。不仅此也，就连罗马的传说也间有传到中国的。如《梁四公记》所说的大秦国西深坑产宝，以肉投之，鸟衔宝出的故事，原是罗马的一种传说，由罗马传到西亚，由西亚传到印度，由印度又传到中国。虽然与原来的传说，已有许多不同，可是原来的型式，尚可以看见。举此一端，可见那时两国交通之概略了。

参考书

关于中西交通的书，最近张星烺先生有《中西交通史料汇编》之辑，皆是翻译西洋以及搜集中国方面的原料而成此书，最便于不识西文的人的参考，特别是第二册专收的是中国同欧洲的交通。

西文书中专考大秦的有德国人夏德（F. Hirth）著的《大秦国全录》(*China and the Ruman Orient*)一书，可供参考。

讨论中国同希腊的尚不见专书。而谈中国天文和希腊的天文的,日本饭岛忠夫有《支那古代史论》一书,有人译汉,尚未出版,《科学》第十二卷有他的《东洋天文学大纲》一篇译文,可见一斑。又近来时常有人提到张骞从西域带回的葡萄等等植物,以为葡萄即是希腊字的译音,此说不确。美国 B. Laufer 著的 *Sino-Iranica* 一书中《葡萄考》一文详细讨论此事,本书作者曾译登十八年的《自然界》,也可以看看。

先秦两汉,中国的文化中,发现有不少的西来成分,或者说与西方相似的成分,如甲胄、铜镜花纹、殉葬一类的风俗等等。关于这一方面的研究,最近始逐渐为人注意,我这本小书里不能细说。读者如有意研究,可看:(一)B. Laufer:*Chinese Clay Figures*. 1914,(二)Gregory Borovka:*Scythian Art*. 1928,以及(三)M. Rostovtzeff:*The Animal Style in South Russia and China*. 1929 三书。

问题

一、先秦西汉时关于中西交通的史实,中西古代记载中有无可以会通之处? 试略举一二例证明之。

二、中国在西汉时关于西方的知识大约在今何地?

三、中国在西汉同西方水陆交通要道,约当今何地?

四、后汉时中西交通的情形比之西汉怎样?

五、当时东西两大帝国——中国同罗马——所以不能早日直接交通,有何国在作梗? 何时始直接交通?

六、自两汉至魏晋六朝中西交通情形如何? 中国文化有无受西方文化影响?

第三章　景教与也里可温教

汉唐间中国同西方的罗马帝国以及小亚细亚一带已有交通，大约是可以确定的。到了唐朝太宗天纵神武，经营八表，其于西域，声威所及，远迈汉武而上之。所有的羁縻州是否实力都曾达到，固然难说，可是中亚一带之为唐人武力所及，并曾至于里海沿岸，这是无可疑的。那时长安一城真是万国之所宗仰：外国胡人流寓其间的往往达四五千人，而唐朝达官建筑园亭，也有采用西亚形式者。扬州、广州一带番胡麋集，广州尤其是中外海上交通的门户，唐宋以后，外国人都称之为广府，阿拉伯商人则称之为新卡兰（Sinkalan），即大中国之意也。广州之兴不始于唐，六朝以来，即成为外商到中国的码头，做官做到广州刺史，算是最为运气，单从广州城门洞过一个身，便可有三千万；这虽是一种夸大的民间传说，可是背后的情形，也可想而知了。到了唐朝，广州贸易更为兴盛，于是大盛于宋朝的市舶，也于唐的中叶开始在广州设立起来。

太宗为人不仅能经营八表，并且能兼容并蓄，对于各种宗教，俱能容纳，无所歧视。虽然道教有成为国教的形势，然而佛教也是信奉。佛教史上的伟人玄奘游学五印，归国以后，即受着太宗的供养，译经说教。因此，中国佛教到了唐朝才脱离以前囫囵吞枣的世界，而另创各种新宗，焕成异彩。同时对于西域的各种新宗教，也一视同仁，一律优待，于是摩尼教、火祆教都传入中国。唐朝的都城长安，一时成了世界上各种民族的博物院，各种宗教的陈列所。摩尼教、火祆教的寺院也在长安建立了。而同摩尼、火祆两教先后传入中国的尚有景教。景教就是基督教的一派，这一派的传入同后来许多西洋人之来中国，都有关系，即说后来西洋人之到中国，以唐朝的景教徒为其先导，亦无不可。

景教发源于第五世纪叙利亚人安都主教聂思托留（Nestorius，Bishop of Antioch）。聂氏于西元四二八年为君士坦丁堡人主教，因主张"耶稣之天主性与其人性未尝合成一位，不过附属于其人性，故圣母玛利亚所生只是一位纯人，既为纯人之母，则不可谓为天主之母"，为那时基督教正宗所斥为异端。于是聂思托留一派在西方不能托身，因而间关东去，传播教义于中亚一带。于唐太宗贞观九年（西元六三五年）聂思托留派教士叙利亚人（那时称为大秦国人）阿罗本（Alopen）偕同志数人首来中国传教。聂思托留派基督教到中国以后，遂名为景教。景教在唐朝传行的情状，有唐德宗建中二年（西元后七八一年）大秦寺僧景净的《大秦景教流行中国碑颂》（明末在陕西出土）很可以见出大概。

据碑上说：阿罗本偕同志首来中国，初到长安。太宗命房玄龄出郊宾迎，居之大内。既命翻经，又殷殷垂询教理，深知真正，乃出谕表章，准令建堂传授。迨高宗继位，对于景教，尊崇有加，敕令诸州，各建教堂。遂得法流十道，寺满百城。圣历时武后临朝，景教不为所容，几遭灭绝。其时景教主教为罗含，同其他奉教的官员竭力维持，才得转危为安。以后至于德宗，俱蒙国君予以善视。碑中又言及郭子仪同景教僧伊斯友善。郭子仪大约也是景教信徒之一，所以他的一位公子竟然取名穆护；穆护译言博士，有师傅之义，乃当时景教教士之通称。

景教传入中国，在太宗贞观时。长安很有几处景教教堂。在贞观的时候，这种景教教堂称之为波斯寺，长安的义宁坊、十字街和醴泉坊都有景寺。到了天宝之后，改波斯寺为大秦寺。武宗毁佛，景教也连带累及，敕令归俗的大秦穆护祆（即景教徒），达二千人，也可算盛了。就是那时的士大夫中也可以看出一点景教的影响来，如李太白的《康老胡雏歌》，据近人的考证，其中就含有不少的基督教的成分。

景教碑中的景净，教名为 Adam，是那时中国景教的主教。据西书，在西元第九世纪的初年，中国的景教主教是一位大卫（David Metropolitan of Béth Sinâyê），大约即是接景净的任的。景教虽然遭了武宗之祸，但是一直到唐末，还未全然绝迹。第九世纪后半期，有一位阿拉伯人伊宾瓦哈布（Ibn Wahab）游历东方，到过中国，并说曾至长安，晋谒皇帝，皇帝给他看了一些画像，其中一帧是耶稣骑驴和诸门徒回耶露撒冷的像，皇帝对于耶稣的事迹，知道得很为清楚。这一说大约不甚可靠。其中又有一位阿拉伯人阿布赛德（Abu Zaid）游历各处，曾至广州，其时正值黄巢造反，攻破广州，阿布赛德目见这一次的悲剧。据他说广州为黄巢所杀的回回、犹太以及基督教徒即有十二万人之多，真是一个骇人的数目。这一说的反面也可以看出景教在那时还并没有全衰。到第十世纪的末年，约在宋太宗时，报达教主眷念中国教务，派人往查，则已教堂毁废，教友星散，大约是已经绝迹了。

唐朝的景教就是这样隐隐约约的渡了过去。到了明末发见了《大秦景教流行中国碑》，才知道唐朝还有这样一种宗教。当时因为没有其他的证据，对于景教碑怀疑的很是不少。清朝光绪末年，英国斯坦因（M. A. Stein）和法国的伯希和（Prof. P. Pelliot）先后在敦煌得了不少的古卷子，其中就有唐朝的景教经典，如《景教三威蒙度赞》《宣元志本经》《志玄安乐经》《一神论》《序听迷诗所经》，才证实景教碑的可靠。《三威蒙度赞》后面并还附了一篇书目，那时译了出来的景教经典有三十五种，合之敦煌发见而为《蒙度赞》所未载的，总在四十种之谱。不过那时候的佛教势力太大了，景教徒中既没有深通汉文的人，所译的经典以及术语，大都模仿佛经；加以政治上的压迫，所以归根竟不能有所发展。

发源于罗马帝国的景教传入中国,到第八世纪以后,就不大为中国人士所知。然据外人记载,到第九世纪中国还有不少的景教徒。在中国流行二百多年,对于中国的思想界到底发生了影响没有?前举的郭子仪之子名穆护以及李白的《康老胡雏歌》,可算是一斑了。而据李提摩太(Richard Timothy)的意见,《大秦景教流行中国碑颂》的书家是吕秀岩,这位吕秀岩即后来金丹教祖的纯阳祖师吕岩洞宾者便是,日本佐伯好郎也以为然,此说自然尚须加以考证,不过即就李白而言,景教的学说入于文人之心中,那是确然无疑的。

第十世纪报达主教派人东来考查,以为中国的基督教,已近绝迹,废然而返。但是据近来的发现,景教或其他的基督教派在宋元之间辽金时候还是有痕迹可寻,不过踪迹以在北方为多。关外、蒙古以及河北北境近来时时发现石十字碑,与西洋第八、第九世纪时物同。涿县琉璃河左近山中又发现古十字寺,寺中有十字碑,十字四角并有叙利亚文字,义作仰望此依靠此。据云:十字寺原为晋唐遗迹,经过辽代营建,到元顺帝时加以重修。这也是景教的遗物。在元朝景教也很盛。元至元时,镇江有大兴国寺,系本路副达鲁花赤薛里吉思建。这位薛里吉思姓马,即是一位景教教徒,大兴国寺即是一所大景教教堂。镇江于大兴国寺以外,还别有一所景教教堂。马薛里吉思连这大兴国寺一共建了七所,元世祖时意大利人马哥·孛罗(Morco Polo)历游中国,曾见镇江的景教教堂两所,杭州的景教教堂一所,杭州的大约即是薛里吉思所建的大普兴寺。据马哥历游各处所见,那时的疏勒、莎车、唐古忒地方,甘肃的凉州,云南的昆明,以及长江一带的镇江、杭州各处都有景教徒的踪迹。依理猜度,大约景教经过唐朝政治上的压迫,中原一带,或是衰微,而黄河以北以迄于土耳其斯坦等地,则仍然流行不歇也。到了元朝入主中原,西域的色目人种因而纵横中国各处，于是黄河以南，长江沿岸至于云南边远之处，景教又重兴起来了。仅仅镇江一隅，信教的即达万数，其盛可想而知。

据西史所载，宋时西域哈喇契丹国通国奉基督教。其国王铎德若望与西洋奉教诸国驿使相通往来不绝；并且曾打算与西洋的十字军联络，以攻回回教人。哈喇契丹即中国书上的西辽，其所奉的基督教乃是景教一派，而西洋史上的哈喇契丹铎德若望即是西辽末帝直鲁古。至于西辽之奉景教，乃在德宗西迁以前，当十一世纪的初年。元朝的耶律楚材即为辽裔，据说也是基督教世家，大约所奉的也是景教了。

不过元朝初年的基督教，并不止于景教一派，尚夹有他派在内，而元朝人则不加分别，总称之为也里可温。也里可温时常与僧道并列，到后来居然跻于僧道之上；政府并专设一崇福司管也里可温，与宣政院管僧，集贤院管道，成鼎足之势。奉也里可温者人数之多，即就《至顺镇江志》而言，也已可观了。那时的也里可温教徒也如现在的基督教徒一样，散处四民之中，娶妻生子，做生意买卖，当兵纳税，与常人无异。今新疆、甘肃、陕西、河北、河南、山东、江南、云南、福建诸省，当时都有也里可温教徒散布其间。政府所设专管也里可温的崇福司，秩二品，官阶在管佛教的宣政院下，管道教的集贤院上。也里可温军籍、徭役、租税都陆续蠲免，国家之尊视也里可温，于此可见。

那时奉也里可温的不止齐民，皇室奉教的有世祖之母别吉太后，太宗皇后脱列哥那，高唐王阔里吉思一族。大臣奉教的有耶律楚材，文人奉教的有马祖常一家。元世祖时又有西域弗林人爱薛，擢秘书监，领崇福使，授平章政事，封秦国公。这位爱薛，马哥·孛罗入仕元朝时也曾见过。马哥《游记》做赫西亚（Hessiah），即是爱薛的原音。据马哥说，爱薛乃是罗马天主教徒。马哥《游记》并记世祖命其通使教皇，请教皇派遣道行高深之教士百人来华,并取耶路撒冷圣墓前长明灯圣油事。《元史》上也曾载有,世祖至元十九年(一二八二年)杨廷璧招抚海外南番,抵俱蓝国,也里可温主遣使进七宝项牌及药物之事,大约即是指的马哥《游记》中所述者而言。

至于元朝天主教传行的概况,详见于下面马哥·孛罗诸人之东来一章。《大秦景教流行中国碑颂》是西洋文明正式莅临中国的第一篇重要文献,今为附录于本章之后,以见梗概。

大秦景教流行中国碑

景教流行中国碑颂(并序)　　　　　　大秦寺僧景净述

粤若常然真寂,先先而无元;窅然灵虚,后后而妙有。总玄枢而造化,妙众圣以元尊者,其唯我三一妙身,无元真主阿罗诃欤。判十字以定四方,鼓元风而生二气。暗空易而天地开,日月运而昼夜作。匠成万物,然立初人,别赐良和,令镇化海。浑元之性,虚而不盈;素荡之心,本无希嗜。洎乎娑殚施妄,钿饰纯精,闲平大于此是之中,隟冥同于彼非之内。是以三百六十五种,肩随结辙,竞织法罗。或指物以讬宗,或空有以沦二,或祷祀以邀福,或伐善以矫人,智虑营营,恩情役役,茫然无得,煎迫转烧,积昧亡途,久迷休复。于是我三一分身,景尊弥施诃,戢隐真威,同人出代。神天宣庆,室女诞圣于大秦;景宿告祥,波斯睹耀以来贡。圆廿四圣有说之旧法,理家国于大猷;设三一净风无言之新教,陶良用于正信。制八境之度,炼尘成真;启三常之门,开生灭死。悬景日以破暗府,魔妄于是乎悉摧;棹慈航以登明宫,含灵于是乎既济。能事斯毕,亭午升真。经留廿七部,张元化以发灵关;法浴水风,涤浮华而洁虚白;印持十字,融四照以合无拘。击木震仁惠之音,东礼趣生荣之路。存须所以有外行,削顶所以无内情。不畜臧获,均贵贱于人;不聚货财,示罄遗于我。斋以伏识而成,戒以静慎为固。七时礼赞，大庇存亡；七日一荐，洗心返素。真常之道，妙而难名，功用昭彰，强称景教。惟道非圣不弘，圣非道不大，道圣符契，天下文明。太宗文皇帝光华启运，明圣临人。大秦国有上德曰阿罗本，占青云而载真经，望风律以驰艰险；贞观九祀至于长安。帝使宰臣房公玄龄总仗西郊，宾迎入内。翻经书殿，问道禁闱，深知正真，特令传授。贞观十有二年秋七月诏曰：道无常名，圣无常体，随方设教，密济群生。大秦国大德阿罗本，远将经像，来献上京。详其教旨，玄妙无为；观其元宗，生成立要。词无繁说，理有忘筌。济物利人，宜行天下。所司即于京义宁坊造大秦寺一所，度僧廿一人。宗周德丧，青驾西升；巨唐道光，景风东扇。旋令有司将帝写真，转摸寺壁。天资泛彩，英朗景门；圣迹腾祥，永辉法界。案《西域图记》及汉魏史策：大秦国南统珊瑚之海，北极众宝之山，西望仙境花林，东接长风弱水。其土出火綄布、返魂香、明月珠、夜光璧。俗无寇盗，人有乐康。法非景不行，主非德不立。土宇广阔，文物昌明。高宗大帝克恭缵祖，润色真宗，而于诸州各置景寺，仍崇阿罗本为镇国大法主。法流十道，国富元休，寺满百城，家殷景福。圣历年，释子用壮，腾口于东周；先天末，下士大笑，讪谤于西镐。有若僧首罗含，大德及烈，并金方贵绪，物外高僧，共振玄纲，俱维绝纽。玄宗至道皇帝，令宁国等五王，亲临福宇，建立坛场。法栋暂桡而更崇，道石时倾而复正。天宝初，令大将军高力士送五圣写真寺内安置，赐绢百匹，奉庆睿图。龙髯虽远，弓剑可攀，日角舒光，天颜咫尺。三载，大秦国有僧佶和，瞻星向化，望日朝尊。诏僧罗含、僧普伦等一十七人，与大德佶和于兴庆宫修功德。于是天题寺牓，额戴龙书。宝装璀翠，灼烁丹霞，睿扎宏空，腾凌激日。宠赉比南山峻极，沛泽与东海齐深。道无不可，所可可名；圣无不作，所作可述。肃宗文明皇帝于灵武等五郡重立景寺，元善资而福祚开，大庆临而皇业建。

代宗文武皇帝恢张圣运,从事无为。每于降诞之辰,锡天香以告成功,颁御馔以光景众。且干以美利,故能广生;圣以体元,故能亭毒。我建中圣神文武皇帝披八政以黜陟幽明,阐九畴以维新景命,化通玄理,祝无愧心。至于方大而虚,专静而恕,广慈救众苦,善贷被群生者,我修行之大猷,汲引之阶渐也。若使风雨时,天下静,人能理,物能清,存能昌,殁能乐,念生响应,情发自诚者,我景力能事之功用也。大施主金紫光禄大夫同朔方节度副使试殿中监,赐紫袈裟僧伊斯,和而好惠,闻道勤行,远自王舍之城,聿来中夏。术高三代,艺博十全。始效节于丹廷,乃策名于王帐。中书令汾阳郡王郭公子仪初总戎于朔方也,肃宗俾之从迈。虽见亲于卧内,不自异于行间。为公爪牙,作军耳目。能散禄赐,不积于家,献临恩之颇黎,布辞憩之金罽。或仍其旧寺,或重广法堂,崇饰廊宇,如翚斯飞。更效景门,依仁施利。每岁集四寺僧徒虔事精供,备诸五旬:馁者来而饭之,寒者来而衣之,病者疗而起之,死者葬而安之。清节达娑,未闻斯美,白衣景士,今见其人。愿刻洪碑,以扬休烈,词曰:

真主无元,湛寂常然。权舆匠化,起地立天。分身出代,救度无边。日升暗灭,咸证真玄。赫赫文皇,道冠前王。乘时拨乱,乾廓坤张。明明景教,言归我唐。翻经建寺,存殁舟航。百福偕作,万邦之康。高宗纂祖,更筑精宇。和宫敞朗,遍满中土。真道宣明,式封法主。人有乐康,物无灾苦。玄宗启圣,克修真正。御牓扬辉,天书蔚映。皇图璀璨,率土高敬。庶绩咸熙,人赖其庆。肃宗来复,天威引驾。圣日舒晶,祥风扫夜。祚归皇室,祆氛永谢。止沸定尘,造我区夏。代宗孝义,德合天地。开贷生成,物资美利。香以报功,仁以作施。旸谷来威,月窟毕萃。建中统极,聿修明德。武肃四溟,文清万域。烛临人隐,镜观物色。六合昭苏,百蛮取则。道惟广兮应惟密,强名言兮演三一。主能作兮臣能述,建丰碑兮颂元吉。

大唐建中二年岁在作噩太簇月七日大耀森文日建立，时法主僧宁恕知东方之景众也。

朝议郎前行台州司士参军吕秀岩书。

参考书

关于唐代景教，中外学者所著的书甚多。中国方面可看而易于求得的有明耶稣会士西洋人阳玛诺所著《景教碑颂正诠》，为中国论述景教最早的一部书。此外最近冯承钧氏有《景教传行中国考》（商务出版）一书，综合中外学者的研究，极便参考。

关于元朝也里可温的，以陈垣氏所著《元也里可温考》为最详尽。《元也里可温考》有两种，一是民国十七年北京辅仁大学印本，一是上海商务印书馆的《东方文库》本。

西文书中今只举英文书三种。专论景教碑的要算日本人佐伯好郎（P. Yoshiro Saeki）著的《景教碑文研究》（*The Nestorian Monument in China*，1916）一书为最好，卷前有一长叙，于《景教碑》之发见，各家之研究，景教传布之历史叙述很详。碑文亦一一加以考证，碑上尚有叙利亚文景教徒名，也都为之注出。泛论元以前的中国基督教，而采集史料最多的，则以新出 A. C. Moule 著的 *Christians in China：before the Year 1550*，1930 为第一，全书俱将原料译出，另于页下加以注解，最便参考。至于美国 Prof. Latourette 所著的《中国基督教布道史》（*A History of Christian Mission in China*，1929）一书，也不失为详尽之作，不过所述详今而略古。

至于中文的泛论基督教传入中国而可以考见唐、元两代基督教状况者，最详要推献县天主教堂出版的《圣教史略》。萧司铎曾将史略加以删节，成为《天主教传行中国考》，极为简明可读，上海土山湾天主堂印书局出售,定价一元。

关于元代文人而为基督教世家的可看陈垣《元西域人华化考》一文,此篇有自印油印本,又发表于《北大国学季刊》一卷四号,《燕京学报》一卷二号。

问题

一、景教与基督教的关系怎样? 何时传入中国? 始来中国的景教徒为何人?

二、景教传入中国后,传布的情形怎样? 有何记载可凭? 中国人思想有无受景教的影响?

三、宋代时景教在中国的情形怎样? 有何记载可凭?

四、元代的也里可温和景教关系怎样? 当时传布的情形怎样?

第四章　元代之西征

中国同西方的交通,唐以前都在若明若昧之中,两边的纪事太半是些模糊影响之辞。到了唐朝,中国势力远达中亚。景教东来,开西洋文化输入中国的先声,然后中西的交通始渐有拨云雾而见青天的一日。辽金崛起北方,威震西域。蒙古继起,扫荡中原,复提大军西向,兵威所至,远及今日欧洲匈牙利一带。元太祖成吉思汗灭货勒自弥,对货勒自弥人说:"上帝生我,如持鞭之牧人,用以棰挞群类!"若无列哥尼兹(Liegnitz)一役,这些执上帝之鞭的蒙古人真不知要蹂躏欧洲到甚么一种程度呢! 蒙古人西征,对于文化虽然是一次番达主义(Vandalism)的袭来,但是在文化史上同中西交通史上的价值,却是不小。即说欧洲之近代复兴,受此次西征的震撼,而醒其一向的迷梦,也无不可。

成吉思汗崛起沙漠，十三翼之战，始露头角。于是征服泰赤乌、塔塔儿、乃蛮、克烈、蔑里乞诸部，为成吉思汗。继平金人，复灭西夏，定西辽。那时东方的强国便是蒙古，西方中亚一带的强国要算货勒自弥。两国边界紧接，自然发生利害冲突，势不两立。成吉思汗先派使通商，以窥虚实，为货勒自弥所杀，遂以为借口，倾全师西征。其时在太祖称成吉思汗的十四年，南宋宁宗嘉定十二年，即西元一二一九年也。成吉思汗西征，命他的儿子察哈台和术赤分两翼攻下讹塔喇和西耳河境，自己则围攻布哈尔（Bokhara），下货勒自弥的首都撒马尔干，踏为平地。而拖雷则分兵西征波斯各地，其一军达丹尼普耳（Dnieper），迫基发（Kiev），逾喀桑（Kasan），沿窝瓦河（Volga），经吉利吉斯草原而还。今南俄罗斯一带，全为蒙古人所征服。成吉思汗则自入印度，以西夏叛变，班师回国，印度才得幸免于难。后来术赤先死，乃命术赤次子拔都继统钦察地方。太祖逝后，波斯又曾一度叛变，为蒙古所克复。这是蒙古的第一次西征，中亚细亚、波斯、南俄罗斯一带，俱归蒙古掌握之中。

一二三七年，拔都复兴西征之师，过乌拉山，越窝瓦河，将俄罗斯所有名城如莫斯科、基发一一摧毁而后，便打算征服欧洲各国。于是自统一军直趋匈牙利中部。察哈台子诸王巴达统一军由波兰入西利西亚趋维也纳；诸王合丹统一军趋普次塔（Puszta）；大将速不台则统一军趋多恼河下流；诸路会师于匈京布达佩斯。纵横于波兰、普鲁士一带，焚布达佩斯，乃进而迫维也纳。这时候东欧诸国，真是危险极了。无何窝阔台大汗殂逝，拔都只好赶急班师回国，东欧诸国得暂逃一时的劫运，而匈牙利国统亦得不至中绝。拔都从基发出发是在一二四一年，其年窝阔台死，一二四二年四月拔都得凶耗，传令回军；这一年余中间，东欧是全然付托给这条上帝之鞭了。这是蒙古人第二次的大举西征，钦察汗国之建立也即在此次。

成吉思汗拔都的两次西征以后，又继以旭烈兀的一次，而蒙古西征之局，始告完成。前面说拖雷于太祖西征时，分兵攻服波斯各地。一二三二年拖雷逝世，于是次子旭烈兀继承其位，复领有波斯各地。又降服木剌夷、启儿曼诸地，然后进而攻陷阿拉伯帝国阿拔斯朝京都报达，阿拉伯帝国乃完全消灭。旭烈兀平定报达以后，并进兵越幼发拉底河，攻叙利亚，破大马色（Damascus）诸地，方拟进征埃及，以蒙哥大汗死而中止。这是蒙古人对于远西第三次的威吓了。

自拔都、旭烈兀死后，忽必烈入主中国，经营中原，不暇西骛，于是欧洲得重睹太平。而此时西亚、中亚一带则尽为蒙古的藩王分封之地，即所谓四汗国的地方。四汗国虽然各各分立，然在名义亦仍然受汗八里（那时北京的蒙古称呼）大汗的指挥。从大汗国到西亚一带，只要一道金牌，便可如履康庄人道，到处无阻，中西交通因而大开。这是自古以来所未有的。因为中西交通如此便利，而蒙古人信奉也里可温同其他宗派的基督教人又是不少。欧洲人见了武力不足以抗蒙古，遂又变更一种方法，想藉着基督教的力量来感化蒙古，劝蒙古人入教；在这满望皆白的时候，打算好好的收获一下。如隆如美，如柏朗嘉宾诸人之东来，俱是为此。至于孛罗叔侄久留中国，乃藉贸易以东来，这俱别见下章，此处不能一一详说。

参考书

关于蒙古西征，洪钧《元史译文证补》最为可看。太祖西征，则有《西域补传》；拔都西征则有《拔都补传》；旭烈兀西征则有《报达补传》；西域地方则有《地理志西北地附录释地》同《西域古地考》。欧阳骅译河野元三的《蒙古史》简单明了，也可参考。汉译英国韦尔斯著《世界史纲》中有几章论述蒙古的，也值一看。至于总论蒙古全史的则以《辅仁杂志》第一卷第二期姚从吾译德国柯劳斯著《蒙古史发凡》，为简洁得要。

问题

一、十三世纪时亚洲北方有何伟大民族崛起？其威胁欧洲者何如？试历数其三次西征的事实。

二、蒙古族力征经营的结果怎样？于中西交通上有何影响？

三、当时欧洲人对于蒙古民族的态度怎样？

第五章　马哥·孛罗诸人之东来

元朝兵威及于西域，那时军中各种民族都有，朝廷上也是东西兼蓄，如第三章所述的爱薛，系君士坦丁堡人，为圣而公会会友，即是一例。那时西洋人入仕元朝的还不止此，拔都征匈牙利，军中即有不少的俄罗斯人在内，并且还有英国降人以为向导。元定宗时，西洋奉基督教的如俄罗斯、希腊、匈牙利以及小亚细亚、亚美尼亚、叙利亚各处人因蒙古西征，被掳东来，聚居和林的很是不少。有俄国人葛斯默（Cosmas）为大汗的工匠，即为基督教徒，而爱薛大约也是因为蒙古西征随军而东的一人了。

当拔都建国东欧的时候，欧洲各国领过了他的教，畏惧得了不得。没有办法，只好于一二四五年由教皇意诺增爵第四（Innocent IV）召集欧洲奉基督教的国家在法国里昂开一大会，是为有名的里昂会议。会议结果，决定派遣教士东去，同蒙古修好，一方面或者可以藉宗教的力量感化蒙古大可汗，使之信教，自可弭祸于无形。一方面闻听和林，有不少的教徒，而僧人约翰独王一方，信奉基督，尤其令这般教士欣慕，以为是传教的良机。所以那时成立了托钵派，内中多由多明我会(Dominican)和方济会(Franciscan)的两派组织而成，目的即在向东方传教。里昂会议结果，第一次奉教皇派遣赴东方修好布教的即为方济会的柏朗嘉宾(John of Plano Carpini, 1245—1247)。欧洲人到中国第一次有文献可稽的也是柏朗嘉宾。

柏朗嘉宾是意大利人，于一二四五年四月另偕同会修士二人（一名本笃 Benedict）自里昂启行，到波希米亚(Bohemia)，因其国王之劝，改道由波兰入俄，得了同教人不少的帮助与赠与，遂到基发(Kiev)。由基发的蒙古守将派人护送到拔都驻处。那时柏朗嘉宾已是六十五岁的老人了，从基发驰驿东行，沿途因为遭蒙古的兵燹未久，所有名城巨镇，只剩断壁颓垣，满目荒凉凄惨。在这荒寒的旷原中忍着饥饿走了五星期，方到拔都驻节之处。同行的二人只有本笃还能支持，余一人已是不能追随了。柏朗嘉宾进见了拔都之后，又由拔都派骑兵二人送他们赴和林觐见人汗。自此往东，又是不同，一路沙漠，水草都无，往往靠着雪水止渴。那时已是一二四六年的五六月间，犹是大雪纷飞。一直到这一年的七月二十二日方到和林。一二四五年四月自里昂启程，到和林是一二四六年七月，途中计历一年又四个月。

其时正值窝阔台大汗新薨，定宗贵由汗登极为皇帝。定宗的母亲皇太后脱列哥那据柏朗嘉宾所纪也是信奉基督教的，因此召见，温语慰劳。柏朗嘉宾在和林见着不少的基督教徒，俄国人葛斯默系著名巧匠，也供职于大汗之庭。大汗的宝座，用象牙雕成，嵌以金玉，即出葛斯默手。此外俄罗斯、希腊、匈牙利西洋诸国的西洋教士被掳东来，住在和林的也不少。小亚细亚、阿美尼亚、叙利亚等处人更多。宗室奉教的也很多，初不止太后一人。皇宫附近，还有教堂一座，时常按照希腊教规，在教堂内举行弥撒礼。教堂的教士也由国家按月给俸。皇帝的太医，也有不少信教的。柏朗嘉宾在和林时，并得传闻契丹人信奉基督教的事。据说契丹人信奉的是景教，自有《旧约》《新约》，有教徒，有教堂。又说及僧人约翰（Prester John），以为约翰是大印度王，成吉思汗曾攻大印度，为约翰以计败之云云。

柏朗嘉宾东来时，携有教皇致大汗书，一明基督教理，劝大汗入教，一劝蒙古息兵罢战。柏朗嘉宾在和林住了几个月，看看这两种使命都无消息，直问定宗，答语也不得要领，只好回国复命。定宗的复书对于信教、修好诸端一概置之不理。柏朗嘉宾这一次的使命只好算是失败了。柏朗嘉宾的回国是一二四六年十一月十三日，大雪漫天，在路上两个多月，方回到法国的里昂，这是一二四七年之初，而定宗也在次年二月死了。

到了一二四八年，是柏朗嘉宾回到欧洲的第二年，又有白蒙古来的人，说及定宗死后，新大汗即位，如何宠信基督教徒，基督教徒在和林的是如何的繁多，只因神父太少，几如无牧之羊，等等的消息。法兰西王路易第九（Louis IX，1215—1270）那时在基督教中以奉教虔诚著名，有圣王之称，知道了这种消息，心中大动，因决意派遣教士东行开教。膺这开教的大使命的是为圣多明我会修士隆如美（Andrew of Lonjumeau），带了随员六人，携着路易致大汗的书和各种礼物，以及基督故事的绣幔。隆如美曾出使过波斯，通阿拉伯文。不料他们到和林时，定宗去世二年，大位虚悬，皇后摄政，政局不定。隆如美没有办法，只有将书信礼物送上，带了傲慢的复书怏怏而回。这一次的使命又失败了。

路易并不因此而灰心，一二五二年偶闻拔都的世子撒尔大石确已领洗进教，遂决意再派教士到蒙古去开教，而先谒撒尔大石，以为先容。于是在方济会中简派修士二人出使蒙古，两位修士一是有名的罗伯鲁（William of Rubruck），一名巴尔多禄茂（Bartholomew of Cremona），还有一位随员。三人从海道先到君士坦丁堡,由君士坦丁堡到撒尔大石的防地,才知道撒尔大石并未进教。后来由撒尔大石送到拔都处,拔都命赴和林。那时蒙哥大汗在位,是为宪宗。

罗伯鲁于一二五二年八月自拔都驻节之处东行,路上凡历三个月,始于十一月底抵和林。罗伯鲁抵和林后,大约住了八个月,布教东方的使命,蒙哥大汗置之不闻不问,仍是毫无结果,只好仍然回国复命。罗伯鲁回国以后,著有一部游记,纪述此行见闻种种。据说他在和林时离皇居两弓的地方,即有一教堂,罗伯鲁曾亲自去过,内中陈设圣像,又有一隐修士在内祈祷。修士为阿美尼亚人,学道于耶路撒冷,后来东方传教,想感化蒙哥,成为教徒。罗伯鲁并曾见着许多欧洲人流落在和林的,其中有一法国罗伦(Lorraine)省麦兹府(Metz)的妇人,名巴各德(Paguelte)者,也在和林,供职于奉基督教的某贵妇家。她自己嫁了一位俄国丈夫,生有三个儿女。罗伯鲁从这位法国妇人处得知住在和林的巴黎金银匠步瑟威廉(William Buchier)很蒙大汗的宠任。罗伯鲁还曾同这位步瑟通了一次信。至于日耳曼、匈牙利、俄罗斯的人更是很多。教皇先前曾遣安得烈(Andrew)到波斯,这一队使者中有一位教士名叫狄奥多罗(Theodolus)的,并不回国,就此漂流直到东方,此时也到了蒙哥大汗的宫廷,假充携有天书云云,卒为蒙哥察破,逐之回国。罗伯鲁那时亲见此事。

罗伯鲁的使命虽没有成功,而他在和林住了七八个月,所耳闻目见的可也不少。拔都的儿子虽未奉基督教,而其左右奉景教的却很多,和林人士信奉景教的尤其不少,多系贵族显宦,宗室近臣,并有教堂一座,照规行礼。又说中国内地信奉景教的凡有十五城,西安有主教一人,掌理中国教务:这些同中国书上所说的都相符合。元朝对于各教一律看待,于基督教不加分别的情形,也一一见到。那时因为各教聚集一处,自不免有互相攻讦的处所,于是有蒙哥大汗召集诸教辩论之事，罗伯鲁也曾亲自参加这一次的卫道大论战。据罗伯鲁说，这一次的辩论是他胜了。辩论之后，蒙哥虽未即信教，而态度却已不同，常偕皇后到教堂来礼拜，并时临阿美尼亚修士的教堂中，要罗伯鲁等唱经求福。皇后等并时至景教教堂。元室后妃信基督教的，史书屡有纪载，贵族显宦，宗室近臣系出也里可温世家者，也屡见于中国载籍，都可以证明罗伯鲁的纪载不错。罗伯鲁归国以后，所带回的蒙哥大汗复书，至今还在罗马教皇图书馆中保藏着。

柏朗嘉宾、隆如美、罗伯鲁诸人受着教皇的使命，东来开教，不幸都先后失败归去。但是教皇开教东方的心愿还是不息，一二七四年，教皇又派方济会修士五人先到波斯，请伊耳汗主哈巴迦（Abaga）代为照料，送到中国传教。哈巴迦也是一位基督教徒，伊耳汗国同基督教的关系，后面再说。这一次因哈巴迦照料送到中国传教的方济会修士，据说是成功了，几年后他们曾上书教皇尼可老第三（Nicolas III），说中国的教务已开，进教者日多，请求派主教一员综理中国教务云云。

到了十三世纪的下半期，欧洲罗马一派的基督教在中国大约是已有了一点根柢了。中国那时是元世祖忽必烈在位，曾派孛罗兄弟西还，要教皇派遣有德的教士百人东来传道，这件事没有作到。至于孛罗兄弟东来，同伊耳汗国的情形，俱见于下。只说一二八九年的时候，教皇尼可老第四听知中国皇帝优待教士，于是简派方济会修士数人到中国来传教，以孟高未诺（John of Montecorvino）为首领。孟高未诺为意大利人，生于一二四七年。一二九一年，自波斯伊耳汗国都起程，遵海道先到印度，谒圣多默（St. Thomas）墓，然后再到中国。自起程到中国，路上共计十三个月。到中国时从何处上陆，遵何道到北京，已不可考。孟高未诺在中国的事迹，只靠他所传遗下来的几封函札。据说初到北京,那时景教很盛,孟高未诺为其所忌,很受了一些磨折,一直经过五年,才得自由传教。一二九九年在北京建立教堂,从此年起,到一三○五年,据他的信上说,信教的已有六千人之多,受洗的至三万人。在一三○五年,有一位信教的西洋商人彼得(Peter of Lucolongo)捐地一块,于是孟高未诺别建一新教堂,距皇宫很近,离第一教堂约有两哩。孟高未诺又曾买了一百五十个小儿,年龄自七岁至十一岁不等,教以希腊文、拉丁文、赞美诗和三十篇祈祷歌日课经;又曾绘制六张圣画,上绘《新旧约》上的故事,注以拉丁、畏吾儿鹘和波斯字。

一三三二年,即元顺帝元统元年,大主教孟高未诺卒于北京。据同时在北京的西洋教士目睹其事者说,孟高未诺之死,北京的基督教徒很是哀痛。发引时无论教内教外,皆为服丧,执绋送葬的很多;孟高未诺所遗的一丝一缕,他们都视为至宝。当时北京的教徒以及旅居北京的外国教士,致书西国,对于孟高未诺都不胜钦服,以为圣人。孟高未诺在元朝,前后三十余年,感人之深,同明代的利玛窦可以后先辉映。

孟高未诺开教北京,一三○七年,教皇授孟高未诺为北京总主教,次年并派方济会教士七人,到中国来帮助孟高未诺,其中到达了中国的只有日辣尔(Gerard)、伯肋格林(Peregrine of Castello)和安德肋(Andrew of Perugia)三人。后来又派来主教三人,一名多默(Thomas),一名热罗尼莫(Jerome),一名彼得(Peter of Florence),都是方济会士。当时罗马天主教在中国不仅传行北京一隅,南部如福建的漳州、泉州也设立教堂,置有主教。漳泉基督教之盛,大约因其向为南海贸易的要港,基督教商人到此贸易的不少,故此兴起。同孟高未诺传教的日辣尔即被派为漳泉一带的主教。日辣尔去世,伯肋格林继为主教。至于安德肋则由元朝给以公款,在近郊山林中建立教堂和修士院;伯主教死后，即由安德肋继任。这不仅可以见出罗马天主教在元时即已传布于北京、福建一带，而福建的漳泉贸易之盛，也可见一斑。那时外国人称泉州为 Zayton, or Zaitun，据近人考证，以为即是"刺桐"二字的译音；因为泉州自五代时即已环城遍植刺桐树，久有刺桐城之号，故称之为 zayton 云云。

正当十四世纪初期，孟高未诺诸人以外，不远万里由欧洲东来传教，其艰苦卓绝，不亚于以前诸人的还有一位阿多理，教中称为真福阿多理（Ordoric of Pordenone）。阿多理为意大利人，自幼入方济会，年三十发愿到中国传教，一三一四年起程，孑然一身至君士坦丁堡，由此经小亚细亚至波斯、印度诸国。然后由印度的锡兰浮海到南洋的爪哇、苏门答剌。复由南洋北上，由缅甸入中国，经云南、两广而入福建，遂抵泉州，得见安德肋诸人，在泉州寄居不久，即行北上，由南京、扬州直达北京。到了北京，大约在孟高未诺之下任过职，前后三年，受洗者约二万人。其后由陆路回到欧洲，中途取道山西、陕西、四川、西藏诸地。元代自马哥·孛罗以后，以外国人而游历中国如此之广者，只有阿多理一人。

其时又有小弟会教士（Minorites）马黎诺里（John of Marignolli），受教皇本笃第十二（Benedict XII, 1334—1342）之派遣而来东方。马黎诺里东来时并随带教友二人，自法国亚味农（Avignon）启程，经君士坦丁堡，傍窝瓦河，过东土耳其斯坦，至哈密留驻甚久，一三四二年，方至北京。留至一三四六年，始至泉州，取水道西还，路过印度，一三五三年方回到欧洲。天主教士到过中国而留有纪录的要算马黎诺里为最后一人了。中国书上所纪元朝佛郎人献天马，据近人的考证，即是马黎诺里的事。

以上所说都是元朝时候因为传教的原故，到过中国的天主教士。此外不因传教，纯以贸易来到中国而最有名的，自然要算孛罗（Polo）诸人了。当一二六〇年时，意大利威尼斯（Venice）商人尼哥罗·孛罗(Nicolo Polo)与弟马飞·孛罗(Maffeo Polo)经营商业于君士坦丁堡,其后至布哈拉,居其地三年。适值那时旭烈兀遣使至中国谒忽必烈大汗,使者见尼哥罗兄弟,大喜,邀其同行赴大汗廷。以前的大汗大率住居和林,到元世祖时,因为政治上的目光由西域转到中国,于是大汗驻节的地方也由和林移到了北京,那时候称北京为汗八里(Khanbalik),意即汗京也。尼哥罗兄弟此时即至北京,居久之,渐通蒙古语,蒙世祖召见,询问西洋一切。二人以应对得世祖心,遂留居左右。南宋之平,二人也曾有所献策。其后孛罗兄弟辞欲西归,世祖命其致书教皇,请派道行高深,博通科学美术之士百人东来。尼哥罗兄弟乃归意大利。以其时教皇格勒门第四(Clement IV)新逝,继任者年余尚未选出,急不能待,遂东归复命。东行时并携尼哥罗之子马哥·孛罗(Marco Polo)以俱。三人在途闻新教皇选出,往见,教皇不敢应元世祖命,派教士百人东去,只简二人同孛罗诸人东去报命,这简出的二人,在中途也就藉故不前了。孛罗兄弟以与大汗有约,于是带着童子马哥仍上长途。在路共历三年有半,经莫苏尔、报达、波斯南部,至忽鲁谟斯(Hormuz)。由此舍舟登陆,过呼罗珊、巴里黑,越帕米尔,以至疏勒、莎车、和阗。复向北过库车、乌鲁木齐、哈密至甘肃,由此以至上都,时为一二七五年,即元世祖至元十二年也。元世祖见了孛罗诸人,尤其喜欢马哥的聪明,留充侍卫。

自是马哥·孛罗任大汗亲信,备顾问者历十七年。自一二七五年至一二九二年,马哥屡奉大汗使命,出使异国,并历游中国各地,四川、云南、和林俱有马哥足迹,且曾至印度。任扬州枢密副使三年。至一二九二年,孛罗父子三人,忽动故国之思,恰值那时科克清公主下嫁波斯伊耳汗国之阿鲁浑汗,乃命孛罗诸人扈送前去,由泉州放洋。到波斯时,阿鲁浑汗已死,科克清公主乃依蒙古俗改嫁阿鲁浑汗之子合赞，而孛罗诸人则从波斯经阿美尼亚，过特拉比遵德(Trebizond)，于一二九五年复返威尼斯故乡。马哥后来曾将东游经过，口述成书，是为有名的《马哥·孛罗游记》。书中于上都、汗八里、杭州的繁华富丽，以及泉州港中外交通之繁密，俱有所叙述。并曾述及缅甸、印度、南洋群岛、锡兰诸地；当时元朝的琐闻佚事，朝章国故，也时时夹见其中。柏朗嘉宾和罗伯鲁之入元，虽然在马哥以前，但是二人足迹只及和林，所述事项简单，不及马哥书之复杂广博而富于趣味。马哥的书纪述大都很是可信，其中可以补正《元史》者不少。欧洲中世纪时，《马哥·孛罗游记》一书，几于妇孺皆知，连哥伦布之发现新大陆，也与马哥的书有关系呢。

一三四〇年的时候，又有一位意大利佛罗伦斯(Florence)人裴哥罗梯(Francesco Balducci Pegolotti)著有一部《旅行指南》(*Libro di divisamenti di paesi*)，书中于各种交通路线，行路之安全，金钱之兑换，用物之需要，叙述很详。中间于新疆的伊西库耳、库车、乌鲁木齐、哈密、甘州、西安、杭州、汗八里，都有纪载。至于裴哥罗梯自己是否果曾到过这些地方，现在却不可知了。

在这些东来的欧洲人之外，也曾到过东方的中国，时代也正在元朝，而可以附带一说的，有非洲唐格尔人(Tangier)伊本拔都他(Ibn Battuta，1304—1377)。伊本拔都他从唐格尔出发，游历北非洲、埃及、叙利亚、阿拉伯、波斯、东非洲，在麦加(Mecca)住了三年，又经小亚细亚至君士坦丁堡，过俄罗斯南部，到基发、布哈拉，历呼罗珊、阿富汗以至印度。在印度京城德里(Delhi)住下来，供职于印度政府者前后凡八年。一三四二年被派为使臣出使中国。航行遭险，乘舟破坏，冒险漂流印度沿岸及南洋群岛一带。最后至福建之泉州，由此登陆，转赴杭州，又由运河北上至汗八里。后来复由泉州起行西归，渡苏门答腊，至印度、阿拉伯、波斯。又游历叙利亚、埃及。至一三四九年始归故乡。其后又游历非洲内部一次。后来受故乡苏丹之命，将一生经历写成游记，《游记》中所纪中国如杭州情形，大都很有根据，不是臆造。在伊本拔都他之前的尚有小阿美尼亚王海屯(King Hayton I of Lesser Armenia)，于定宗贵由大汗之时，曾遣使修好，至一二五四年又亲自来朝蒙哥大汗。行程经过，侍臣为之一一纪录，中间曾述及蒙哥受洗事也。

以上所述的大概都是欧洲人(尤其以意大利人为多)和西亚一带的人在元朝时候到过中国的。欧亚交通以及欧洲人到中国之确然可据，并见于双方纪录，大约要以元朝为始了。元朝兵力及于欧亚两洲，东西交通一时大开，中国人以及生于中国的人到过西亚以及欧洲的也不乏其人。今在本章之末，略述一二。

元朝时候西游而第一个有纪录的大约要数邱处机。当成吉思汗西征，邱处机受任自山东逾戈壁沙漠，至克鲁伦河，越金山、乌鲁木齐、库车、伊西库耳、塔赖寺、塔什干，以至成吉思汗驻军的撒马尔干地方。邱氏西行的时候，由他的弟子李志常为之记述经历，书名《西游记》。不过邱处机所到只限于中亚细亚。后来旭烈兀据有波斯，平定哈利发帝国，蒙哥大汗于九年(一二五九年)派遣常德为专使到波斯见旭烈兀。自和林出发，过塔赖寺、撒马尔干、梅尔发(Merv)以至马三德兰。刘郁《西使记》所载就是这一回的事。这两人足迹最远只到过波斯，比之唐朝的杜环相去不远。又有一位周致中著了一部《嬴虫录》，自云在元历仕十九载，奉使外番者六；但是没有别证，所说也多踏袭前人之处。要说以生于中国的人而到过欧洲，留有纪录的，则不能不推十三世纪末年伊耳汗国阿鲁浑汗所派雅巴拉哈主教(Mar Yaballaha)这一次了。

旭烈兀平定波斯，因蒙哥大汗之死东归，其部将怯的不花竟为埃及兵所败。旭烈兀归波斯，形势稍转，但是回回教的势力还是有长无已。旭烈兀因此屡与西洋各基督教国联络，以图夹攻覆灭埃及。不幸旭烈兀中途殂逝。但是旭烈兀一家信奉基督教的倒不少，他的皇后道古可敦(Dakuz Kathon)就是一位很著名的奉教者。他的儿子阿不花(Abaga)并且同一位希腊的公主玛利亚(Maria)结了婚。西史以旭烈兀比之君士坦丁大帝亦属无愧。后来阿不花的儿子阿鲁浑即位，对于欧洲诸国，都表示好感，自一二八五年至一二九〇年前后派遣四次使者到欧洲去，联络欧洲，合攻萨拉森人。前面所说开教北京的孟高未诺也于一二九〇年至一二九一年到过阿鲁浑的宫廷。一二八七年的一次到教廷的使者，由报达的景教大主教雅巴拉哈为首，随行的有主教巴琐马(Bar Sauma)，同其他的三个人。一直到阿鲁浑死后，伊耳汗国同教皇的关系还是没有断绝。巴琐马生长北京，于一二八七年至一二八八年随使节到罗马，著有游记，于其在西方所见宗教上之奇风异俗，意大利他处的情形，巴黎大学的学生等等，俱有所纪载。以东方人而纪述欧洲，确切无误的，大约要以巴琐马居首了。

参考书

本章所述东来诸人游记，张星烺氏《中西交通史料汇编》第二册《古代中国与欧洲之交通》俱为译其大略，张氏所译，盖又根据英人 H. Yule：*Cathay and the Way Thither* 一书也。张氏别译《马哥·孛罗游记》全书，其已出版者有《游记导言》及第一卷。张氏专精此书，所译很有不少的发明，为中国研究马哥·孛罗最有成绩的一个人。至于柏朗嘉宾、罗伯鲁、阿多理诸人游记全书，作者有意译此，柏朗嘉宾的《游记》已译成书，尚未出版也。

邱处机《西游记》，以前所有，都是不全本，最近日本内阁文库发见全本，影印行世，中国罗振玉有翻印本。刘郁《西使记》，《王

静安先生遗书》中有校录本。周致中《赢虫录》明朝人把它改名为
《异域志》，明周履靖、陈继儒编的《夷门广牍》和陈继儒的《宝颜堂
秘笈》都收有此书。

雅巴拉哈的《游记》尚无中文译本，英文有美国哥伦比亚大学
教授 James A. Montgomery 从叙利亚文译出的译本，名为 *The
History of Yaballaha III*，*Nestorian Patriarch and of His
Vicar Bar Sauma*，只译一半，到巴琐马游历欧洲罗马各处为止。
又有 E. A. W. Budge 译的 *The Monks of Kublai Khan.
London 1928*，则为此书的全译。

《辅仁学志》第一卷第二期姚从吾所译《蒙古史发凡》第二编
《蒙古时代东西间之交通》，亦论到本章所述各家，简明可读也。

关于孟高未诺在北京开教事，所遗诸信，张星烺氏已为译登
《中西交通史料汇编》第二册，此外樊国梁主教的《燕京开教略》和
萧司铎的《天主教传行中国考》也是关于本章参考的好资料。

英文书方面我要介绍 Prof. Latourette：*A History of
Christian Mission in China* 和 H. Yule：*Cathay and the Way
Thither* 两书。

问题

一、欧洲各国对蒙古态度是怎样决定的？因拟以宗教感化蒙
古的策略派人到东方传教者有几次？主派者何人？被派者何人？
何时来中国？此种策略的成败怎样？有何记载可据？

二、不因传教而来者以何人最为著名？其收效如何？

三、马哥·孛罗在元曾任何官？所经历有多少地方？怎样来
中国？怎样归国？归后写有何名著？

四、马哥·孛罗之后东来而有著述可据者尚有何人？

五、由中国西行而有著述可据者何人？其中曾远至欧洲者何人？

第六章　十五世纪以后中西交通之复兴

中国方面的元朝，在顺帝以前，同西洋的交通，以及西洋教士在中国布教的状况，都可算是盛极了。到了顺帝即位以后，元政日衰，豪杰纷起，中原的混乱日甚一日。中亚以及波斯、南俄一带的四汗国，同中国也就断绝了往来。同时西洋方面，突厥人兴起，东罗马帝国竟为所灭。以前欧洲人同东方相通不外三条大路：（一）取道埃及出红海；（二）由地中海东岸登陆，至幼发拉底河顺流出波斯湾；（三）由黑海取道美索不达米亚而出波斯湾。这一来，三条大路俱为突厥人所封锁；欧洲同东方的贸易，也为突厥人所垄断，同汉朝时候，安息人之阻阂中国和大秦的情形一样，东西的交通因此又阻隔了若干时候。

但是欧洲自从蒙古军西侵与夫前后七次的十字军东征以后，传入了不少的东方新事物，不仅眼界为之一开，即思想也因而转变。这些传入的新事物中最可纪念的要数印刷术、纸、火药和罗盘四件东西。有了纸同印刷术，欧洲的文化才日趋于普及，寺院的专制，因而摧破。有了火药，欧洲的封建制度才扫地无余。而罗盘的传入，使中西交通因而重开，新大陆因而发现，尤与本书有密切的关系。

因为突厥人之阻塞欧洲同东方的通路，出红海出波斯湾这几条路已经没有希望，于是不能不找其他的出路。十五世纪时欧洲诸国的奖励航海，就是应此种需要而起；其中尤以葡萄牙为最热心。王子亨利（Henry the Navigator）远征非洲，开回航非洲之渐；一四八七年地亚士（Bartholomew Diaz）遂发见好望角（Cape of Good Hope）；一四九七年，葡萄牙人华士噶德伽马（Vasco da Gama）也开始远航东方，绕好望角以至印度的加里喀达（Calicut，那时的中国人称此为西洋古里），这就又复兴了欧亚的交通。华士噶德伽马既发见了印度航路，葡萄牙遂实行经营东方，占据卧亚（Goa，明时中国人称此为小西洋）马刺加，设印度总督，经略南洋的苏门答腊和爪哇。一五一六年（明正德十一年）葡萄牙人裴斯特罗（Rafael Perestrello）到中国。一五一七年，葡萄牙东印度总督阿布奎克（Albuquerque）遣使者比勒斯（Pires）通使中国。比勒斯曾到北京，或者就是《明史》上的佛郎机人火者亚三也未可知。从此以后，葡萄牙人来者益多，到嘉靖时，上川岛、雷白、澳门都有葡萄牙人；其后澳门竟成为葡萄牙人的租借地。

葡萄牙人东来以后，继之而起的是为西班牙人，一五一九年麦哲伦（Magellan）拟环游地球一周，因由大西洋，过南美洲的南端，出太平洋，一五二一年发见了菲律宾群岛。麦哲伦即在此地遇害。他同行的人便航行印度洋，绕过非洲南端于一五二二年归国。一五六五年西班牙人据菲律宾，一五七五年（万历三年）正式同中国通使。西班牙通中国以后，荷兰、英国相继而起。英国同中国的交通则始于崇祯之时。自是以后，广东一省成为外国人荟萃之处，其盛竟有过于中世纪的泉州。

十五世纪欧洲诸国经营东方的情形略如上述。但是中国方面却也曾奋起过一次，中国海军的威力纵横于南洋一带，帆影所指，远达非洲东岸，这就是永乐时郑和之七下西洋了。郑和的声名一直传到现今，至今南洋的住民尤称颂三保大人不止，三保就是郑和的小名。

明太祖继元朝而兴，有鉴于元朝征伐日本之失败，知道中国将来必得在海上有一番举动，所以在钟山设桐园漆园，植树数千万株，以备将来造船之用；立四夷馆，养成通译人才，太学中收受外国学生，以华化外国人。洪武时在陆路方面有傅安诸人留西域至十三年始返。在海道方面，曾屡次派赵述、张敬之、沈秩、刘叔勉诸人使三佛齐、淳泥、西洋琐里等国。成祖即位，距洪武开国已三十余年，休养生息，国势强盛，秉承太祖的成规，遂有郑和下西洋之举。永乐三年（一四〇五年）郑和第一次下西洋，至宣德七年（一四三二年）为止，二十七年间前后共航海七次。宝船之大者长达四十四丈，阔达十八丈，中船之长也有三十七丈，阔十五丈；将士多至二万七千余人。维绡挂席，际天而行，声威之盛，真是伊古所未有也。郑和七次下西洋，今日南洋一带几到处都有他的足迹，锡兰岛王亚烈苦奈儿竟为郑和所擒，其他诸邦国王入朝贡献的还不少，并且还有流寓漳泉一带，不复归国，后嗣至有在中国掇巍科的。郑和下西洋足迹所及：最西到红海口边的亚丁以及非洲东部今意属索马利兰（Italian Somaliland）一带（非洲东部如不骨都束、卜刺哇、竹步三国都在今意属索马利兰境内），已达赤道以南了。

郑和之下西洋，最后一次，止于宣德七年，即西历一四三二年。稍后大约十年光景，葡萄牙人便开始寻觅海上的新航路了。一四八七年地亚士乃发现好望角，一四九七年华士噶达伽马发见印度航路，而他沿非洲东岸东指以到印度的航程，正和郑和之到木骨都束诸国一样。那时郑和诸人若能自木骨都束诸国再行往南一点，说不定好望角之发见，不必要等到五十五年之后，而东西交通即由郑和开其端亦未可知。可惜宣德以后诸帝的雄才大略，远非成祖之比，诸臣也无有像郑和这样的人。所以郑和以后不惟继起无人，中国在南洋已有的势力，也逐渐衰微，到头来连中国自己的海疆也不能保，以致倭寇横行，为祸数十年而不止。可是中西两方在这十五世纪的时候，一先一后一东一西的在那里努力开发海上的新领域，这不能算是偶然的吧！

参考书

关于十五世纪西洋人之从事航海,发见海上新航路诸端,可参看何炳松先生编译《欧洲近代史》一书。郑和下西洋的书很多,当时所著的有费信的《星槎胜览》(罗振玉影印天一阁本及排印本)、马欢的《瀛涯胜览》(《纪录汇编》本);叙述简明的有黄省曾《西洋朝贡典录》(《粤雅堂丛书》本);较为详明,并且述及宣德以后的,有严从简的《殊域周咨录》(故宫博物院重印本)、罗日褧的《咸宾录》(《豫章丛书》本)、茅瑞征的《象胥录》(只有明刊本)。至于郑和航行的航程图和宝船图可看茅元仪《武备志》卷二百四十所附的《自宝船厂开船从龙江关出水直抵外国诸番图》。作者于《小说月报》第二十卷第一号作有《关于三宝太监下西洋的几种资料》一文,也可以参考参考。

问题

一、元末中西交通何以忽然中断? 因此种中断的情形对于世界交通史上发生了何种新变化? 此种新变化的主角是甚么民族?

二、首倡奖励航海者何人? 发见好望角者何人? 首绕非洲东航者何人?

三、首至中国者何人? 中国何处是他们初到时所麇集的地方?

四、在欧人竞事航海之前,中国人对于航海事业有何壮举? 后来何以又归沉寂? 后来有何仅有的影响?

第七章　明清之际之天主教士与西学

中国在汉唐以来,同罗马的交通,只间接的得了一些西洋的文明。到了元朝,中西交通正式展开,西洋教士到中国传教,西洋文明才算在中国下了一粒种子。那时基督教会建立于泉州、北京各处，学习希腊、拉丁文字的有一百余人，信基督教的仅北京一隅，即有三万多人，真是盛事。西洋文明大有从此时起即发皇光大的景象。不料突厥人兴起，中西交通隔绝，中国内部一乱，一切的希望都成泡影了。元朝基督教的消灭，在十四世纪的末年，到一五八一年利玛窦东来，中间相隔约二百年，西洋文明之在中国才又坠绪重拾。这一次重入中国，虽然还是经了不少的挫折，也不能十分顺利地发展，但是这一粒种子究竟沾着了雨露，得以发芽长大，不至埋死土中。

自十五世纪葡萄牙人同中国交通，西班牙、荷兰、英国诸国人相继来临，外国人在广东的根据地也一天稳似一天。其时到中国来的，商人而外，还有不少的传教士，这些传教士中间最有名的要算圣方济各沙勿略（St. Francis Xavier）。方济各最初在日本传教，于嘉靖二十九年（一五五〇年）谋入中国传教，抵广东之上川岛，但是总不能进入内地，其后竟死于上川岛。圣方济各死后，其他各会如圣多明我会、圣奥斯定会、圣方济各会修士多有潜入福建、广东一带传教的，大都是几个月就被驱逐出境了。不过基督教传入内地，在圣方济各至上川岛以前，也还可以看见。

上一章说到一五一七年葡萄牙派比勒斯出使中国，到中国北京。比勒斯后来因为同国人在广东闹了事，致被遣回广东。但是据又一说，比勒斯并没有到广东，当时被流放到北方一处名为Sempitay的地方。一五四二年葡萄牙的一位冒险家而兼海盗的秉托（Ferdinand Mendez Pinto）为中国所捕，监送北京，从运河北上，经过 Sempitay 地方，得遇比勒斯的女儿，方知比勒斯被流放至此，娶有一妇，由比勒斯劝之信奉基督教，此外并又感化当地居民信教的渐至三百余人，他们的女儿则名为 Inez de Leyria 云。据说比勒斯流至其地，迄其女儿和秉托会见，已有二十七年。可见基督教之传入中国内地，远在圣方济各到上川岛以前三十余年，即已有点萌芽了。

圣方济各到中国的计画失败以后，一直到一五七九年，罗明坚（Michel Ruggieri）才得进入广州，又两年利玛窦（Matteo Ricci）继罗明坚而至肇庆。和利玛窦同时还有一位教士鄂本笃（Benedict Goës）想从陆路进入中国，自中亚经新疆，以至甘肃，一心想达到传说上相信基督教的伽也唐国（Cathay），到了甘肃，才发现伽也唐就是支那。利玛窦派人往迎，而鄂本笃已因病而死了。利玛窦为意大利人，耶稣会士，立志传教中国。到肇庆以后，建立教堂。其后又至韶州，传布基督教义。自是以后，耶稣会士到中国来的日益加多。利玛窦学问渊博，德行湛粹，同中国达官贵人士大夫往来，恂恂儒雅，颇为当时人所敬。到韶州以后，乘着机会，又逾梅岭，经江西，以至南京，后来又从南京到北京。基督教竟因之以复兴于中国。但是利玛窦之东来，于基督教复兴而外，还有一点更重大的意义，便是西洋学术之传入。在元朝，天主教士东来，只莳下了一点宗教之籽，却也未曾长成。到了明朝隆万以后，利玛窦诸人，不仅是重莳宗教之籽，并且也开了一小朵学术之花。这不仅对于中国史上是一件大事，即就中西交通史的全体而言，也算是开振古未有之奇局。现在先分类的将天主教士传入的西学述说一番，然后再及明清之际天主教盛衰之概。

利玛窦等东来，正值明朝的末年，一方面倭寇特盛，一方面清朝崛起，辽事的紧张，竟成为明朝亡国的致命伤。那时兵的素质既坏，器械又不太精，国家的财政又极为穷困。（明末财政上的困窘，同南宋不相轩轾：南宋末年，国家收入，有恃于各市舶抽分的很多。明朝隆万以后，广东的公私诸费，也就大半靠着商税。）怎样能够开发财源？怎样能够改精兵器？这都成为当时第一等重要的问题。利玛窦诸人到中国来传教，看清楚了中国那时的情形，所以利子于万历二十八年上表陈情，即以西洋的奇器、天文、舆地之学启发当世，且要那时的教士多多的输入绘画、玻璃、器皿、麻布、时表、地图、火器等物。熊三拔（Sabatin de Ursis）继利子掌教北京，著《泰西水法》，首说利玛窦到中国以后，对于那时中国的贫乏，很是痛心。研究原因，以为水旱饥馑，乃是由于水利不修所致，打算将泰西的水法，传入中国，兴水利以振兴农业。自言布之将作，期月可待。不幸利子逝世，于是熊三拔继利子之志作为《泰西水法》一书，阐明几种水利器具的原理，以供当时的采用。后来徐光启著《农政全书》，水法一卷，即全采熊三拔书，至于全书之受西士影响尤不待言。明末王徵，从金尼阁（Nicolaus Trigault）游，摘译西书，成《奇器图说》，内中亦以水法器具为多。

崇祯十二年有一位耶稣会士毕方济（Franciscus Sambiaso）上疏，献富国强兵，裨益国家的四大策：一曰明历法以昭大统；二曰辨矿脉以裕军需；三曰通西商以官海利；四曰购西铳以资战守。其中开矿一条，在崇祯十六年左右，曾命汤若望（Johannes Adam Scholl von Bell）试办，未几明亡，遂未果行。但是在明朝的学术界中，西洋的采矿术不无一点痕迹可见，如宋应星的《天工开物》、方以智的《通雅》，其中都提到鉴别矿物，似乎都受有西士的影响。

明朝末年因为外患紧急，无法对付，对于西洋新式火器的需要，觉得很是急切。徐光启从利玛窦游，深知西洋火器之利，曾力请多铸大炮，以资城守。天启元年，外患日亟，兵部议招请外国人助战，到澳门征求精于火炮的西洋人。西洋人陆若汉（Johannes Rodriquez）和澳门西绅公沙的西劳（Gonzalves Texeira）率西人二十四名，大炮四尊助战，屡著奇勋。崇祯时更命毕方济、龙华民（Nicolaus Longobardi）招劝殷商，捐助火器；又命汤若望监铸大炮，传授用法。其后若望降清。康熙时吴三桂反，清廷又命南怀仁（Ferdinand Verbiest）铸造大炮百余尊，分配各省使用，又仿欧式铸神武炮三百余尊。西洋的火器，在明清之际，可算是实用了。自永乐、万历以来，因为征伐外国以及倭患，讲求兵器，西洋的佛郎机和阿拉伯的火器遂因而传入中国，著书讨论的也就不少：如万历时赵士祯的《神器谱》，即我们讨论西洋铳和噜密铳的制造用法。天启以降，说者更多，如《海外火攻神器说》《祝融佐理》，以及汤若望授焦勖所述的《则克录》（一名《火攻挈要》），南怀仁的《神武图说》，皆秉西洋正传之作也。不过明朝是衰弱到了极点了，虽然传入了西洋的火器，仍然不能挽救这种危亡。

　　神宗万历时利玛窦上表，自言天地图及度数，深测其密，所制观象考验日晷，与中国吻合。徐光启、李之藻、杨庭筠诸人与利子往来，时相讲习。利子因著《乾坤体义》，以述天象；著《经天该》，把西洋已经测知的恒星，作成歌诀，以便记忆。又自制浑天仪等，李之藻因之著《浑盖通宪图说》，为中国人所著第一部介绍西洋天文学的书。那时中国历官泥于旧闻，违天益远，而不知改作，乃有万历三十八年十一月日蚀，钦天监预推不验的事。于是钦天监中比较开明的周子愚乃荐庞迪我（Diego de Pantoja）、熊三拔等人摘译西法历书。不过那时国家一切太忙了，竟没有功夫来实行新法，虽有李之藻等，也是徒然。而西士输入西法历数之学的仍是不绝于闻：如熊三拔之《表度说》《简平仪说》，阳玛诺之《天问略》，都是关于天文学的书。到了天启时候，渐渐召用西洋人，至崇祯时，因为徐光启的努力，遂设立西洋历局，邀同李之藻、邓玉函（Jean Terenz）诸人主其事，并修造天文仪器等等。邓玉函卒，又请汤若望等继之。徐光启这一些人努力西法的结果，成了《崇祯新法算书》一百卷。可是西洋历法传入，学习旧法的自不免为之侧目。崇祯时魏文魁起而指摘西法，至有东局、西局、大统、回回四局对立的怪象。后来虽然魏氏所说不验，而兵事倥偬，西法究未能全采，便伏了后来杨光先之根。杨光先是徽州人，大约是回回历的世家。明亡清兴，汤若望、南怀仁等入为钦天监。顺治时回回历官吴明烜反对汤若望而未成，到康熙时杨光先又起而反对，告汤若望等谋反。于是汤若望等入狱，废西法，用回回法，以杨光先、吴明烜等为钦天监。但是这两位实在没有天文学的知识，推测俱谬，经南怀仁的指摘，于是汤若望之冤得雪，而西洋历法，又得复兴，一场新旧中西的冲突，至是烟消云散。

　　汤若望等为钦天监，入清以后，重修仪器，并著《新法表异》《历法西传》《新法历引》诸书。到了南怀仁，更添制了许多仪器，并将用法等等绘图成说，是为《灵台仪象志》。南怀仁以后，继之者很多。其时官纂的书则有《御定四余七政万年书》《历象考成》以及《历象考成后编》。那时这一般西士所作的于增制观象仪器而外，南怀仁则推定七政交食，成《康熙永年表》，测定诸星。纪利安等则制地平经纬仪。在天文学说方面，如汤若望之《历法西传》中对于西洋托勒美（Claudius Ptolemy）、歌白尼（Nicolaus Copernicus）、第谷（Brahe Tycho）和加利勒阿（Galilei）诸人的学说，都曾述及，只是遵守第谷，于歌白尼地动之说，不提只字。《历象考成》也一仍第谷之旧。到了乾隆时，德国人戴进贤（Ignace Kogler）入为钦天监，修订《历象考成》，成《历象考成后编》，对于《历象考成》和《崇祯历书》的错误，很改正了一些，刻伯勒（Johann Kepler）的行星轨道为椭圆说也因而传入。奈端（Isaac Newton）的学说也传入了一点，只是万有引力说还无踪影。一直到乾隆中叶，Geraldini（汉名不知）来到中国，著《坤舆全图》说，才将歌白尼的地动说介绍过来。那时的学士大夫已有汤若望的说头，盘踞胸中，不相信歌白尼地动之说，先入为主，真是可叹。不过西洋的历法到底是传入中国了，有清三百年，所谓回回、大统，竟然绝迹。

　　利玛窦诸人于传入西洋历法而外，同时介绍到中国而与历法相关的便是数学同舆地之学。中国的数学，在唐时曾列入考试诸科之一,宋元之间,尚不十分衰歇;杨辉、李冶之流,先后都有所著述。到了明朝,明太祖把高头讲章的帽子给士大夫一戴,于是一般读书人就钻入了理学的窠臼里去了,"土苴天下实事"。"昔圣人所以制世利用之法,曾不得之士大夫间,而术业政事,逊于古初远矣。"明之末流,世事日非,一般文人学士且有倾心歌舞,以遣世变者。万历以后,西士东来,传入制器尚象的实学,一些忧时之士吸收新知,遂起反动。如徐光启、李之藻辈乃成为新运动中之健将。西洋实学的根本,总离不了形数,于是西洋数学乃植根中土。因为数学是纯理科学,只有确实不确实,无所谓是非,所以中国对于西洋的学问,在明清之际,虽时有消长,而数学的世系,却能绵延下去,直到清季而未衰。最先介绍西洋数学到中国来的,大概也要算利玛窦。

利子到中国以后著《乾坤体义》,此书的下卷专门言数。到北京以后,与徐李诸人讲习,因先译数学书以为西学立根本。所译的第一部书便是《几何原本》六卷。几何原本的前六卷是希腊哲人欧几里得(Euclid)所作。利徐二人所译为利子的老师丁氏(Clavius)所编,只译到前六卷中的平面一部分为止。徐氏译此书很为审慎,重复订正,求合原意,凡三易稿。利子为译本作引言,又详细述明几何同各种科学的关系。到了清朝,颇重视此书,称为西学之弁冕,但是在明朝初译出时,徐李而外无人注意,将稿本弄到南方,求人刊传,累年无人过问。[《几何原本》在欧洲中世纪时,注释的本子甚多。传入中国的,除利玛窦、徐光启所译丁氏本六卷以外,尚有白晋、张诚(Bouvet and Gerbillon)二人,于康熙二十九年译 Paredies 的《实用几何学》*Practical Geometry* 一书为满文和汉文,亦名《几何原本》。《数理精蕴》中的《几何原本》大约即是此本,而非利徐二人所译之旧本也。]利玛窦译出的数学书还有李之藻传译的《圜容较义》,专论圜之内接外接等;又有《测量法义》，系徐光启从利玛窦译出，是应用几何学原理到实用方面去的。又有罗雅各（Giacomo Rho），摘译希腊亚奇默德（Archimedes）的《圜书》等要题，成《测量全义》，其中计算圆周率到二十一位。以上是关于几何一方面的。李之藻又译有《同文算指》一书，乃是西洋算术，传入中国的第一部书，书中的比例级数，都是以前所没有的。到了《崇祯历书》告成，连西洋的平面三角、弧面三角也传入中国了。顺治时薛凤祚从穆尼阁（Jean Nicolaus Smogolenski）译《天步真源》，以加减代乘除，折半开方，乃是西洋对数术传入中国的开始。到了康熙末年，西士进讲内廷，输入借根方程，一名阿尔热巴拉，这就是西洋的代数术。不过那时西洋的代数已经发明四次方程式之解法，而康熙雍正两朝所纂成的《数理精蕴》其中借根方比例，仅述及二次方程式的算法和应用。

舆地之学，首先输入者亦为利子。中国以前对于西方各处的地理知识，大都是道听途说，没有正确的观念。及利玛窦至中国，在肇庆时即绘有万国舆图，中国知有五大洲实以此时为始。后来利子进京贡物中也有万国舆图一种。庞迪我奉命翻译西洋舆图未成，艾儒略继为纂就，是为《职方外纪》。此外尚有南怀仁等所合著之《西方要纪》，南怀仁之《坤舆全图》《坤舆图志》，以及Geraldini之《增补坤舆全图》同图说，都是明清之际传入中国的西洋舆地之学。不过那时的中国太顽固了，对于这种新而正确的西洋地理学竟未能欣赏接受，反而说这些人所称五大洲之说，语涉诞诳，疑为剿说謷言。所以终清之世，地理学未能有新的进步，只有刘献廷一人对于人地相关之故有深切的观察与了解。刘氏那时也是深通西学之一人，他的这种见解只怕也不是偶然的吧！

因为当时西洋人所著的地理书以及地图之陆续传入，一方面中国人对于世界地理的知识大进于前，一方面西洋人所绘地图的精准，也渐为中国人所认识，于是乃有康熙时测定全国地图之事，这是中国地理学史同文化史上可以值得纪念的一件大事,也是世界地理学史上的一件大事。康熙时地图之测定,以北京近郊为开端。于是白晋(Joachin Bouvet)、雷孝思(Regis)、杜德美(Petrus Jartoux)等测长城全图。然后北直隶、满洲、蒙古、新疆、山、陕、河南、江南、浙江、福建、江西、广东、广西、四川、云南、贵州、湖广等省相继告成。经始于康熙四十七年(一七〇八年),全图告成于康熙五十八年(一七一八年)。此后中国所有的地图无一不出于这一部《皇舆全览图》,其中最著名的就是《胡刻舆图》。不仅这一部舆图为中国文化史上不朽之作,就是那时的教士测量之际,发见了经度长度因纬度上下而有不同,由此可以证明地形扁圆的事实。这都是很可纪念的事。

历数舆地之学而外,同数学还有密切关系的就是物理学,汤若望著有《远镜说》,述远镜之用法、制法以及原理,这是西洋光学传入中国的第一部书。万历时熊三拔著《泰西水法》,中述取水、蓄水各种机械,不过器具很是简单。天启时王徵从邓玉函译成《奇器图说》,为书四卷:第一卷言重心比重;第二卷述杠杆、滑车、轮轴斜面;第三卷述应用原理以起重、引重、转重、取水及用水力代人力诸器械。器械的繁复,远非《水法》一书所可比了。此外《奇器图说》中并引有《自鸣钟说》一书,大约也是述说力学上的原理的。

以上都是所谓科学,而当时西士所传入中国的,科学以外,哲学也颇有不少传入。艾儒略著《西学凡》,对于西洋学问分为文、理、医、法、教、道六科。理科即斐录所费亚(Philosophia 哲学),是中复分五家:落日伽(Logica 论理学)译言明辨之道,费西伽(Physical 物理学)译言察性理之道,默达费西伽(Metaphysica 形而上学)译言察性以上之理,凡治三年始毕;第四年别治玛得玛第加(Mathematica 数学)究物形之度与数,及尼第加(Ethica 伦理学），译言察义理之学，俱属斐录所费亚科内。对于论理学的介绍到中国来，有李之藻同傅汎际（Francisco Furtado）合译的《名理探》十卷。《名理探》原为亚理斯多德的论理学，之藻所译有五公称与十伦府，十伦府为亚氏之旧，五公称则博斐略所作，以为十伦府先资者也。西洋的论理学与几何学之传入，同在三百年前，几何学到后来日益发扬，论理学竟至连李之藻译的《名理探》也没有人知道了。李之藻又译有《寰有诠》，"摘取形天土水气火所名五大有者，而创译焉"。全书六卷，大率摘译亚理斯多德推论形天之有。卷首辨证万物必有一最初者，此下五卷分为圜满篇、纯体篇、不坏篇、动施篇、浑圜篇、均动篇、星理篇、星运篇、星圜篇、天星二解篇、物生灭篇、性数篇、元行生灭篇、相生篇、轻重篇，共十四篇，乃是欧洲中古一种解释亚理斯多德物理学的书。此外毕方济有《灵言蠡勺》，专言亚尼玛（Anima），亚尼玛即是宇宙的灵魂。高一志（Alphonso Vagoroni）则著有《空际格致》，阐明火气水土为宇宙间四大原行；熊三拔《泰西水法》卷首有水法本论，也畅明此事，虽未著明学出何人，一见而知其为祖述希腊恩佩多克理斯（Empedocles）的学说。西洋中世纪的思想界上，亚理斯多德哲学的势力很大，东来的教士，如利玛窦《天主实义》中的物宗类图，汤若望的《主制群征》，都曾提到宇宙四大原行，而次序却微有不同，大约都是受有亚理斯多德的影响的。那时西士所介绍的，大都为希腊哲学，尤其是以亚理斯多德的哲学为多，此外如柏拉图、苏格拉底之名，也同时见于李之藻所译的《名理探》中，不过柏、苏之学都未曾传入。至于基督教伦理观念之东来，更其显然可见：庞迪我著《七克》，揭櫫骄傲、悭吝、迷色、忿怒、迷饮食、嫉妒、懈惰于善罪宗七端，而以谦让、舍财、绝欲、含忍、淡泊、仁爱人、忻勤天主七德克之。这全然是一种基督教，尤其是天主教的伦理观念。

那时西士东来，布道设教，需用宗教画来启示人的处所很多，所以传入西洋画，尤其是基督教的宗教画，也自不少。自然，基督教宗教画传入中国，并不始于明末：本书第三章曾提到第九世纪后半期阿拉伯人伊宾瓦哈布在长安看见耶稣骑驴和诸门徒回耶路撒冷的像，是否可靠，虽不敢决，而元朝时候孟高未诺之以新旧约故事，绘六张圣画的事，大致可信。但是西洋美术如绘画之类传入中国，为势很盛的，却不能不推明清之际了。利玛窦进呈诸物，既有天主母像，其后又送了好几幅给程大约，刻入《墨苑》，一曰信而步海疑而即沉，二曰二徒闻实即舍空虚，三曰淫色秽气自速天火，四曰圣母怀抱圣婴耶稣之像。汤若望又代范槐国（Bavaria）进呈天主降生事迹图像，如今《不得已》中尚可以看见三幅。明清之际传入中国的西洋画既多属人物，于是中国画上最先受到影响的便是写真。在明代写真诸家中似乎受有西洋影响的便是曾波臣鲸，每图一像，烘染数十层；这一派后来很盛，如莽鹄立、丁允泰、丁瑜都可归入其中。到了清朝康乾之际，并晋用了许多西洋教士如郎世宁、艾启蒙、马国贤之流，供职画院，中国方面的闻人有焦秉贞、冷枚、唐岱、陈枚、罗福旼、门应兆诸人，皆用西洋画法，能于寸缣尺纸图群山万壑。而焦秉贞的《耕织图》，参用西洋透视法以作画，尤为有名。嘉庆中如意馆绘刊的《授衣广训》，便全是从焦氏《耕织图》出来的。这些都是所谓画院中人。画院以外，散在民间而参用西法的有曹重、张恕、崔镏诸人。（乾隆时苏州桃花坞有西洋风的雕版年画甚多，这也是西洋美术影响到民间的一斑。）至以中国画家而慕化西洋文明的要算吴历为最著名。吴历字渔山，清康熙时人，为清初六大家之一，入天主教，曾至澳门，预备去欧洲而未果。吴历的画虽看不出有西洋画的意味，但是以名画家而笃信天主，不能不推他是第一人了。

以上是绘画方面，在建筑同磁器中，也有不少西洋风味发见于明清之际的时期中。西洋人初到中国，聚居澳门广东一带，居处房屋渐有模仿西洋的趋势。澳门葡萄牙人的建筑，高栋飞甍，栉比相望，后来广州的外国商馆和十三洋行的房屋，也都是模仿西洋式的建筑。至于教士传教内地，树立教堂，如万历时北京的天主堂，屋圆而穹如城门洞，明爽异常，这就是西洋教堂的形式了。民间采用西洋式的建筑或西洋建筑中的零件，想必也有，只是文献不足。《红楼梦》中也记有一二，虽是小说，可知其中也涵有事实。

可是明清之际，在建筑方面，采用西洋方式最为勇猛和伟大的还要推官家。乾隆时几次南巡，到一处都要点缀园林，那时扬州的澄碧堂即是仿十三洋行中的碧堂而作，徐履安作水竹居，也就是今日的喷水池；而其时规模最伟大，建筑最宏丽的自然要数乾隆所建的圆明园和长春园了。圆明园风景佳绝，清初西洋教士在中国供职的，寄信归国称此为万园之园（Jardin de Jardins），其富丽可想而知。园中四十景最为著名。四十景中有水木明瑟一景，即是仿西洋的喷水池而做的。此外园中各处应用西洋装潢如西洋桥、西洋门、西洋栏杆、西洋槅扇的也很不少。但西洋建筑最多而又最伟大的，第一还要推长春园。长春园是清高宗仿圣祖归政故典，预修此园，以备乾隆六十年寿登八十五以后优游之地，因为是几暇竭来游憩之地，所以修建的也特别精好。其中专仿西洋式的建筑计有谐奇趣、蓄水楼、花园、养雀笼、方外观、竹亭、海晏堂、远瀛观、大水法、观水法、线法山、湖东线法画，共计十二处。大都白石雕刻，瑰奇伟丽。咸丰十年（一八六〇年）英法联军入京，付之一炬，至今只远瀛观、谐奇趣等处，尚微有痕迹可睹。据说那一些西洋建筑，大都是模仿法国路易王朝的作风，由当时的耶稣教士如蒋友仁（Benoit）为之设计；以后几百年，中国就没有见过这种伟大的西洋建筑了。建筑而外，明清之际的中国磁器，也时时可以见出西洋的影响来。磁器上采取西洋图案,或仿西洋式制作的不少。北平故宫博物院有一室,专庋乾隆时所造的珐琅器具,内中图案竟十有七八是西洋风。那时对于西洋化的汲取,已很可观。不过醉心西洋事物的大都是皇帝贵胄等等的一个特殊阶级,而未及于平民,所以不能根深蒂固,发扬光大。

天主教自利玛窦入中国以后,其传来的水法、火器、采矿、天文、数学、舆地、物理、哲学、艺术等等,中国的学术界都受有影响,并有人疑心清代考据之盛,与耶稣教士不无关系。这一说或者推测太过,不过清代学者如戴东原、刘献廷诸人都博通西学,方法方面还可以见出西洋的痕迹来。但是天主教传入中国,从明季起,士大夫间就时有反对的。万历末,利玛窦和王丰肃在南京,礼部侍郎徐如珂就很讨厌他们,后来乃与侍郎沈㴶、给事晏文辉等合疏斥其邪说惑众;礼科给事中余懋孳且以之与白莲教相比。神宗为其所动,遣王丰肃、庞迪我等赴广东,听还本国,熊三拔之卒死广东,即为此故。南京方面因为沈㴶的缘故,且大事迫害,烧教堂,焚经书。不过这一次的迫害,并未成功,天启崇祯以来,以外患日亟,应用西士日多,加以徐光启等之力为支柱,天主教仍得照旧流通。不仅照旧流通,连宫禁中也有信教的,后来永历皇太后、皇后以及皇太子,相继信教,且曾遣卜弥格(Michel Boym)上书罗马教皇,求其保佑。那时候明朝已亡,永历帝奔走西南,不绝如缕。皇室眼看局势阽危,无可奈何,只好求助于天,希望罗马教皇为之祷告天主,保佑国家,立跻升平。虽然全成梦想,其情也就可悯了。

天主教的传行,因为明末诸帝之信教及清世祖顺治帝之宠用汤若望,因而得了很好的机会。但是后来因为杨光先的反对,掀起了绝大的波澜。杨光先徽州人,原为回回世家,世传历学。在明朝的时候,因为西洋历法大盛,乘着沈㴶诸人反对,也曾大发议论。沈潅诸人的反对，后来没有收得结果，杨光先只好暂时销声匿迹。到了清世祖顺治帝时，上疏指摘历书上依西洋新法五字的不当，世祖不理。世祖死后，圣祖康熙帝继立，光先又上疏指斥汤若望等，以为潜谋造反，邪说惑众，历法荒谬。其时康熙帝年幼，大臣辅政，于是汤若望等俱拟置重典，并禁止天主教流传。山西、陕西、山东、江西省教会胥遭解散。光先又指摘西洋历法的谬误，和那时同调的回回历官吴明烜取得了钦天监的地位。但是杨吴两人对于历法实在不知道甚么，所进之历差错甚多，为南怀仁所纠正以后，与南怀仁等相对考验天象，又遭失败。于是光先诸人，相率免职。光先出京，至德州而死。不过杨光先之反对天主教，并不尽是谩骂，其所主张，一方面以中国的伦理观念为立场以指斥天主教人无父无君，一方面又从政治和国防的立场上反对天主教人，以为山川形势既为其所知，而西洋人远谋深虑，将来中国必受其害。这大都是中西思想上和国家利害上的冲突，不纯然是一种仇视的心理。

康熙时，中国反对天主教的运动，到后来卒归失败，圣祖康熙帝且极力讲求西学，高宗乾隆帝也继绳祖武，吸收一些西洋文明。但是乾隆中叶，竟至禁止天主教流行，西洋教士遭受贬斥，西学的萌芽也因而摧折，这其中却别有原因。康熙时虽然昭雪了汤若望诸人的冤抑，而对于各省传教，仍未开禁；到乾隆时禁例较前愈严。还有自明末以来，在中国的西洋耶稣会士，就分有两派：一派于中国学问认识较为真切，对于中国祭天、敬孔、祀祖等礼俗，以为并不违背基督教教义，如利玛窦等耶稣会士就是这一派的代表；又有一派则不然，对于中国这种仪式，极力反对，如龙华民等就是这一派的代表。在明末的时候，这两派的分野还不十分鲜明。到了清初，西洋的法国与葡萄牙互争传教东方之权，而在中国的耶稣会同多明我会又意见分歧，彼此致书罗马教廷争论此事,是为传教史上有名的仪式之争。到一七〇四年教皇格勒门第十一(Pope Clement XI)在位,决意禁止中国奉教的人祭天、敬孔、祀祖,于一七〇四年十一月二十日发布敕谕禁止并遣铎罗(Charles Maillard de Tournon)东来,解决中国印度一带关于仪式所起的争论。铎罗到中国后,康熙很不以为然,命铎罗等出京,并令各教士愿意照旧者,可领票传教,愿尊教皇谕旨者归国。铎罗那时在南京对于康熙此谕又发布了一道严厉的禁令,凡是教士不奉教谕者处以破门之律。这一来惹动了康熙的气了,把铎罗押送澳门,由葡萄牙人囚禁起来,一方面派耶稣教士至罗马要求撤回前命。自然这种请求是不见许于那时的教皇。一七一五年教皇格勒门第十一又颁布了 Ex illa die 教谕,重申禁令,并要教士一齐起誓遵奉。又派一次使臣到中国来,还是没有结果。这次派来的使臣名嘉乐(Jean Ambrose Charles Mezzabarba),到中国后看见形势不好,自动的于教谕后面另加八条特许。到一七四二年,教皇本笃第十四(Benedict XIV)颁布了一道 Ex quo singulari 教谕,申明前旨。这一次的教谕,对于教会方面的争论可算是止息了,而在中国方面,却仍然是没有多大力量。雍正时曾严禁在华西洋教士暗遵教谕,乾隆时对于西教的取缔,尤其严厉。各省教士被杀被逐者先后不绝,乾隆五十年以后,形势尤其恶劣。到了仁宗嘉庆帝和宣宗道光帝继位,西洋教士供职宫廷的一天一天地减少,到后来连钦天监中的西洋人也没有了。天主教在中国的势力竟因而潜伏了一个时期。直到鸦片战后,中外正式通商,传教规定于条约,而后天主教在中国才又抬起了头。

参考书

关于明清之际西洋学术传入中国的梗概,但焘译日本稻叶君山著《清朝全史》和萧一山著《清代通史》中都有专章记述其事。

此外《清华学报》第一卷第一期有张荫麟著《明末清初西学传入中国考略》一文，叙述自西洋传入中国的历算科学哲学以及中国思想界上所受的影响，都很简明得要，为这一时期史事最好的参考资料。

分开讨论明清之际传入中国的西学的：数学，有李俨的各种著作，其中最重要的是《中国数学源流考略》，见《北京大学月刊》第一卷四号至六号；《梅文鼎年谱》，见《清华学报》二卷二期；《对数之发明及其东来》，见《科学》十二卷二、三、六期；《三角术及三角函数表之东来》，见《科学》十二卷十期；《明清之际西算输入中国年表》，见《图书馆学季刊》二卷一期。李氏又著有《中国数学大纲》《中国算学小史》和《中算史论丛》，俱已由商务出版。李氏著作详细目录，见《北平图书馆馆刊》第四卷第五号。地图学则有翁文灏的《清初测绘地图小史》，见民国十九年《地学杂志》第三号，论述清初西洋人测绘地图的经过和其成绩，要以这一篇为最详明了。哲学方面，有系统的著作不多，关于圣奥斯定（St. Augustine）学说在中国的痕迹，有徐景贤为北平圣奥斯定千五百年纪念会作的纪念论文《圣奥斯定与中国学术界》一篇，可以参考。美术方面，本书作者在《东方杂志》第二十七卷第一号《中国美术号》所发表的《明清之际中国美术所受西洋之影响》一文，勉强可以参考，不过里面错误很多，尚待修改。

关于徐光启的有上海天主堂李杕所编的《徐文定公集》一书，集末并附有李之藻的杂著。李之藻则有陈垣的《李之藻传》。李氏译的《名理探》有陈垣重印本。（《寰有诠》只有明刊本，甚难得。）利玛窦有艾儒略所作《泰西利先生行迹》，颇为详尽。

关于明清之际反对天主教的纪录，萧司铎的《天主教传行中国考》、黄伯禄的《正教奉褒》都叙述得很详；《清朝全史》《清代通史》也可以参考。杨光先反对西教著《不得已》，以前很少传本，最近南京国学图书馆影印此书,书末附有杨光先的传,可算是最好的本子。

在英文方面,我要介绍 Prof. K. S. Latourette 所著的 *A History of Christian Missions in China*(1929)一书给读者。这一部书材料丰富,叙述明洁,态度也好。《圣教史略》《天主教传行中国考》《正教奉褒》都嫌宗教家的气味太重了。Prof. Latourette 的书,却没有这种毛病,纯然是历史家的态度。

康熙时罗马教皇与中国所起礼俗之争端,最近北平故宫博物院印行之《文献丛编》第六辑中有《康熙与罗马使节关系文书》一篇,共收上谕、章奏以及教皇格勒门第十一所发布之一七一五年禁谕译文凡十四篇。康熙时与罗马教皇争论情形,在此可以见其梗概。又书中第十二篇康熙五十九年十一月十八日谕苏霖、白晋等西洋人的上谕和格勒门禁谕以及御笔批改的原本,自从在故宫清出以后,北平辅仁大学有影印本,附有陈垣的跋,于此次争议,有所论述,亦可参考。(民国二十一年三月,故宫又将此等文件原本上石影印成书,名为《康熙与罗马使节关系文书影印本》,卷首有陈垣《叙录》,于各书年代考证甚详。二十一年九月补记。)

问题

一、欧人重来中国后,对于中国文化哪一方面上发生了影响?

二、中国学艺上所采用的西法最早者是甚么? 当时有何需要? 哪一方面的影响最大?

三、因历法而输入的西学有甚么? 因制作而输入的有甚么? 试历举之。

四、除了天算、舆地、物理、水利外输入的西学还有甚么? 试历举之。对于中国学术上有无影响?

五、明末清初基督教在中国情形怎样? 后来何以又潜伏?

第八章　十八世纪之中国与欧洲

中国自万历以后，西洋教士东来，布道开教，西洋的各种学问，也陆续传入中国。明清之际的西学，虽未能即植根基，而有待于后来，但是在中国文化史同中西交通史上，自明万历以至清乾隆的二百年间，实是很可纪念的一个时期，中国后来之维新运动，虽谓为萌芽于此时，亦无不可。同时这些西洋教士东来，其中有不少的人仍归故国，有不少的人则以东方的消息传布乡邦；东方的物事也有不少传到欧洲。在十八世纪前后，欧洲正是浪漫主义的时代，冥心遐想于异国奇物。东方的中国遂在这一个时代里形成一个波澜，其动人心目，正不下于明清之际的中国呢！

最可以看出这种趋势的，便是建筑和各种装饰上面的罗科科（Rococo）主义。欧洲在路易十四时代，生活的各种方面都呈露一种严肃拘谨的意味，路易十四一死，起了反动。所谓罗科科者，就是十七世纪后半至十八世纪风行于法德以及中欧诸国的一种解放运动，打破以前文艺复兴所有的纪律与组织，自行采取一种活泼不羁的线与面，以表见那种精神。哲学家的论调，喜欢用两可之辞，文学方面则小品盛行，色调方面也放弃以前的鲜明而改用一种灰色的调子，渐渐溶开，而无斩截的分别。这种风趣，完全是模仿中国的作风而来的。最可以看见的便是磁器。在十六世纪时，意大利的佛罗棱萨便有人仿效中国的磁器，白地上面绘以深蓝色的花纹。其后由意大利传到荷兰，又研究一种雨过天青的颜色。到十七世纪中叶的开始，这种工业便遍传到欧洲各处了。大率是模仿中国的形式和花纹。最初是传到法国，由法国又传到德国。而真正的白磁则是一七一〇年方才在欧洲发明成功。发明者为步特格（Böttger），磁器上的绘画都模仿中国，或含有中国风的意味在内。

磁器以外，罗科科时期中可以称述的便是中国漆器的传入。在十七世纪时，法国宫廷即从中国运去不少的漆柜，不过那时还视为稀有之物。到十七世纪末年，日益普遍了，欧洲的漆器业也因中国漆的传入而逐渐发达，其中以法国为最盛，法国又以马丁一家（Martin family）所制为最精，所用花卉图案，多仿中国同日本的样式。法国宫廷中满贮这种漆器。到了一七三〇年，法国制品竟可与东方来的媲美。法国文豪福禄特尔（Voltaire）很称赞这种漆器。最初的漆器多属室内各种用具，如有屉漆柜上绘牡丹之类，后来连自东方输入的肩舆也施以漆绘了。法国固以精于制造漆器著名，而英国、荷兰、威尼斯也相继而起，以此擅长。同时自中国输入的绸缎为数也是不少。法国后来仿着制造，印染织都采用东方花样，那时法国人很有喜用洋货的风气，法国虽然仿造中国的制品，价格也较为便宜，但法国人仍是看重真的东方货品，所以当时忧时之士，很是伤心，以为法国人不可救药云云。因为印染模仿中国，所以如栀子等颜色也从中国传入了。同绸缎一并传入欧洲的还有绣品。以前欧洲流行的绣法都是平针，此时盛兴堆丝（floss silk），大约同所谓顾绣差不多，这又是受的中国影响了。又有一种于绣品上施以绘画的，名为针绘（needlepainting），也于此时传入法国。针绘以外，并有花布同花纸之属。

磁器上精细的色调和绸缎上鲜艳的颜色，使得罗科科时代添加了不少的美好，于是绘画方面如华多（Watteau）诸人，也就采取中国的事物和画法了。蔚蓝色的远山，是华多生平所没有见过的；暗色的流云，单色的背景，这些都是窃取中国画的绪余。不过那时的画家，要从中国画里满足他们的好奇幻想的心理，对于中国的花鸟之类，虽都赞叹不置，而一论到中国画中的人物，他们因受过古典的希腊派的陶冶，辄多加以非议，可是又不能不用中国人物，便弄出一些欧洲人假充的中国人形来了，所画的都是全凭自己的想像加以不正确的知识创造出来。他们并不知道中国画也是从观察自然得来，只取那些纤巧的线条同色调，来满足那时虚幻的渴想。甚么法度，在罗科科时代是破坏无余了。如华多，如柏朗（Bérain），如吉乐（Gillot），如毕也孟（Pillement）都是这一时期中的闻人。在建筑方面，中国式的亭园建筑，也曾风靡过一时。中国式的宝塔、雕花的窗棂、中国式的亭子，都点缀到西洋的花园中了。十八世纪一位耶稣会教士巴德尼（西名 Père Attiret）供职北京宫廷，曾寄信回国，盛道圆明园之好，以为"在这些地方无论结构以及工作都宏丽极了，这是我有生以来所没有见过的。中国人建筑的变化与复杂，不能不佩服他们的天才。拿我们的一比较，真是贫乏极了"。巴德尼又力诋西洋建筑整齐划一的单调，以为"我们只是平均与对称，不能单独分立；绝不许有一丝一毫出位，各部分都要彼此相称"。巴德尼对于西洋建筑的不满意，正可以代表罗科科时代的风尚和要求。所以后来巴威略（Bavaria）的路易第二（Louis II）竟要模仿圆明园重修一所，虽然没有成为事实，那时西洋对于中国建筑的醉心，也可见一斑了。不仅如此，在罗科科时代，艺术的理论以及中国式的茶社等等，也波及欧洲的社会上，其醉心华化，正和现今的中国醉心欧化相仿佛。

在十七、十八世纪的时候，在中国的西洋教士将中国经籍译成西文，寄回本国的很是不少。最初是利玛窦曾将中国"四书"译以西文，寄回本国。艾儒略说："国人读之，知中国古书，能识真原，不迷于主奴者，皆利子之力也。"而柏应理于一六八二年回欧洲，曾以教士所译华文书四百册呈献教皇，这种数目真是不小。教士所著论述中国的人也自很多。这一种东方哲学和风俗的书籍正在十七、十八世纪唾弃旧日的严肃而梦想奇境的时候传入欧洲，自然要引起一番影响。在启明时期中受中国影响最为显著的要算德国的莱伯尼兹(Leibniz)。莱伯尼兹曾细读过当时译出的中国经典和纪载中国的书,曾同到过中国的西洋教士如闵明我(Filippo Maria Grimaldi)之流接过谈,通过信。据莱氏的意思,理论的和哲学的科学如历算、名理、形上之学,西方自然胜过东方,但是一说到实践的哲学,就不能不推东方独步了。他的灵子说(Monad theory)据说就受有中国的道的影响。莱伯尼兹创立柏林科学社,用意就在沟通中国同欧洲的文化。后来如佛兰克(A. H. Francke),如武尔夫(Wolff),都多少受有莱伯尼兹的感化。而在法国,福禄特尔也是热烈赞美中国的一人。他也同莱伯尼兹一样,向往于中国的实践道德,并改编中国元人的《赵氏孤儿》一剧,赞叹不止,以为这是了解中国精神的头等好材料。后来的百科全书派人对于中国哲学的见解,即是全从福禄特尔得来的。这一派人中有一位博瓦勒(Poivre)的,著有一部《哲学家游记》(*Travels of a Philosopher*),其中有几句话:"若是全世界都采用了中国的法律,那岂不是好。到北京去! 去看那最有威权的人:这才是上天真正完备的影像呢!"狂热的神情,在今日几乎令人不敢相信这是欧洲人说的话。卢骚(J. J. Rousseau)却同这些歌颂中国的人正是相反,他在《科学艺术有害于德性论》一文中就用中国来证明科学艺术之无益而有害,福禄特尔的《赵氏孤儿》一剧,也就是针对卢骚之言而发的。

当中国的康熙末年同雍正初年(一七二三年),意大利传教士马国贤(Matteo Ripa)自中国回国,在意大利的那不勒斯建立一所中国学院,由教会出钱,以养成到东方传教的教士为目的。马国贤曾带了五位中国青年到意大利,后即肄业学院,其中著名的是顾约翰(John Ku)和殷约翰(John In)两人,后来都回到中国来传教。那不勒斯的中国学院来学的不少,乾隆时英使马戛尔尼(Lord Macartney)到中国来,有两位中国舌人就是中国学院毕业的学生。此外十八世纪到欧洲去的中国教士还有许多，在马国贤以前同柏应理到英国的有江宁人 Chin Fong-Tsong。又有一位姓黄的留居巴黎，娶法妇为妻，竟死其地，对于当时法国的中国学家影响很是不小。十八世纪时法国的经济学家杜尔克（Turgot）即同中国姓高（Ko，or Kao）和姓杨（Yang）的两位青年往来很密切，杜氏的《中国问题集》（*Questions sur la Chine*）和《富之生产及分配的考察》（*Réflexions sur la Formation at la distrilbution des Richesses*）二书，即是为高、杨二人而作的。杜尔克以外，在经济学说方面受有中国学说影响的，是重农学派中的克斯奈（Quesnay）。克斯奈以为农为财富之本之说，苏格拉底、伏羲、尧、舜以至于孔子，俱作如是观云云。其后法皇路易十五且因克斯奈的主张仿效中国，而为亲耕籍田之举。克氏死后，他有一位学生于他落葬时，致演说词，以为"人性从天受来，本来是光明美丽的，只为愚昧和私欲所蔽，所以孔子的志向就在把人类回复到原来光明美丽的境界里去，教人们对于上天要敬恭寅畏，要爱邻如己，要以理来节制私欲。我们的老师就是如此致力的云云"。克氏既然想承继孔子的道统，所以竟有人称之为欧洲的孔子。

在这启明时代以后，欧洲还有一位同中国关系很深的文学家，便是德国的歌德（Goethe）。歌德的一生虽是跨在十八世纪的末叶与十九世纪的初叶之间，但是他的精神实是汲取的十八世纪的绪余。歌德幼年即受有中国的印像，一七七〇年到斯德拉斯堡（Strassburg）以后，正式翻读当时所有中国六经的译本。此后对于中国诗同建筑都有所批评，在他所著《情感之胜利》（*Triumph of Sentiment*）一书中都可以见出。而他所著的 *Elpenor*，是一出悲剧，即很受有那时所译中国的《赵氏孤儿》一剧的影响。至于他的戏剧中应用中国风味的背景、道具以及人物的更是不少。一八一三年至一八一五年普法之战，歌德在这几年中放弃一切，专心研究中国的学问。正在来卜锡(Leipzig)战前,局势最为紧张之时,而歌德的研究中国,也最为起劲。歌德后来愈益倾心于东方的静的发展,而致力于范畴或型式的构成。到一八二七年至一八二八年,已是暮年了,他的这种倾向,更是显著。东方在他的作品中已是象征化了。所以他在《浮士德》(*Faust*)中有"结了晶的人性"(Crystallized humanity)之语,结了晶的人性,即是指的中国人而言,也就是暮年的歌德所祈求的境界。他的《中德岁时记》(*Chinesisch-Deutsche Jahres-Und Tageszeiten*)就是此时的作品。歌德校读过《好逑传》,读过英译本《老生儿》,翻译过《百美新咏》,说中国女人是最可爱的。又读过《花笺记》,很为记中的情节和描述的景物所动。

到了十八世纪后半期,欧洲的这种狂热渐渐地过去了。中国与罗马教廷关于仪俗的争论,使欧洲对于中国以前的梦想起了反动。耶稣会士在欧洲逐渐衰歇,法国竟至将此会解散,遂失去了重要的中国宣传者。那时重商主义代替重农主义而兴,欧洲人的思想已从爱和平转而为好动。对于中国所重视的不是古国的礼教、风俗、文物,而是舆地和出产了。在思想方面则古学复兴,对于希腊罗马研究的兴趣复盛。庞贝(Pompeii)和赫鸠娄尼思(Herculaneum)两古城发见,古希腊罗马的装潢,复显于世,于是以前的罗科科式作风,竟为时人所唾弃了,色调方面也从纤巧细腻而趋于明快雄浑。到了十九世纪。则印度的神秘主义又笼罩了欧洲的思想界,同前一世纪的中国正有相伯仲之势。

参考书

这一个问题所有的中文参考资料很少,关于杜尔克的有《北京大学社会科学季刊》第一卷第一期李永霖著《经济学者杜尔克与中国两青年学者之关系》一文,详述杜尔克与高、杨两教士交往的情形，可供参考。关于歌德有《小说月报》十七卷号外《中国文学研究》中德国人卫礼贤（Richard Wilhem）著的《歌德与中国文化》。本篇大半取材于德国雷赫完（Adolf Reichwein）所著的《中国与欧洲》（*China and Europe*）一书。此书导言，吴宓先生曾为译登《学衡》，全书译者，未闻有人。又民国二十一年三月北平图书馆与德国研究会合编《葛德纪念特刊》及同年八月二十二日天津《大公报·文学副刊》陈铨之《歌德与中国小说》，俱可参考。

问题

一、欧人东来后，欧人有无受了中国文化的影响？有何种运动可以代表？

二、何谓罗科科主义？何谓罗科科时代？在何时？

三、罗科科时代的艺术对于中国文化受有怎样的影响？哲学上受有怎样的影响？经济思想上受有怎样的影响？文学上有怎样的影响？

四、当时欧人意识的中国是怎样的？此种意识到何时才变更？怎样的变更？

第九章　十三洋行

自十六世纪东西交通的海道发见以后，西洋诸国同中国的交通一天盛似一天。在文化方面，明清之际的西学，虽只植了一点根芽，而未能大成；明朝将亡的残局固然未能挽回，清初的西学，也只昙花一现。可是就文化交通史的全体而言，这一时期的收获，也就算是开以前千余年未有之局了。其后同光时代中国的维新，说是导源于一二百年前，也不为过。这是文化方面的情形。在经济方面，自十六世纪以至于十九世纪之初鸦片战争以前，中国同西洋也有很显著的关系。如今且先说西洋。

西洋同东方的贸易，十六世纪时，完全在葡萄牙人的手里。到了十七世纪，荷兰人继葡萄牙人而起，葡萄牙人的东方海上贸易全然为荷兰所夺。十八世纪的前半期，葡萄牙船为荷兰所有的即达三百艘。以前所有对东方贸易的公司，至是都为荷兰东印度公司(Dutch East India Co.)所并吞了。在一六〇三年至一六九三年之间，从东印度，尤其是从中国，输入欧洲的货物价值每年至一百二十兆利佛尔(livre)，后来还两倍三倍于此数。到一六五三年，公司赢利五十一兆利佛尔，到一六九三年，几乎近一百兆了。中国货物输入欧洲之速于此可见。所以在一六〇二年至一七三〇年间，荷兰东印度公司分红金有三百兆马克(marks)，每一股分红利百分之二一.一七。到后来荷兰东印度公司内部腐败，营业遂至一落千丈，一七三〇年以后竟亏到四百兆马克。于是英国人遂乘之而起。在十七世纪末叶英国从东方运到欧洲的货物，一年就值到十八兆马克。而从秘鲁和墨西哥流入西班牙的金银，又到甚么地方去了呢？据福禄特尔说，这些钱都落到法国人、英国人和荷兰人的荷包里去了。这些人在卡的士(Cadiz)做生意，把所有的出品又运到美洲去。而大部分的钱则流入东印度，用来买丝绸、香料、硝石、糖茶、织品、金刚石和古董去了。这一时期欧洲同东方的贸易，从那时欧洲金银的增加也可以看得出来。在一五〇〇年，欧洲金银块的供给，金块约为八三六九〇〇〇䢴，银块为七七〇〇〇〇〇䢴，到一四九三年至一六〇〇年，金增七五四〇〇〇䢴，银增二二八三五〇〇〇䢴。一六〇一年到一七〇〇年，金增九一二〇〇〇䢴，银增三七八三五〇〇〇䢴。这是欧洲同中国通商以后在经济上所生最显著的影响。

中国方面的情形正不下于欧洲。中国在明以后，同西洋交通贸易，最重要的场所就是广东。广东之同海南诸国交通远在汉武帝时，徐闻、合浦为中国通海南诸国发舶之所。六朝时候，广州同外国的交通大盛：当时以为广州刺史但经城门一过，便得三千万；而国家所须，取给于广州的也自不少。到了唐朝，阿拉伯人兴起，南海方面海上贸易极盛，唐时曾设立市舶司，以掌海外通商事宜，市舶司到底设于何时，今不之知，最早的市舶使是开元二年（七一四年）的周庆立，然则市舶司之立，在西元六七世纪便已有了。那时广州，中外称为广府，广州城下的海南诸国如波斯、师子、昆仑船舶，云屯雾集。外国人同基督教徒住在广州的至十多万人。外国人所住的地方名为番坊，有番长，以管辖番人，依本国法处断，有人说这就是治外法权的发端。番船入港，有船脚、进奉、收市等名目：舶脚相当于今日的进口税；进奉则是专指进贡的货物而言；收市则是宫廷收买所需各外国货的名称。收市的价格大概比普通要高两倍。宫廷收买过以后，才准一般人民自由买卖。

到了宋朝，对外贸易制度才算完备了。在广州、宁波、杭州、泉州地方置市舶司，以掌理征收关税和商人一切事务等等。外国商人之有番坊，大致与唐代无异。不过宋朝的对外贸易完全是官府独占，于京师置榷易务，市舶司交付市舶本钱，由宫中派遣内侍经理其事，番商携来的香药、犀牙、真珠、龙脑为当时重要的输入货品，由政府全部收买，名为和买。和买的货物送京师榷易务，以高价卖出。禁止民间自由买卖，犯者处重罪。禁榷以外的货物抽分以后，由商人购入，许其在市上发卖。其时设有牙人以评定货价，名为舶牙；牙人乃是货主同买者之间的中间人也。

元朝也仿宋朝的办法，于上海、庆元、澉浦、泉州置市舶使，取缔市舶，并且由官府自备海船，选取贾人派赴海外贸易，所得利益贾人得三分，其余七分归官。至元三十年（一二九三年）制定市舶则例，那时所设的市舶司有广东、温州、澉浦、杭州、上海、庆元、泉州七处。对于官吏人等出资经商以及偷运货物等事俱严厉禁止,只准商人从事贸易。这种商人有舶商同海商的分别,舶商经营海外贸易,海商通商南洋,市舶司对于本国海舶出海的规程定得很是详密,出海时俱须受市舶司的公验,对于船上一切都要详细书明。航海时并行保甲制度。外国船到中国来,所携带的金银珠玉,皇帝以外不许卖给任何人。皇帝则有舶牙十二人以专理此事,任货物评价之职。这种舶牙,大约即是后世洋行的滥觞了。

明朝如太祖、成祖都有很大的野心,成祖之极意经营南海即可见一斑。广东、福建、浙江都设有市舶司:宁波与日本交通,泉州则近取琉球,广东则与占城、暹罗、西洋诸国来往。泉州有来远驿,宁波有安远驿,广东有怀远驿,都是安顿外商的处所。不过明初的市舶司,对于国外贸易只许以入贡的形式行之:"贡船为王法所许,司于市舶,贸易之公也。商船为王法所不许,不司于市舶,贸易之私也。"当时也兴牙行,同元朝的舶牙一样,为贸易的中介。隆万以后西洋如葡萄牙诸国人相继东来,至广东通商,于是以前入贡的制度,不能复行,那时广东文武官吏的月俸也多用番货代替。一禁止通商,番舶不至,于是公私都窘迫起来。恢复同外国通商以后,则抽分(即是抽税)可以供御用,可以充军饷,可以上下交济,可以使小民衣食其中。所以明朝末年禁止广东同外国通商的事,竟没有办到。

明亡以后,郑成功据台湾,反抗清朝,支持明朝的残局,纵横海疆一带,清初所以有海禁之起。康熙二十二年(一六八三年)郑氏既降,于是始解海禁,许船只出海贸易。康熙二十四年(一六八五年),恢复浙江、福建、广东的海关,许外国人贸易。浙江由巡抚,福建由将军兼理海关监督,广东则特派满人为海关监督,外国人称之为Hopoo,这即是户部,因为广东的粤海关是归户部管的。那时外国方面,英国代葡萄牙而起,活动于澳门、广东、厦门等处,最后选定舟山列岛中定海的红毛馆为居留地。而中国则不之许，只准其仍在广东贸易。

康熙以后中国同外国贸易，大概以对英为最多。葡、荷两国都已衰歇，英国起而握东方贸易的枢纽。这两国的贸易彼此都脱不了专卖一途：英国方面有东印度会社（East India Company）来垄断一切，中国方面也有所谓行商操纵中外贸易的大权。中国的行商，即是宋元以来舶牙同牙行的蜕变。清朝之有此，大约起于康熙四十一年（一七○二年），那时有一种官商，由官府指定一人为经纪，与以独占中外贸易的特权：外国人经彼之手以购入绢茶等货，输入的外国商品也经由官商之手以流通国内，外国商人同中国商人以及中国官府，都由特许官商为之中介。后来因为这种制度很有流弊，遂改为行商；或名公行制度，由一人独占的官商分而为若干行来共同担负对外的贸易。这种制度只限于广东一处。外国商货入境征收税项，以及外国商人的管理等事，全归这些行商负责；各公行负债，则彼此连带责任。到乾隆二十二年（一七五七年）封锁其他海港，专限广东一处同外国通商，于是这种公行制度才实行确定。

广东的公行，一称为洋行的，即是一种基尔特制度的组合。清初，广东的贸易全握在这种行商的手里。乾隆十六年时候这种商人有二十八家，二十二年减到二十六家。行商中又因地域而分，乾隆二十五年（一七六○年）计有：外洋行"专办外洋各国夷人载货来粤发卖输课诸务"，共有九家；本港行"专管暹罗贡使及夷客贸易纳饷之事"，共有三家；福潮行"报输本省潮州及福建民人往来买卖诸税"，共有七家。后来公行因为负债太多，曾一度由官府将公行制度废止。乾隆四十七年左右，又行恢复对西洋贸易的公行，并规定为十三家。（至于十三行的名称，则清初即已有之，屈大均《翁州诗外》卷十六《广州竹枝词》可证也。）本港行到乾隆十年左右,因为三家负债,遭官府革除,以至消灭。所有事务,虽由外洋行代管,终于不振。洋行本身也因排场过大,负债倒歇,所有数目也时有增减。李调元时十三洋行只存丰进、泰和、同文、而益、逢源、源泉、广顺、裕源八行。乾隆时泰和行欠债到一百多万元,裕源行有四十几万元,当时洋行欠债之巨,可见一斑。道光七年闭歇同泰行,八年闭歇福隆行,其后又有东生行,都因拖欠外国商人的款项,以至倒闭。到《南京条约》时,十三洋行的名目是怡和行(外国书称此为 Hawqua,即伍浩官,官名伍纪荣,刻《粤雅堂丛书》的伍氏就是这一家的后人)、广利行(Mowqua 卢茂官,卢继光)、同孚行(Ponkhequa 潘正炜、潘绍光)、东兴行(Goqua 谢鳌官,谢有仁)、天宝行(Kinyqua 梁经官,梁丞禧)、中和行(Mingqua 潘明官,潘文涛)、顺泰行(Saoqua 马秀官,马佐良)、仁和行(Punhoyqua 潘海官,潘文海)、同顺行(Samqua 吴爽官,吴天垣)、孚泰行(Kwanshing 易昆官,易元昌)、东昌行(Lamqua 罗福泰)、安昌行(Takqua 容有光)、Hintes Háng(Sunshing 严启祥)。

十三洋行因为握有中国对外贸易的特权,无论输入输出,都得经过他们的手,所以最容易发财而成为大富豪。清初时候广东有银钱堆满十三行之谣,彭玉麐也说"咸丰以前,各口均未通商,外洋商贩,悉聚于广州一口。当时操奇计赢,坐拥厚资者比屋相望。如十三家洋行,独操利权,丰亨豫大,尤天下所艳称;遇有集捐之事,巨万之款,咄嗟可办"。道光十四年(一八三四年)时,怡和行伍浩官的财产一共达二千六百万元美金,合现时一万万多,在当时世界上也是有数的富豪。十三洋行之富,于此可见一斑了。关于十三洋行的琐琐屑屑,也很有足以资谈助的地方。洋行商人因为同外国人接洽的机会多,所以容易感受欧风,第一个表现就是西洋式房屋。十三洋行在广州幽兰门西(至今广州还有十三行街的名称),结构与洋画同。中有碧堂,连房广厦,蔽日透月;

扬州的澄碧堂即是仿此而作。不仅房屋建筑,即是器物之微也多采用洋式,如十三洋行的茗具白地彩缋,精细无伦,且多用界画法,能分深浅。而因同洋商交易,于是所谓 Pigeon English 的也随之而产生了。

凡是洋行商人都要从户部领到一种部帖。请领部帖,须交纳帖费,有时要费到二十万的光景,得了部帖之后,加入洋行公所,由洋行全体作为保证:一行破产全体负责。后来洋行设立,总先试办几年,有了成效,方准正式开办。洋行设立公所,议有条规:对于同洋人买卖的价格,要同行公议决定,与洋人私行买卖者处罚。内地运到广东的货物要卖给洋人,也得由同行集议,公定价格,不遵者罚。与洋人交易宜正直,负绿茶斤两证明的义务,严禁掺杂他物。对于磁器的买卖,一任他人,不过洋行要抽取百分之三十的税。这是比较重要的。中国那时同外国的贸易情形,在这些规条中可以见出大概来。

当时外国船到了广东,船舶货物都要课税。由澳门到香山,通事同引水人征三百二十五两至四百两。到了黄埔,要补充粮食的特许状以及雇用买办要征五十两至一百十六两。到了埠头,再要征收船钞。此外还要收取其他的费用,如属四百二十吨的船,正税收八百四十两二八五,合其他各种费用,一共要二千六百六十六两六六七。这是船舶所要征取的税。至于外商货物则于船到黄埔后,商人即寄寓夷馆(factory,这是外国商馆,为数也有十三,由十三洋行商人建造,租给各国商人),货物搬上交给行商,于是货主拱手无为,一概听行商处置。海关对于输出输入的货物课税都很重,如棉花百斤,正税为一两五钱,此外正当的附加税二钱五厘,不正当的附加税达一两五钱。茶的正规课税每百斤一两二钱七九八,实际上的课税要到六两。归入官府,算是国家正式收入的正税,真是微乎其微了。

到广州贸易的外国商人,只能住于夷馆,受有严厉的限制。嘉庆二十四年(一八一九年)颁布八条规则,大致:禁止外国兵船进入虎门;妇女、枪炮等不准带入夷馆;外国商人所雇诸人俱须在澳门同知处登记,每一夷馆只准雇用八人;不许外人在河中泛舟取乐;洋人不得直接请愿,须经行商之手;行商不得欠外国商人的债;外国船到广东应直泊黄埔,不得游行各处。这些规条都由行商负责,监督洋人实行。

号称夷馆的外国商馆,自东至西为荷兰、英国东印度公司、英国、瑞典、比利时、美国、法国、西班牙共是八国。共十二行。中以东印度公司为最有势力,同中国的十三洋行一样,也是采取独占贸易的政策的。英国东印度公司创始于一五七九年,其后又有一新公司出现。到一六〇〇年,两公司正式合并,改名联合东印度公司,垄断中国的贸易。在广东设立永久的组织,管理英国在华的商务。于国家特许状的范围以内,实行独占的贸易,自好望角至麦哲伦海峡之间,所有中国茶的贸易,严切保有其专卖权。在国内市场,也以东印度公司的地位为最高,公司的职员在规定的范围以内,可以自行做生意。中国同印度之间的贸易,英印人民都可参加,不过要向公司取得执照。这是英国对华贸易的概况,同中国的十三洋行政策似乎正同。英国不堪于中国十三洋行的轧取和官吏的剥削,东印度公司于乾隆二十年(一七五五年)特派总商哈利逊(Harrison,《中西纪事》作喀喇生)、通事洪任辉(Flint)至宁波通商,都未能达到目的。但是英国之想自由贸易的心思无已。乾隆五十八年英国遣马戛尔尼(Lord Macartney)正式通使中国,谒见清高宗,要求自由通商,在浙开港,并通市天津,又要援俄罗斯例遣人寄住北京。马戛尔尼的请求自然无一能够实现,中英第一次的正式通使也告失败。但是中国的新局面也快要展开了,道光十九年(一八三九年)鸦片一战,中国同外国的交通方始急转直下，由蒙昧而入于明显。这一个大转机时期，将于第十章中述其要略，今不能赘。至于中英贸易的激增，观下列历年外商来广船只表可知，今附录本章之末。

历年外商来广船只表（依据中国通商图）

国别			葡萄牙	荷兰	丹麦	瑞典	法国	美国	汉堡	墨西哥	西班牙	英国	东印度公司	总计
一七三六					一	一	二					四		
一七八九			三	五	一		一	一五				四〇	二一	八六
一八三三一八三四			二三	六	五	一	六	七〇	三			一〇一		二一五
一八三四年十月二日	泊黄埔者				一			八				三八		
	泊零丁洋者		二					一〇				二〇		
由中国至大不列颠船舶	一七九三至一七九四	船数										一八		
		吨数										一七三四六		
	一八三一至一八三二	船数										二二		
		吨数										二七九四〇		

参考书

关于十三洋行的贸易情形，《清朝全史》和《清代通史》中都可以看出大概。武埼干君的《中国国际贸易史》也有专章论此，可以参考。至于本章则多半取材于日文《支那》第二十一卷五号（一九三〇年五月）根岸佶的《广东十三洋行》一文，以其中材料多有为上述诸家所未说过者也。夏燮的《中西纪事》也是这一时期的好参考书。

英文书中以 H. B. Morse：*The International Relations of the Chinese Empire* 的材料最丰富。H. F. MacNair：*Modern Chinese History：Selected Readings* 一书，节取各家原书，纂辑成篇，也甚为简明可取。

（民国二十一年三月二十六日出版《清华周刊》第三十七卷第五期有梁嘉彬先生著《广东十三洋行考》一文，不少发明，多为东西学者所不及知者。惜全文未就，只成序篇！二十一年八月作者补志。）

问题：

一、欧人东来后除了宗教和学艺的交通外还有甚么重要的交通关系？首来者何国？继至者何国？最后关系最重要者何国？

二、欧人东来以前中国历代对于海外贸易的政策怎样？

三、何谓番坊？何谓舶牙？何谓牙行？

四、何谓洋行？洋行和舶牙、牙行性质有无异同？洋行的变迁和始末能否略述其梗概？

五、何谓夷馆？夷馆与洋行的关系如何？

第十章　鸦片战争与中西交通之大开

汉唐以来中国同西洋在文化方面、贸易方面交通的情形，以上九章约略都有叙述。在明以前西洋的社会、经济的组织和制度还没有大变动。明以后，西洋跨入了工业革命的领域之中，各方面都起了变化，生产同武力都大胜于前，不能不以东方为尾闾之泄。明以前的中国尚可以相安无事，除掉了北狄和东夷以外，没有甚么足以萦心的地方。明以后可不然了，农村社会的中国遇见了工业社会的西洋，处处以迟钝保守失败。鸦片战争以后，中国锁国的局面正式打开，而与西洋的工业文明国家觌面相逢，近百年来中国政治上、思想上、经济上变动之剧，为以前所未有，这一百年抵当以前的几千年而不止。中西交通的历史以鸦片战争为一大转变的关键，本书也即以此终篇。而在未入正题以前，先略述俄及西欧诸国与中国通使交涉的梗概，然后再及英国通使、鸦片战争、《南京条约》诸端，并于后来一百年略作一鸟瞰，以为全书的结束。

俄国同中国的关系也来得最早：元朝西征，俄罗斯几成为蒙古人的牧场，而俄国人随蒙古军东来者也自不少。到明朝隆万之时，俄国人还有到中国的，葡萄牙海盗在中国北方即曾遇见这些俄国人，此后俄国便淹灭无闻。一直到了清初俄人经营西伯利亚之后，势力渐到东方，其后大彼得在位，极力找寻出海港口，经营至于西伯利亚，遂与中国冲突，而有康熙时同俄国的一战。近代史上中外战争中中国占胜利的大约要数这一战，而亦只有这一战了。尼布楚定约以后，俄国同中国的贸易关系正式确定，从恰克图到中国贸易，清朝特许俄国人在北京停住，于北京设俄罗斯馆，有教士在彼开教。于国子监附设俄罗斯学，以便俄国来京子弟读书，内阁理藩院亦设俄罗斯学，以便八旗习俄罗斯字。自康熙以后，俄国的学生、教士、商人到北京来的先后不绝。自此以后，俄对中国始终维持这点关系，同治中英法联军之后才归入其他西洋诸国的集团里面去。

其他各国如西班牙之通中国，在明神宗万历时；葡萄牙之通中国，在明正德时，俱已见第六章。荷兰人到中国在万历天启的时候，袭击澳门没有成功，于是转取台湾同淡水，时在一六二四年，即天启四年。顺治时曾遣使中国，要求通商，未得允许。顺治十五年（一六五八年）郑成功据台湾，逐荷兰人。后来清朝平台湾郑氏，荷兰曾发舶相助，未至而郑氏已平。康熙二年（一六六三年）荷兰曾一度占有厦门、福州，郑氏平即还诸清朝。荷兰通商仍回到广东。法国因为耶稣会士的关系，同中国交通得很早，至于通商则始于雍正六年（一七二八年），广州之有法国商馆始于嘉庆八年（一八〇三年），以英法之战而罢，直到道光十二年才又恢复。

美国之与中国直接通商以乾隆四十九年(一七八四年)为始,独立时稍受英国的影响,船舶在中国海上时为英国所劫。后来的贸易地位只输英国一着而已。此外如瑞典东印度公司,于雍正九年(一七三一年)才得对华贸易的特许,丹麦船之首到黄埔,为乾隆十六年(一七五一年)。

英国同中国贸易之日增,看第九章的《历年外商来广船只表》就可以知道。可是那时广东的对外贸易全操于公行之手。公行商人于外国商船到广,可以任意积压,不即解货,各种规费可以任意增加,外商又不能直接同中国官吏折冲。所以如英国东印度公司就想在广州以外,另找一个税轻的港口通商。康熙四十年左右,东印度公司派人到浙江的舟山和宁波等处试行贸易;浙海关关税比广州来得轻,又没有行商为之阻隔,因而来浙贸易的一天多似一天。乾隆二十年(一七五五年)东印度公司又派喀喇生(Harrison)和洪任辉(Flint)两人到定海,正式请求在浙纳税。此事为清朝所禁止,并把浙海关关税加得比粤海关还重,于是东印度公司的计画完全失败。洪任辉想直接到北京请求,也于乾隆二十四年(一七五九年)在厦门被捕,到二十七年才行释放。东印度公司于此直接向广东总督提出请求,要求改良五弊:即予解货,不加积压,减轻课税,官吏同外人可以直接交涉,不必假手行商。这几项中国一概予以否认,乃有乾隆嘉庆先后两次派使至北京之事。

那时英国在广东贸易的船只大增,加以印度战事之胜利等等,中国方面很是提防,所以对待英国颇不放松。英国以贸易上既不能自由,待遇上又颇失体面,遂决意派使者马戛尔尼伯爵到北京直接折冲。马戛尔尼于乾隆五十八年(一七九二年)抵北京,本意想要求自由通商、传教、居住诸项,不谓一无所得而回。嘉庆二十一年(一八一六年)又派亚墨哈斯(Lord Amherst)到北京,所得结果比马戛尔尼更坏。道光十四年（一八三四年）英国东印度公司的专卖权取消。在广东的东印度公司，以前原掌握英国同中国贸易的大权，至是公司废止，乃循中国之请，设置大班，以专管英国商人。后来中英关系之决裂，这些大班之专横自恣，即是其中的一个大原因呢。

所谓大班，大约和今日的领事差不多，道光十三年（一八三三年）以拿皮耳（律劳卑 Lord Napier）为大班。拿氏到广州，因欲保持英国专员的身份，改大班为贸易监督，与中国龃龉，而酿炮击虎门之事。其后拿皮耳病死澳门，带威（J. F. Davis）、鲁滨孙（Sir. G. Best Robinson）相继为监督，一反拿皮耳所为，幸得相安。道光十六年（一八三六年）改监督为领事，以义律（Cap. Charles Elliot）为第一任领事。以林则徐的禁烟，遂酿中英战争，而有《南京条约》之订。

鸦片一物，本产于印度，传入中国约在唐时，明朝亦复不绝，不过那时用以治病，用来吸食，乃是起于明季。英国据有印度、孟加拉一带，以孟加拉为出产鸦片名区，于是中英贸易中鸦片遂占一很重要的位置。起初当作药材使用，每年不过几百箱，乾嘉之际吸食者渐多，每岁输入至几千箱，道光初每岁输入近万，后来销售更多。今仅举道光十四年（一八三四年）英国同中国的进出口贸易做一个例：在这一年中国输到英国的连金银块在内，一共值美金二一〇〇〇〇元；英国输到中国的一共值美金二三四七六七九三元。这由英国输到中国的二千三百余万元中，计绵毛货品值二四一七〇〇〇元、棉花六二一〇〇〇元、胡椒一九〇〇〇〇元、槟榔子一四二〇〇〇元、铁六六〇〇〇元、锡九二〇〇〇元、铅九〇〇〇〇元、珍珠钻石等二九〇〇〇〇元、钟表六三〇〇〇元、珊瑚琥珀珠等二四〇〇〇元、燕窝等二三〇〇〇〇元、丁香豆蔻一六〇〇〇元、硝石五四〇〇〇元、米四一二〇〇〇元、银圆二○五○○元、鸦片一一六一八○○○元。鸦片贸易占英国对华贸易的一半而弱,真是怪象!在中国方面因为鸦片以及外国人通商等等,形成了一大漏卮:道光三年至十一年漏出去的银子至一千七八百万两;十一年至十四年共漏银二千余万两;十四年至十六年共漏银三千余万两。道光时中国经济情形已很枯竭,怎能再有几千万两的漏卮?这是在经济方面所起的莫大的影响,而在又一方面人民的体力上也日行堕落。中国看清了这种弊害,乾隆时即严禁国内商人贩卖,犯者流戍。到嘉庆初年重申禁令。起初鸦片都囤积于澳门,后来移到黄埔。运入的分量在乾隆时每年二百箱左右,每箱一百斤上下,嘉庆末到三四千箱。嘉庆严禁鸦片,凡洋船到粤,先由行商出具并无鸦片甘结,方能开舱验货,嘉庆二十一年,曾查出夹带的二千余箱焚毁。但是禁令愈严,大利所在,趋避也愈工,英国商人乃在零丁洋等地设船囤积,曰鸦片趸,浙、闽、江苏商船即从此贩运;广东商人则在口内议价,从口外运入。广东并专有一种包揽走漏的商人,蓄快艇装炮械,名曰快蟹;在广州私设商店,曰大窑口,各地曰小窑口。零丁洋这种囤积鸦片的商船最初不过五艘,烟至四五千箱,后来竟至船加到二十五艘。烟囤加到二万箱。国家虽然禁止,而这些鸦片商人勾通吏役,结纳哨兵,甚至与沿海官衙缔约纳贿。如广东的巡船每月受规银三万六千两,放私入口,即是一例。不仅受贿放私,并且还由巡船代运!

清朝那时眼看鸦片之毒已及全国,只有更采严厉的手段,用保甲连坐之法防人犯禁。其时林则徐为湖广总督,厉行禁令,设局收缴烟具,数月之间,成效大著,清廷乃以林氏为钦差大臣到广东去查办海口事件。林氏同两广总督邓廷桢合力从事,于道光十九年二月九日发兵围英国商馆。英国领事义律看见形势如此,只好劝谕英商缴出鸦片全数凡二万零二百八十三箱,每箱约百二十斤，共计二百三十七万六千二百五十四斤，值五六百万元。林氏将所收得的鸦片一概放在虎门，用海水毁去，这样弄了一个月工夫，方始竣事，一方面又议定新例三十九条，严申烟禁。

英国方面，义律吃了这样大的亏，自不肯甘休，同时也认清了中国是一块肥地，印度而外便是一个最好不过的商场。一定要乘这个机会，用武力把中国压服下来，使国内的工商业有容纳之所。如此既可以增进自国的富源，保持大国的光荣，而对于印度也可以成掎角之势，足以保持英国海上的威权。所以义律迭次请求本国，派遣兵舰东来备战。道光十九年七月，义律遂先以印度总督所派兵舰，进攻九龙等处示威。以林则徐诸人在广东防守颇严，并未得利。十九年十一月，清廷宣布停止英国贸易。道光二十年，英国也正式决定以武力解决，发海陆军东来。于是中英两国正式绝交开战。

关于这一次的鸦片战争，在这本小书内不能详细叙述。大概的经过是：道光二十年时，广东以有林则徐等严修备战，英国海陆军无计可施，遂引军沿海北上，转侵闽浙。福建以有邓廷桢的戒备，英不得逞，全赴浙江，陷定海，窥钱塘，攻乍浦。义律并率兵船直到天津请款。一时人心大恐，群咎林邓诸人多事，结果林邓革职，琦善代为两广总督，与英人议和，割让香港，偿金六百万元，两国平行交涉，广东再行开放通商。第一次的战争就此告一段落。而英国不直义律所订诸约，撤其职，代以璞鼎查（Sir Henry Pottinger）。璞鼎查未至，义律与中国又开了一次战。清廷则以奕山代琦善，又是一个脓包，因有第二次广东之败，只好为城下之盟。璞鼎查东来，更以大军北上，威吓清廷，以图尽遂所欲。道光二十一年七月，遂攻陷厦门，八月陷定海、镇海、宁波。道光二十二年陷乍浦。于是转军北上，为进窥长江之谋。五月一日进逼吴淞，八日陷宝山，十一日陷上海，然后又溯长江而上。六月八日薄瓜州,遂窥镇江,十三日镇江陷。二十八日前锋抵江宁,七月四日全军到达。中国方面始终靠着伊里布、耆英这些东西,到处望风而靡,虽有杨芳、关天培、陈化成等善战的名将,终因无人应援,到处掣肘,遂一败不可收拾。至是英兵既到南京郊外,只有议和的一条办法。乃于道光二十二年七月二十四日(一八四二年八月二十九日),缔结中英修和条约,即俗所谓《南京条约》者是也。

《南京条约》许开广州、福州、厦门、宁波、上海五处为通商口岸,自由贸易无碍。割让香港给英国;偿鸦片烟价,公行欠债及兵费共二千一百万元。垄断中国对外贸易的公行制度,也因这一约而取消了。中英《南京条约》缔定以后,美国、法国相继要求订约,于是有道光二十四年的《中美条约》和《中法条约》的成立。为害近代中国最烈的租界制度、领事裁判权,都因有这几种条约而产生了。西洋人自此得自由往来经商于中国内地,往昔锁国的局面至是完全打破,所谓帝国主义在政治上同经济上的侵略中国都于此战开其端。所以鸦片战争乃是上结二千年中西交通蒙昧的局面,下开近百年来中国史上急剧变幻的开头,真是历史上一个数一数二划分时代的战争。自此以后,中国国步日益颠危。外力侵凌的,有咸丰十年(一八六〇年)的英法联军之役,光绪十年(一八八五年)的中法之战,光绪二十年(一八九四年甲午)的中日之战,光绪二十六年的八国联军之役,无战不败,中国的衰朽,完全暴露无余。农业社会的中国完全抵敌不住西洋工业的国家。中国在政治方面完全失败,同时经济制度也因西洋的工业制度传入而渐起变革,社会组织因经济制度的变革而亦起动摇。此外在思想方面,则自同治中兴以后,即有一种维新运动酝酿于中国的士大夫间,一直到现在,思想革命还在奋斗之中。维新运动之所以不能成功,自然原因很多,大概说来乃是由于中国的士大夫根本就没有认清西洋的文明。咸、同以后，只以为西洋所有的无非坚甲利兵，此外一无足称，说不上政教文物。如郭嵩焘之流能够知道西洋诸国于坚甲利兵而外，自有其立国精神的礼教与政术的，反大为当时士大夫所不满。所以李鸿章的维新失败了。而康有为诸人所酿成的戊戌变法，因那时主张变法诸人，对于西洋的文明，未能有彻底的认识，只是些依附影响之谈，到头也归失败。孙中山先生于中法之役，发愿革命，他对于西洋文明的认识比其他诸人都来得透彻，四十年的努力，至今中国还是在与帝国主义和国内恶势力的奋斗中，中西交通以后的中国，还要待今日青年的奋勉。近百年来的一切，在中国史又另开了一个新局，须别有专著陈述，方可得其大略，本书限于篇幅，只能就此作一结束了。

参考书

关于鸦片战争这一役的经过，《清朝全史》《清代通史》以及刘彦的《帝国主义侵略中国史》，都有专篇，叙断明确，可以参看。其他的中籍太多，求其简明易得的有夏燮的《中西纪事》（本子很多）和李圭的《鸦片事略》（有国立北平图书馆的重印本）两书，所采集的都是原料。而最近北平故宫博物院影印的《道光朝夷务始末》，尤其是研究鸦片战争的史料的渊海。若求其通俗而又专为一书的，则有武堉干的《鸦片战争》一书。

英文方面的参考书很多，最重要的是 H. B. Morse：*The International Relations of the Chinese Empire*. 3 vols. 和同人的 *Chronicles of the East India Company*. 4 vols. 两书，不过这两部书都太多了，简单的还是数 H. F. MacNair：*Modern Chinese History：Selected Readings*（《中国近代历史文选》）一书。J. Oranges：*The Chater Collection*（《中国通商图》）虽所收辑的只以图画为主体，而图前有简单的叙述，也很扼要，可以参考。

关于马戛尔尼出使中国一事,有刘复译《乾隆英使觐见记》(中华出版)一书,就是摘取马戛尔尼自己的日记而成。所述很有趣味,可以一看。

问题

一、中俄的关系始于何时?其他西洋各国和中国的关系发生的经过怎样?

二、英人既在广州设有商馆后,何以仍旧屡次要求自由通商?这和洋行制度有何关系?

三、中英通商中鸦片贸易何以独占重要地位?中英鸦片贸易对于中国国计民生上的影响怎样?中国的对策怎样?

四、鸦片战争是怎样起来的?结果怎样?鸦片战争对于近代中国有甚么大关系?

附中西交通大事年表摘要

朝代	年号	西历	大事概要
周安王	二	四○○ B. C.	希腊人 Ctesias 始述及 Seres 地方,据云此即指中国而言,以其为产丝之国,故名以 Seres,盖有产丝地之义也。其后罗马人书中常及此。
周显王	三五	三三四	马其顿亚历山大大王东征。
	四一	三二八	大王征服大夏。
	四三	三二六	大王渡印度河,略北印度一带。
	四四	三二五	大王班师。
	四六	三二三	大王死于巴比伦。

续表

朝代	年号	西历	大事概要
汉武帝	建元三	一三八	张骞使月氏，为匈奴所获，留十余岁，娶妻生子。俟便亡向月氏，至大宛，由此经康居以至大月氏，复从月氏至大夏。
	元朔三	一二六	张骞在大夏留岁余，返国，复为匈奴所获，留岁余，至是年单于死，乃逃归汉。其在西域身所至者大宛、大月氏、大夏、康居。传闻五六大国中有黎轩，即罗马东徼，中国之知罗马自此始也。
	元鼎二	一一五	汉发使至西域诸国，至安息。汉使还，发使随汉使来观汉广大，以大鸟卵、黎轩眩人献于汉，罗马人最先至中国当推此辈。
汉明帝	永平一七	七四	西域复通，恢复西域都护及戊己校尉。
汉章帝	建初一	七六	班超留屯疏勒。
汉章帝汉和帝	建初四永元一	八〇—八九 A. D.	罗马 *Periplus of The Erythraean Sea* 书中道及 Thin 之名，大约即秦字之音译，盖指中国而言。
汉和帝	永元一	八九	都护班超遣甘英使大秦，抵条支，临大海欲度，为安息人所阻而罢。
汉安帝	永宁一	一二〇	掸国王雍由调遣使献乐及海西国大秦幻人，能变化、吐火、自支解、易牛马头，又善跳丸，数乃至千。
汉桓帝	延熹五	一六二	罗马皇帝 Marcus Aurelius Antoninus 遣将 Avidius Cassius 攻安息，至一六五年而安息平。
	九	一六六	大秦王安敦遣使自日南徼外献象牙、犀角、玳瑁。安敦据考即罗马皇帝 Marcus Aurelius Antoninus 也。
吴大帝	黄武五	二二六	大秦贾人秦伦来到交趾，交趾太守吴邈遣送诣权。权问方土谣俗后差刘咸送伦，咸于道物故，伦乃径还本国。

朝代	年号	西历	大事概要
晋武帝	太康五—六	二八四、二八五	大秦王遣使贡献，据云即罗马皇帝 Carus 之所遣也。
唐太宗	贞观九	六三五	大秦景教僧侣阿罗本偕同志至中国长安开教。
	一七	六四三	拂菻王波多力遣使献赤玻璃、绿金精等物，太宗降玺书答慰，赐以绫绮。拂菻国即旧史之大秦也。
唐高宗	乾封二	六六七	拂菻遣使献底也伽。
武后	大足一	七〇一	拂菻遣使来朝。
唐睿宗	景云二	七一一	十二月拂菻国遣使献方物。
唐玄宗	开元七	七一九	拂菻王遣吐火罗大首领献狮子、羚羊各二，不数月又遣大德僧（景教僧侣?）来朝。
	天宝一	七四二	拂菻国大德僧（景教僧侣?）来朝
	一〇	七五一	高仙芝击大食，兵败。杜环被俘，至大食，亲闻大食人谓大秦在苫国西。苫国即叙利亚之古名也。
唐德宗	建中二	七八一	大秦景教僧景净立大秦景教流行中国碑。
			伊宾瓦哈布至长安，谒皇帝，得见耶稣骑驴及返耶路撒冷画像。
唐僖宗	乾符五	八七五	黄巢陷广府，回教徒、犹太基督教徒、火祆教徒为所杀者至十二万人以上。阿拉伯人阿布赛德的书中曾纪此事。
宋神宗	元丰四	一〇八一	拂菻王灭力伊灵改撒始遣大首领你厮都令厮孟判来献鞍马、刀剑、真珠。
元太祖	一四	一二一九	成吉斯汗西征货勒自弥诸国。
	一七	一二二二	托雷一军达丹尼普尔，迫基发。

续表

朝代	年号	西历	大事概要
	一八	一二二三	托雷逾喀桑,经吉利吉斯返国,南俄罗斯俱为蒙古人所有。
元太宗	九	一二三七	拔都西征俄罗斯,诸王侯胥为所灭。
	一三	一二四一	利哥尼兹之战,北欧诸国为蒙古兵所败,拔都进兵向维也纳,以窝阔台死班师。
	一七	一二四五	教皇意诺增爵第四召集里昂会议,决派方济会修士柏朗嘉宾赴东方修好开教。柏朗嘉宾以是年四月自里昂启行。
元定宗	一	一二四六	七月二十二日柏朗嘉宾至和林,同年十一月十三日自和林返国。
	二	一二四七	柏朗嘉宾抵国。
	四	一二四八	法兰西王路易第九遣圣多明我会修士隆如美去和林,计画开教事宜。隆如美至和林,以定宗新丧,母后摄政,无结果而返。
元宪宗	二	一二五二	法王路易复遣方济各会修士罗伯鲁赴和林,于是年八月自拔都驻节处起程,同年十一月抵和林。
	三	一二五三	罗伯鲁使命无结果而返。旭烈兀西征,是为蒙古之第三次西征。
	四	一二五四	小阿美尼亚王海屯至和林。
	六	一二五六	旭烈兀平波斯。
	八	一二五八	旭烈兀陷报达,方欲进兵埃及,以宪宗之卒而止。
	九	一二五九	蒙哥大汗遣常德至波斯,见旭烈兀。
元世祖	中统一	一二六〇	意大利威尼斯人尼哥罗·孛罗与弟马飞·孛罗经商于君士坦丁堡。

朝代	年号	西历	大事概要
	四	一二六三	尼哥罗·孛罗兄弟随旭烈兀使臣偕赴汗八里,谒见忽必烈。
	至元六	一二六九	尼哥罗·孛罗兄弟归国,忽必烈大汗托其致书教皇,请派遣长于美术、科学之学者百人东来,辅助大汗,任职中国,以教皇更迭无结果。
	八	一二七一	尼哥罗·孛罗偕其十七岁之幼子马哥与弟马飞·孛罗同返中国,为二次之东行。
	一一	一二七四	教皇派方济会修士五人至波斯,由波斯伊耳汗主哈巴迦为之转送以赴中国开教。数年后此辈自中国上书教皇,报告开教,并求派主教一员东来主持教务。
	一二	一二七五	孛罗诸人至上都,谒忽必烈大汗。马哥少年英俊,甚为大汗所喜,留充侍卫,自是备顾问者历十七年。屡使异国及中国如四川、云南、扬州、和林、广州诸处,并为扬州宣慰使者三年。
	二二	一二八五	伊耳汗阿鲁浑第一次遣使欧洲。
	二四	一二八七	阿鲁浑第二次遣报达景教主教雅巴拉哈及副主教巴琐马使于罗马,二人生于中国之汗八里,至罗马、拿布勒斯及巴黎等处。
	二六	一二八九	阿鲁浑第三次遣使欧洲。
	二七	一二九〇	教皇遣孟高未诺报聘阿鲁浑。
	二八	一二九一	孟高未诺奉使东方。
	二九	一二九二	孟高未诺大约以是年抵北京。马哥·孛罗等三人是年忽动故国之思,忽必烈因命偕送科克清公主往嫁伊耳汗阿鲁浑,由泉州放洋。

续表

朝代	年号	西历	大事概要
成宗	元贞一	一二九五	孛罗诸人自波斯经阿美尼亚、特勒比遵德以返威尼斯故乡。
	大德三	一二九九	孟高未诺建教堂于北京。自此年起至一三〇五年，信教者有六千人，受洗者至三万人。
	九	一三〇五	西洋商人名彼得者捐地一方，于是孟高未诺别建一新教堂，距宫廷不远，离旧堂约两哩而遥。
	一一	一三〇七	孟高未诺晋职为北京总主教。
武宗	至大一	一三〇八	教皇简方济会修士七人至中国助孟高未诺传教，得达者有日辣尔、伯肋格林及安德肋三人。日辣尔及伯肋格林后相继为漳泉主教。
仁宗	延祐一	一三一四	阿多理至中国。
泰定帝	致和一	一三二八	孟高未诺卒于北京，至中国传教先后凡三十六年。
文宗	至顺一	一三三〇	阿多理返国，经山西、陕西、四川、西藏诸地以至意大利。
顺宗	至元六	一三四〇	意大利人裴哥罗梯著旅行指南言及中国。
	至正二	一三四二	阿拉伯人伊本拔都他受印度命出使中国，由泉州登陆，赴杭州，经运河北上，以至汗八里。复由泉州起行西归。小弟会教士马黎诺里至北京。
	六	一三四六	马黎诺里至泉州，由此归国。
明太祖	洪武三	一三七〇	八月命御史张敬之、福建行省都事沈秩往使阇婆浮泥诸国，是为明通海南诸国之始。
	二九	一三九六	命给事中傅安等赍玺书币帛报聘撒马尔干。撒马尔干于先年入贡，至是报聘。明通中亚细亚始于此也。

续表

朝代	年号	西历	大事概要
明成祖	永乐三	一四〇五	三保太监郑和第一次下西洋。郑和下西洋前后七次。
	五	一四〇七	傅安自西域还。
	一一	一四一三	陈诚、李暹等使西域。
	一三	一四一五	葡萄牙王子亨利征非洲略地而归,始兴回航非洲以达东印度之心。
世宗	宣德七	一四三二	郑和第七次下西洋,明之经营南洋亦止于是年。郑和第七次远至非洲东北,今意属索马利兰地方。
景宗	景泰四	一四五三	突厥人兴起,陷君士坦丁堡,东罗马帝国灭亡,东西交通因而中断。
宪宗	成化二〇	一四八四	葡萄牙船南航至距赤道千五百里处。
	二三	一四八七	葡萄牙人地亚士发见好望角。
孝宗	弘治五	一四九二	哥伦布发见美洲。
	一〇	一四九七	葡萄牙人华士噶德伽马发见印度航路。
武宗	正德一一	一五一六	葡萄牙人 Rafael Perestrello 始至中国。
	一二	一五一七	葡萄牙印度总督遣使臣比勒斯至广东,求与明廷缔约通商。《明史》所谓佛朗机使臣加必丹末即比勒斯也。
	一四	一五一九	西班牙人麦哲伦回航世界开始。
	一六	一五二一	以葡萄牙人 Simon Andrade 在广东有暴行,遂下令放逐葡萄牙人于境外。此禁未几即弛,并未能实行也。
世宗	嘉靖一四	一五三五	都指挥黄庆得葡人巨贿,为请于上官,以澳门为葡萄牙人通商之地。
	二一	一五四二	葡萄牙海盗秉托至中国,游宁波、南京、北京各处。

续表

朝代	年号	西历	大事概要
	二四	一五四五	宁波人屠基督教徒万有二千,焚葡萄牙船三十七艘。
	二八	一五四九	泉州亦逐葡萄牙人。
	二九	一五五〇	圣方济各沙勿略传教中国,止于广东之上川岛,求入中国,未能。
	三〇	一五五一	方济各死于上川岛。
	四四	一五六五	西班牙人据菲律宾。
神宗	万历三	一五七五	西班牙人始通中国。
	七	一五七九	罗明坚入广州。
	九	一五八一	利玛窦入中国,始至广东肇庆,继传教于韶州一带。
	二三	一五九五	荷兰人设东印度公司。
	二六	一五九八	利玛窦至南京。
	二八	一六〇〇	利玛窦偕庞迪我等八人赍贡物诣燕京进献。英国东印度公司于是年正式成立。
	三一	一六〇三	是年秋,徐光启至南京,从罗如望受洗,皈依天主教。
	三四	一六〇六	是年春,利玛窦与徐光启共译《几何原本》六卷成,刊于北京。
	三八	一六一〇	春,利玛窦卒于北京。改历议起,五官正周子愚荐熊三拔、庞迪我等,奏入留中不报。李之藻于是年皈依天主教,从利玛窦受洗。
	四一	一六一三	李之藻至北京,倡言用西洋历,以庶务因循,未暇开局。
	四四	一六一六	南京礼部侍郎沈淮上疏诋毁西士,以为天主教之说浸淫人心云云。同年,徐光启上疏为西士力辩,中西思想之冲突以此役为始。

朝代	年号	西历	大事概要
熹宗	天启二	一六二二	始命罗如望、阳玛诺、龙华民等制造西洋铳炮。
毅宗	崇祯二	一六二九	开西洋历局,以李之藻、邓玉函、龙华民、汤若望、罗雅各等主其事。
	三	一六三〇	李之藻卒。
	四	一六三一	徐光启始进西洋新法历书。
	六	一六三三	徐光启卒。
	一二	一六三九	毕方济上书,献恢复封疆、裨益国家四大策。
清世祖	顺治一	一六四四	汤若望入清为钦天监。
	七	一六五〇	永历皇太后及太监庞天寿作书致罗马教皇,为明社求福,派卜弥格为使臣赴罗马。
圣祖	康熙三	一六六四	杨光先上书告西教士阴谋不轨以及职官入教附逆,于是汤若望、利类思、安文思、南怀仁诸西士俱拿问待罪。明清之际中西思想之冲突以此次为最烈。
	四	一六六五	以杨光先为钦天监,吴明煊副之,二人皆回回历世家也。
	五	一六六六	汤若望卒。
	八	一六六九	复验中西历法,杨光先、吴明煊俱罢斥,仍以南怀仁等掌钦天监。中西之激争告一段落。
	二一	一六八二	柏应理回欧洲,谒罗马教皇,以教士所译华文书四百册呈献教皇。
	二五	一六八六	中国与俄国开战,俄国败。
	二七	一六八八	南怀仁卒。
	二八	一六八九	《尼布楚条约》成,中国近代第一次之国际条约也。

续表

朝代	年号	西历	大事概要
	四三	一七〇四	罗马教皇格肋门第十一发布禁止中国教士祀孔敬天祭祖敕谕，并遣铎罗为专使东来。
	四七	一七〇八	《康熙皇舆全览图》测绘于是年开始，派费隐、白晋、雷孝思、杜德美诸人测量蒙古等处。后来中国所有各种舆图俱以此次测绘为根据。
	五五	一七一五	《皇舆全览图》于是年告成。教皇格勒门第十一颁布 Ex illa die 教谕，重申一七〇四年所颁禁令，并遣嘉乐出使中国。
	五六	一七一六	碣石镇总兵陈昂奏请禁天主教，因命各省教士一律领票，遵利玛窦教。乾嘉以后禁制愈严，皆以此次为其端绪也。
世宗	雍正一	一七二三	意大利传教士马国贤自中国回国，于那不勒斯设立中国学院。
高宗	乾隆七	一七四二	教皇本笃第十颁布 Ex quo singulari 教谕，中国天主教士关于礼俗之争始息。
	一六	一七五一	丹麦商船始到黄埔。
	二〇	一七五五	英国东印度公司以广东税重，特派喀喇生、洪任辉至宁波一带通商，为地方官所遏，未能成。
	二二	一七五七	指定以广东为各国通商之所。
	二四	一七五八	英商洪任辉于厦门被捕，至二十七年始释。
	四七	一七八二	广东十三洋行正式成立。以前名为行商，数亦未定，至是规定为十三家，经管对外贸易。
	四九	一七八四	美国与中国正式通商。
	五八	一七九三	英国正式派马戛尔尼通使中国，要求通商传教诸端，清廷不之许。

续表

朝代	年号	西历	大事概要
仁宗	嘉庆二一	一八一六	英国第二次派亚墨哈斯通使中国,要求通商,再度失败。
宣宗	道光一一	一八三一	五月,发布禁止鸦片输入上谕。次年重申禁谕。
	一三	一八三三	英国取消东印度公司对华贸易专卖权,另设大班掌中英间贸易。第一任大班为拿皮耳。大班后改为领事。
	一四	一八三四	英国商船于零丁洋私设趸船密卖鸦片。
	一八	一八三八	以林则徐为钦差大臣,赴广东查办烟禁事。
	一九	一八三九	林则徐为两广总督,焚英商鸦片二万二百八十三箱。英人因进犯广东,不利。
	二〇	一八四〇	英人犯广东不利,北上犯闽浙,陷舟山,进攻宁波。清廷以伊里布、琦善为钦差大臣,与英议和,罢免林则徐、邓廷桢。
	二一	一八四一	琦善等与英人缔约,割弃香港。清廷不之许,免伊里布、琦善职。英人复陷定海。
	二二	一八四二	英军陷乍浦,进陷吴淞、上海。沿江而上,镇江相继陷。兵薄江宁,遂议和。缔《南京条约》,开五口通商,中国门户大开。
	二四	一八四四	《中美条约》《中法条约》相继缔成,自是中外交通无复障阻。

（上海中华书局 1934 年 3 月出版,列入"中华百科丛书",1940 年 8 月再版,1941 年 1 月第三版;1996 年上海书店影印,列入"民国丛书"第五编"政治·法律·军事类";2012 年 3 月岳麓书社重版,列入"民国学术文化名著第八辑";2018 年学苑出版社《海上丝绸之路文献汇编》第十三册影印）

昭武考——大月氏拾遗

　　昭武九姓出于大月氏,昭武二字之解释,为大月氏史亦为西域史上一待决之问题,前人论此多未注意。本文不敢谓能解决此一问题,不过别抒一解,以冀引起讨论研究大月氏民族历史者之参考思索而已。文中所引用之材料,为方便计,大都承认其史料价值,至其真实之程度,以非此篇所克详容,故姑置不论。

　　本文大旨为说明大月氏民族属于吾国历史上习见之氐人:昭武二字在语言学上与唐代南诏国都苴咩城同音,义为紫城亦即京城;系出大月氏之贵霜王朝名王迦腻色伽所铸货币上之尊号Shaonanoshao Kaneshki Koshano,"Kanishka the Kushan. King of Kings"万王之王贵霜朝迦腻色伽,其Shaonanoshao 一辞,以前以为乃仿波斯古代Shahan Shah 而为之者,实则Shao 字即南诏之诏,氐族称其酋长或国王即作诏也。

　　兹先略述大月氏之历史如次。

　　大月氏,亦简称月氏。其始见于吾国历史约在商初。《逸周书·王会解》后附伊尹朝献商书曰:

　　　　正北:空同、大夏、莎车、姑他、旦略、豹胡、代翟、匈奴、楼烦、月氏、䶂犁、其龙、东胡。

　　月氏、大夏俱在中国正北。《王会解》又述成周之会四方贡献,其西诸国则:

　　　　禺氏骒䮗:大夏兹白牛,兹白牛野兽也,牛形而象齿。

　　禺氏,据何秋涛说,即月氏。古代大月氏大约为一种游牧民族,商初居于中国北部,商周之际徙至中国之西。《管子·揆度篇》所谓"尧舜之王北用禺氏之玉,南贡江汉之珠",可为伊尹朝献商书证明,而大月氏民族之放牧于中国北部,当更在殷商以前也。其所以西徙,当更于北方诸民族互争雄长,致迫而出此耳。秦汉之际,即西元前三世纪末叶,月氏居地在今甘肃西部之河西,即自武威以西以至敦煌一带。月氏之入居河西,然系袭有乌孙之故地,故月氏、乌孙有宿怨。《史记·大宛列传》云,"始月氏居敦煌祁连间",盖指秦汉之际,匈奴冒顿尚未杀其父头曼单于而自立之前,即西元前二〇九年以前而言也。汉文帝初年,即西元前一七七年至一七六年左右,匈奴破杀月氏王,以其头为饮器,月氏遂西徙至今新疆之天山北路,击走塞王而有其地,塞王乃南越悬度。文帝后元四年,即西元前一六〇年,匈奴老上单于死,军臣单于立(此据日本桑原隲藏教授说),时乌孙昆莫因匈奴之助浸强,遂击破月氏。月氏乃远去过大宛,西击大夏而臣之,都妫水即今阿母河北为王庭。大夏本为希腊人所建之 Bactria 故地,王静如先生以为应依《汉书·西域传》作朴桃,是也(王说见《中德学报》第五卷第一、二期《论吐火罗及吐火罗语》一文)。西元前二五〇年左右,Asn、Pasiani、Takhari、Sakaraul 四种王族入侵朴桃,灭其国(Strabo 所著地理书卷二曾记其事),此中之 Sakaraul 即塞族,而Takhari 据 Kingsmill、Marquart 及沈子培诸老先生之考证,即《逸周书》《管子》《山海经》《史记》《汉书》中之大夏。商代大夏与月氏同在中国正北,周以后逐渐沿昆仑山北麓西徙,周秦之际,遂袭有朴桃,立国于妫水流域耳。

大夏立国西陲未百年,又臣服于月氏。月氏既据有妫水流域,土地肥沃,遂渐易其行国之俗。国分为五翎侯,而贵霜翎侯尤强盛,至丘就却时并兼四翎侯,侵安息,取高附地,灭濮达、罽宾,号贵霜王。子阎膏珍嗣,又灭天竺,遂为大国,是为印度史上有名之贵霜王朝。丘就却之统一月氏，扩展疆土，以及阎膏珍之建国印度，为时当在西元后四〇年至一一〇年左右（此据 V. A. Smith 说），正吾国后汉光武帝中叶至安帝永初四年之间也。丘就却，印度史上称之为 Kadphises Ⅰ，其所铸货币则作 Kozolakadphes、Kozoulakadphises、Kujulakarakadphises。阎膏珍，印度史上称之为 Kadphises Ⅱ，其所铸货币则作 Vima (Ooemo) Kadphises。两者大约俱是译音。阎膏珍之在位约止于西元后一一〇年左右，然后由迦腻色伽继承大统。（关于迦腻色伽之时代，异说甚多，兹姑从 V. A. Smith 说。）

迦腻色伽为贵霜朝名王，其所铸货币正面作一立人像，大鼻多须髯，胡服皮鞲，左手持矛，右手秉剑。周围用希腊字书 Paonanopao Kanhpki Kopano，"Shaonanoshao Kaneshki Koshano，Kanishka the Kushan. King of Kings"诸字（诸字读法据 V. A. Smith，又可参看 H. G. Rawlinson, *Intercourse between India and the Western World*, p. 164）。迦腻色伽王在位约四十年，薨于西元后一六〇年左右。至此以后贵霜王朝统治北印约六十年至一百年，声威渐歇，至第四世纪初，笈多王朝 (Gupta Empire) 始继贵霜王君临北印。

大月氏民族在北印之势力虽已不振，然其在中亚者尚未甚衰。第五世纪中叶至六世纪初年□后入侵笈多帝国，而史称为白匈奴人 (White Huns) 或 Ephthalites，即吾国史书上之嚈哒，亦大月氏之种类也。至隋唐之世，西域遂有所谓昭武九姓者，《隋书·西域传·康国传》云：

> 其王本姓温，月氏人也。旧居祁连山北昭武城，因被匈奴所破，西逾葱岭，遂有其国。支庶各分王，故康国左右诸国并以昭武为姓，示不忘本也。

《通典·西戎五》康居条文字与《隋书》同，唯于"故康国左右

诸国"下增"米国、史国、曹国、何国、安国、小安国、那色波国、乌那
曷国、穆国凡九国,皆其种类"凡三十字,是即所谓昭武九姓。唐
以后书称此九国或偶有出入,就地理而言,大致俱不甚远也。九
国之人东来,即以其国姓为姓。六朝隋唐以迄五代,此辈在中国
不乏名人,桑原教授《隋唐时代来往中国之西域人考》一文述之綦
详,拙作《唐代长安与西域文明》间亦有所补益,兹不赘。

昭武九姓,因其旧居祁连山北昭武城,西徙以后,并以昭武为
姓,示不忘本。昭武城在张掖,《通典·州郡四·张掖郡》:

> 张掖,汉旧县。汉表是县故城在今县西北,又曰昭武县。

汉张掖郡城,亦在西北。

周秦以后,河西为乌孙、月氏、匈奴诸民族逐鹿之地。汉武帝
始开河西设四郡,地名颇有沿袭以前诸民族之旧者。如武威郡之
姑臧,《通典》引《西河旧事》,谓"匈奴本名盖藏城,语讹为姑臧
城"。昭武为月氏之故城,汉置郡县,犹用旧名。他如觻得,求之
汉字,无义可循,亦为匈奴遗留之旧名。昭武即为月氏故城,则此
二字自亦出于月氏语。月氏语遗留至今者不多,今即就昭武及迦
腻色伽王货币上之 Shaonano shao 二名辞,试释其意义,并从此
推定其民族如次。

兹先解释 Shaonano shao 一辞中 shao 字之意义。

《新唐书·南蛮传·南诏传》云:

> 南诏或曰鹤拓,曰龙尾,曰苴咩,曰阳剑;本哀牢夷后,乌
> 蛮别种也。夷语王为诏。其先渠帅有六,自号六诏。

诏为掸语系民族对于王及酋长之通称,泰语之 Chao,即汉字
之"诏"。"诏"又可作"寿"。唐樊绰《蛮书》卷十《南蛮疆界接连诸
番夷国名第十》云:

> 弥诺国、弥臣国,皆边海国也。呼其君长为寿。

是"寿"字之意义与"诏"同。然"寿"即"诏"也。H. Yule,

Hobson-Jobson 第二〇四页 Chobwa 条引 Cushing's Shan Dctionary 云。

Sow，君长，主人也。Soubpa，世袭君主也。

Sow，即泰语 Chao。《蛮书》所志弥诺、弥臣呼其君长为"寿"，即缅甸语之 Tsoubwa、暹语之 Chao 之转变耳。其音与 Sow 殊近。迦腻色迦王货币上之 Shao 义亦为王，音与 Sow 同，与"寿"尤近。则 Sow、Shao、寿诸字，与 Chao 或"诏"字实出一源。然"诏"乃氐人称王之辞。《晋书·苻坚载记》末云：

初坚强盛之时，国有童谣云："河水清复清，苻诏死新城！"

苻诏即指苻坚而言。苻坚为略阳氐人，而亦称诏，则称王为诏，乃氐人语，从可知也。

Shao 字之意义及来源既明，可以进而论"昭武"二字。据樊绰《蛮书》卷五《六睑篇》，南诏皮逻阁始立大和城，至其子阁罗凤以为不安，遂改创阳苴咩城，为南诏大衙门，即首都。阳苴咩，《新唐书·南诏传》作羊苴咩；《蛮书》又省称苴咩城，谓苴音斜，下符差切。元郭松年《大理行记》云：

又北行十五里至大理，名阳苴咩城，亦名紫城。方围四五里。即蒙氏第五主神武王阁罗凤赞普钟十三年甲辰岁所筑，时唐代宗广德二年也。

是苴咩城有紫城之义。按缅甸语称王为 Tsaubwa，泰语作 Chao，亦曰 Chaohpa，乃复合词，Hpa 之义为天（参看 *Hobson-Jobson*. P. 204）。苴咩二字之古读为 Ch'ia-ba，与 Chaobwa、Tsaubwa、Chaohpa 诸字之读音相同。苴咩城义为紫城，亦即王城或京城，其构成与元代蒙古人称大都为 Khanbalik 同。苴咩城者诏城也，亦即京城也。郭松年释阳苴咩城之义为紫城，其意疑应如此。阳或羊当是一形容词。马来语、占婆语、吉蔑语

(Khmer)、爪哇语、得楞语(Talaing)称神(Divinity, God-Head)为
Yang(参看冯译费琅著《昆仑及南海古代航行考》十四页,又 R.
J. Wilkinson. *An Abridged Malay-English Dictionary*. P. 281)。
阳直咩,其义或为神京,亦未可知。以无确证,姑悬此解,以待
续考。

昭武之"昭"与"诏"同声。"昭武"二字之古读为 T'sian-Miu,
亦可读作 Tsiau-Bu,与直咩之古读相近。昭武者亦即 Chaobwa、
Tsaubwa 或 Chaohpa,昭武城即诏城或京城之意。月氏始居敦煌
祁连间,《史记·大宛传》正义云:

> 初月氏居敦煌以东祁连山以西;敦煌郡今沙州,祁连山
> 在甘州西南。

又《水经注》湟水篇"湟水东流径湟中城北"注云:

> 故小月氏之地也。《十三州志》曰:西平张掖之间,大月
> 氏之别小月氏之国。

《史记·匈奴传》正义引《括地志》亦谓"凉、甘、肃、逛、沙等州
地本月氏国"。"逛"自是"瓜"字之误。秦汉之际之月氏盖据有今
整个河西。河西一隅酒泉为军事上之重镇,而张掖则为经济上之
中枢,张掖南之祁连山尤为畜牧佳地。《史记·匈奴列传》索隐引
《西河旧事》纪祁连山云:

> 山在张掖、酒泉二郡("郡"字据《太平寰宇记》卷一五二
> 甘州张掖县条引《西河旧事》补)界上,东西二百余里,(南)
> (原脱"南"字,今臆补)北百余里。有松柏五木,美水草。冬
> 温夏凉,宜畜牧养。匈奴失二山,乃歌曰:失我祁连山,使我
> 六畜不蕃息,失我焉支山,使我嫁妇(正义引作妇女)无颜色。

匈奴之重视张掖一带之祁连,于上引《西河旧事》可以见之。
匈奴之有张掖乃取自月氏,月氏之于张掖立昭武城以为重镇,其
形势当不异于匈奴之时也。

兹就以上所述予以推论：迦腻色迦王自称为 Shao，即弥臣、弥诺之"寿"，南诏之"诏"。昭武九姓因俱属月氏民族，源出昭武，故称昭武示不忘本。"昭武"二字音义亦与南诏之"苴咩"同，其语根俱为"诏"字。"诏"为氐人语，故月氏民族亦当属于氐人。是以大月氏西徙，其余众不能去者保南山称小月氏，浸假与羌人同俗。氐与羌居处相近，则二者之浸假同俗，自不足异也。

月氏民族或谓其高额隆鼻，多须髯，属为突厥种，疑有未谛。就今所存迦腻色迦王及 Huvishka 货币上所铸像观之，广额大鼻，Huvishka 像更只有髭而无须髯。李希霍芬疑其为西藏族，较为近似，非突厥亦非雅利安种也。

至于南诏本为乌蛮，属于羌人一系，而其王号及首都名称俱用氐语者，则以在南诏以前统治滇南之民族为白蛮，原属氐人。南诏以被统治之民族崛起其间，其文化遂不免受原来统治阶级之影响，"诏"及"苴咩"即其一证。南诏之文化不仅受白蛮之影响，其官制且杂糅唐与吐蕃之制度，此须别为文论之，兹不赘。

本文大都出于悬测，聊供谈助，其中且牵涉及于掸泰民族是否亦属氐族问题，俱非作者所能解答。方闻君子有以教之，幸甚！三十五年十二月三日写于北平。

（原载 1946 年 12 月 18 日《大公报·文史周刊》第 10 期）

论龟兹白姓

　　冯承钧先生论《中亚新发现的五种语言与支白安康尉迟五姓之关系》一文发表其焉耆语即月支语、钵罗婆语即安息语之假定，并论及月支、焉耆为同一对音之理由，与夫支白安康尉迟五姓对音之追溯诸端，文中对于龟兹白姓尚未寻出对音，只谓其为龟兹人所冠之姓，无疑义云云。今按龟兹白姓，是否亦如于阗王姓尉迟之出于 Uijaya 一辞之例，系由译音而来，尚难确定。唯据余悬测，龟兹白姓，疑渊源于汉唐间古籍中时道及之"白山"，而非译音也。兹略陈鄙意如次，尚望冯先生及读者诸君有以教之。

　　按龟兹白姓，或亦作帛。作白者似最先见于故籍。《后汉书·班超传》有龟兹侍子白霸之名。至于龟兹白姓之一作帛，则仅见于晋代。《高僧传》之高座法师帛尸黎密多罗，据云乃龟兹王子。又有竺佛图澄，原本姓帛，当亦为龟兹人。《晋书·焉耆传》言焉耆国王龙安尝为龟兹王白山所辱。安子会雪父仇，遂袭灭白山。符坚遣吕光平西域，龟兹王白纯为所灭，别立纯弟震为龟兹王。白纯，据《晋书·龟兹国传》作白纯，《载记·吕光传》则作帛纯。然按《高僧传·鸠摩罗什传》，龟兹王为白纯、白震；《北史》、《周书》、《隋书》、两《唐书》之《龟兹国传》，俱云龟兹国王姓白，系吕光所立白震之后，并不作帛。是龟兹国姓，实应作白，作帛者为载笔之误；帛尸黎密多罗既为龟兹王子，自应姓白，不烦言而喻也。

　　龟兹王室在西元前第一世纪以前之统系及其族姓，今不可得而知，至其改用白姓之始，疑起于西元前第一世纪末叶，龟兹王绛宾醉心华化以后之时也。龟兹王绛宾妻乌孙公主解忧长女弟，始于汉宣帝元康元年（西元前六五年）夫妇相偕入汉朝贺。王及夫人皆赐印绶，夫人号称公主。赐以车骑旗鼓歌吹绮绣杂缯琦珍，凡数千万。留且一年，厚赠送之。后数来朝贺。《汉书·渠犁传》谓绛宾"乐汉衣服制度。归其国，治宫室，作徼道周卫，出入传呼，撞钟鼓，如汉家仪。外国胡人皆曰驴非驴，马非马，若龟兹王，所谓骡也"。形容绛宾之醉心于中国文明，可谓淋漓尽致。绛宾死，其子丞德嗣位。绛宾一名，当系译音，至于丞德，便似汉名。以绛宾之如此醉心华化，妻又为汉公主之女，故丞德二字，必为模拟汉人而取。至建初时（西元后第一世纪中叶），班超上疏，请攻灭龟兹，疏中始及龟兹侍子白霸之名。则龟兹王室之改白姓，虽无确证以断其为即自绛宾始，而起于绛宾醉心华化以后，西元前后数十年间，似约略可决也。自是若晋时之龟兹王白山、白纯、白震，其姓其名，皆属华风。隋唐之际，龟兹王室虽仍白姓，而名则诘屈缴绕，大异于前。如隋之苏尼咥（《北史》作苏尼噬，疑为形误），唐之苏伐勃驶、苏伐叠、诃黎布失毕，疑皆为龟兹原音，白姓则史臣依据旧史以冠其上耳。他如隋炀帝欲循曹妙达封王之例以宠之之乐正白明达，唐时安西番将白孝德，则原出龟兹，臣事中国，遂从华风者也。

龟兹王室以及龟兹国人东来中土，所以冠以白姓者，余意以为译音，乃取义于龟兹国北之白山而言也。龟兹国北之白山，即今天山，亦即《汉书·西域传》中所指之北山。白山横亘西域之中，往昔西域诸国，对此具有绝大之神密。《太平御览》卷五十引《西河旧事》有云，一天山高，冬夏长雪，故曰白山。山中有好木铁。匈奴谓之天山，过之皆下马拜（《后汉书·明帝纪》引此"拜"下有"焉"字）。在蒲（同上《明帝纪》及《班超传》引此"蒲"下有"类"字）海东一百里，即汉贰师击右贤王之处也。此处所指，大约在今巴里坤附近。实则天山不限于一地，东西数千里，俱为天山，是以《周书》《隋书》《北史》及焉耆、疏勒、龟兹地望，俱云在白山南若干里。而在天山群峰之中，龟兹以北今称为汗腾格里山者，尤为群山之冠冕。龟兹盛时，称霸西域，不惟姑墨、温宿、尉头，仰其鼻息，即焉耆、疏勒，亦复甘心北面，巍然为北道一大国。故班超、吕光之征西域，皆以先服龟兹为急务。龟兹盛时疆域疑有白山南面诸国之大部分。白山为其国中唯一之大山，重以汗腾格里山即在其境内，故龟兹对于白山，实无异于清朝之于长白山，为其镇国之神山。因即取白为氏，盖至为近理之举。征之《晋书·载记·赫连勃勃传》，勃勃自道其受姓始末，以为"古人氏族无常，或以因生为氏，或以王父之名，朕将以义易之。帝王者系天为子，是为徽赫，实与天连，今改姓曰赫连氏"。赫连氏之来源，是否如此，尚有待于语言学上之考究，唯龟兹白姓之为窃取斯义，则大致或不相远也。

　　余意龟兹之姓见于故籍，而待新发见之龟兹语为之证合，或梵文之属为之溯源者尚复不少。《隋书·音乐志》纪有龟兹人苏祗婆传习琵琶七调。《隋书·龟兹传》谓龟兹王白苏尼咥，白系中国史官所加，苏尼咥则其龟兹原来姓名。唐时龟兹王又有苏伐勃駃与苏伐叠二人。"苏"与"苏伐"疑为同音，而苏祗婆一名还原，或为 Suvajiva；"苏"与"苏伐"，或同为 Suva 之异译。唯所拟对音，是否相合，尚须在龟兹语及梵文找寻证据，不敢遽然决定也，《唐书》又纪有诃黎布失毕及叶护二人，俱谓为龟兹王名。今按诃黎布失毕之对音，犹不之知，叶护则系突厥官名，彼时龟兹已沦于突厥，受其官封，史臣不察，乃误以叶护为王名耳。

（原载《大公报·文学副刊》第 148 期，1930 年 11 月 10 日；转载于《女师大学术季刊》第 2 卷第 2 期，第 1—4 页；又载冯承钧《西域南海史地考证论著汇辑》，中华书局 1957 年版，第 161—163 页）

论龟兹白姓兼答冯承钧先生

（一）

　　前为《论龟兹白姓》一文，承冯承钧先生为《再说龟兹白姓》一文予以指教。我于冯先生的文章未发表以前蒙编者的好意，得以先为拜读。我对于冯先生殷勤指教的厚意很为感激，尤其是对于先生所创获的龟兹白姓是出于苏伐勃𫘝 Suvamapuspa 和诃黎布失毕 Haripuspa 两名末尾的 puspa 一字之说，极为赞同。龟兹白姓对音之还原，大约要以冯先生的假定为最近真了。有了冯先生的这一个假定，不惟我的龟兹白姓原于白山之说可以放弃，即是王静安先生《高昌宁朔将军麴斌造寺碑跋》中所云诃黎布失毕为诃黎伐失毕之误，以为诃黎伐即是突厥官名旧史所称为俟利发、颉利发音变之说亦可由冯先生之假定而知其不然。

　　我在未读冯先生的《再说龟兹白姓》一文之先，曾检《水经注》卷一所引支僧载外国事，中间有这样的一段："菩萨于瓶沙随楼那果园中住一日，日暮便去半达钵愁宿。半达晋言白也，钵愁晋言山也。"所谓半达钵愁，据日本藤田丰八在他所著的《叶调斯调私诃条考》（见日本《史学杂志》三十八编第七号）一文中说以为梵文还原起来，应是 Punda-Vasu 二字。我当时私揣以为藤田博士还原的梵文之对与不对，且不去管，而龟兹的白山当突厥势盛时既有一阿羯田山的突厥名称，说不定在汉魏时代印度佛教的势力弥

190

漫西域之际，别有一梵文名称，也许即是与半达钵愁相类的声音。因此我曾假定龟兹白姓原出白山，音与义两者的成分兼而有之。不过这种假设既没有积极的文献以为证明，又嫌过于深文罗织，始终不敢自信。如今得读冯先生的意见，始确然知道我自己的假设缺乏语学上同文献上的根据，是不能成立的。

至于冯先生文中谓龟兹的白山好像是晚见于《唐书》，此言似不尽然。《太平寰宇记·四夷》引隋《西域图》："白山一名阿羯山，常有火及烟，即是硇砂处。"这即是《水经注》卷一引道安《西域记》的"屈茨北二百里有山，夜则火光，昼日但烟。人取此山石炭冶此山铁，恒充三十六国用"的屈茨北二百里之山，也就是椿园氏《西域记》所记库车"出硇沙之山在城北。山多石碙，春夏秋碙中皆火，夜望如万点灯光，人不可近"的山。龟兹白山名称的起原，盖远在唐朝以前也。至于唐以前和唐时的龟兹白山是否有如冯先生所云梵音"叔离势罗"类的名称，固不敢定，但是《史记·李广传》正义所引《括地志》"天山一名白山，今名初罗漫山"的"初罗漫山"必有误字。斯坦因在敦煌所得的光启元年写本《沙州伊州地志》残卷第五十四行有时罗漫山，又第七十三行属于柔远县的有"时罗漫山，县北四十里，按《西域传》，即天山也，绵亘数千里"云云的一段，作"时罗漫山"不作"初罗漫山"。我疑心光启写本残地志为是，而《史记·李广传》正义所引《括地志》文有误。而此处之时罗漫山或即冯先生所谓梵音叔离势罗类的名称，还原起来似乎是 Cukla-mandara 义为白山者，亦未可知（光启写本《沙州伊州地志》残卷全文，日本《小川博士还历纪念史学地理学论丛》羽田亨所作《光启元年写本〈沙州伊州地志〉残卷考》曾为转录，可以参看）。苦于我不通梵学，不能为冯先生一证之也。

(二)

冯先生文中又讨论到龟兹人译经和古经文中留存有龟兹语痕迹的问题。这一个问题似乎太大了,不是我这样浅学所能赞一辞的。如今勉就所知来凑凑热闹。僧祐《出三藏记集》卷七七《须真天子经》,是太始二年(西二六六)天竺菩萨昙摩罗察(竺法护)于长安青门内白马寺中口授出之,聂承远、张玄伯、孙休达手受而传言者却是安文惠同帛元信两人。帛元信,据同书卷八《正法华经记》第六所记为龟兹居士,太康七年(西二八六)竺法护之译《正法华经》二十七品预于参校之役者,天竺沙门竺力(应作竺法力)而外也有帛元信的份儿在内。这虽不是龟兹人直接译经,而译场中却也有龟兹人在内。

而要说到龟兹语的痕迹渗入古经文中,其最大的介绍人,自然要数鸠摩罗什了。鸠摩罗什的母亲是龟兹王女,鸠摩罗什生于龟兹,于七岁时在龟兹出家,从师受经,日诵千偈,凡三万二千言,其后从天竺归,又在龟兹宣扬教化。鸠摩罗什三十九岁以前,实以在龟兹说教的时候为多;其受有龟兹佛教的影响,可想而知。鸠摩罗什到中国以后,所译诸经原本,至今是否尚有留存,不得而知。不过就唐以前人曾见龟兹文经本者之所记述,则鸠摩罗什所译的佛经中,实有出于龟兹文的。隋仁寿元年崛多、笈多二法师译《添品妙法莲华经序》有这样的几句:"昔敦煌沙门竺法护于晋武之世,译《正法华》,后秦姚兴更请罗什,译《妙法莲华》。考验二译,定非一本:护似多罗之叶,什似龟兹之文。余检经藏备见二本,多罗则与正法(《正法华经》)符合,龟兹则共妙法(《妙法莲华经》)允同。护叶尚有所遗,什文宁无其漏。而护所阙者普门品偈也;什所阙者药草喻品之半,富楼那及法师等二品之初,提婆达多品、普门品戒偈也。什又移嘱累在药王之前，二本陀罗尼并置普门之后。其间异同言不能极。"这是崛多、笈多二法师亲见鸠摩罗什所译《妙莲法华经》的龟兹文经本，勘出梵文同龟兹文此经的异同，而说的话。可惜当时所译诸经原本既未能流传至今，而崛多、笈多二法师的《添品法华》也只将什师所漏以及次序不同者，以多众本为之校正增补。至于多众、龟兹二本所有专名译音的异同等等，未能一一举出，不然鸠摩罗什介绍龟兹文佛经到中国来的证据或可更为显明呢。

　　以上是对于冯先生的《再说龟兹白姓》一文所续的狗尾巴。

　　（原载《女师大学术季刊》第 2 卷第 2 期，第 11—14 页；又载冯承钧《西域南海史地考证论著汇辑》，中华书局 1957 年版，第 169—172 页）

论龟兹白姓答刘盼遂先生

　　我前撰《论龟兹白姓》一文,揭于《大公报·文学副刊》(第一百四十八期)后,刘盼遂先生在《女师大学术季刊》第一卷第四号上发表了《唐代白氏为番姓之史料二事》一篇,其"唐以前白姓本作帛,入唐乃改为白"一节,承刘先生对于我的《论龟兹白姓》一文予以批评。我于刘先生殷勤指教的厚意,很为感激,现在乘便在此答辩几句。

　　刘先生的文章中,开始即引我的话:"六朝时,龟兹白姓多书作帛,作帛者乃载笔之误。"随后就抓住这一句话,大事反驳,最后以为不攻自破云云。今按我的文章中,并没有这样的几句话,我只说"是龟兹国姓,实应作白,作帛者为载笔之误"。我是说的龟兹国自后汉以来,继承王统的这一族的族姓。《后汉书·班超传》,班超于建初三年(七八)上疏所道及的龟兹侍子白霸,又见于袁宏《后汉纪》卷十一。这位白霸,当是于永平十七年(七四)西域诸国遣子入侍中的一位龟兹王子,于永元三年(九一)受汉家之封为龟兹王。龟兹王姓白的以此为最先,此后如白英、白山、白纯、白震、白苏尼咥、白素稽、白回地罗徼、白莫苾、白多币、白环多是作白。我疑心龟兹王室之作白姓,汉魏以来,官书所述,俱系如此,最显明的证据便是班超一疏。如《高僧传·鸠摩罗什传》也说龟兹王白纯、白震,而《晋书·载记》乃作帛不作白,所以我说作帛者为载笔之误,乃指龟兹王族的族姓,尤其是指的《晋书·载记》而言。刘先生没有拿出《后汉书》班超、班英、梁懂诸传,袁宏《后汉纪》和慧皎《鸠摩罗什传》有经后人改窜之迹的证据以前，我的龟兹国姓实应作白，作帛者为载笔之误的说法，似乎还可以不致就被攻破。

刘先生因为要驳我的作帛者乃载笔之误一语，于是拈出了《抱朴子·遐览篇》和《袪惑篇》中帛仲礼、白仲礼之异，以为"龟兹白姓，原止作帛"。由龟兹白姓原止作帛的结论，又进一步以《高僧传》吉友和竺佛图澄之姓为据，而说"是隋以前书记，西域姓多作帛，不作白，至唐乃见白氏"。更进一步，发表了"六朝之姓，帛者不作白黑之白，则固一确然史实也。六朝人作帛，入唐以后，始改帛为白，又一确然史实也"的大结论。可是帛仲礼是否西域人，尤其是否为龟兹人，刘先生并没有拿出证据来。而《袪惑篇》中同白仲礼相距不远的处所，还有一位白和，刘先生也没有说他是否亦如白仲礼之例，应作帛和。龟兹王室之应作白还是作帛，刘先生只说是"纵难即定"，可说是对于我的论旨，中心并未抓着。他的一大篇话，我可以不管，尤其是西域无姓白者，至唐始有，和六朝姓白的多是唐人改窜的两大结论。《后汉书》《后汉纪》的白霸、白英，《高僧传》的白纯、白震，这难道不是姓白么？刘先生驳我的笔误之说，以为"傥必定为笔误，乌得千篇一律，如是之整齐耶？"隋以前书记西域姓，果多作帛，不作白，如刘先生所说之千篇一律的整齐么？恐怕不然！我也可以仿照刘先生的语气反诘道："傥必以为龟兹白姓原止作帛，作白者乃后人以少见而窜改，何以隋以前书白、帛错见，留出若干漏洞，而不为之改成一律耶？"这样的驳诘，似乎没有多大的意味！

汉朝有位刘歆改窜古书，窥测刘先生的意思，大约唐朝也有这样一位，把汉以后唐以前的书也加以窜动，尤其是西域的姓氏大改而特改，于是龟兹人到中国来的汉姓本应作帛的也改成姓白了。至其所以改动的原故，是因为帛姓后人少见，所以改而为白。

但是隋唐以前六朝时代，外国人华化而后所取的不见于古经古传而稀奇古怪佶俐傈落的姓，单就《魏书·官氏志》而言，也就不少了。这位唐朝的刘歆何以不去一一改了转来，而单单抓住了龟兹的帛姓呢？少见二字的解释，恐怕还不足以去除这一点纠纷哩！

就我所知道的，龟兹白姓，似乎不一定是中国文人或"唐朝的刘歆"所加，龟兹人自己也慨然以此自称。最近西北科学考察团黄文弼先生于十七年十月在新疆库车库木土拉佛洞中发见领粮单一纸，同时发见诸物尚有唐天宝年号，所以这一纸领粮单的年代大约也相去不远，而领粮单上具名的为白苏毕黎。库车在唐时为龟兹国，这位白苏毕黎当然也就是龟兹人了。这是龟兹白姓惟一现存的实物证据。

龟兹白姓之又作帛，刘先生以为"入唐以后始改帛为白"。据我的私见，龟兹姓白、帛之杂见，乃是六朝时代民间著作中的一种常见的事。《出三藏记集》卷七的帛延，隋费长房《历代三宝纪》即作白延。又《高僧传·鸠摩罗什传》和《出三藏记集》卷十四《鸠摩罗什传》当出同源，而《高僧传》的白纯到了《出三藏记集》，却变了帛延。鸠摩罗什在《成实论出论后记》却作拘摩罗耆婆。这一定要说谁去改谁可能相信么？然而一国国姓，形于公牍、官书的却不能前后错见，彼此不同。所以我对于龟兹国姓，以为当是从白，至于其他的龟兹人姓，则白、帛可以互存。一定要说是唐朝人有改窜的痕迹，未免太缺少文献上的证据了。

（原载《女师大学术季刊》第 2 卷第 2 期，第 15—17 页；又载冯承钧《西域南海史地考证论著汇辑》，中华书局 1957 年版，第172—175 页）

敦煌考古

一、绪言

敦煌在甘肃省的西边，是河西走廊最西的一个小县。面积抵浙江全省的一半，然而百分九十五以上的地方是戈壁和沙漠，耕地有限，所以全县人口不过二万七八千人，只抵得内地的一个小乡镇。

现在的敦煌虽然是这样一个偏僻穷困的小县，但在历史上却有过一个很光辉的时期。原来当汉武帝以前，甘肃自兰州以西，称为河西走廊的武威、张掖、酒泉、敦煌四个地方，本为匈奴所有。到了汉武帝才驱逐匈奴，将这四处收归中国版图，设立河西四郡。汉朝在河西所筑的长城，最西止于敦煌。历史上有名的玉门关和阳关，就在敦煌境内。自汉朝到唐朝，中国和西方的交通，差不多都取道两关。古代敦煌的地位正同现在的上海一样，是中外交通的一座大门。

唐宋以后中西海上交通日渐繁盛，于是敦煌的地位慢慢的失去了，他的往日的光荣也慢慢的为人所忘记了。到了十九世纪的末叶，西洋考古学者的注意转移到中央亚细亚一带。在二十世纪初年，当我国清朝光绪和宣统之间，英法的考古学者在敦煌得到惊人的发见，震动了各国的学术界，因此创立了敦煌学一门学问，来研究敦煌的一切。沉默了一千多年的敦煌，至此又恢复了旧日的光荣，在考古学上为全世界闻名的一个地方，和周口店、安阳鼎足而三。

二、敦煌古物的发现

近五十年来，在中国的考古学上是一个了不起的时期。河南安阳的商代遗物，北平内阁大库的明清档案，周口店的北京原人化石，以及敦煌古物，都是在这一个时期之内发见的。现在略说敦煌古物的如何发见。

离敦煌城东南四十里有一个地方叫作千佛洞，正在鸣沙山东头的一处断崖上。南北有三里路长，沿着断崖凿了差不多五百个石窟，窟里面的壁上都绘有壁画。断崖上面是一片戈壁和流沙，西北风一起，流沙便和水一样直往下流，因此有许多洞慢慢的被流沙堵塞起来。光绪二十六年（西历一九〇〇年），千佛洞有一位名叫王圆箓的道士，湖北麻城人，他发了一个愿心，想把堵塞石窟的流沙扫除干净。打扫的时候，无意间发见一座洞内的墙壁破裂，王道士把破裂的墙壁理清，才知道原来是一座门，门里另有一个小洞，堆满了古代的写本和刻本书籍，并且还有古代的绘画以及地毡之类。当时王道士和地方上的读书人全不认识这些古物的价值，也不知道爱惜。由王道士随意拿来送人，因此就有一些流到各处去了。

到了光绪三十三年，即是西历一九〇七年，千佛洞古代书籍发见已经七八年了，那时有一位英国考古学家斯坦因（Sir M. A. Stein），他在印度政府的教育部作事，奉命到新疆一带作地理和考古学的考察。他取道新疆的天山南路，由和阗往东，横渡罗布大沙漠，进入敦煌境内，在敦煌西北汉代长城线上的废碉堡内发见很多的汉简，即是汉朝写在木片上的公牍文书。到了敦煌以后，听说千佛洞发见古代书籍，于是赶到千佛洞，用金钱利诱，向王道士收买古写本书籍绘画美术品，共装二十九箱，运回印度。民国三年，即西历一九一四年，斯坦因第三次到新疆考古，再来敦煌，又向王道士买去五大箱的古写本书籍。光绪三十四年，即西历一九○八年，正当斯坦因第一次到敦煌以后一年，法国有名的汉学家伯希和（Prof. P. Pelliot）也来到敦煌，从王道士那里买去二千卷左右的古写本。伯希和所得到的一部分写本曾带到北京，给当时北京的学者如王仁俊、罗振玉看，罗、王诸人大吃一惊，因建议学部于宣统元年将敦煌剩下的古写本全部收归国有，今国立北平图书馆所藏写经，就是这一次收归国有的劫余。不过王道士还隐藏了不少。宣统三年即西历一九一一年，日本大谷光瑞所派遣的橘瑞超和吉川小一郎也到过敦煌，向王道士买去古写本三百多卷。

千佛洞的五百个石窟，其中四百个绘有壁画，时间自六朝起到元朝止。这些壁画，斯坦因、伯希和都照有相片。加上所发见的古代绘画，这真是中国古代美术上一个最惊人的发见。

因为敦煌发见了汉朝的文书，六朝以迄宋初写本和刻本的书籍，古代的绘画和壁画，立刻震动了各国的学术界，视此为考古学上的圣地。民国十四年北京大学陈万里先生参加美国哈佛大学的敦煌美术考查工作，民国三十一年中央研究院组织西北史地考察团，考查甘肃河西一带的历史和地理；三十三年中央研究院又组织西北科学考察团，其中历史考古组的工作即集中在敦煌；这几次都有北京大学参加和合作。于是敦煌的光荣又渐渐的恢复起来了。

三、汉代的长城与汉简

汉武帝建河西四郡,沿着武威、张掖、酒泉的北边,极西到敦煌,同时修造一道边墙,又叫做长城。在长城西边尽头处建立玉门关和阳关,作为对西方交通的门户。至今从武威北面的镇番向西,沿额济纳河、北大河、疏勒河,都还可以看到汉代长城的遗址。自敦煌县城西北行一百六十里,在疏勒河的南岸,就有一座小土城,本地人称为大方盘城。从大方盘城往西四十里,疏勒河南岸又有一座小土城,只得大方盘城的一半大,本地人称为小方盘城。小方盘城往西三十里有一个略呈南北向的小湖,敦煌人称为西湖,一名后坑子,疏勒河至此为止。自西湖往东,沿途都可以看到断断续续的边墙;高达三公尺,宽有一公尺多;有时一连几十里,没有倒塌,有时只留一点痕迹。边墙每隔五里或十里,便有一座碉堡,就是汉代的烽燧。这些烽燧以前都有人把守瞭望,某一个烽燧望见了敌人,白天立刻烧烟,晚上立刻举火,近傍的烽燧见了也立刻照样的点起来,这样的传递警报。自敦煌到长安大约四千多里,两三天工夫就可以达到了。边墙普通都是版筑,每版之间夹以芦苇秆三层,纵横交错。烽燧是用土墼构筑成的,每一层土墼之间铺上红柳条之类。这一带的土壤含碱性极大,年代一久,苇秆都像化石一样,极其坚韧,自然而然的增加了边墙的硬度和抵抗力。至今在小方盘城附近还可以看到有些处所的边墙虽然倒塌,却并没有散开,横架地上,有如桥梁一般。边墙经过的地方,全是沙漠和戈壁,杳无人烟,材料取给,人力生活,都是极其艰难。然而二千年前的中国工程师竟然能排除困难,建筑了坚韧的长城,经过漫长的岁月,依然无恙。这是我们在工程学上的天才表现,所以西洋考古学者如斯坦因之流都为之赞叹不止!

自从汉武帝建立长城,经营西域,到了前凉,中国内部变乱多端,没有力量向西经营,于是长城烽燧,任其废弃。到第四世纪的末年,即东晋安帝的隆安三年,法显往印度求经,道过敦煌,看见汉代长城,东西不过八十里而已。自此以后,便很少有人提到敦煌一带的长城。一直到一九〇七年,斯坦因自新疆横渡罗布大沙漠,进入敦煌境内,发见了汉代的边墙,于是才又为世人所知。斯坦因是从敦煌西北入境,首先到小方盘城,在附近的烽燧里面发见了数近一千的汉简。古代因为纸还没有发明,所有书籍都是写在长约尺余、宽不到半寸、刮去青皮的竹片上,这种竹片名之曰简。不出竹子的地方用木片来代替。斯坦因在敦煌所得到的汉简,质料大都是用的一种胡桐木,竹简甚少。

这些汉简大部分是边塞上来往的公文、簿册,一小部分是仓颉篇、急就章、历书、医方、吉凶禁忌书等,还有就是私人函件。简以外发见一些用具,如麻鞋、箭镞、锥子、木梳,以及举烽火用的苇把等等。从汉简中的纪载,可以推出常时戍边的情形,和戍边军士生活的大概。并且证明了现在的小方盘城就是汉代玉门关的遗址,戈壁上一些烽燧的名称,也大都可以一一指出。于是两千年前汉代边防的建置,现在差不多可以重新画出一个轮廓来了。

斯坦因在敦煌西北古长城废址内发见汉简以后,民国十九年,即西历一九三〇年。中国学术团体和瑞典斯文·海定(Dr. Sven Hedin)合组的西北科学考查团在酒泉以北,鼎新县境额济纳河沿岸,汉长城遗址内,发见了万多片汉简。民国三十三年冬,中央研究院、北京大学合组的西北科学考察团历史考古组在敦煌西北大方盘城附近也发见一些汉简。这都是研究汉晋时代边疆情形最好的资料。

四、敦煌的佛教艺术

敦煌是古代中外交通的门户。汉代，出玉门关和阳关以西，便是称为西域的一大片地方。西历纪元前后，这一片地方，人种文化都极为复杂。文化方面以印度文化的影响，特别是佛教文化，为最显著。至今新疆的库车、吐鲁番，以及密阮一带，都还留有不少佛教文化的痕迹，如石窟寺、壁画、塑像，和用印度文字写的公文、佛经之类。敦煌正是进到中国的大门，所以这些从外国来的新文化也最先传到敦煌。

据《三国志》裴松之的注，三国时敦煌妇女的衣服便有点学印度风。到了北魏初年，敦煌已经布满了佛教的寺院；西历第四世纪中叶，敦煌东南四十里的千佛洞开始开凿石窟寺，到了唐朝是为极盛时代，石窟数已数千。宋元以后开凿新石窟寺的举动才逐渐衰微。至今千佛洞存在五百多个石窟，里面有壁画的有四百个。除了千佛洞以外，敦煌西面七十五里南湖店靠党河北岸，有一个西千佛洞，现存有壁画的石窟十九个。敦煌东北二百八十里的安西县南一百四十里，沿踏实河西岸也有四十个石窟，有壁画的二十九个；这就是万佛峡。

说到敦煌佛教美术，西千佛洞、千佛洞、万佛峡三处应成为一个单位。构造的形式一律：都是在砾岩质的悬崖上凿成方形石窟，自窟门通至石窟里面有一甬道。石窟顶上凿成平顶或倒斗形，称之为藻井。窟内四壁和藻井，先用泥涂上，加粉石灰，然后在石灰面上绘画佛教故事，以及佛、菩萨和供养人像。画面金碧辉煌，富丽之至。画幅大的往往有九公尺见方，石窟大的也有到四五百平方公尺的。

这些壁画，小部分题有年代。时间方面自北魏时起到元朝止,前后约有一千年。石窟以唐朝为最多,六朝占五分之一,五代宋元约占四分之一。所画以佛教故事为主,但是从中可以见出当时的宫室制度、衣冠服饰、生活习惯等等。在画法方面,六朝的画,颜色以蓝为主,线条用铁线描,风流潇洒,令人起六朝清谈的感觉。隋唐的画颜色富丽,线条转入蓴菜条一类,人物的描写自开元天宝以后也大都丰肌秀眉,精力弥漫,不愧唐音。宋人的画颜色多用石青石绿,板滞已极,正像宋儒的道学一样,面目可憎,语言无味。元代的画崛起了一个新的风格,线条用兰叶描,倔强活泼,不似宋人板滞。在画理方面,六朝以至隋唐,绘画人物都应用凹凸画法来表现高低远近,颇像今日的西洋透视。这是从印度来的,印度的阿旃陀(Ajanta)石窟壁画,最早诸窟的人物就是用的这种手法。

敦煌的壁画是以人物为中心,山水只是一个配角。壁画而外,还有塑像,自北魏以至元代,每一时代都有很好的作品。敦煌的西千佛洞、千佛洞,以及安西的万佛峡,实在是中国的一个美术博物馆,各时代最可靠的绘画和塑像,这是中国任何地方所没有的。

自从敦煌的千佛洞开创以后,石窟寺在中国成为风气,安西有万佛峡,酒泉有红山寺,武威有凉州石窟,永宁有炳灵寺,天水有麦积崖,都有壁画和雕刻。至于山西大同的云冈,河南洛阳的龙门,巩县的石窟寺,以及山西的天龙山,河北磁州的响堂山,都是直接或间接受了敦煌千佛洞的影响。所以敦煌的佛教美术又可以说是中国各地佛教美术的源泉。

五、六朝以至唐宋的古写本刻本卷子

汉以前中国的书籍都是写在竹简或木简上,所以称书为篇。

到了后汉，蔡伦发明造纸，于是中国的书籍制度上起了第一次很大的革命，写书不用简而用纸。连接了多少张纸，像画一样卷起来。所以后来的一篇书称为一卷，一卷原来就是一篇的意思。到了唐朝，书籍除了用手抄写以外，并且发明了雕刻木板刷印的方法。书籍用木板刷印，比手写来得快而且好，这对于传播文化，自然有很大的贡献。这是中国书籍制度上所起第二次的大革命。

敦煌千佛洞所发见的古代写本刻本书籍，都是卷子式，一般人称之为敦煌卷子。敦煌卷子现已分散到世界各国：英国伦敦大英博物馆（British Museum）藏有七千卷左右；法国巴黎国家图书馆（Bibliothèque nationale）藏有四千卷左右；北京国立北京图书馆藏有九千卷左右；其余散在私家和日本的一共约有两千卷；总计当在两万多卷上下。这两万多卷之中，写本占最大多数，刻本占一小部分。书写的时代自北魏时起，到北宋初年止。卷子的内容以佛经为最多，其余为经史子集，以及通俗文学作品。卷子中保存了不少现在佚去的古书；现存的也可以用这些古本校勘。

这两万多卷的古书，除去增加许多古佚的书和校勘之外，还可以重建一部分的历史。自唐玄宗天宝年间禄山之乱以后，河西地方为吐蕃——即现在的西藏——所占据，到唐宣宗大中时候才告光复。自大中至唐末，敦煌一带还是奉唐朝的正朔。正史中关于这一段历史，纪载甚少，如今得到敦煌卷子中有关这一时期的史料，于是可以大概的弄清楚了。此外造纸术、罗盘、火药和印刷术，是中国文化上的四大发明，在敦煌卷子中便有有年代的最古刻本。这一卷古刻本是英国大英博物馆所藏《金刚经》，首尾完整，末有"咸通九年四月十五日王玠为二亲敬造普施"一行；此为世界上现存有年代、最古、最可靠的一部印本书。卷头有佛说法图一幅，刻的线条精细有力，字体浑厚劲拔，和北宋刻本一样。在西历第九世纪，中国的印刷术便已如此进步，其发明之比此为早，可想而知。这是中国文化史上最重要的一个标本。

石室所出古代写本刊本的书,大部分是汉文,还有一部分是古代西域地方通行的外国文字的写本,如:梵文、康居文、于阗文、龟兹文、回鹘文、西藏文之类,多是现在已经死去的文字,内中涵有不少西域古代的历史,在西域史上和比较语言学上都有极重要的材料。几十年来东方西方的学者在这一方面有极辉煌的贡献和成就。

文字的材料而外,还有不少纸本、绢本或用麻布画的佛画——幡和幐。此外毛织的地毯上有中国风和外国风的各种图案。这都是美术上很好的遗存。

(原载向达等著《敦煌》,学习书店 1951 年版,第 1—10 页)

国立敦煌艺术研究所发现六朝残经

敦煌石室所出六朝以至唐宋人写本,自经斯坦因、伯希和诸人抉其精英而后,所余悉辇归京师图书馆,今国立北平图书馆之所藏者是也。

顾石室藏书之发现,在光绪二十五年五月二十五日(据《王道士元箓墓志》)。下至斯氏之至敦煌时近十年,其间散失不少,叶鞠裳《语石》记汪宗瀚大令之以石室出写经及画相赠可见也。

辇归学部时,道士隐匿未交者既不少,装车后停在县署前无人看管,致为人抽去者亦复多有,今敦煌人皆能言之。其为道士所隐匿者二次售诸斯氏尚五百余卷。

惟此非王道士所匿之全部也。有一部分藏于张大千编一四六号、伯希和编一六〇号窟之两大转经桶中,初尚封闭严密,后不知如何散失殆尽,大约俱入于本地士绅之手。二十二年张其昀、任美锷诸先生至敦煌,尚在一人家见到二百余卷。二十七年某君知敦煌县事,大肆搜求,一时相惊伯有,视为祸水。自是民间所藏约略俱尽,偶有存者,亦无几矣。难为王道士当时除隐匿不少外,并将经卷任意置于新塑佛像腹中。最近国立敦煌研究所于八月三十日所得六朝残经,即王道士藏于佛像腹中者也。

研究所后园原有一土地庙,中杂置土地及龙王像。研究所近将土地庙改为工人住室,工人遂于弃置外间之新塑二残像中发现残经一大捆。此间塑像,类以二木杆缚成十字,于木杆上缠以芦苇或芨芨草,然后再傅以泥土,加以抟捏。今此发现残经之塑像,即以经卷替代芦苇，是以外傅之泥土破裂，经卷即赫然外露。研究所予以初步点查，编为六十八号，凡七十余段。

最长者如第十四号，计长市尺一丈，存一百九十九行半。第一十八号长六尺，存一百一十行。第二十一号长六尺，存一百十七行半。第二十五号长五尺四寸强，存一百七行。此外大都尺许以至数寸之残篇。

有年代者凡三，一为第一号，大约是弥勒经，长一匹，有十八行，为谭胜写经，有"兴安三年五月十日"题记。兴安为北魏文成帝年号，三年当西元后四五四年。一为第五十三号《孝经》残篇，凡二段，一长四寸许，存八行；一长五寸，存九行，末有"和平二年十一月六日卢丰国写此孝经"题记一行。和平二年盖西元后四六一年也。一为第三号《佛说灌顶章句拔除罪过生死得度经》残卷，长二寸许，存七行，有"太和十一年五月十五日"题记，盖西元后四八七年也。

其余无年代，然就字体及所用纸验之，俱是北魏时物。所写十九为佛经，而以《大般涅槃经》为最多，和平本《孝经》，恐世间写本《孝经》更无古于此者。

又第十一号亦北魏时写本，长八寸许，存十三行，大约是六朝人所为诗，后一首尚未甚残，诗序外并有小注，盖六朝佚诗也。今录诗序及诗本文如次，以见一斑。

何人斯苏公刺暴公也□□□□士谮苏公焉故苏公作是诗而绝之也

彼何人斯其心孔艰胡逝我梁不入我门伊谁云从维暴之云二人从行谁为此祸胡逝我梁不入嚌我始者不如今云不我彼何人斯胡逝我（下缺）

唐人写本今已不多，此七十余段皆是北魏时书，几于字字精光，何况其中尚有佚经以及古本乎？可宝也！

附民国三十三年八月三十日国立敦煌艺术研究所
在本所（即中寺）后园土地庙残塑像中发现藏
经初步检点报告

第号	名称	时代估计	高	阔	行数	残缺程度	备考
1	弥勒经	北魏兴安三年五月十日	六寸	一尺	一八	下半残	谭胜写
2	正：涅槃无名论 反：摩诘经	六朝	七寸	九寸	正：一二 反：一七	后缺	涅槃无名论释，僧肇作，存序一段
3	佛说灌顶章句拔除罪过生死得度经	北魏太和十一年五月十五日	七寸九分	三寸半	七	后残	
4	佛说祝毒经	六朝	三寸七分	一尺二寸五分	三三	前后均缺	中有小洞
5	记账单	六朝	四寸二分	一尺九寸	一五		
6	记账单	六朝	八寸一分	二尺七寸	正：四五 反：九		
7	观佛合品	六朝	甲：八寸四分	二尺一寸七分	四九		分二段：一、二七行 一、二二行
7	观佛合品	六朝	乙：八寸四分	一尺二寸五分	二八		
7	观佛合品	六朝	丙：八寸四分	一尺三寸四分	三一		
8	中论经第二	六朝	八寸四分	一尺二寸	二五	前缺	□保宗所供养经
9	自在王菩萨经（上卷）	六朝	七寸三分	二尺	二七	后残	正面二十六行，反面题一行，共二七行
10	金光明经第二	六朝	八寸四分	四寸	八	残片	陀罗尼经（本文？）
10	金光明经第二	六朝	八寸三分	七寸五分		残	（套页）
11	苏公诗	六朝	七寸二分	一寸一分	一三	残片	
12	佛说阿难律经	六朝	七寸四分	一尺一寸三分	二五	后缺	（本文）

第号	名称	时代估计	高	阔	行数	残缺程度	备考
12	佛说阿难律经	六朝	七寸二分五	六寸三		完整	(套页)
13	涅槃经	六朝	八寸一分	四尺九寸	九九	前后缺	
14	涅槃经	六朝	八寸三分五	一丈	一九九行半	前后残	
15	涅槃经第六	六朝	八寸一分	七寸	一三	后残	
16	涅槃经第十四	六朝	甲：八寸四分	二尺六寸八分	五七	前后残	
16	涅槃经第十四	六朝	乙：八寸四分	一尺	一九	前后残	
16	涅槃经第十四	六朝	丙：八寸四分	五寸六分五	一二	前后残	
17	大涅槃经第廿	六朝	八寸三分	二寸半	一二	后残	
18	涅槃经	六朝	八寸四分	六尺	一一〇	前后残	
19	涅槃经	六朝	八寸	二尺二寸三	四六	前后残	
20	涅槃经	六朝	八寸〇五	三尺二寸二	二五	前后残	
21	优婆塞戒杂品第十九	六朝	八寸四分	六尺	一一七行半	前后残	
22	优婆塞戒杂品第十九	六朝	八寸三分	三尺五寸	六八	前后残	
23	大涅槃经第卅八	六朝	八寸四分	九寸五分	一四	首残	清信士郑天狗为父所写供养经，苏阿陀所供养经，一校定
24	涅槃经	六朝	七寸五分	一尺三寸	二五	首残	比丘僧泰写
25	涅槃经	六朝	八寸二分五	五尺四寸七	一〇七	首尾残	
26	名未详	六朝	甲：八寸三分	一尺五寸八	三〇	首尾残	
26	名未详	六朝	乙：八寸三分	一尺六寸	三〇	首尾残	

续表

第号	名称	时代估计	高	阔	行数	残缺程度	备考
27	涅槃经	六朝	八寸三分	三尺八寸	七五	首尾残	
28	摩诃般若波罗密远离品第十八	六朝	三寸三分	一尺七寸半	二四	尾残	
29	法华经	六朝	七寸五分	一尺	二一	首尾残	
30	佛喂饿虎经	六朝	八寸四分	一尺五寸	二一	首尾残	
31	佛说悔过经	六朝	七寸	一尺六寸	三三	首尾残	
32	名未详	六朝	七寸五分	一尺〇五	二一	首尾残，下残	
33	药王菩萨本子品第二十二	六朝	八寸二分	三寸三分	六	首尾残	
34	法华经	六朝	七寸四分	八寸	一六	首尾残	
35	药王菩萨经	六朝	七寸四分	一尺八寸六	三六	首尾残	
36	法华经	六朝	七寸四分	一尺九寸四	四〇	首尾残	
37	法华经	六朝	七寸四分	一尺三寸二	二五	首尾残，下残	
38	名未详	六朝	八寸二分	一尺五寸五分	三二	首尾残	
39	报恩经	六朝	七寸五分	一尺二寸	二六	首尾残	
40	法华经	六朝	七寸四分	七寸	一四	首尾残	
41	名未详	六朝	八寸二分	九寸	一六	首尾残，右下，左上	
42	佛本行经(?)	六朝	七寸五分	一尺二寸五	二七	首尾残	
43	名未详	六朝	八寸四分	一尺	二一	首尾残	
44	残经片	六朝	七寸四分	三寸	六	首尾残	
45	名未详	六朝	八寸二分	二寸八分	八	首尾残	
46	涅槃经碎片	六朝	五寸	五寸五	一一	残片	
47	涅槃经碎片	六朝	四寸半	五寸	九	残片	
48	残片	六朝					一包计二十四片
49	摩诃般若波罗密照明品第十	六朝	甲：九寸五分	一尺四寸	二八	首全尾残	

续表

第号	名称	时代估计	高	阔	行数	残缺程度	备考
49	摩诃般若波罗蜜照明品第十	六朝	乙:九寸六分	二尺八寸一分	五八	首尾残	
49	摩诃般若波罗蜜照明品第十	六朝	丙:九寸六分	七寸	一三	首尾残	
50	佛说灌顶章句拔除罪过生死得度经	六朝	八寸三分	一尺一寸	一八	全	
51	般涅槃经第三	六朝	八寸三分	七寸			套页
51	般涅槃经第三	六朝	八寸四分	三尺	六二	首尾残	
51	般涅槃经第三	六朝	八寸四分	五寸二分	一一	首尾残	
51	般涅槃经第三	六朝	六（?）寸五分	七寸	一四	首尾残	
51	般涅槃经第三	六朝	八寸四分	五寸五分	一〇	首尾残	
52	贤愚经出家功德品	六朝	八寸	四寸	七	尾残	
53	孝经	和平二年十月唐丰国写此孝经	甲:七寸八	四寸二分	八	首尾残	
53	孝经	和平二年十一月唐丰国写此孝经	乙:七寸八	五寸	九	首残	
54	佛本行经(?)	六朝	甲:七寸三	七寸	一六	首尾残	
54	佛本行经(?)	六朝	乙:七寸三	一尺六寸	三九	首尾残	
55	佛说沙弥所应奉行诫	六朝	七寸四	四寸八	八		
56	陀罗尼(?)	六朝	八寸二	一尺	一七	首尾残	
57	陀罗尼(?)	六朝	八寸二	一尺二寸二	二四	首尾残	
58	普门道品	六朝	甲:三寸五	五寸	九	首尾残	
59	普门道品	六朝	乙:三寸五	二尺三寸	四四	首残	
59	金光明经	六朝	八寸	九寸	一五	尾残	下残
60	名未详	六朝	甲:七寸四	一尺二寸八	二七	首尾残	
60	名未详	六朝	乙:七寸四	一尺三	二八	首尾残	

续表

第号	名称	时代估计	高	阔	行数	残缺程度	备考
61	药师本愿经(?)	六朝	八寸	一尺八寸五	二九	首尾残	
62	经疏	六朝	甲：八寸	一尺三寸	正：四〇 反：三五	首尾残	
62	经疏	六朝	乙：八寸	一尺三寸	正：四〇 反：二一	首尾残	
63	职官花名册(?)	六朝	八寸一分	八寸	正：一九 反：七	首尾残 首残	
64	佛经偈语(?)	六朝	甲：七寸	九寸	二〇	首尾残	
64	佛经偈语(?)	六朝	乙：七寸	七寸	一七	首尾残	
65	比丘羯磨	六朝	七寸	一尺一寸五	四四	首尾残	
66	名未详	六朝	五寸四	八寸	一六	首尾残	
67	名未详	六朝	七寸四	一尺二寸	二七	首尾残	
68	残片	六朝					一包计八片

（原载《图书季刊》新第 5 卷第 4 期，第 107—110 页；又载《向达先生纪念论文集》，新疆人民出版社 1986 年版，第 3—11 页，附录较《图书季刊》刊载者详细，兹据此本整理）

西征小记——瓜沙谈往之一

一九四二年至一九四四年两次到敦煌。回来以后，打算根据所看到的材料，写一本《瓜沙谈往》小册子，内中包括：一、《两关考》，二、《莫高、榆林两窟杂考》，三、《罗叔言〈补唐书张义潮传〉补正》，四、《瓜沙曹氏史事攡逸》，一共四篇。前三篇都写好了，只第四篇始终未有成稿。此次重印，因将一九四三年所写《西征小记》作为《瓜沙谈往》第一篇，而将《瓜沙谈往》的总题移在每篇篇名之下，作为小题。

一九五五年一月九日补记。

＊　　　　＊　　　　＊

近年以来开发西北之论甚嚣尘上。然欲言开发西北，几无在不与史地之学有密切之关系。今即就河西一隅而试论之。秦汉以后，河西为匈奴、大月氏、乌孙诸民族互争雄长之地。汉武帝思雪高祖平城之耻，乃收河西于版图之内，一以绝匈奴之右臂，一以建立通西域诸国之走廊。于是筑长城以限胡马之南下，移民实边以奠长治久安之局。海通以前二千年来，中国与外国在政治上、经济上以及文化上之交光互影，几无不取道于此。其后河西四郡虽间有短时期沦于异族，不旋踵而仍归中国，此盖非偶然也。三十一年春，国立中央研究院有西北史地考察团之组织，考察范围为甘肃、宁夏、青海三省，其用意于纯粹的学术研究而外，盖亦思以其所得供当世从事西北建设者之参考，故为此筚路蓝缕之举。余应研究院之约，奉校命参加考察。以滇西变起仓卒，交通艰阻，迟至八月方克入川。九月下旬自渝抵兰，十月初西行，经武威、张掖、酒泉，出嘉峪关以抵敦煌。到敦煌后住千佛洞者历时九月，其间曾再游两关，一访榆林窟之胜，至三十二年七月方始束装返川。万里孤征，行旅匆匆，多未周览。今略依经历所至，分记见闻，各成段落，不尽衔接；聊以备一己之遗忘，供友朋之问讯而已，阅者谅之！

＊　　　　　＊　　　　　＊

余于三十一年九月二十五日自渝抵兰，十月一日西行；三十二年夏东归，于七月二十日抵兰，二十六日赴渝。来去俱甚匆匆，故于此西北名都，所知殊浅。三十一年九月始抵兰州，以友人之介，得谒慕少堂(寿祺)、张鸿汀(维)两先生。慕、张两先生为陇右前辈，熟于关陇掌故，慕先生著有《甘宁青史略》四十册，张先生著有《陇右方志录》及《陇右金石志》，主编《关陇丛书》；并以藏书著称兰垣。两次过兰，匆遽未能多所请益，兼窥所藏，亦憾事也。兰垣旧书及骨董业不逮西安之盛，民廿四陈万里先生西行所见之兰山市场已于三十年为敌机炸毁，今改建兰园，电影场、茶肆、球场纷然并陈，骨董铺不复可见。在南门内一铺中见到彩陶数件，花纹粗率不足观，价既不及以前之高，顾者亦复寥寥，盖盛极而衰矣。始至阅肆，于道升巷河声书店得见石室本唐人写《金刚经》一卷，首稍残缺，字不甚佳。又西夏字残经一册，写本刊本俱备，首有一小篇磁青纸金书，极精，末又有刊本八思巴蒙古字及回鹘字残叶数篇，合贴成一厚册，索价二千元，以价昂未购。只选取刊本回鹘字残经十三篇，大约俱元代所刊写者。其西夏字一册，三十二年夏东归往询，则于旬日前为张大千所得矣。又获蒙古钱一枚，幂八思巴字"大元通宝"四字，其后在张掖又得一枚。唯在河西一带，始终未见西夏文钱，亦所不解也。金天观在西门外，俗名雷坛，壁画《金阙玄元太上老君应化图》，凡八十一化。三十二年东归,曾一往观,观内今为某干部学校所据,画壁画之两廊改为寝室,壁画剥落,视前加甚。其所绘与成都二仙庵刊《老君历世应化图说》同,画则清初之所作者耳。

＊　　　　＊　　　　＊

武威为张介侯(澍)先生故里。先生一生于关陇文献,网罗放失不遗余力。生平著述等身。其《二酉堂丛书》,藏书家几于家喻户晓。先生著述未刊者极多,身后散失殆尽。二十二年在西安,从碑林碑估段某处得悉光、宣之际,法国伯希和自敦煌东归,道经西安,即从彼处购去先生著作未刊稿本不少。二十七年在法京国立图书馆见到数种,皆伯希和所购得者,摩挲遗编,感喟无既。介侯先生后家秦中。三十一年过武威,访问先生轶事,则知者寥寥,可慨也。武威又有一李树键先生,清末为山东学使,著《续通鉴纪事本末》数十巨册,在兰州曾见其书,民初逝世。家富藏书。两次过武威,俱以匆促不克往观也。武威古刹旧有人云、清应、罗什诸寺,民十四陈万里先生西行,尚俱栋宇无恙,民十六河西地震,武威受祸最烈,诸寺皆荡为云烟矣。罗什寺址今为武威中学校,大云、清应则只余断壁颓垣,两塔各塌去一半,其形制犹是唐代之旧也。大云寺旁一钟楼,上悬大钟一,"大云晓钟",为昔日凉城八景之一。钟青铜铸,上镌天王像,形极奇诡,而无铭文。旁有乾隆时康伯臣碑,谓是前凉时物,实则唐代所铸耳。西夏文天祐民安碑及唐景云碑俱于震后移至文庙。清应寺西为藏经阁,内贮康熙时西宁写本番字《大藏》一部,原百零八函,今佚去数函,黄缎经袱,层层包裹,保存至佳。文庙在城东南隅,今改为民众教育馆。三十一年西行及三十二年东归两过其处,识王凤元、郝仁甫二先生。在陈列室见到有天禧三年题识之陶器一件,系三十年张掖西三十里古城所出。据历史语言研究所傅乐焕先生云,此是西夏李得明时物,其时西夏尚奉宋正朔,故题识云耳。又见一木塔,六面俱绘佛像，彩色如新，描绘极精，不失五代宋初规模。木塔中空，据说明书云，内中原有小银塔一，银塔上镌"于阗国王大师从德"云云。原出敦煌千佛洞，今银塔为马步青攫去，而以木塔存武威民众教育馆。五代时于阗与瓜沙曹氏互为婚姻，则此当是于阗国供养千佛洞之物。银塔所镌铭文虽未窥其全，然其有裨于瓜沙曹氏与于阗关系之研究则无疑也。馆内所藏，除西夏文天祐民安碑及唐景云碑外，又有高昌王世勋碑，虞道园撰文，康里子山真书，赵世延篆额，碑阴为回鹘字，于民二十二出土于武威城北二十里之石碑沟，今亦移存馆内。碑上半已断去，犹高一公尺九十公分，广一公尺八十公分，可谓巨制矣。馆中尚藏有武威南山中出土唐代墓志十余方。其中如大长弘化公主、青海王乌地也拔勤豆可汗慕容忠及河东阴山郡安乐王慕容神威迁奉诸志，皆可以补正两《唐书·吐谷浑传》，甚可珍贵。弘化公主一志，民十四陈万里先生西行已见拓本，著录于其《西行日记》中，今馆中说明谓与青海王志皆民十六出土，恐有未确。弘化公主墓出马俑二具，亦在陈列室中，腿已断去，身尚完整，彩色如新，姿态比例俱极佳妙；其后至敦煌见千佛洞诸唐窟壁画上之马无一不生动者，唐人之于画马似有特长，亦一奇也。青海王墓出二白磁罇，全体完好无缺，釉色甚佳。青海王乌地也拔勤豆可汗慕容忠卒于武后圣历元年，则此二磁罇盖初唐时物矣。杜工部《又于韦处乞大邑瓷碗》诗云：

　　　　大邑烧瓷轻且坚，扣如哀玉锦城传。君家白碗胜霜雪，
　　急送茅斋也可怜。

近人言唐瓷者，率艳称越窑，激赏其"千峰翠色"，而于邛州大邑白瓷则少有道者。唐代四川与河西交通频繁，武威青海王墓所出二白磁罇，疑即唐人所云之大邑瓷也。客中无书，姑识此以待考。又北凉沮渠蒙逊于凉州开石窟寺，唐释道宣《集神州三宝感通录》卷中述之云：

凉州石崖瑞像者,昔沮渠蒙逊以晋安帝隆安元年据有凉土,二十余载,陇西五凉,斯最久盛。专崇福业。以国城寺塔修非云固,古来帝宫,终逢煨烬,若依立之,效尤斯及。又用金宝终被毁盗。乃顾眄山宇,可以终天,于州南百里,连崖绵亘,东西不测,就而研窟,安设尊仪,或石或塑,千变万化。有礼敬者,惊眩心目。中有土圣僧,可如人等,常自经行,初无宁舍。遥其便行,近瞩便止,视其颜面,如行之状。或有罗土坌地,观其行不,人才远之,便即踏地,足迹纳纳,来往不住。如此现相,经今百余年。彼人说之如此。(所云土圣僧灵迹亦见《释迦方志》卷下《通局篇》。)

其规模之大于此可以想见。所记土圣僧灵瑞,则中国敬奉宾头卢罗汉之最早见于记载者也。据《魏书·释老志》,前凉佛教从敦煌一转手,而北魏又得自前凉。是凉州石窟寺恰介乎敦煌与云冈之间,为研究中国佛教艺术史绝重要之材料。然其所在,唐以后便无人道及,存否至今成为一谜。或以安西万佛峡当之,非也。张掖东南百四十里有马蹄寺,石窟为数约四十,三十一年地理组吴印禅、李承三、周廷儒三先生自青海越祁连山至张掖,曾便道往游。据其所述石窟形式,层累而上,与道宣所纪亦复不类。在武威时曾以凉州石窟所在叩诸郝仁甫先生,郝先生亦不之知,唯云武威东南张义堡山中有大佛寺,佛为石镌,甚大,寺前一方石,上镌"晏筵石"三字,体类六朝。寺左右石崖上依稀有石窟痕迹,唯以凉城地震剧烈,石崩崖摧,多不可辨云云。则成为一谜之凉州石窟,或犹在武威南一带山中欤?安得好事者负粮裹糇一访之也!

＊　　　＊　　　＊

武威以西是为张掖。汉武帝开河西四郡:立酒泉以为中权重镇,北控居延,南枕祁连,西有敦煌以为前卫,东有武威、张掖为之后路，卒能击破匈奴，以雪高祖之耻。时移代异，而形势依然。至于武威、张掖则流水争道，阡陌纵横，林木蔚茂，俨然江南。故唐以来即有"塞北江南"之称。地产米麦，又多熟荒。将来如能筑坝蓄水，改用机器耕种，用力少而产量增，以其所出供给河西，足有余裕，以前有"金张掖，银武威"之谚，洵非虚语。二十七年以后，西路闭塞，于是张掖市面逐渐萧条，武威以通草地，东路货物来源较易，商业状况转好，因又有"银张掖，金武威"之谣。总之二地在河西经济上之地位极为重要。昔人于武威、张掖深沟高垒，有金城汤池之固，良有以也。余于三十一年十月一日自兰州抵武威，休息一日，三日自武威至张掖，四日至各处游览。西来寺建于清代，后殿塑欢喜佛像，盖喇嘛教之制作也。卧佛寺兴修于西夏时代，其后累加修饰，今卧佛像乃臃肿不堪。四日下午往游南门外天主堂果园，晤常德辅神甫（Joachim Zacher, S. V. D.）。常神甫德国人，至华已五年，操华语极流利。元代甘州路有十字寺，《马哥·孛罗游记》亦谓甘州有基督教教堂，以此询常神甫，谓元代十字寺寺址疑即为今城内城隍庙云云。张掖又有西夏时黑河建桥碑，旧在城南四十里之龙王庙，三十二年春为驻军辇致城内民众教育馆，其夏东归，无暇往观。碑一面为汉字，背阴旧传为西夏文，实西番字，西夏文云云传闻之讹也。十月五日自张掖赴酒泉，出西门三十里，地势略高，迤逦而上，道两旁土阜累累，即为土人相传之黑水国故址。三十年青海驻军骑兵韩师，在此大事发掘，将旧城拆毁，取城砖铺筑公路，长达十里。三十年于右任过此，曾检得有大吉二字铭文及草隶砖，卫聚贤并得有图像砖，俱是汉代物。疑今所谓黑水国，或即汉张掖故城亦未可知。武威民众教育馆所藏有天禧三年题识之陶器，即韩师发掘此城中古墓所得者。据云遗址发掘仅及其三分之二云。

五日下午抵酒泉，风日惨淡，始有塞外之感。酒泉城内外俱无可观览。所谓酒泉在东关外里许道北。同治十二年清军既下酒泉,大事修葺,颇有亭台之胜。数十年来变乱频仍,颓败不堪。酒泉东门门洞内两侧墙上各嵌石柱一枚,高约二公尺半,阔约半公尺,上俱镌回鹘字,三十二年夏东归,始克细览。疑此原是元代碑碣,一面汉文,一面回鹘字,修酒泉城时,解碑为二,用支门洞,另一面汉文嵌于墙内,遂不可见。近有人倡议于酒泉建西北文化陈列馆,则此回鹘文残石亦应在保存之列也。

玉门油矿,久已见于载籍,《后汉书·郡国志》酒泉郡延寿县注引《博物记》曰:

> 县南有山,石出泉水,入如莒篆,注池为沟。其水有肥,如煮肉卤,亲亲永永,如不凝膏。然之极明,不可食。县人谓之石漆。

《元和郡县图志》卷四十肃州玉门县条云:

> 石脂水在县东南一百八十里。泉有苔如肥内,燃之极明,水上有黑脂,人以草盉取用涂鸱夷酒囊及膏车。周武帝宣政中,突厥围酒泉,取此脂燃火,焚其攻具,得水逾明。酒泉赖以获济。

石漆也,苔也,皆未经炼过之原油也。光绪季叶德人某曾取原油至上海化验,油居百分之五十,蜡三十,杂质二十。以所在僻远,交通不便,遂置之。神物湮沉几二千年,至今日始以供用,是知一物显晦,亦自有时也。余于三十二年七月东归,十二日自安西乘油矿局车赴矿,十三日留一日,周览各井及炼厂,十四日自矿赴酒泉。将来西北开发,利用机器垦荒耕地,其有赖于油矿之处正甚多也。

甘州河与北大河合流而后过鼎新北注居延海,是为额济那河,俗称曰二里子河。汉长城障塞自北大河北岸迤逦而东,沿额济那河以迄于居延海。此一带盖汉与匈奴百战之场。俄国科斯洛夫（Kozlov）于居延海旁之黑城子（Karakhoto）发现西夏文文书不少，英国斯坦因（M. A. Stein）在此亦有所得。瑞典海定（Sven Hedin）考查团之贝格曼（Bergmann）则在额济那河旁废墩中得汉简万余枚。是二里子河且亦为考古者之圣地矣。自酒泉东北行一百四十里至金塔，更三日是为鼎新，由鼎新驼行十许日即至黑城子。今则勉强可通汽车，视前远为便捷。

＊　　　　＊　　　　＊

安西以风多著闻于世，故俗有"安西一场风"之谚，谓其一年到头皆是风也。余于卅一年十月八日自酒泉西行，至玉门尖，下午抵安西。以城内无住处，由人介绍与同行诸君往宿飞机场。场北即乾隆时所筑新城，西面城垣为风裂成缺口十余道，宽与昆明所辟便空袭时出城用之缺口同，风力之猛可见一斑。自玉门至安西，公路沿疏勒河北岸而西。北望戈壁大漠，平沙无垠，路南废城烽燧，逶迤不绝，皆汉、唐间古长城以及障塞之遗址也。汉、唐时代此种障塞，北有大漠北山可资屏障，南有长河以供灌溉。说者谓当时胡马南下，越过北山大漠以后，南方水草地域在汉族控制之下，千里赍粮，人劳马疲，军略上已处于不利之地，胜负之数不待决战而后知矣。自今视之，其言信然。自安西至敦煌，旧为四站，二百八十里。三十一年尚无公路，汽车即循大车辙道，顺三危山取西南向，在戈壁上行，道颇崎岖。出安西西门，沿飞机场西南行，七十里瓜州口。瓜州口北四五里瓜州废城，盖清代之所筑也。南行里许一小庙，四壁壁画残存少许，藻井画亦未全毁，尚是五代之物。自瓜州口西南行七十里甜水井，水苦涩。贰师将军之悬泉据云即在甜水井南十余里三危山下，俗名弔弔水，以其出自山崖，故名。又七十里疙瘩井，又七十里敦煌城。余于三十一年十月九日午抵敦煌，下午即去千佛洞，住其间者凡九阅月。中于同年十月中旬至南湖一访阳关遗址，三十二年三月中旬往游大方盘、小方盘,探玉关之胜迹,访河仓之旧城。其年四月复自敦煌至南湖,由南湖北行越中戈壁以至西湖,再访玉关,然后东行以归敦煌。五月至安西,礼万佛峡诸窟,历时一周,复返千佛洞。七月遂东归返川。以在敦煌历时稍久,见闻较多。以下分两关遗址,敦煌附近之古城与古墓,西千佛洞、莫高窟与榆林窟,在此所见到之敦煌写经,凡四项,各纪大略。

(一)两关遗址 汉代之玉门关、阳关,皆在龙勒县境内。汉龙勒县,至唐曰寿昌,即今敦煌西南之南湖也。阳关即在南湖,玉门关位于敦煌西北,距敦煌凡二百里,今小方盘城即古玉门关遗址,自南湖北行一百四十里至其地。南湖有人户百余家,游览较便,三十一年十月既至敦煌,晤地理组吴、李、周诸先生。李承三先生以事先东归,吴、周二先生议游南湖,余与同行,往返四日。是为第一次访阳关。翌年三月油矿局敦煌木料采运处有至敦煌西湖勘察木料之举,途经大方盘、小方盘二城,乃古河仓城玉门关遗址,余与同行。往返六日。是为第一次访玉门关遗址。至四月,敦煌驻军因事往勘南湖及西湖,来邀同往。先自敦煌至南湖,复由南湖北行至西湖,沿小方盘、大方盘路以返敦煌,往返亦六日。是为再访两关。关于两关遗址之考证及其他问题,具见余所作《两关杂考》,为《瓜沙谈往》之第二篇。兹所记者沿途道里大概而已。先自阳关始。出敦煌西门,过党河(汉氏置水,唐之甘泉也)。五里敦煌旧城,自此西南行,十五里南台,二十里双墩子,三十里大墩子,七十里南湖店,宿。店位于党河北岸,茅屋三间,炕上屋椽,烟熏若漆,蛛丝下垂,益以灰尘,喻者谓似瓦松倒植,又以为如藤花满架。偶一震动,灰尘簌簌下坠,自禅家视之,则此即是乱坠之天花也。清代于此设石俄博汛,今店东五里许党河北岸犹有房屋遗址,墙垣俱以鹅卵石砌,倾圮殆尽,当即其处。自南湖店西行,五里西千佛洞。党河发源于南山中,自东西流,至是成西北向冲破三危山成一峡谷，出峡后复折向东北以达敦煌，然后北流，汇入疏勒河中。自敦煌以至南湖店西约四五十里，俱行戈壁中，以后地渐陡，四面沙丘，俗呼沙窝子，车骑俱困。未至南湖十许里，一地曰山水沟，沙丘中时见版筑遗迹，今则杳无人烟。南湖于三十一年冬筑有一小城，名曰阳关堡，自敦煌入新大道即经堡前，而又适当南湖之中心。堡北俗呼工上，又分为南工、北工，因坝而得名。堡南俗名营盘，南湖诸泉，即在其东，方圆可十余里，夏日芦苇丛密，凫雁飞翔，一行猎之佳处也。阳关堡西北三里许有地名古董滩，自古董滩北里许即红山口，亦名龙首山，两山中合，一水北流。出红山口西北行十余里是为水尾，居户十余家，南湖一保所辖止于此。自水尾而北而西，戈壁大漠遥天无际。堡东北五六里是为古寿昌城，城东西北三面城垣尚未尽圮，城中北面沙丘堆积高与城齐。城东南隅有光绪乙巳春安肃兵备道和尔贯额书、知敦煌县事汪宗翰立之古阳关碑一，故世亦有以古寿昌城为即古阳关故城者，此不考之过也。案阳关遗址久已淹没，土人且有阳关隐去之说，用益增其迷惘。然阳关屡见于唐人地志，而其方位则实以寿昌县之所在为其考定之尺度。《汉书·地理志》谓龙勒县有阳关。据《新唐书·地理志》，寿昌县治龙勒城，是唐代之寿昌即因汉龙勒旧县而改也。《元和郡县图志》卷四十沙州条寿昌县因县南寿昌泽为名。寿昌泽亦名寿昌海，敦煌某氏藏后晋天福十年写本《寿昌县地境》寿昌海下注云：

> 源出县南十里，方圆一里，深浅不测，即渥洼池水也。

此所谓寿昌泽或寿昌海，即今日之南湖，南湖垦地因此得名，正在古寿昌县南。《旧唐书·地理志》谓阳关在寿昌西六里，《元和志》同，《新唐书·地理志》则作十里，巴黎藏石室本又一《沙州图经》同。古寿昌县即唐寿昌城遗址，则必非阳关可知也。今红山口及古董滩位于寿昌城西约六七里。出红山口西北行百四十里是为小方盘城，即汉玉门关故址，自古董滩西行，则为通南疆之大道。古董滩去红山口不过一里而遥，今人时于其地得玉铜诸器以及陶片，临洮周炳南藏汉简十余片，其一有阳嘉二年五月二十日敦煌长史行诸字，亦出于此，故据唐人书，汉代之阳关应求之于今红山口及古董滩之间，以寿昌遗址为古阳关，不可信也。

汉玉门关亦在龙勒县境内。自斯坦因于今敦煌之小方盘城发见汉代属于玉门都尉诸版籍以后，小方盘城之即汉玉门关遗址，久已成为定论。今自敦煌至小方盘城有二道。一取道南湖，出红山口，十五里水尾。由水尾北行，循戈壁四十里至卷槽，其地以前可以耕种，后以来自南湖之水源不继，道光中叶以后遂归湮废。今沟渠阡陌遗迹尚历历可见，败壁颓垣巍然峙于荒漠之中。自卷槽更北行约三十里芦草井子，有井一，水尚可饮，自水尾至是七十里始略见水草。由芦草井子更北行五十余里，沿途渐见胡桐树，即至小方盘。一道出敦煌西门过党河，经飞机场西北行戈壁中七十里头道沟，牧羊人筑土房一，小庙一，有水，更二十里为人头疙瘩。或则出敦煌西门后，过党河即偏西北行，自飞机场北取道武威堡入戈壁。七十里碙泉子，小泉一泓，方圆数丈，水赤红如马溺，咸苦不可饮。自此西行二十里至人头疙瘩，与头道沟之道汇，为程亦九十里。唯取道头道沟以至人头疙瘩，俗云九十里，实在百里左右，视碙泉子一道为稍远。头道沟至人头疙瘩之间，道旁时见小阜，质为沙石，风化剥蚀，离乱零落，细者扬为灰尘，化作砂砾，戈壁小石以此为多。大者如房，或亦盈丈，散布道旁，如虎踞，如狮蹲，有时排列道左右绵亘里许，则又似埃及之人首狮身怪兽。自人头疙瘩以西七十里至大方盘城，景物尤奇。小阜或以剥蚀过甚，突立若窣堵波，若墩台；或则四围环合，顶平若削，中为平沙，自缺口策马以进，如入古城，如游墟市。沿途胡桐树甚多，往往成林，汉、唐烽燧掩映其间。薄暮时夕阳斜照烽燧以及土阜上，反射作黄金色，则又似蜃楼，似海市。浑疑此身不在荒漠之中矣。
始至人头疙瘩，即见其北远山一抹，横亘天际，是为北山，山南汪
洋一片成银白色，则疏勒河下游，所谓哈喇脑儿，义为黑海子者是
也。哈喇脑儿以东数十里，敦煌称之为北湖，安西称之为西湖。
两县人每年春于此耕种小麦，雨多则丰收，是为撞田。疑即汉效
谷县地。自人头疙瘩以西，俱沿疏勒河南岸行，春夏之间，河水泛
溢，到处沮洳，颇碍车骑。行七十里至大方盘城。城在河南，城南
戈壁陡起，一墩翼然耸峙其上。城北数十步即是苇滩。城分内外
二重。外城城垣倾圮已尽，唯北垣仅存少许。原来四面俱有碉
楼，今西南隅一碉楼尚完整，高约三丈，西北及北面者犹存残基。
内城建于高约一公尺半之石台上，东西长南北狭，中分三室，隔以
墙垣，更无门户以通往来。三室面南各自辟户。今东西北三面周
垣犹存，南面略有倒塌。形制不类普通城堡。伦敦藏石室本《敦
煌录》曰：

> 河仓城，州西北二百三十里，古时军储在彼。

《鸣沙石室佚书》影印巴黎藏石室本《沙州图经》亦有河仓城，谓周
回一百八十步，文曰：

> 右在州西北二百卅二里，俗号河仓城。莫知时代，其城
> 颓毁，其址犹存。

斯坦因据《敦煌录》所记，以为大方盘即古之河仓城，其说是也。
河仓城唐又名河仓烽，据《太平寰宇记》，唐时敦煌西北与寿昌盖
以此为界。自大方盘南循戈壁西行四十里是为小方盘城，汉玉门
关之故址也。城周垣犹存，面西一门，北垣一门已堵塞。巴黎藏
石室本残《沙州图经》亦有玉门关，谓城周一百卅步，高三丈，今犹
如此，知尚是唐代之旧。城北稍东约一百公尺，一土阜形似废墩，
斯坦因在此得汉简甚多，其玉门都尉诸版籍即出于是。城北土阜
如废墩者合此骈列而三。东南距城约二百公尺，亦有数土阜，三

十二年四月过此，曾以兵士一班掘之，历一小时才进一公尺许，土坚不可入，遂罢。是否真为古代烽燧遗址，尚未能决也。自小方盘西行三十里为西湖，俗名后坑子，泽中芦苇丛生，形稍屈曲，自西北略偏东南，古所谓曲泽，或即指此。三十里间汉代长城尚有存者，自小方盘迤逦于以迄于西湖东沿，高处往往达三公尺，版筑而成，每层之间铺以芦苇，错互相交。十里之间辄有一墩，成六棱形，墩下例有小室方丈许，隔成四间。室顶尽塌，而墙垣门灶痕迹尚可见。室旁砌土级上墩，今毁，迹仅有存者。此当是逻卒之所居也。长城其直如矢，自西湖至小方盘不稍邪曲。越西湖而西，不见长城，唯有烽燧。余两次游踪，俱只止于此。据云自此西行两站约百四十里，尚时见烽燧之遗迹云。自南湖至小方盘，中间一百四十里并无长城遗迹，唯水尾以北每约十里即有一墩台，以迄于小方盘，此盖汉代烽燧。疑两关之间即以此等烽燧为之联络为之眼目，以防行旅之偷渡也。

（二）敦煌之古城与古墓　以上所述之两关遗址以及河仓城、古寿昌城，皆为敦煌有名之古城，为游历考古之士所艳称者也。然汉敦煌郡治敦煌、冥安、效谷、渊泉、广至、龙勒六县，其冥安、渊泉、广至三县在今安西境内，敦煌、效谷、龙勒三县在今敦煌境内。魏、晋以后，建置纷繁，典午之世敦煌一郡领县至十二，视汉且倍之。大率旋兴旋废，初鲜常规。至今敦煌境内除前举两关诸遗址外，古城残迹犹时时可以见之。今出敦煌城南门或东门，复东南行约十五里，过敦煌沙漠区边际，越沙丘，即至一地名佛爷庙，以有小庙一座故名。庙建于光绪十五年，至今将六十年，栋宇如新。其地弥望皆是土阜，绵亘南北可五六里，东距戈壁不足半里。西则沙丘连绵，土阜不复可见。然西面沙丘中间有平地，屋基痕迹，依稀可辨。土阜间陶器碎片到处皆是，形制与他处所见六朝以及唐代之陶器同。则其地必是一古城遗址也。《敦煌录》云：

州(沙州)南有莫高窟,去州二十五里。中过石碛,带山坡至彼,斗下谷中。其东即三危山,西即鸣沙山。

所谓州南当是州东南之误,千佛洞 $\dfrac{C30}{P17bis}$(C 为张大千所编号,P 为伯希和所编号。以下仿此)号窟窟外北壁上有唐人书《莫高窟记》,亦曰:

右在州东南廿五里,三危山西。

可证《敦煌录》莫高窟条州南之误。是唐代之沙州去今千佛洞二十五里,在千佛洞之西北。今自敦煌城至佛爷庙约十五里,由佛爷庙东南行戈壁中约十五里,上小山坡,坡尽复为戈壁,鸣沙山即在其南。此一戈壁为程亦约十里,行尽然后向南折下谷中,即至千佛洞。其情形与《敦煌录》《莫高窟记》所纪同,则今佛爷庙一带遗址,疑即为唐、宋时代之沙州也。唐、宋时代之沙州已在党河东岸,故自敦煌经阳关以入西域者,必须过党河。《新五代史·四夷附录》引晋天福间高居诲《使于阗记》曰:

瓜州南十里鸣沙山,云冬夏殷殷有声如雷,云《禹贡》流沙也。又东南十里三危山,云三苗之所窜也。其西渡都乡河曰阳关。

王静安先生以都乡河为即党河,恐有未谛。唐、宋时代之沙州固已在党河东岸,然唐名党河曰甘泉水,都乡河则都乡渠之别名也。《鸣沙石室佚书》影印巴黎藏石室本《沙州图经》七所渠之第四所为都乡渠,文曰:

右源在州西南一十八里甘泉水马圈堰下流,造堰拥水,□里,高八尺,阔四尺。诸乡共造,因号都乡渠。

因其诸乡共造,类乎总渠,水势较大,俗又名之为河耳。非党河也。

又出敦煌城西门,过党河五里敦煌旧城。城垣尚有存者,城内则悉夷为田畴矣。道光《敦煌县志》卷七《古迹》敦煌废郡条云：

> 今按沙州旧城即古敦煌郡治也。今在沙州之西，墙垣基
> 址犹存。以党水北冲，城墙东圮，故今敦煌县城筑于旧城
> 之东。

汉以后之敦煌郡治果在何处，尚无可考。唯按巴黎藏石室本《沙
州图经》一所故堤条引《十六国春秋》言嘉兴五年（公元四二一年）
沮渠蒙逊率众攻李恂，三面起堤，以水灌城。使其城在党河以东，
蒙逊似难筑堤以引水也。故汉、魏以降以迄六朝，敦煌旧城，或竟
在河西，如道光志之所云。自旧城西约十里，俗名南台县，亦名沙
枣城，土阜累累，呈南偏西南向，长约十里。岂汉以来之敦煌郡
治，当求之于此欤？此非发掘无由考定也。又《沙州图经》言古效
谷城在州东北三十里，周回五百步，唐时北面颓基尚数十步。今
敦煌城东北数十里，乡人云尚有古城遗址，是否即《图经》所云之
效谷城，未曾目验，不敢定也。

凡此所陈，皆在敦煌附近之古城遗迹也。敦煌属之南山中尚
有党城，自敦煌南行入南山约二百里即至其地，以位于党河上游
之北岸，俗因呼之为党城，视寿昌城为大，不知筑自何代。案西凉
李暠曾筑城于敦煌南子亭以威南虏。子亭一地至唐、宋时犹存。
巴黎藏石室本《沙州图经》，卷首残缺，纪甘泉水自南山发源，沿途
所经，以及抵敦煌附近，酾为诸渠情形。其中即有子亭之名，
辞云：

> （上残。）多野马（中缺）狼虫豹窟穴。其（中缺）里至子亭
> 镇西三（中缺约九字）烽。又西北流六十里至山阙烽。水东
> 即是鸣沙流山。（中略。）其水西有石山，亦无草木。又东北
> 流八十里，百姓造大堰，号为马圈口。（中略。）其水又东北流
> 卅里至沙州城，分派溉灌。（下略。）

所谓山阙烽大约即指西千佛洞西之党河口，党河西北流至是冲破

三危山成一峡口,然后复转而东北。烽置于峡口,故曰山阙,清代有党河口卡汛,大约即在其地附近也。自山阙烽至子亭镇里程,以《图经》文有残缺,不能详知,疑不过百余里。今从党城西行至党河口两日程,与子亭镇距山阙峰之距离相近,则党城或即西凉以来之子亭镇遗址,亦未可知也。伯希和、羽田亨合编《敦煌遗书》收有《敦煌名族志》残卷,其所载阴氏有阴仁干为沙州子亭镇将,又有阴琛者为行瓜州雍归镇将。万佛峡张编六号窟门洞南壁供养人像自东至北第一人为慕容逼盈,第三、第四两人题名结衔俱带紫亭镇遏使,今具录如次:

> 施主紫亭镇遏使银青光禄大夫检校散骑常侍保实(第三人)

> 施主紫亭镇遏使……(第四人)

慕容逼盈为曹议金婿,后唐清泰时知瓜州刺史,慕容保实盖其孙子,当在宋代。紫亭即子亭,天福本《寿昌县地境》可证。又巴黎藏石室本《罗盈达邈真赞》云:

> 誉播衙庭,兼受极任。紫亭贵镇,菁理边城。抚育疲徒,如同父母。又迁上品,委任马步都。

又赞曰:

> 注持雄镇,抚育孤危。荣超都将,名透丹墀。

是至唐、宋之际,子亭不仅犹为驻兵之所,且系瓜沙南藩一雄镇,非亲贵不能膺斯重寄也。又千佛洞$\frac{C214}{P130}$号窟,窟檐修于宋太平兴国五年曹延禄之世,窟主为阎员清,窟檐梁上有员清题名,其全部结衔作:

> 窟主节度内亲从知紫亭县令兼衙前都押衙银青光禄大夫检校刑部尚书兼御史大夫上柱国阎员清

是在瓜沙曹氏之世,且于紫亭设县置令矣。紫亭县既不见于《元和郡县志》《太平寰宇记》亦未著录,千佛洞题名恰可以补史之阙文也。雍归镇,亦见万佛峡张编六号窟,窟内门楣上元至正二年书《斋粮记》,地无可考,疑即今万佛峡南之石包城。

又按敦煌一地,汉、唐以来即绾持西陲锁钥,为华戎所交一都会,五代宋初瓜沙曹氏且称王自娱。而二千年来此地土著与夫强藩之郁郁佳城究在何处,此亦至堪耐人寻味者也。《沙州图经》记有州东二十里之阙冢,为阙骃祖倞之墓,高三丈五尺,周回三十五步。巴黎藏石室本阴善雄墓志铭,谓葬于州东南漠高里之原;罗盈达墓志铭,谓葬于莫高里阳开河北原。又如《孔公浮图功德铭》《索法律窟铭》,俱纪及葬地。凡此是否犹有可寻,盖考古之士所亟欲闻知者也。三十一年冬始至敦煌,即闻人言佛爷庙至千佛洞中途戈壁上有砾石堆甚多,疑是古代墓葬遗址。其后数次往观,则自佛爷庙以东此种砾石堆累累皆是,迤东以至于新店子,长达三四十里。大都中为砾石堆成之小阜,高者及丈,低则几与地平,为数三五不等。堆前亦有砾石铺成之狭长小道,稍稍高起。外以砾石堆成长方形之外围,高仅尺许,制同围墙,面南或西辟一甬道。三十二年三、四两月赴西湖,则见敦煌北面戈壁中亦有类此之砾石堆,唯不及佛爷庙东戈壁上之弥望皆是耳。敦煌西戈壁上以及南湖附近俱有此种砾石堆,形制大概相同。亦有于长方形外围之一端树以土墼砌成之二墩,形同双阙者,其余则无异也。土人相传称此为营盘,有七十二座连营之说,以为乃昔日兴修千佛洞时,监守军士驻扎之所,东向直达安西云云。就其形式观之,与斯坦因、黄仲良诸人在高昌所发掘之六朝以及隋、唐古墓绝相类似,则其为古代之墓葬群,盖无可疑也。三十三年夏西北科学考察团历史考古组至此从事发掘,以前之所推测者一一证实。佛爷庙东戈壁上者大都为六朝时代之墓葬,鸣沙山下及新店子有双阙者则率属唐代。此种墓葬,即就佛爷庙东戈壁上以至新店子一带而言，为数逾万，兹所及者不逮千分之一。其所蕴藏之有裨于汉、唐以来瓜沙古史以及西陲文化之研究者，可以臆测也。

（三）西千佛洞、莫高窟与榆林窟 石窟寺之制度实起于印度，由印度以及于西域，然后传至中国。河西为中古时代中西交通之孔道，中外文化之交流几莫不由是，故石窟寺亦较他处为特多。敦煌有西千佛洞以及古名莫高窟之千佛洞；安西有古名榆林窟之万佛峡以及昌马之东千佛洞；玉门有赤金之红山寺；酒泉有文殊山；张掖有马蹄寺；武威有沮渠蒙逊所开今不知所在之石窟。此皆属于河西者也。自此逾乌鞘岭而东，则永靖有炳灵寺，天水有麦积崖，泾县有石窟寺，邠县有大佛寺。秦陇间之石窟寺约略尽矣。其间陇右多为石刻，河西率是塑像以及壁画；论时代则又以河西为先，陇右不过承河西之余波而已。河西诸石窟，凉州者已不可踪迹，马蹄寺疑受西番之影响，为时非古，文殊山、红山寺、东千佛洞大都残毁，所余无几。河西诸石窟寺壁画塑像之可称道，而为我艺术上之瑰宝者，仅西千佛洞、莫高窟、榆林窟三地而已。时贤或立敦煌艺术之名，要当合此三者而观之方可以知其梗概也。

西千佛洞在敦煌西南七十五里，以前唯二三外国游人至此，相与称道，近三数年则国人知之者亦渐众矣。出敦煌西门，过党河，西南行七十里，南湖店，更西行五里许，党河北岸戈壁上二窣堵波翼然峙立，半就倾圮，形制犹是宋、元之旧。自此缘坡斗下谷中，河北岸即为西千佛洞。窟下土屋三间，一道人携一幼女居此。屋前白杨成列，略有田畴，与莫高窟仿佛，而规模差小。窟即位于党河北岸。绝壁临流，凿崖为窟；党河即自窟下蜿蜒东逝。窟存者为数十五。以前大约俱有阁道通连，今已崩塌，另辟蹬道，并将窟壁凿通，以便往来。可以登临者计凡九窟。又六窟高踞绝壁，莫由攀跻，只能自崖下仰望，略窥仿佛而已。南湖店下临党河处亦有三窟,壁画仅有存者,窟亦崩塌过半。张大千共为编十九号:南湖店起十七号讫十九号;西千佛洞起一号讫十六号。就曾登临之诸窟言之,大都为元魏一代所开,唐及五代、宋初续加兴修。窟中央有中心座,座四面凿龛,中塑佛像。四壁多绘贤劫千佛及佛趺坐说法像,亦有绘佛涅槃像者。中心座及四壁佛像下绘金刚力士像,与莫高窟诸魏窟同。莫高窟诸魏窟四壁及藻井于贤劫千佛像外,间绘佛本生故事,而西千佛洞则此类作品甚少。只第九窟窟内南壁西段绘《睒子经》故事,东段绘牢度叉斗圣,此则又为莫高窟诸魏窟所未有者。诸窟供养人像男子着裤褶,女子窄袖长裙,与莫高窟诸魏窟同。塑像多是犍陀罗式,画法较之莫高窟诸魏窟更为真率简朴。第五窟中心座东面座下有发愿文一篇,可辨识者尚七十余字,盖佛弟子昙藏为其亡祖父母及父母造像之发愿文也。文上又遭为时少后之人涂抹,上一层不甚可辨,文末"比丘尼惠密(?)供养佛时"及"亡母田青苟供养佛时"二行可识。盖北魏人真书之极精者。第六窟窟内南壁西段有朱书"如意元秊五卍"六字题记,日字下为人以刀子截去。案巴黎藏又一残《沙州图经》卷首有云:

> 右在县东六十里。《耆旧图》云,汉(中缺)佛龛,百姓渐
> 更修营。(下缺。)

此一残卷所志为寿昌县。寿昌东六十里纯是戈壁,仅西千佛洞为可兴修佛龛,友人夏作铭先生因云此所记即西千佛洞,其言是也。就此残篇测之,西千佛洞之开创,纵不能早于莫高窟,当亦与之相先后也。其未能攀登诸窟,据张大千云一窟有于阗公主供养像,题名已漫漶,盖又是五代或宋初之所兴修矣。西千佛洞合南湖店下三窟,张大千凡编十九号,有壁画者只十八窟,以前疑不止此数,至今西千佛洞二号窟以西崩塌诸窟痕迹尚历历可见。遥想古代自西千佛洞至南湖店,沿党河北岸(或竟缘河南北两岸),当俱

有石窟，迤逦高下，如蜂房，如鸽舍，其庄严华丽或者视莫高窟竟有过之。只以地当党河转向处，水流迅急，直趋北岸，水啮崖根，深入寻丈，危崖虚悬，崩塌自易。重以窟上即是戈壁，漫无遮拦，岩层虽与莫高窟同属玉门系，而所含石砾远较莫高窟者为粗，大者如盆如碗，小亦如拳如卵，更易崩裂。故自西千佛洞至南湖店，沿党河北岸，为风剥蚀，崖壁裂成深沟，形同峡谷。此亦为石窟毁坏崩塌之一重大原因。是以就自然毁坏言之，西千佛洞之危险程度，盖远过于莫高窟也。

安西之万佛峡古名榆林窟，位于安西南一百四十里之山中，适当踏实河两岸。出安西西门，西南行逾十工山（即三危山）七十里破城子，南行过戈壁四十里水峡口。斯坦因所云之小千佛洞，土人亦名曰下洞，即在峡口，两岸共存十一窟。自水峡口入山，沿踏实河南行，二十里蘑菇台子，又十里至万佛峡。亦有自安西先至踏实者，为程九十里，由踏实然后取道水峡口以至万佛峡，为程亦七十里。万佛峡有窟约四十，有壁画者张大千凡编二十九号。窟在踏实河两岸。东岸二十窟，上下二层，下一层自北至南为一至五号，上一层自南至北为六至二十号。西岸九窟，自南至北为二十一号至二十九号。两岸相距不及一百公尺。万佛峡诸窟窟门外大都有一丁字形甬道，长者至达十五公尺。以两岸相距甚近，峭壁陡立，反光颇强，故窟外虽有长十五公尺之甬道，窟内光线依然甚佳。而以有甬道以为保护，风日俱不易侵入，窟内壁画受自然损坏之程度亦不若千佛洞之烈。中如第十七窟壁画，颜色线条一一若新，盖千佛洞所未有也。窟多修于瓜、沙曹氏之世，供养人题名足以补曹氏一代史事者，颇复不少，应与千佛洞诸题名合而观之。余可参看《瓜沙谈往》第三篇《莫高、榆林两窟杂考》，不复赘。

敦煌千佛洞，古名莫高窟，在敦煌城东南四十里。出敦煌城东门或南门，东南行，十五里佛爷庙。自此而东行戈壁中，南即鸣沙山，十五里上山坡。坡尽复为戈壁，约十里向南斗下谷中，是为千佛洞。即古之莫高窟也。窟在鸣沙山东端，峭壁削成，高达十丈，南北绵亘三里许。一小河发源南山，北流经窟前，蜿蜒北行，遂没入戈壁中；今名此水曰大泉，疑即唐人所云之宕泉。窟前白杨成行，拔地参天，盛夏浓荫四合，不见天日，几疑行韬光道中，皆二十年前道士王元箓之所植也。有上、中、下三寺。上、中二寺邻接，在最南端，大约创建于清乾隆时，中寺今犹存乾隆时"雷音禅林"寺额；二寺俱由喇嘛住持。下寺在最北端，与上、中二寺相距约里许，为道观，盖王元箓所创修者。隔河东望约四五里，即三危山，遥视山色青黑如死灰，薄暮时夕阳返照，色又紫赤，如紫磨金；近之石骨崚嶒，如植剑，如露刃，抚之则随手纷坠。三十二年教育部收千佛洞为国有，于其地设敦煌艺术研究所，以中寺为研究所所址；自张编第一号窟起至一六二号窟止，筑一长围。上寺划诸墙外，改为新运促进会服务所。复于下寺驻兵一排，以资保护。缁流黄冠风流云散。千佛洞自始创至今历千六百年，将以此为最大之革命矣！千佛洞诸窟张大千凡编三百零九号，复益以耳洞若干；伯希和编一百七十一号，而每一号之副号有达三十者；综计有壁画之窟数当在四百左右也。

关于莫高、榆林诸窟创建之年代，及其在中国佛教艺术史上之地位与价值，国内外时贤论之已众，兹不赘。今唯略记两处自魏至宋确有年代可考各窟之年号，此为明瞭壁画时代之尺度，研究敦煌佛教艺术者不可不知也。次则于莫高、榆林诸窟供养人像之题名有裨于唐、宋时代历史以及瓜、沙故闻之研究者，亦为之略述一二，莫高、榆林诸窟历史学上之价值，藉此可以知其梗概也。

榆林窟窟数不多，又多属唐、宋以后所重修，有年代题记者寥寥无几。只十七窟窟门外有光化三年题记一篇，墨色如新，唐人行书极为飞动。然窟固修于光化以前，壁画为中唐佳作，谓为开于光化三年者非也。十三窟窟门外有雍熙五年戊子重修题记，雍熙只四年，五年戊子为端拱元年。第十窟窟外甬道壁上有西夏人书《住持窟记》一长篇，末题国庆五年癸丑。国庆为天赐礼盛国庆之省书，乃西夏秉常年号，癸丑为国庆三年，五年为乙卯非癸丑，二者必有一误。榆林窟所有唐、宋时代纪年约尽于此。莫高窟诸窟有年代可考者以元魏一代为最早。$\dfrac{C86}{P121}$ 号窟北壁壁画下发愿文已漫漶，而"时正光□年"诸字犹隐约可见。莫高窟诸窟题识年代无早于此者。$\dfrac{C83}{P120n}$ 号窟窟内北壁发愿文有魏大统四年及五年诸年号，各魏窟壁画保存之佳、年号之清晰，当以此为最。唯其中二方，不知是何妄人思欲以刀子截去，以致残损，诚堪痛恨。$\dfrac{C94}{P137a}$ 号窟窟内中心座北面座下有隋开皇四年六月十一日发愿文，$\dfrac{C96}{P137d}$ 号窟窟内北壁壁画下有开皇五年正月发愿文，文俱残缺。有隋代年号者只此二窟。$\dfrac{C270}{P64}$ 号窟原为初唐时开，复经宋人重修，三十二年冬为人全部剥离，唐初画居然完好。窟内北壁壁画下方一小牌子有"贞观十六年岁次壬寅奉为天云寺律师道弘"云云题记；窟内门楣上有"□玄迈造像记"，末亦有贞观十六年纪年。此为翟家窟，道弘、玄迈疑俱翟姓。李唐一代年号以此为第一。$\dfrac{C215}{P120}$ 号窟外飞檐上有大字朱书"贞观二十二年阴仁本"云云题记。贞观年号总凡三见。$\dfrac{C137}{P149}$ 号窟窟内门楣上有垂拱二年发愿文，大致完整。同窟北壁维摩变下有武后时张思艺造《维摩变发愿文》，文存下半，张思艺姓名上尚隐约可见"圣历"二字。

$\dfrac{C26}{P28}$号窟窟内佛龛下发愿文已漫漶，文末"万岁三年"诸字尚可

识。武后一代年号只此三事。$\dfrac{C289}{P41}$号窟窟内佛龛南菩萨像侧有

"清信弟子张承庆为身染患发心造二菩萨天宝七载五月十三日毕

功"题记。同窟南壁观音像侧一题记云，"观世音菩萨弟子阚日荣

奉为慈亲蕃中隔别敬造"。是此窟于沙州陷蕃以后又经重修矣。

$\dfrac{C287}{P48}$号窟窟内佛龛北菩萨像上有"天宝八载四月二十五日书人

宋承嗣作之也"一题记。窟则亦经后人修过$\dfrac{C186}{P156}$号窟窟内南壁

壁画已剥落，上有上元二年题识，的是唐人书，盖未画以前之所

题。然此是肃宗之上元，非高宗之上元，就壁画可以知之也。

$\dfrac{C20}{P16}$号窟有"咸通七年三月二十八日魏博弟子石弘载及浙江东道

弟子□□□题记"一方，为张大千所剥离，临行以赠敦煌艺术研究

所，不知原在窟内何处。唯此乃开天时乐庭瓌所开窟，咸通题记

当是重修时书耳。$\dfrac{C285}{P50a}$号窟窟内佛龛下有咸通十三年发愿文，

窟内东壁一女供养人像题名有"舍贱从良"云云，亦莫高窟供养人

题名之别开生面者也。唐代年号约尽于此，计凡十一见。又

$\dfrac{C283}{P51c}$号窟窟内门楣上有□佛赞文，文内有河西节度使张公称谓，

末作岁次癸亥，画属晚唐。则此所谓节度使张公，盖为张承奉，癸

亥乃昭宗之天复三年，李唐年代此为殿军矣。至于五代则每姓恰

有一年号以为代表，亦是一奇。$\dfrac{C61}{P96a}$号窟窟外有梁贞明五年造

像发愿文残片。$\dfrac{C187}{P155}$号窟窟内佛龛下发愿文为唐清泰甲午所

记,盖后唐废帝之元年。然此是隋窟,五代人重加修理耳。$\frac{C203}{P136n}$号窟窟门已崩塌净尽,佛龛下有晋天福□年发愿文一篇,此亦是隋窟,非五代人所开也。$\frac{C65}{P99}$号窟窟内东壁有汉乾祐三年发愿文一篇。$\frac{C25}{P26}$号窟窟外门楣上发愿文有"大周广顺七年"诸字尚可识,"七"字不甚清晰,广顺无七年,疑或是"三"字。窟内为唐初开,只窟外天王像系五代人笔而已。宋代有$\frac{C212}{P136}$号窟窟外窟檐,为乾德八年曹元忠修,乾德只五年,此盖开宝三年也。窟檐梁上有题记。此亦是隋窟,元忠重修门洞及窟檐,然窟檐内天王像为宋代佳塑,言塑像者所不可忽者也。$\frac{C214}{P130}$号窟窟外窟檐为太平兴国五年曹延禄之世阎员清所修,窟檐梁上有题记二段。原亦是隋窟,初唐重修,阎氏又修窟檐也。$\frac{C224}{P120z}$号窟窟外窟檐为开宝九年曹延恭之世所修,开宝九年即太平兴国元年也。窟檐梁上有题记。檐外北壁上有太平兴国三年及庆历六年宋人题名二则,宋人题名此为仅见。此窟亦是初唐所开。宋代年号只此五事。元人在各窟题名最多,亦最恶劣,明代则只成化十五年及正统十二年二则,清人题名始于雍正。此种题名年代虽似无关宏恉,然历代在河西之进退消长,几俱可于此见之,是亦治史者所当知也。又$\frac{C63}{P96c}$号窟为一晚唐窟,塑像全毁,壁画亦粗率,西龛壁上乃有宋元嘉二年题壁。不惟画非六朝,字亦是近人恶札。且莫高窟诸六朝窟皆在第二层或第三层,此在最下,殊为不类。其为近人赝作,毫无可疑;学人不必于此妄费考辨也。其$\frac{C110}{P128}$号窟窟内佛龛北壁上之梁大同八年题记,则敦煌任子宜先生游戏之作,谨书于此,以谂来者。西千佛洞仅武后如意元年一题记,已见前,不更赘。至于研究敦煌壁画,年号当然非唯一之尺度,此外尚应就各窟之构造形式、供养人像之服饰、绘画之色调技术作风诸项,参伍比互,始能明其大较,所谓年号不过尺度之一种而已。

敦煌自天宝乱后,遂沦吐蕃,凡百余年,至大中初张议潮兴复旧物,始以瓜、沙、伊、肃等十一州户口图籍来献,重奉唐家正朔。石室本《敦煌录》谓莫高窟"其谷两头有天王堂及神祠,壁画吐蕃赞普部从"云云。壁画吐蕃赞普部从之天王堂及神祠,以及《大蕃阴处士修功德记》所载兴修诸窟,今俱无可考。莫高窟诸窟今确知其为吐蕃据有沙州时之所兴修者,有 $\frac{C10}{P6}$ 一窟,$\frac{C164}{P163}$ 一窟,$\frac{C169}{P166bis}$ 一窟,$\frac{C209}{P136c}$ 一窟,$\frac{C301}{P19bis}$ 一窟。$\frac{C10}{P6}$ 号窟窟内门楣上绘供养人像,北男南女,中间一牌子上"大虫皮"三字尚隐约可见。窟内东壁门南女供养人像第一人题名云:

夫人蕃任瓜州都督□仓曹参军金银间告身大虫皮康公之女修行颖悟优婆姨如济(?)弟(?)一心供养

$\frac{C301}{P19bis}$ 号窟窟内塑佛涅槃大像,门洞宋人重修,经张大千剥离,下露供养比丘像,北面一像上题云:

大蕃管内三学法师持钵僧宜

$\frac{C164}{P163}$ 号窟窟内塑七佛大像,佛座及四壁经宋人重修,佛座下今剥出藏文题识三行,喇嘛谓藏文末题虎年修云云,藏文下有汉字发愿文一长篇,唯无年号。$\frac{C169}{P166bis}$ 号窟窟内门楣上绘供养人像,形貌服饰与 $\frac{C10}{P6}$ 号窟窟内门楣上所绘者同,疑亦是吐蕃据有沙州时所修也。$\frac{C209}{P136c}$ 号窟窟内门楣上供养人像与 $\frac{C10}{P6}$ 及 $\frac{C169}{P166bis}$ 二窟同，唯窟内壁画塑像俱属隋代，则此不过吐蕃时代所重修者耳。大虫皮乃是吐蕃武职官阶，或者因其身披大虫皮，故名。《旧唐书·吐蕃传》纪贞元二年九月凤翔节度使李晟使将王伷夜袭吐蕃营，命"候其前军已过，见五方旗虎豹衣，则其中军也。出其不意乃是奇功"云云，是其证也。唐代吐蕃官制，书史纪载不多，此却可以补两《唐书》之阙。又《南诏德化碑》及樊绰《蛮书》俱纪有大虫皮之制，金银间告身亦见于《德化碑》。往治南诏史颇为不解。今见莫高窟供养人像题名，则南诏之制实袭吐蕃之旧。天宝以后阁罗凤臣服逻逤，贞元时始重奉唐朔，其文物制度受吐蕃之影响，亦势所必至也。因见莫高窟吐蕃时代供养人像题名结衔，遂拈此解。以西陲之残迹，证南服之古史，或亦治李唐一代故实者之所不废也欤？其莫高窟诸窟所有张议潮一代诸供养人像题名结衔之足以证明张氏一代之史事，补正罗叔言所撰《张议潮补传》诸点，已于《瓜沙谈往》第四篇《〈补唐书张议潮传〉补正》一文中具论之，不复赘。

张议潮收复瓜、沙以后，淮深、承奉继有其地，垂七十年，承奉且建西汉金山国，号圣文神武皇帝。卒为甘州回鹘所迫，以致败亡。后梁贞明中遂由长史曹议金继长州事，历四叶至百四十年，瓜、沙晏然不见兵革。曹氏史事亦只散见于新旧《五代史》及《宋史》中。上虞罗叔言始裒集群书著为《瓜沙曹氏年表》，前后凡两易稿，而后曹氏一代一百四十年之史事，年经月纬，历历可考。然张氏败亡以后，议金继起，是否仅以长史之地位得掌州事？抑其间尚有其他因缘，因成张、曹继世之局？又其时甘州回鹘雄张东道，于阗李氏虎踞西陲。瓜、沙曹氏处两大之间，无一战之力，而竟能绵历四祀，未遭覆灭。果操何术，而能致斯？说者于此俱未之及。今证以莫高、榆林诸窟供养人像题名，则其中消息，似不难窥知也。关于曹氏与回鹘、于阗之关系，拟别为《瓜沙曹氏史事擥逸》一文述之,兹唯就前者而略论之。

张议潮妻宋氏,其兄议潭妻索氏,具见巴黎藏石室本《张氏勋德记》,及莫高窟$\frac{C45}{P79}$又$\frac{C300}{P17bis}$诸窟供养人像题名。而$\frac{C5}{P1}$号窟窟内北壁一女供养人像题名作:

河西节度使张公夫人后敕授武威郡君太夫人阴氏一心供养

此窟女供养人像与$\frac{C300}{P17bis}$号窟女供养人像衣饰形态俱相似,疑属同一时期,而武威郡君太夫人阴氏当是张淮深之妻也。$\frac{C75}{P117}$号窟窟主为曹元忠妻翟氏,窟内东壁门北女供养人像第七人为曹延禄妻于阗国天册皇帝第三女天公主李氏,第八人题名作:

故外母武威郡夫人阴氏一心供养

$\frac{C42}{P74}$号窟窟主为于阗国王,其后即曹议金女,题名作:

大朝大于阗国大政大明天册全封至孝皇帝天皇后曹氏一心供养

$\frac{C75}{P117}$号窟窟内东壁门南女供养人像第三人,亦是议金女之出嫁于阗者,其题名与上举者全同。而$\frac{C42}{P74}$号窟窟内南壁女供养人像第三人题名作:

故□王母太夫人武威阴氏

$\frac{C75}{P117}$号窟之"故外母","外"下脱一字,$\frac{C42}{P74}$号窟之"故□王母","故"下一字漫漶;合二者而参观之,当俱是故外王母。而$\frac{C42}{P74}$号窟门洞北壁俱是男供养人像,其第一人题名结衔大部分尚可辨识,作:

故外王父前河西一十一州节度管内观察处置押蕃落支
度营田等使金紫光禄大夫检校尚书□□□□□(中缺)授(中
缺)万户侯赐紫金鱼袋上柱国(下缺)

此皆是张氏节度河西时所带之官勋，曹氏未之有也。故所谓故外
王母阴氏与$\frac{C5}{P1}$号窟之河西节度使张公夫人后敕授武威郡君太夫
人阴氏当即为一人，而故外王父则即是张淮深。以曹议金子女所
修之窟，而称张淮深夫妇为外王父、外王母，则议金应为淮深之
婿。然议金妻今可考者凡三，一为甘州回鹘圣天可汗之女，所谓
天公主陇西李氏者是也；一为钜鹿索氏，大约元德、元深即索出；
一为广平宋氏，则元忠之生母也。就莫高、榆林诸窟供养人像题
名考之，议金之妻尚未见有姓张者。唯淮深女亦可能为议金之
母。使后一推测为不误，则淮深应为议金之外王父，其子女而称
淮深为外王父，殊为不伦！然上举二窟之为议金子女所兴修确然
无疑，而故外王父、外王母诸题名又至为清晰，何以彼此枘凿，殊
为不解。议潮妻宋氏，议潭妻索氏，而议金妻亦为索、宋二氏。或
者议金二妻俱与淮深为侄辈，以内亲之故，元忠等因相攀附，称之
为外王父欤？顾即所知者而试论之，则曹、张二家之有婚姻关系，
为无可疑之事，是以张氏败亡而后，议金以长史遂能继长州事，历
四世百四十年而不坠也。

(四)在此所见到之敦煌写经　敦煌石室藏书菁华既为斯坦
因、伯希和所捆载以去，其残余遂于宣统二年由清学部命甘省全
部辇送北京，今国立北平图书馆之所藏者是也。然自敦煌至北京
几近万里，是以沿途之遗失以及到京后为有力者之所劫取，往往
而有。而自光绪二十五年五月二十五日藏书发现，以迄于三十三
年斯坦因东来之间，自有不少流入达官贵人以及当地人士之手。
斯坦因、伯希和搜括以后，益之以学部之收买，而遗存于千佛洞者

为数仍复甚多,一部分封存于$\frac{C146}{P160}$号窟内二转经桶中,一部分为道士王元箓所隐匿。民三斯坦因重至敦煌,尚从王道士手中购去五百七十余卷,而二转经桶中之所藏者,亦于民三前后散佚。民初张广建长甘,以石室写经为买官之券,民间所藏几为一空。民二十二任美锷先生漫游西北,至于敦煌。民二十五于英京晤任先生,话及此游,谓曾在敦煌一人家见到写经近二百卷。则敦煌私人所藏固未尽也。民二十七知敦煌县事某君于石室写经有特好,因此迭兴大狱,锁琅珰者不绝于途。匹夫无罪,怀璧其罪,此之谓也。自是而后敦煌人遂视此为祸水,凡藏有石室写经者,几无不讳莫如深,动色相告。余于三十一年十月抵敦,以之询人,辄不之应。三十二年二月以后,始辗转获见二十余卷。世变方殷,则此区区者将来或亦不免为有力者负之而趋,以致荡为云烟,化作劫灰!因于所见诸卷,凡稍有可取者,俱为略识数语,汇记篇末,庶几征文考献者有所稽焉。

敦煌人藏石室写经者,大都不愿告人,唯任子宜先生于此不甚隐讳。曾观其所藏,凡见写经六卷,残片三册。《大般若经》一卷是唐人写本。又长兴五年(即后唐闵帝之应顺元年、废帝之清泰元年)六月十五日三界寺比丘道真所书三界寺藏内经论目录一卷,首尾稍缺,长约三公尺半。道真有发愿文书于卷中,其辞曰:

> 长兴伍年岁次甲午六月十五日,弟子三界寺比丘道真,乃见当寺藏内经论部不全,遂乃启颡虔诚,誓发弘愿,谨于诸家函藏,寻访古坏经文收入寺,修补头尾,流传于世,光饰玄门,万代千秋,永充供养。愿使龙天八部,护卫神沙,梵释四王,永安莲塞。城隍泰乐,社稷延昌。府主大王常臻宝位。先亡姻眷,超腾会遇于龙花,见在宗枝,宠祐常沾于亲族。应有藏内经论,见为目录。

所著录者尚存一百四十八部。又梵夹式蝶装本一册，凡九十三叶，计收《菩提达摩南宗定是非论》《南阳和上顿教解脱禅门直了性坛语》《南宗顿教最上大乘坛经》及神秀门人净觉注《金刚般若波罗蜜多心经》，凡四种，只《定是非论》首缺一叶十二行，余俱完整。末有比丘光范跋云：

> 遗法比丘光范幸于末代获偶真诠。伏睹经意明明，兼认注文了了。授之滑汭，藏保筐箱，或一披寻，即喜顶荷。旋妄二执，潜晓三空，寔众法之源，乃诸佛之母。无价大宝，今喜遇之；苟自利而不济他，即滞理而悭法。今即命工雕印，永冀流通。凡（下缺约一叶。）

光范跋缺一叶，不知仅刻《心经》一种，抑兼指前三者而言。任君所藏，当是五代或宋初传抄本，每半叶六行，尚是宋藏格式也。《南宗定是非论》，英、法藏本残阙之处可以此本补之。《南阳和上语录》首尾完整，北平图书馆藏一残卷。《六祖坛经》，可与英、法藏本互校。净觉注《心经》，首有行荆州（荆原作全，误）长史李知非序，从知此注作于开元十五年。净觉乃神秀门人，书为《大藏》久佚之籍，北宗渐教法门由此可窥一二。四者皆禅宗之重要史料也。其残片大都拾自莫高窟，为之熨帖整齐，装成三册，写本刊本不一而足。汉字残片外，回鹘、西夏以及西域古文纷然并陈。中有版画残片十余，其一作女供养人胡跪礼佛像，傍有曹氏吉祥姐牌子，当是五代瓜、沙曹氏之世所刊。线条无咸通九年王玠刊《金刚经》扉画之劲挺，而婉转圆润，殊为可喜。残片一段后有元泰定时题记，又其所藏《龙种上尊王佛印法经》残卷末有至正题记。因此二事，任君遂谓石室阒封，当在蒙古之世。此恐不然。不惟英、法与我所藏石室遗书无咸平以后片纸，即藏经窟外壁上所绘菩萨赴会像，亦的是宋人笔，与蒙古无涉。泰定题记后人赝作，有至正题记残卷，出自他窟，俱不足以为推测石室阒封之典据也。

又在他处见唐人书《大般若经》残卷一卷,《大涅槃经》残卷一卷。《无量寿宗要经》五卷,一卷有张良友写题记,北平图书馆亦有张氏所写者一卷。又五代人书《羯磨戒本》残卷一卷,《大乘稻芉经随听手镜记》残卷一卷。《手镜记》存七十余行,末有题记一行,作:

大番国沙州永康寺沙弥于卯年十二月廿五日写记归正

盖吐蕃据有沙州时之写本也。又残道经一卷,存七十余行,全录《上元金录简文真仙品》,凡十余段。字体与以前所见神泉观道士马处幽写诸经类似,开、天时写本也。又《采华造王上佛授决号妙华经》一卷,首尾完具,凡五十一行。卷中授作穛,臣作憲,俱武后所制新字,盖其时人书。原卷黄麻纸书,保存甚好。又天复二年翟奉达写《逆刺占》一卷,存二百九十六行,长四四一·七公分,首尾完具,仅卷中略有残损。纸背唐人书《诗毛氏文王之什诂训传》第廿三卷十六郑氏笺,存一百二十二行,卷首黏天成三年《具注历序》不全,一面为《历法立成》,只余数行。此与残《道经》等二种俱从张大千处见到。《逆刺占》藏敦煌邓秀峰处,三十二年归青海粮茶局局长韩某,装裱时将《逆刺占》裓去,亦一劫也。《毛诗诂训传》当可补英、法所藏之阙佚。《旧唐书·经籍志》有《逆刺》三卷,题汉京房撰,与翟奉达所写者疑是一书,唯未分卷为稍异。书中文辞鄙俚,且时杂像教话语,只以其中涉及京房,《旧书》不察,遂题为京房撰;《新唐书·艺文志》著录《逆刺》三卷,不题撰人,庶几得之。《逆刺占》末翟奉达题云:

于时天复贰载岁在壬戌四月丁丑朔七日,河西燉煌郡州学上足子弟翟再温记。

姓名旁注曰:"再温字奉达也。"后又有七言诗二首、五言诗一首,皆奉达作,末复题云:

年廿作,今年迈见此诗,羞煞人,羞煞人!

奉达为历学世家，至显德六年尚从事于撰历工作。天复二载年二十，显德六年已七十七，可谓耄而好学矣。敦煌某氏藏有后晋天福十年州学博士翟上寿昌张县令《寿昌县地境》一卷，閟不视人，求之二年，仅从窦萃五、吕少卿二先生处得见传抄本，据以录副。瓜、沙地志传世者无虑十余种，而首尾完整者寥寥无几，此其一也。所谓州学博士翟即翟奉达。关于《地境》大概，余别有《记敦煌石室出晋天福十年写本〈寿昌县地境〉》一文，兹不赘。三十二年三月复于敦煌邮局蔺君国栋处见唐人写《地志》残卷一，存一百六十行，长三公尺，首尾残缺。存陇右道、关内道、河东道、淮南道及岭南道，余阙如。每州识其属县，州则记其距京都里程、贡品、州及县之公廨本钱。旁复以朱笔记其等第。其中如河东道之石州本离石郡，天宝元年改为昌化郡，此本已作昌化，是在天宝元年以后。关内道之坊州，此本著录中部、鄜城、宜君三县，天宝十二载析宜君置升平，此本不见升平之名。又河东郡蒲州之桑泉，于天宝十三载改临晋，此仍作桑泉。就此诸证，可知其为天宝初年写本。其所载公廨本钱，以及州县名称，可以补正《元和志》及两《唐书·地理志》者甚多。唐初地志传世无几，则虽残篇断简，亦可宝也。纸背另书《占云气书》一卷，存《观云章》《占气章》，彩图下附注释。卷末有图无文，盖写而未完者。《新唐书·艺文志》兵书类有《兵法云气杂占》一卷，不知是否即为此书。在此所见石室遗书二十余卷，仅禅宗史料四种、《逆刺占》、《毛诗诂训传》、《寿昌县地境》及此为稍惬心怀耳。

余旧有《敦煌别录》之辑，英、法所藏石室遗书，其零篇断简较为别致者，无论经史与夫里巷小说悉为收录，凡得百数十种。此行所录，亦十余种，辑成一册，署曰《敦煌余录》。劫余之余，聊以资他日之怀念而已！

＊　　　＊　　　＊

河西一地，将来在经济上究能开发至何种程度，今日尚难预言。唯其在政治上以及经济上之地位，以之与汉、唐相较，初不因时代迁移，而失去其重要，此则可以断言者也。历史上历代在此进退消长之机，地理上河西一隅人地相应之故，时贤自有宏篇巨制为之推究阐明，若余之不学盖不足以语此。今之所述，大都琐屑微末，无当宏旨，所谓不贤识小，故曰《西征小记》云尔。

＊　　　＊　　　＊

三十二年一月十六日至二十一日写初稿于莫高窟，三十三年重来敦煌，九月十七日至二十三日在鸣沙山下重写一过。一九五〇年春以此稿付《国学季刊》，仍旧稿不加更改，存其真也。向达谨记。

（原载《国立北京大学国学季刊》第 7 卷第 1 号，1950 年 7 月，第 1—25 页；收入向达《唐代长安与西域文明》，生活·读书·新知三联书店 1957 年版，第 337—372 页）

《西征小记》一文，选自 1957 年出版的《唐代长安与西域文明》。在该文后有一段说明：

> 三十二年一月十六日至二十一日写初稿于莫高窟，三十三年重来敦煌，九月十七日至三十三日在鸣沙山下重写一过。一九五〇年春以此稿付《国学季刊》，仍旧稿不加更改，存其真也。向达谨记。

这里的"三十三日"肯定是笔误，但不知正确的日期。经查，本文先在天津《大公报·图书周刊》连载，具体日期为 1947 年 1 月 4 日第 1 期、3 月 8 日第 10 期、3 月 15 日第 11 期、3 月 22 日第 12 期、3 月 29 日第 13 期、4 月 5 日第 14 期。最后一段作："三十二年一月十六日至廿一日写初稿于莫高窟，三十三年重来敦煌，九月十七日至二十三日在鸣沙山下重写一过。"这里明确是"二十三日"。

随后，该文又刊载于1950年7月出版的《国立北京大学国学季刊》第7卷第1号，其最后一段是："卅二年一月十六日至廿一日写初稿于莫高窟，卅三年重来敦煌，九月十七日至廿三日在鸣沙山下重写一过。一九五〇年春以此稿付《国学季刊》，仍旧稿不加更改，存其真也。向达谨记。"

由此可知，"三十三日"应该是"二十三日"。天津《大公报·图书周刊》的"二十三日"、《国学季刊》的"廿三日"是正确的。在生活·读书·新知三联书店1957年4月出版的《唐代长安与西域文明》中，误为"三十三日"。

编者

论敦煌千佛洞的管理研究
以及其他连带的几个问题

斯年谨案,此文为友人某君所著,顷自敦煌寄来者,于敦煌文物之原委,历历如数家珍。盖此君乃今日史学界之威权,其研究中外交通,遍观各国所藏敦煌遗物,尤称独步也。今日发展西北,为全国上下一致之目标。敦煌虽属史迹,然为吾国千数百年民族美术之所寄,不可独遗。而四十年来,敦煌遗物,毁于外人,毁于道士,毁于劣官,今仅存壁画耳。往昔北京政府未加注意,是其可鄙。若此仅存之壁画,又于今日毁于摹临者之手,岂非政府之责欤?故甚盼主管者迅即制止一切毁坏之事,速谋保管之法也。至于保管之法,本文作者提议,由学术机关为之。此恐不便,盖保管本行政之责任也。今日固尚有古物保管委员会,然无经费,不闻有何工作,或难负此事之责任。敦煌壁画者,中国千数百年画法之博物院也。似应由教育部(或会同内政部)组织一保管机关,慎选主持之人为之。若夫保管技术及监理责任,则宜立一委员会,其中须有精研佛教美术者、古建筑者、敦煌文物者及建筑工程师等,学术机关宜有人参加耳。保管修理之法既定,此后依近代博物院之原则,供给一切有资格之研究者以各种便利。庶几千年文物可以无损,且可以刺激艺术界之新风气。若如今日之状态,任人以大刀阔斧剥宋元壁画,由喇嘛匠人涂黑北朝隋唐壁画,岂仅艺林之大不幸哉！兹值全国美展盛会期间，谨以此文介绍国人。①

傅斯年识

一、绪　言

敦煌千佛洞的创建，自西元后第四世纪中叶开始，以后隋唐五代以至宋元西夏，代有兴造，绵历千年。在中国的佛教史迹上，时间方面只有房山的石经洞勉强可与一较短长。就规模而言，大同的云冈、洛阳的龙门都是雕刻，似乎与敦煌千佛洞的壁画塑像不能相提并论。然而敦煌与云冈、龙门在艺术系统上自有先后继承的关系，而千佛洞壁画题材之复杂，所包涵的范围之广大，云冈、龙门都不能望其项背。所以敦煌千佛洞在中国艺术史上的地位，真可以弟视云冈，儿蓄龙门！但是敦煌一地自宋以后久沦异族，中原士大夫少至其地，是以文献上殊少纪载。今日千佛洞诸窟，除去曹元忠一家所建窟檐题有宋代年号而外，更不见有其他的宋人题名，明代我只见到成化的一个。直到清康熙时平定准噶尔，敦煌始重奉中原正朔。这种政治上的变迁，从千佛洞的题名

---

① 编者注：此文乃向达先生写好后，寄傅斯年，由傅斯年推荐或转给《大公报》的。中国第二历史档案馆所藏"中央研究院"档案中有此文（卷号三九三·002122），标题为"傅斯年友人所著《论敦煌千佛洞的管理研究以及其他连带的几个问题》"。原稿共 33 页，大多是一张 2 页，也有个别是一张 1 页，如"傅斯年谨案"就是一张 1 页。但估计不是向达原稿，应是抄件，因为前有"傅斯年谨案"（发表时改为"傅斯年识"），字体与正文前几页一致。正文似不是一人或一次抄写，因墨迹不同，字体也略有差异。正文上也没有作者姓名。

本文在发表时，报社编辑或傅斯年还曾做过小修改，如"兹值全国美展盛会期间，谨以此文介绍国人"，在原文中没有，是发表时加的。另外，原稿中的"廿"发表时都改为"二十"了。

上都可以一一表现出来。其后徐星伯的《西域水道记》始记载到敦煌的千佛洞,而只考订建窟的年代,于壁画塑像之壮丽却未提及。以后的人于此也就逐渐忘记了。光绪二十五年五月二十五日石室藏经出现,偶有一二流传世间。光绪末年,英国的斯坦因和法国的伯希和二人先后至此,将石室藏经以及唐人画幡捆载而去。剩下一点经卷,收归京师图书馆,今归国立北平图书馆。伯希和并将敦煌壁画摄影,印成《敦煌千佛洞壁画集》六大册。于是中国士大夫始知在石室藏书之外,还有最可宝贵的壁画存在。自斯坦因、伯希和至敦煌以后,至今整整三十五年,在抗战以前,除去美国人、日本人偶尔有到过此地的以外,中国方面专程为研究壁画而至敦煌的,只有民国十四年陈万里先生一次。而这一次陈先生因为旁的原因,也失败了。自十四年至二十六年抗战开始,自然很有一些人到过敦煌,瞻仰过千佛洞,然而他们只是游览,说不上研究,故可以不论。抗战以后,西北的交通比以前便利,来游敦煌和研究壁画以及塑像的人逐渐多起来,于是千佛洞的名字也常常见诸报端。去年有创立敦煌艺术学院的建议,最近听说敦煌艺术研究所也正式成立了,千佛洞湮沉一千多年,否去泰来,能有今日,山灵有知,也将为之庆幸不置。我以下所说,只就千佛洞之亟应收归国有、交学术机关管理,以及研究敦煌艺术应该注意的几点,约略发表一点个人的意见,此外并提出其他有关的几个问题,请大家注意。我希望自己所说的不致有偏激过高之论。如若读者对于我的意见有疑问,尽管可以平心静气的来讨论。如若觉着我的意见有道理,我也希望大家从旁鼓吹,把这种意见逐渐化成舆论,因而见诸实行。如此,可使千余年来先民心血所聚,而为中国最可珍重的一个国宝,能够付托有人,不致日益毁坏丧失,其应额手称庆者,岂止我个人而已!

二、论千佛洞亟应收归国有交由纯粹学术机关负责管理

　　千佛洞在今敦煌城东南四十里,中隔戈壁,位于鸣沙山东端。自南至北,约长三里,洞前一道小河,唐代名为宕泉,今名大泉,从南山流出,向北经过千佛洞前,逐渐没入戈壁之中。隔小河遥对着一排带青灰色成东西走向的山,即是三危山。鸣沙山自敦煌西南七十五里西千佛洞稍上一点,党河自南向北冲破三危山的峡谷处起,沿着党河南岸迤逦而东,至敦煌的千佛洞为止,全部为沙所掩。但是沙下实是地质学上称为玉门系的砾岩层累而成,千佛洞即就这种砾岩凿成无数洞窟,砾岩中含无数小石粒,靠着中间所涵一点点石灰质粘住,质地极松,不任雕镂。敦煌千佛洞之所以只有壁画和塑像的发展,而无像云冈、龙门那样伟大的雕刻,受自然上的限制,大约是一个最主要的原因。千佛洞创始于西元后第四世纪中叶,至元为止,其中前后窟数究有多少,无从考起。以前伯希和编号将近二百窟,最近张大千先生所编到三百五号为止,其中有许多小洞他并未算入,加上最北伯、张二氏所未编号而有壁画的四窟,现存有壁画而未完全或部分破坏的窟数,当在三百二十个左右。毁去的总不在少数。其所以毁坏的原因,大概可分作自然的与人为的两方面来说。

　　自然的原因　千佛洞的岩层,是一种玉门系的砾岩,本身粘力不大,容易风化。而敦煌一年到头的风,以西北风与东北风为最多,这两种风对于千佛洞有些洞窟之自然崩塌,影响最大,尤其是西北风。千佛洞上面是一片戈壁。在太古时代,原无所谓鸣沙山,后来祁连山上的冰河下来,逐渐溶解,一些小石砾慢慢堆积,鸣沙山的成因大约如此。其中有一道冰河,沿着今日大泉的河床下来,在三危山、鸣沙山之间,冲成一条河谷。如今大泉没入戈壁

的口子上，还散布着许多大花岗岩石块，自大泉北口起向东北方向散布。这些花岗岩大石块就是冰河漂石，而散布的方向也就是当年冰河流动的方向。现在的大泉不过是涓涓细流，而在太古时代，想来应是一道大河。大约在唐代，所谓宕泉，也就比现在大。所以唐大历时的《李府君修功德碑记》上有"前流长河，波映重阁"之语，若在今日，便不能如此说了。千佛洞便是被这一道古名宕泉今称大泉所洗刷出来的一堵断崖，上面那一块戈壁面积不小。西北风起，所刮的沙正对着千佛洞的方向吹。上面既毫无遮拦，流沙便像河水一样自千佛洞上面直往下流。这一方面增加岩石的风化崩塌程度，一方面有许多窟，特别是最下面的一层，就此一年又一年地为流沙湮塞起来，最后以至于埋没为止。这种情形现在如此，以前想必也是如此。在以前如何防止这种流沙的办法，无明文纪载，难以考知。不过就现存曹元忠诸人所修窟檐看来，以前在大窟前面，大约另修一道走廊，廊底是在岩石上打洞支起大木作架子，然后在木架上支起走廊。上面既可使流沙沿着窟檐流下去，不致侵入窟内，走廊另有门窗可以启闭，以防风日，廊外还有道虚阁，便巡礼的人来往瞻仰。以前这种窟檐为数大约不少，如曹延禄之世，阎员清修窟檐的发愿文即有"檐楹倾摧"的话，可以证明。现在窟檐既然大都毁坏，消极防御流沙的设备不存，各窟为自然剥蚀，风化崩塌的机会，也因而加多了。

人为的原因 说到千佛洞受人为的原因所摧毁的话，就复杂了。敦煌千佛洞本是为供养佛而创建的，创建是一种功德。创建之后，便又成了灵山圣地，引起一般人的巡礼瞻仰。敦煌为古代东西交通的要道：《续汉书·郡国志》注引《耆旧记》说是"华戎所交一都会也"；裴矩的《西域图记序》也有"总凑敦煌，是其咽喉之地"的话。所以佛教东来，敦煌首先受到影响。六朝时的高僧如于道开之流，不少是敦煌人。《魏书·释老志》说敦煌"村坞相属，多有塔寺"。故敦煌与佛教自古以来，即有很深的渊源。元世祖时意大利人马哥·孛罗东来，经过沙州，说沙州人崇拜偶像教，这种情形一直到现在还是如此。每年到阴历四月初八日，敦煌人几乎倾城的来到千佛洞礼佛。千余年来这些善男信女到千佛洞来礼拜烧香，每一个人只要在壁画上轻轻摩一下，壁画就算是铁铸的，也会磨穿了。如今千佛洞壁画上供养人像和供养人题名之所以十九漫漶，不能辨识，原因大半是由于礼佛的人，挨挨挤挤、摩摩擦擦所致。还有千佛洞离城四十里，中隔戈壁，礼佛的人，不能当天来回，势非在此住夜不可。千佛洞现有上中下三寺（下寺是盗经的王道士所新修的，原无下寺之名），房屋不够住。和尚道士为省事方便起见，便在一些比较大的窟里或窟外，筑起炕床，打起炉灶，以供礼佛的人过夜烧饭之用。这一来壁画自然毁了。礼佛本来是一种功德，如今反而成为罪恶，这真是始意所不及料的！千佛洞壁画有一部分毁坏成为黑漆一团，这是一个原因。另一个原因是民初将白俄收容在千佛洞里，于是凿壁穿洞，以便埋锅造饭出烟，好多唐代的壁画都因此弄坏了，熏黑了。如今在许多窟里，壁上还有当时白俄的题壁、漫画，甚而至于账目也写上去了。这些罗宋朋友固然不够交情，而那位"始作俑者"的县长某君，"其无后乎"！此外中国人喜欢到处留名，上自学士大夫，下至贩夫走卒，无不如此，敦煌自然不能例外。不过敦煌人于普通题名之外，还喜欢题字谜，甚么一字破、四字破的字谜，千佛洞随处可以看见，月牙泉的壁上也是如此。最有趣的，是光绪三十一年，一个人被别人拿去了二十两烟土，满怀抑郁，于是在一个唐窟的门洞壁画上用铁器刻上了一大篇叫屈的文章。这种情形看来，真叫人啼笑俱非。据唐人所著《敦煌录》上说，千佛洞"其小龛无数，悉有虚槛通连，巡礼游览之景"。《李府君修功德碑记》上也说，"由是巡山作礼，历险经行，盘回未周，轩轩屹断"云云。是在古来千佛洞各窟的外边都有阁道,可以往来巡礼。现在这些阁道都坏了,而木架的遗迹以及岩石上所凿架木的孔穴尚有存留,还可以看出一点当时"虚槛通连"的情形来。阁道既毁,有许多窟就此无从上下,于是那位以盗经著名的王道士王元箓又想出一个绝妙的办法。他将许多窟壁凿穿,因之以前不能登临的窟,如今都可以彼此往来。不过这一来却糟了,窟中的壁画在平空开了一个以至于两个大洞。千佛洞壁画所遭的劫,以这一次为最大。千佛洞所有最早的魏隋以及初唐诸窟都聚集于今称为古汉桥的一带,而凿壁通路也以这一带为最甚。单就这一点而言,王道士真是罪不容诛。(可惜他早已死了,不然真应该好好的治他一下。)至于有些人士如华尔纳之流,藉着研究考察的名义,将千佛洞的壁画一幅一方的粘去或剥离,以致大好的千佛洞弄得疮痍满目,这种盗窃和破坏古物,律有明文,国有常刑,自不在话下。(华尔纳所粘去的壁画,曾见过四幅,一团黑漆。千佛洞至今尚有好几窟,窟上壁画一小方块四面都凿穿了,预备移下而未移的,大约都是华尔纳诸人的成绩!)

以上所说千佛洞毁坏的原因,除去自然一方面比较严重以外,其余人为的诸点,都是可以事先预防的。就是自然的毁坏,要完全免去固然甚难,而用窟檐方法,也未尝不可以作消极的保护。然其所以不能者,乃是由于无专人肯负这个责任。于是千佛洞遂成为无父无母的孤儿,人人得而嘘咻,也人人得而欺凌。要说无人负责,似乎人人都是主人,真的一追究起来,便没有一人肯挺身而出了。要免去这一切毛病,只有将千佛洞定为国宝之一、收归国有的一个办法!

我们知道日本法隆寺的金堂壁画,是日本的一个国宝。正仓院所藏的东西之中有一样鸟毛立女屏风,屏风上的树下美人也是日本学者所最喜引来作为考据或夸耀的一样宝贝。所谓金堂壁画以及树下美人图，都不过是我们唐朝或相当于唐朝的东西。以之与千佛洞的壁画来比较，真是若培塿之与泰岱。可是别人拿着我们的东西，是如何的珍重爱护，而我们自己却把中国艺术上独一无二的一个例子，千多年来先民精神心血所寄托所创造的一件极精美的作品，任其自成自毁，士大夫不知爱护，国家不去管理，这是令人看来最难过的一件事！所以我的第一个建议，是要保存千佛洞，非将千佛洞收归国有不可。至于有人也许以为收千佛洞为国有，或不免要引起地方的抗议，我想这绝不会有的。千佛洞是中国整个文化上的一个表现，绝不是某地或某人所得而私有的，这同孔子之是中国整个文化上的一个代表，而不是山东或曲阜孔氏所得而私有，是一样的道理。甘肃不少明达之士，大概也会同意我这一点小小的建议吧。

我的第二个建议，是千佛洞收归国有之后，应交由纯粹学术机关管理。我这一个建议，特别注重"纯粹学术机关"六个字，所以表示千佛洞的管理与玩古董、讲收藏不同，这是要用近代博物馆的方法与用意去管理的。还有一点，就是纯粹学术机关不受政治上易长的影响，主持者既不至于五日京兆，也可以免去因常常交代而生出的一些毛病。

千佛洞如何方可避免自然力量的毁坏，还是一个很复杂的问题，需要专家来解决，现在姑且存而不论。而消极的防御如：重修窟檐阁道；重要精美可以作为千佛洞壁画塑像的代表，或者有年代题识可作为千佛洞研究尺度的诸窟，应在可能范围内装设门户，平常锁上，有人瞻礼，临时开放。这既可以防止随便出入的损毁，对于阻止流沙的涌入湮塞，亦不无小补。这些措施，政府将千佛洞收归国有之后，应该拨出一笔不算小的款子来办理。为千佛洞正式有人负责管理起见，管理机关也应在此设立一个管理所。

在千佛洞作研究工作的人，都觉得有由国家付托一个纯粹学术机关在此设立一个管理所的必要。须知千佛洞有些洞窟之被流沙湮塞并不是一朝一夕之故，而是积年累月所致。如果有了管理所，经常雇有十来名工人，每天逐窟打扫清除，对于流沙的危险，虽然不能积极的解除，最少也可以消极的免去一部分的威胁。此外再有四五名警士常川驻在此间，至四月初八日由他们和工人分段维持秩序，不准任意涂抹壁画，毁损塑像，不准随意住在洞内（住的问题，可在洞前空地另建几所土屋），不准私烧纸钱，焚点香烛，以免熏坏壁画。（如张大千先生编号二二八窟，伯氏号数一一九，是曹延恭所建，供养人像甚为精美，尤其是女供养人真有仪态万方之感。今为下寺道士将原来塑像毁去，另塑送子娘娘像。作一小脚女人，身穿绿衣蓝坎肩红裤子，翘起一双三寸金莲，手抱裸体娃娃一个，村俗之态，令人作三日呕。因为烧香求子的太多了，四壁壁画以及藻井，全熏黑了不算，并由道士将壁画和塑像之间，筑起几间小室，设门以通往来，使求子的善男信女在此过关。于是好好的宋代所画供养人像，就此一部分被砌没了，更坏的是一些女供养人像，面目无一不被人另描轮廓，加上一撇八字须！举此一端，可概其余。）最可宝贵的几个洞窟，并可锁起来，或用其他的方法，以免这些善男信女去混撞。普通参观的人来，可由管理所派员引导，予以指示或讲解。这自然给参观的人以一种便利，同时也可免去题壁以及其他种种恶习。而尤其使作研究工作的人感觉管理所的需要的，是责任方面有个交代！

近来河西一带逐渐为人所重视了，公路的交通也比以前方便了，自安西至敦煌不过一百四十公里，汽车半日可达；到安西的往往想去敦煌，一游千佛洞。敦煌城既无旅馆，又无车马行，于是来游的人无不直奔县政府，找县长说话。代办住处啦，代雇大车骡马啦，派警士护送啦；这一类的事，一月总得碰上三五趟。敦煌县县长于每日应办的公事之外，还得加上当这一份闲差。这种差事还有限，一个月碰上三五趟也就罢了，最麻烦的是替那些作研究工作的人，当油盐柴米的差事。作研究工作的人在千佛洞一住总是好几个月，粮食菜蔬非得由城里送不可。自己每次进城去办罢，来回时间得两天，车马费得花上一百元，而采办的东西不过维持一星期。这种时间和经济上的消费，是任何作研究工作的人所不能担负的。所幸张大千先生在千佛洞长住，他在敦煌县城有熟人，每隔三天由城里派车送菜一次，于是这些人的给养以至于信件等等，就搭张先生的送菜车送来，而这些人那一份青菜萝卜的穷家，也就烦劳敦煌县县长当了。现在的敦煌县县长是陈冰谷先生，他为人极其诚恳。每次送菜蔬的时候，总在那里替这些人打算："他们不要吃得太清苦了吧，也得多送一点肉吧。"既然当差，自然还得报账，交发票收据，于是替每个人都立一本账，每一次这些人进城，便请他们过目核实，签一个字。自古以来，县长是亲民之官，如今却添上了一桩替穷秀才当管事先生。我不知道冰谷先生在哪一生里欠了这些人的账，今生却要这样的还。南无阿弥陀佛，真是罪过！有一天我对冰谷先生说笑话，我说："我若是当敦煌县县长，为着国家文化起见，当然要好好的保护千佛洞。但是为着个人的安静，即使不将千佛洞破坏，也得封闭起来，禁止游览，这份差事实在难当！"

我们衷心盼望在最近的将来，能够在千佛洞看见国立某某机关千佛洞管理所的出现。同时也盼望管理所能在敦煌县城分设一个办事处，里面有一两个办事员，两三个工人，三四匹马，一二辆胶轮马车，以及三四间带炕或床铺的空房间。到敦煌游千佛洞的人，以后即由办事处招呼，而在千佛洞作研究工作的人的给养等等，也可由办事处负责按时运送。一方面千佛洞的管理，付托有人。一方面敦煌县政府以前所当的那些闲差，也可豁免，将这一份时间，腾出来作其他的事。

千佛洞收归国有，国家免不了要花上几十万作初步的修理和保护工作；设立管理所和办事处，国家也免不了一年花上十万或八万的经常费。在目前"司农仰屋，罗掘俱穷"的时候，岂能把有用之钱，花在这些不急之务上面？但是我们之所以不甘为奴为隶，情愿忍受中国历史上亘古未有的困苦，来奋战图存，为的是甚么？还不是为的我们是有历史有文化的民族。我们有生存的权利，我们也有承先启后的义务。千佛洞是我们民族在精神方面一个最崇高的表现，保护和发扬这种精神，难道不是我们的义务吗？

三、研究敦煌艺术几个应注意之点

所谓"敦煌学"的内容，真是复杂极了。单就所出的经卷而言：宗教方面，包含有佛教、道教、摩尼教和景教（有人说民国年间修九层楼时，一包工的马木匠在伯氏号数一六二大窟内发见很多古写本的回教经典。今马木匠已死，此事无从考询，姑置不论）。文字方面，除去汉文以外，有佉卢文、康居文、古和阗文、回鹘文、龟兹文以及西藏文。内容方面，除去宗教的经卷以外，上自正经正史，下至里巷小说，如《目连变》《降魔变》以迄于小曲、曲谱之类，无不兼收并蓄。而斯坦因在此所收到的古代织物，其中花纹图案，有中国风，也有伊兰风和希腊风的作品。《耆旧记》说敦煌是"华戎所交，一都会也"的话，证以敦煌石室所出各种经卷以及织物之类，真是一点也不错的。艺术方面，也足以表示这种华戎所交、中外交流的现象，其内容之复杂，丝毫不下于经卷。讲中国营造的人，在这里可以看到北宋初期木构的窟檐，保存得完好如新，同时还有各魏窟里的木斗拱以及唐索勋窟外的窟檐，供他欣赏。研究中国历代服饰的人，以前除去正史舆服志、历代诗文之外，只靠一点点陶俑、汉石室画像、云冈龙门所刻的一些供养人像，以作研究复原的资料。而在这里，有年代很确实的一些洞窟，窟里的壁画，除去佛像以外，几乎都绘有供养人的像，这些供养人像是千佛洞壁画中最精彩之作。不仅各时代所绘的供养人姿态生动，栩栩欲活，即在衣饰颜色方面，也都鲜艳如新，细入毫发。这真是研究中国服饰变迁历史的绝好的一个宝库。此外讲中国绘画史的人，隋唐以上便苦于资料贫乏，没有实在可靠的作品，以为凭藉，只就一些文字上的纪载，平空悬测。（一卷顾恺之的《女史箴》，无论其是否宋人临本，也已经流落英伦，非我所有。其余所谓唐人作品，大都在疑似之间，不能为据。）而在这里，自北魏以至隋唐五代，无论是山水画或是人物画，都有很好作品。不仅张彦远论隋唐以前山水树石，可从这里得到证明，而中国画之在隋唐以上以人物为中心，宋以后山水画才从附庸蔚为大国，这里几乎是一个历史的影片，可以供研究中国画史的人低回赞赏。至于塑像方面，这里古汉桥一带，北魏以至隋唐的作品，琳琅满目，美不收胜，并且保存得都相当完好。所以这里的作品，真可以用佛经上所说的"佛以一音演说法，众生随类各得解"这两句话来比喻。

不过千佛洞的壁画之类的作品，究竟是佛教的产物，一切既脱离不了宗教的意义，同时也自然而然的同别的地方有交光互影的关系。所以我觉得研究敦煌艺术的人第一个应注意之点，便是比较的研究。

敦煌在汉唐时代是一个总凑咽喉之地，为华戎所交的都会，一方面接受外来的文化，一方面又将接受来的东西向东传布出去。所以敦煌在中外文化交流史上占有继往开来的地位。就开来而言：前凉的佛教文化乃得自敦煌，而元魏又从前凉一转手。凉州石窟寺，云冈、龙门的雕刻，都直接间接受有敦煌的影响。研究云冈、龙门而不知道敦煌，不足以明其传授的渊源；研究敦煌而不知道云冈、龙门以至于天龙、响堂、麦积，不足以知其流派之远长和影响之深而且大。即就敦煌而言：西千佛洞，敦煌的千佛洞以及安西的万佛峡，也应算做一个单位，不仅时代方面先后联贯，即在历史方面也有可以互相启发之处。所以敦煌艺术并不能独立成为一个名辞：第一，千佛洞的壁画塑像只是佛教艺术的一部分；第二，千佛洞的壁画塑像若不和其他地方如云冈、龙门等处比较研究，便失去了他的地位和意义。

以上是就开来而言，如今再说继往。敦煌千佛洞的壁画塑像，只是印度佛教艺术，特别是犍陀罗派的支与流裔。印度文化以及犍陀罗派的艺术，在西元后第一第二世纪左右，已发展到今日新疆的南部如于阗、若羌一带，这有斯坦因诸人在南疆所作的考古工作可以证明。那时不仅北印度通行的佉卢字以及犍陀罗风的艺术作品在南疆到处可以看见，画工中还有不少的希腊人或最少受希腊文化影响的人。敦煌既是当时中外交通的咽喉要道，而千佛洞又是中国佛教史迹上最早的一个石窟寺，所以第一个受到这种影响。如今从千佛洞北魏诸窟还可以看出犍陀罗派的作风来：所画的人物以及塑像都是长身细腰；壁画上的人物一律用凹凸法来表示立体的感觉；衣服褶纹紧贴身体，把人体的曲线都从衣服中透露出来，和所谓"曹衣出水"的北齐曹仲达的作风一般无二。尤其是张氏所编八三号（伯氏号数一二〇 N），其中题有魏大统四年和五年发愿文一窟，藻井上画的除佛本生故事以外，还把一些的禽兽草虫画成图案的形式，姿势飞动，不可方物。东及南北三面壁上所画的佛像及供养人面目，大都高鼻深目，颧骨高耸，而身形瘦削，是一种长头的印欧人种型，而不是圆额的亚洲人种型。和隋唐诸窟固然不同，和魏代其他诸窟作风也自有异。我疑心这是一个外国的画工画的。自然这还待其他积极证明。然而在新疆已发见了画工所题带希腊风的题名，则敦煌千佛洞画工中之有外国人，特别是希腊人或受希腊文化影响的人，并非是不可能的事。因为千佛洞的壁画塑像以及所出其他的东西和西域的文化，特别是受希腊影响的印度文化，有密切的关系。所以我们研究敦煌的艺术，不可不和印度犍陀罗派的艺术作比较的研究，而印度阿旃陀窟的壁画，我们尤其不可忽略。

关于研究敦煌艺术，问题甚多，不能在此一一详谈，我只愿意提出第二个应注意之点，便是不可轻易剥离画面。我们中国人有一种历史癖，但是同时又可以说我们中国人不懂历史。这句话粗看似乎矛盾，仔细一推究，却是事实，并不相违。我们对于一件事实，总想知道他的时代，同时却又喜欢说今不如古，人人都在那里梦想三代以上郅治之降。不知道历史并不是一种教训的学问，学历史的人只应用一种同情的态度去推究每一个时代的真际。至于是好是坏，这是讲价值论的哲学家的任务。我所以说我们中国人有历史癖而又不懂历史，其故在此。

千佛洞的壁画自北魏、隋、唐以至于五代、西夏、宋、元，每一时代都有作品，研究中国的绘画史，这是一个独一无二的例子。北魏、隋、唐、五代的画固然可贵，西夏、宋、元的画何尝不可贵。这里是北魏、隋、唐、五代的东西太多了，太好了，所以以为西夏、宋、元的画不足取。但是假设这些西夏、宋、元的画移在长江流域，我们能不顶礼膜拜、赞叹不置么？千佛洞各窟往往有原是北魏或者隋、唐所开，而经五代、西夏以至宋、元人重修的。第一层画面偶尔剥落，便可看出下面还有一层或者两层的痕迹。一般偏好北魏、隋、唐以及五代的艺术家，便大发其历史癖，大刀阔斧的把上层砍去，露出底下一层来供他们欣赏。但是在重修壁画的时候，往往要把下面一层划破毁烂，后来的泥灰才能黏上；剥离之后，所得者不过是一些残山剩水而已。即或下层未被划坏，而被上面的泥土黏住过久，一经剥离，下层画面的色彩以及墨迹，也往往连带的黏去了。所以剥离壁画,在技术上是一个很困难的问题,在技术问题没有得到满意的解决以前,个人的意见,以为还是不要轻易去动手剥离的好。随便剥离,往往得不偿失,后悔无穷。至于描画时之不可任意将原画加以勾勒,不可将桌梯之类靠在壁画上,以免损坏画面,那是学画的人顶起码的戒条和道德,用不着我一一细说。但是很不幸的,这种剥离壁画和描画的工作还在进行着,没有人能劝止,也没有人来劝止,眼见得千佛洞壁画,再过二三年,便要毁坏殆尽了,这是多么令人痛心的事!

现在在此作研究和临画工作的学术团体,有西北史地考察团和教育部的艺术文物考察团,私人有张大千先生。西北史地考察团作的是测量照相和记录的工作,艺术文物考察团和张先生是专门临画。其中规模最大的自然要数张先生:张先生举家在此,请了四个喇嘛帮忙,加上他的子侄学生,一共二十几个人。用最好的布和绢,最好的西藏颜料,焚膏继晷的在这里临摹北魏以及隋唐五代的壁画。到过千佛洞的人,总可以看见一位一部大胡子、五短身材而腰脚都甚硬朗的中年老者,成天在那些洞窟钻出钻进,有时后面随着三五个人拿着斧头凳子,这些随着的人以及那位老者满头满身都是灰土,却依然谈笑风生的,那就是张大千先生。大约又是剥离出了一堵唐画或者一段有年号的发愿文了,所以那样高兴。他在这里已经住了一年多,对于千佛洞显隐阐微,发潜德之幽光的处所实在不少。二〇号窟(伯氏号数一六)乐廷瓌和他夫人女儿的供养像以及题名就是他剥离出来的。在三〇二号窟外面天王像上他题道:

辛巳八月发现此复壁有唐画,命儿子心智率同画工□□李富,破三日之功,剥去外层,顿还旧观。欢喜赞叹,因题于上。蜀郡张髯大千。

去年阴历十月,他在千佛洞最高最险的三〇五号(伯氏号数六三）唐索勋所建窟外面画天王像的壁上题七绝一首，诗云：

> 冻笔频呵凝不融，墨痕暗淡记萍踪。
>
> 他年好事传佳话，绝壁冲寒识此翁。

这位老先生的风趣于此可见一二，我对于他那种孜孜不倦的精神，除去敬佩之外，更无别的话说。①

四、连带论及的其他几个问题

以上所说的话不少了，以下我只想就几个有连带关系的问题，提出一点简单的意见，请大家注意。

没有到过河西的人，总以为河西地方是如何的荒凉，如何的寒苦。到了河西之后，便知道所谓荒凉寒苦，并不如传闻之甚。自兰州往西，过乌鞘岭，经峡口，看见两边的山色，总似乎比在兰州所看见的白塔山要来得顺眼一点。山上好像有点草了，偶尔也有黑油油的一小片树林。到古浪以后，再往西至武威、张掖，流水争道，林木茂密，阡陌纵横，村邑相望，这那里是西北，简直是到了江南了。过张掖以后，是为山丹、永登，靠着祁连山麓，一大片草滩，真是绝好的牧场，而明代的边墙在这些地方也就逶迤不绝。在将到永登不远的地方，还可以看见公路旁边有参天合抱的古柳树，疏疏落落的有好几里长，点缀于西风残照之间，那就是有名的左公柳！到了酒泉以后，景象有点两样了，黄沙白草，风日惨淡，至此始有塞外之感。出嘉峪关经玉门再往西，公路沿着疏勒河的北岸行走。往北一望，荒碛大漠，遥天无际。南边可是不同了，祁连山像一道高墙，自东至西，连绵不断，不分冬夏，顶上常是积雪

---

① "现在在此作研究和临画工作的学术团体"到此，原稿上有，但报纸发表时删除了。不知是傅斯年的意见还是报社删节的。原稿25—26页。

皑皑。人说西王母的家即在这里,远远望去,也真像有琼楼玉宇,在其中隐约闪现。而沿着公路的南边,可以看见无数的土堆子,有的延长到好几里,有的是一个大墩子旁边连上五个小墩子。这种土堆子沿着酒泉以北的额济纳河往南,跟着疏勒河向西,以至于敦煌的南湖和西湖,几乎随处皆是。这就是汉唐时代的边城以及烽燧遗址,有名的汉唐长城,就在这些地方。现在是一切都放弃了,荒废了,但是以前这都是些人烟稠密、鸡犬相闻的地方。因为政治势力的不竞,藩篱既撤,保障毫无,人不得不向内地撤退。人一退让,自然的力量跟着就推进了。如今在安西、敦煌沙漠的四周,还可看出许多古城遗址,有时伸张到现在的沙漠田边际二三十里以外的地方。这都可以证明古代垦殖的区域,范围要比现在大得多。人同自然的力量互为消长的例子,没有比这一带更为显明的了。瑞典的赫定和英国的斯坦因,考古于新疆以及河西一带,他们的书中常常提到发掘汉唐的古城,推想到那时戍边的将士官吏以及人民,在那里和自然的力量作生存的斗争,实在是政治的势力再不能够保护他们了,他们才一步一步的向后撤退。赫定、斯坦因叙述这些情形,固然有感于那时候的人之坚苦卓绝,而我们读书的人,也不免大为感动。最近旅行戈壁的时候,曾在一座残破的墩子上瞭望。已经傍晚了,太阳在西边的地平线上面还有畚箕那样大,血红而带黄的光芒四面放射,周围的云彩都映成了橙黄色。一个人在墩子上向着西面和北面遥远的天际看着看着,就坠入冥想中去了。俨然在汉唐的当年,墩子下面那些土堆子,似乎都是一座一座的房子,也许是人家,也许是戍边将士的营房,房顶上正是炊烟四起。放在外边的马群和羊群都逐渐回来,鸡鸣犬吠以及小儿喧笑的声音,嚷成一片。那座墩子也楼橹完好,雉堞无恙,几个烽卒正在上面聚精会神的望着西边、北边,希望有平安的信息到来。一天一天的过去,一年一年的过去,这些人从少年转到中年、老年，也许就死在那里，埋在附近。但是他们从来不颓丧，也不坠入幻想。只凭着他们的结实的身体，坚强的意志，和不屈不挠的精神，同敌人和自然作生存的斗争。敌人和自然败了，他们胜了，他们的西陲也巩若金汤了。两千年、一千年的历史，像电光石火般一转眼过去了，这些人固然长埋地下，烽燧城堡也放弃了，荒废了。我也仍然清醒白醒的立在废墩上面，西边的太阳，还有一半在地平线上。但是这些废毁的烽墩城堡，照旧很英勇的迎着落日，放出黄色的光辉，西北风呼呼的怒吼，而他们依然静默无言，屹立不动。这就是我们民族的精神，我那时抵不住下泪了。如今我们从这些古城废燧的遗址上面，还可以看出当时那些经营边塞的人的苦心孤诣和工程师的卓绝的天才。可是千多年来，我们把汉唐时代民族的精神，忘得一干二净，这些是民族精神的最高表现的遗存，我们也不去凭吊研究。到现在反而让外国学者如赫定、斯坦因之流去发掘考察，在那里往复赞叹我们戍边将士的坚苦卓绝，我们建筑长城的工程师之天才横溢，最后竟至把唐代高仙芝提大军过葱岭的一件事，说的就是汉尼拔、拿破仑也有所不及。别人对于我们先民的精神，因为作了实地的考察，于是发出衷心的叹赏，而我们却在那里空嚷，中外人之不相及，难道真有这样远么？

现在大家逐渐的注意到河西了，连研究艺术的人也注意到敦煌了。河西在汉唐时代是一个国际走廊，在最近的将来，河西也许会恢复汉唐时代的地位。而汉唐时代在这一个走廊地带的经营，如城堡之建置、水利之讲求、移民实边的政策等等，都是经过绵密的思考，积聚无数的经验，才能有当日之盛。这种建置是我们民族政治天才的一种表现，其价值并不下于敦煌的艺术。所以我于说完关于敦煌千佛洞的管理和研究的问题以后，还盼望国立学术机关，能在河西选择一个适中的地点，设立一个工作站。历史考古方面：如汉唐古城、古烽燧之测量与发掘，秦汉之际雄长河西的民族如匈奴、大月氏、乌孙的遗迹之探求，以及古代东西文化交流的情形，都可以作上一番详细的调查与研究。地理气象方面：如河西的水文地理、祁连山的考察与测量、河西一带的气候与沙漠化的情形等等，在今日都是最切要的问题，而亟待研究解决的。其他如河西今日最重要的问题，是交通与燃料。铁路是否可以修筑？煤藏、铁藏怎样？祁连山的森林究竟还可供多少年使用？祁连山造林是否还有希望？这些与河西的交通以及燃料问题，都有连锁的关系，尚待学工程、探矿、森林的人去作详细的研究与调查。近来到河西的调查团很不少。但这些都是一些走马看花式的观光性质，无裨实际。要明瞭河西的实际情形和如何解决那些问题，非设立工作站、作十年八年的长期工作不足以言此。历史考古属于纯粹的学术，似乎与解决现实问题无关。可是我们一看斯坦因在河西所作的考古工作，其所绘的地图，正是今日谈河西建设的人所梦寐以求的东西，总可以恍然大悟了。

所以我的最后一个建议是，盼望国立学术机关，能在河西选择一个适中的地点设立工作站。工作站的范围，或者可以偏重于历史考古方面，财力、人力如其可以兼顾的话，还可以从事于地理、气象、地质、森林、人类学各方面的调查与研究。

五、总　结

以上的话说得太长，太凌乱，如今将所说的意思简单总结如次：

一、敦煌千佛洞亟应收归国有。

二、千佛洞收归国有之后，应交由纯粹学术机关管理，设立一千佛洞管理所。

三、对于敦煌艺术应注重比较的研究,单单敦煌艺术是不能成为一个独立的名辞的。

四、在技术问题没有得到圆满的解决以前,在千佛洞作研究或临摹工作的人,不可轻易动手剥离画面。

五、盼望学术机关能在河西设立工作站,从事于历史、考古以及地理、气象、地质、森林、人类学的调查和研究工作。

(原载《大公报》1942 年 12 月 27、28、30 日;又以《论敦煌千佛洞的管理研究》为题,载于《文史杂志》第 4 卷第 1、2 期合刊,1944 年 7 月,第 44—54 页)

记第二次从敦煌归来

敦煌，这是多么富于历史意义的一个名辞，自汉武帝通西域以后，以至于唐朝的终了，前后一千多年，中国同西方交通，几无不经过敦煌。中国中古时代西行求法的高僧，如法显、玄奘之流都曾与敦煌结下一度因缘。到了元朝，中外交通的路线已经变更了，但是意大利人马哥·孛罗东来，还是经过这一处地方，在他的游记里留下了沙州一个名称。因其地位如此，所以汉代到西域的路都以敦煌为其起点，历史上有名的"玉门关"和"阳关"即在敦煌境内。《续汉书·郡国志》注之《耆旧记》说敦煌是"华戎所交，一都会也"。裴矩《西域图记序》论及自中国通西域的诸道，以"总凑敦煌，是其咽喉之地"。这真不是偶然的。

汉代的敦煌郡约相当于今日的安西、敦煌二县，唐代于此设立瓜、沙二州。到了宋代，河西诸州，鞭长莫及，初如瓜沙曹氏尚遥奉正朔，西夏兴起，遂沦化外。明代国势不竞，嘉靖以后，嘉峪关外弃同瓯脱。清代雍、乾之际，收复西域，中外一体，嘉峪关外诸县复归版图。自此以后，敦煌的形势似乎与汉唐不同了。既失去了为中外交通枢纽的地位，又以新疆已归入版图，于是以前为经营西域前进据点的形势也不复存在。到过敦煌，尤其是凭吊过两关遗迹的人，看了那些汉唐时代的长城烽燧，以及只剩败壁颓垣的古城，在秋风落日中勉强挣扎，一种凄凉寂寞之感压在胸头，几乎令人喘不过气来。自河西到新疆，汉以来都取道敦煌。从现在的安西经星星峡以至哈密的一条路，大约开于六朝，《周书·高昌传》有云：

> 自敦煌向其国（指高昌，即今吐鲁番也），多沙碛，道里不可准记，唯以人畜骸骨及驼马粪为验。又有魑魅怪异，故商旅往来多取伊吾路云。

伊吾路不过八九百里，没有自敦煌出白龙堆那条路的道长而危险。所以商旅乐于走此。唐代玄奘法师之到西域，也是走的这条路，六朝以后玉门关之所以东迁到现在安西的双塔堡一带，想必也是由于商旅取伊吾路之故。不过这并不是说敦煌一路就此绝对废弃。贞观十九年玄奘法师自印度归国，即是取的敦煌一道。清代同治时白彦虎之西窜，也是取道敦煌。一直至最近还有人自鄯善取东南向渡过沙漠以到敦煌的。至于敦煌商人之自敦煌北行偏东走四站以至星星峡，经安西者，更是数见不鲜，"条条大路通罗马"，在戈壁沙漠中确是如此。

近四十年来敦煌不仅没有失去地理上重要地位，并且逐渐成为考古学以及艺术上的圣地，研究东方学的人几无不知道敦煌的，这种情形到二十世纪方才开始。一九〇七年英国斯坦因作第二次的中亚探险。二月底循汉唐的古道渡过干涸了的罗布泊，三月初到达敦煌西北汉代玉门关附近，发见了汉代的长城烽燧，发见了几千枚汉简。废弃在沙漠中历时将二千年的这些烽燧的名称，如今可以指出了，久不知下落的汉代玉门关，如今也知道就是在土人称为小方盘城的地方了，土人所称为大方盘城的，也知道就是唐人所著《敦煌录》中的河仓城了。汉代边防的情形，因为这些汉简的发见，再加上文献上的材料，也可以重新想象出一幅近真的图画来了。五月间斯坦因由敦煌的西北以及北面折回敦煌，又在敦煌东南四十里的千佛洞拿去六千余卷的古代写本和刊本、经卷画以及古代织物之属。一九〇八年法国的伯希和也来到敦煌，同样在千佛洞拿去两千余卷的写本之类。到了宣统二年，我们才起而收拾残余,将所余的六千余卷写本运至北京,成为后来国立北京图书馆写经室中最珍贵的收藏。因为有这些将近两万卷古写本的发见,于是中国学术的研究突然加上了一层新的光辉:经学、文学——特别是俗文学史的研究,以及宗教史——特别是禅宗、景教、摩尼教的研究,都由此而一新其面目。王静安先生在其《近三十年新发现之学问》一文中,将汉简以及敦煌石室藏书的发见与殷虚甲骨等量齐观,陈寅恪先生在《敦煌劫余录序》中并创立"敦煌学"一名辞,其为学术界所重视可想而知。敦煌的这些发见,在学术上的地位只有孔壁古文和汲冢周书可以与之比拟。

斯坦因、伯希和二人带去了汉简,带走了石室写本,同时并将伟大的千佛洞艺术向全世界宣传。斯坦因在他的二次考察报告《西灵地雅》中,花了好几章来描写千佛洞的情形。伯希和则将千佛洞重要的壁画、塑像印成了六大册《敦煌石窟图录》。于是敦煌又成为远东艺术的圣地。如日本的橘瑞超、美国的华尔纳、我国的陈万里先生,都曾为了千佛洞的壁画塑像,跋涉万里,前来巡礼。抗战以来,私人如张大千、吴作人、关山月、郑振铎,团体如教育部艺术文物考察团、中央研究院西北史地考察团,都曾到此工作,长则一两年,短亦三数月。言艺术者遂无不知有敦煌千佛洞。关于千佛洞的情形,三十一年底我曾写有《关于千佛洞的管理研究以及其他连带的几个问题》一文,刊布于重庆《大公报》,读者可以参看。

要研究所谓敦煌艺术,固然要集合从事佛教艺术者、专治中国风俗史以及西北历史地理的历史学家、研究中国建筑史的学者,作长期的研究,方能寻出一个头绪。而说到敦煌在考古学上的地位,也并不因为斯坦因、伯希和诸人拿去了汉简、石室写经而感觉到空虚。敦煌在考古学上依然是一块尚待开发的处女地带,比如说古城遗址吧:敦煌西南一百四十里的南湖有古寿昌城遗址，城的南部虽然先后经人试掘，而北部以被沙埋，至今尚无人动过。敦煌城西四十余里的南台，城东四十余里的佛爷庙，这也是古城的遗址，需要我们去发掘。而唐代尚存的效谷究竟在现在敦煌城东何处？也需要我们去找寻。其他如六朝唐宋以来叫作子亭今名党城，以及安西万佛峡南今名石包城唐称雍归镇的这些遗址，都是考古学者可以努力的地方。如以敦煌郡为敦煌的范围，其可着力的地方更多，如六朝隋唐自敦煌东迁的玉门关，是否在今安西的双塔堡？安西的锁阳城是否即为唐代的瓜州？《肃州志》《西域水道记》所记苦峪城（即锁阳城的别名）颂扬张义潮、曹义金的断碑，是否为颂扬张守珪修堰碑之讹传？瓜沙曹氏时代有二州六镇之称，二州指的瓜州和沙州，六镇则只有子亭、悬泉、雍归、合河四镇，其余二镇应在何处？诸如此类的问题，还可以举出许多来。

三十一年的冬天我有机会到敦煌，一住就是九个月。在那里见到张大千以及其他考察团诸先生在千佛洞工作，他们忘记了岁月，忘记了寒暑，饭蔬食饮水，只是孜孜不倦地工作工作。在华氏零下二十几度的夜里，还有人掌着蜡烛，在洞里欣赏壁画，摩挲题记。三十二年的春天又有机会两度往访玉门关和阳关的遗址，驰驱于荒城废塞之间。戈壁落日，大漠寒风，令人神游千载之上，想起汉唐时代那些戍边的将士以及为国家作先锋的人民，在荒寒寂寞之境，肩起一副重任，尽其在我不求人知的精神。人类的历史是不断的，生命是绵延的。即看到在千佛洞工作的那些先生们孜孜不倦的情形，又身临汉唐时代防边的遗迹，这时候竟然忘去了时间的界限，以为古人的血液还在我们身上周流：三十二年秋天匆匆归去，想不到三十三年的夏天又来到敦煌。相隔不到一年，很有一些变动：张大千先生以及艺术文物考察团、西北史地考察团都走了。国立敦煌艺术研究所已于三十三年一月一日在千佛洞正式成立了。而在这里从事学术工作的则只有中央研究院西北科学考察团历史考古组的夏鼐和阎文儒二位先生。到敦煌的人都觉得今年的敦煌，比之以前是寂寞了。

（原载向达等著《敦煌》，学习书店 1951 年版，第 72—76 页）

西域见闻琐记

一、叙　言

　　1951年到新疆，从乌鲁木齐向南，过达坂城，沿着天山南麓西行。到阿克苏以后，西南越过一片大戈壁，经喀什、莎车、叶城、和阗，最后到昆仑山北麓的洛浦县为止。归途至吐鲁番一游。一个来回，为程五千公里。仅在新疆一区之内，就作了万里之行，不能不称为壮举，可见祖国之伟大了！

　　这一次来去匆匆，但沿途经过不少古代遗迹，看了一些古石窟寺之类。虽是走马观花，并且多半是一些残山剩水，而其所余一鳞片爪，犹复精光射人，往往使看者欣赏赞叹，徘徊不忍去！自1951年至今，忽忽十余年，渐有往事如烟之感。因将当时所看到的、想到的若干问题，写成札记，以备遗忘，并借以求教于海内专家！

二、耿恭台与疏勒城

　　南疆喀什市的疏附城东北隅有一座耿恭台。台后流泉四涌，杨柳成荫，风景清幽，为一游观胜地，台上高楼耸立，正梁上有清光绪二十三年(1897)知疏附县事湘乡刘兆松重修的题记。可见耿恭台的修建，一定是相当古老的了。

　　既名为耿恭台,应是纪念汉明帝永平十八年(75)耿恭守疏勒城以拒匈奴的故事。可是耿恭所守的疏勒城,是否就是现在的疏附城,或者疏附、疏勒一带呢?

　　耿恭事,见于《后汉书》卷四十九《耿恭传》。传纪耿恭于永平十七年(74)为西域戊己校尉,屯车师后王部的金蒲城,同时谒者关宠亦为戊己校尉,屯车师前王柳中城。金蒲一作金满,地在今吉木萨尔,旧作济木萨。柳中在今鄯善之鲁克沁一带。永平十八年三月,匈奴北单于遣左鹿蠡王击车师,攻金蒲城,不克,解围去。恭以疏勒城傍有涧水,可以固守,乃引兵据之。七月,匈奴兵又来攻疏勒城,拥绝涧水。恭于城中穿井,水泉奔出,匈奴知不可克,因而引去。永平十八年,明帝逝世,车师叛汉,与匈奴共攻恭,又为恭所败。其时,屯驻柳中的关宠也为匈奴所围。汉章帝建初元年(76)正月,汉遣征西将军耿秉屯酒泉,以秦彭、王蒙、皇甫援等发张掖、酒泉、敦煌及鄯善兵七千余人,往援关宠、耿恭。关宠已殁,仅把耿恭从疏勒城救出来。耿恭等发疏勒时尚有二十六人,三月至玉门,唯余十三人。这是耿恭坚守疏勒的故事。

　　《后汉书》卷七十七《班超传》也纪到班超守疏勒事。汉章帝建初三年(78),班超在疏勒,想一举平定龟兹,因上疏请兵。疏语有云,“自孤守疏勒,于今五载”。从建初三年上溯五年为明帝永平十七年(74)。永平十七年以后班超也曾坚守疏勒。班超和耿恭,同时都守过疏勒。而一则守疏勒以拒龟兹、姑墨,一则守疏勒以拒匈奴。显然二人所守的疏勒,乃是同名异地:一在天山以北,一在葱岭之东。所以徐松在他的《汉书西域传补注》卷上疏勒国条“王治疏勒城”句下注云:“《后书·耿恭传》之疏勒城,非疏勒国也。”也就是说耿恭所守的疏勒城,在天山以北今吉木萨尔附近;班超所守的疏勒,在天山以南葱岭东面今喀什市境内。

　　耿恭的疏勒城城址,今无可考,但应在吉木萨尔附近,相距不远之处，将来的考古发掘，也许能解决这一问题。总之，耿恭没有到过今喀什市境内。疏附的耿恭台出于后人好事者的傅会。它不是历史纪念物，但仍不失为疏附一游观胜地！

三、面衣别解

近年吐鲁番墓葬中发见死者以布覆面，《文物》1960 年第 6 期和 1961 年第 6 期上，新疆维吾尔自治区博物馆和武伯纶先生都定为面衣，旁征博引，可以确然无疑。但是唐代生人也用面衣，两者却未提到。唐沙门慧立《大慈恩寺三藏法师传》卷一，纪载玄奘法师到高昌后，由此西行，高昌王麴文泰为法师打发盘缠，制备行装，计有黄金一百两、银钱三万、绫及绢等五百匹，充法师往返二十年所用之资。又说：

> 以西土多寒，又造面衣、手衣、靴、袜等各数事。

因为法师西行，要逾越雪山，故另造面衣、手衣等，作为御寒之具。手衣当和今天的手套相似。这里的面衣，虽和死人覆面所用的布名称相同，但此为生人所用以御严寒者，其质料、形式，当与死人覆面之布大有不同。西域地方备冬季旅行用的保护手、足、头面之具，如手衣、面衣之类，应该渊源甚古，惜别无可考。兹聊举《慈恩传》一则，以供谈助。

四、龟兹国之东西昭怙厘

唐太宗贞观初，玄奘法师自高昌西行赴印度，首经今焉耆，自焉耆至今库车。库车在汉唐时代为龟兹国。玄奘在《大唐西域记》卷一称龟兹为屈支国。并纪载到龟兹的佛教和一些寺院。《西域记》里提到两座有名的伽蓝，文曰：

　　荒城北四十余里，接山阿，隔一河水，有二伽蓝，同名昭怙厘，而东西随称。佛像庄饰，殆越人工，僧徒清肃，诚为勤励。东昭怙厘佛堂中有玉石，面广二尺余，色带黄白，状如海蛤。其上有佛足履之迹，长尺有八寸，广余六寸矣。或有斋日，照烛光明。

这里的东西昭怙厘，即为《梁高僧传》卷二《鸠摩罗什传》中的雀梨大寺，也就是《水经注》卷二所引道安《西域记》中的雀离大寺。道安记云：

　　龟兹国北四十里，山上有寺，名雀离大清净。

五世纪初的雀梨大寺，经历了两百多年，到唐初玄奘法师西行，犹然"佛像庄饰，殆越人工"！真可称为精刹名蓝，光辉如新了。雀梨、雀离、昭怙厘，只是同名异译。

玄奘所纪的东西昭怙厘，我以为遗址在今库车西南，书上称为渭干河的河口，今名库木吐剌的地方。渭干河流至此，以前设有闸门，作为下游分水之用。河口东岸，一道山脉自拜城的赫色尔沿着渭干河南下，到河口东岸戛然而止。在山头上遥望西岸，有一大遗址，围墙尚很清楚，围墙之内一大窣堵波翼然高耸。此外还有一些断壁颓垣，点缀其间。当时以水势很大，无渡河工具，不能过河细看。东岸山头上下，也有遗址，没有西岸那样清楚完整。

东岸沿山有路，由此往北，缘山凿有石窟，历落上下，如蜂房，如鸽舍，最后是五大间石室。石窟数目不下几百。现在所有石窟的壁画和塑像，都已破坏不堪，支离破碎，令人痛惜不置。这大部分是本世纪初，那些帝国主义文化强盗的"德政"！虽然如此，就偶尔残存的一鳞片爪看来，不少是唐代的艺术遗存，还可以仿佛当时之盛。由此上溯，可抵拜城的赫色尔石窟。赫色尔石窟保存得比库木吐剌为好。遥想唐时候，这一带的石窟寺和河口东西两岸的寺院互相配合，成为一个完整的体系。崇信佛教的人至此，当无异于巡礼灵山，所以能博得玄奘的顶礼赞叹！

关于这一遗址的比定，首先得确定古龟兹都城的所在。我疑心汉唐间古龟兹的都城，即是《西域记》所说的荒城。此城荒废，玄奘说是由于金花王引构突厥所致。金花王在古龟兹文中作Swarnate，梵文还原作 Suvarnapuspa，亦即《新唐书·龟兹传》中之苏伐勃䮲，其人死于高祖初年。故《西域记》云"近代有王，号曰金花"也。则此城之废，亦不过在隋唐之际，距玄奘之至龟兹，为时不久。其遗址可能在今日库车以南的新和。从新和北行微偏东至渭干河口，与《西域记》所记里程、方向，也大致符合。

有的同志不同意我的说法。我只算是提出一个意见，以供关心此事者参考。尚待以后对龟兹古代的历史，作更详细的发掘，始能确定。

五、热海道小考

玄奘法师自高昌出发西行，经过今焉耆、库车。由库车至今哈喇玉尔滚，然后折向西北，逾越唐名凌山今称木苏尔岭的天山隘口。自此山行四百余里，过大清池，一名热海。这就是今天地图上属于苏联中亚细亚吉尔吉斯苏维埃社会主义共和国的伊塞克库尔湖(Issik-kul)。伊塞克义为热、温暖，库尔义为湖泊。这是常见于乌兹别克和吉尔吉斯语言中的名辞，可能源出于古突厥语。伊塞克库尔湖水微咸，严冬不冻，故有热海之名，"又谓咸海"。湖西有布阿姆峡口(Buam Pass)，出峡口不远即为楚河，玄奘称为素叶水。渡素叶水，玄奘遵循着今吉尔吉斯山脉和塔拉斯山脉北麓西行，经过千泉、呾逻私城(今塔拉斯城附近)等地，进入今费尔干纳盆地，这一带是古代有名的大宛诸国所在之处。

　　通过伊塞克库尔湖的这一条路,是古代中西交通上一条最有名、最频繁的大道,今姑称之为热海道。热海东西长 182 公里,南北宽 50 公里以上,古代又有阗池之称。《汉书》卷七十《陈汤传》,纪陈汤于汉元帝建昭三年(公元前 36)远征康居,袭杀郅支单于。陈汤与甘延寿引军分行,别为六校,三校从南道逾葱岭,径大宛。三校都护自将,发温宿国,从北道入赤谷,过乌孙,涉康居界,至阗池西。其中取北道的一支兵,就是走的热海道。唐玄宗天宝十年(751),高仙芝在怛罗斯(今塔拉斯)为大食所败。据杜坏《经行记》所纪,高仙芝进兵,也是取的热海道。其后元代成吉思汗西征,丘处机西游见成吉思汗,往返都走这一条路。自汉至元,中西交通上的大事,大都经过这一条路,其重要可想而知。

　　走热海道的另一个问题,就是取道湖的北面或南面的问题。简单一点说,如其走今称为木素永岭或冰达坂(一作冰岭)唐代称为凌山的这条路过天山,则一定要缘着湖的北面西行。如其从今温宿向西,经乌什,越过唐代称为勃达岭的一条路向西北行,自然要走湖的南面,然后出布阿姆峡口。玄奘法师逾越凌山,所以取道热海北面,杜环《经行记》纪载了勃达岭,说明高仙芝大军走这一条路西行,那就是说高仙芝和杜坏是走热海南面的一条路。英国华特斯(T. Watters),以玄奘的凌山当作勃达岭,因而把玄奘西行路线画在热海南面。日本堀谦德即采华特斯之说。日本足立喜六纠正华、堀两家之非,把玄奘路线画在湖的北面,这是正确的。

六、河西新疆诸石窟寺所留帝国主义文化强盗的题名

　　1942—1943 年,曾访问过河西走廊的安西万佛峡和敦煌千佛洞。1951 年到新疆,东起吐鲁番,西至喀什市的小阿吐什,沿

途的一些石窟，也匆匆地巡礼一番。看到六朝遗迹、隋唐名画，往往使人欢喜赞叹，不能自己！我对艺术是外行，可是看到这些艺术上的神品，连外行人也不能不为之心魂震动。

看了这些艺术遗存，想到近几十年来帝国主义的文化强盗，在河西和新疆一带所造成的破坏，又不胜其愤慨之情。1935年在伦敦的中国艺展上，看到美国的华尔讷（L. Warner）用涂了胶水的竹布粘去的几幅敦煌壁画。这几幅粘去的画，已经起了变化，成为黑漆一团。1942年到敦煌，在千佛洞找到华尔讷所粘去的原画的残余。1937年在柏林的民俗学博物馆里，看到勒柯克（von Le Coq）诸人在新疆库车和吐鲁番所剥离的壁画。1951年到新疆的库车和吐鲁番一带，凭吊了这些地方被剥离过的石窟。残破不堪，疮痍满目，愤慨之至。这都是那些自称为"文明人"干的好事！

这些帝国主义的文化强盗和他们的一些帮闲，盗窃文物，剥离壁画，还到处留名，表示得意。在安西万佛峡和库车的库木吐刺两处的石窟内，我就看到斯坦因的中文秘书蒋孝琬的题名。两处题名作蒋资生，资生是蒋孝琬的字。题名上并说是随侍英国教育大臣斯代诺云云，斯代诺今译作斯坦因。蒋孝琬所题，奴才相跃然纸上。敦煌千佛洞内还有日本吉川幸次郎的题名。吉川幸次郎是日本黑龙会重要人物大谷光瑞所组织的橘瑞超考察团的成员之一。

其中最可注意的一处是喀什市疏附西北三十里小阿吐什的千佛洞。小阿吐什千佛洞共存三个小洞。洞在路左峭壁上，接连了四张木梯，才勉强能爬进洞内。三洞甚小，成东西向，彼此通连，洞门北向。洞内壁画、塑像，荡然无余。壁上涂满了各种题名。汉文题名，始于清嘉庆十年（1805），皆当时伊犁、乌鲁木齐驻防的八旗军士。外国字题名有俄、英、法、德、日诸国人。其中如

英国的斯坦因、法国的伯希和、德国的勒柯克、巴都斯（Herr
Theodor Bartus）、日本的橘瑞超，都在这里留下了"芳名"。其中
德国的巴都斯，就是在吐鲁番等处用钢锯割截剥离壁画的大专
家。据说吐鲁番的柏孜克里克也有他的题名。这无异于二十世
纪以来，帝国主义文化强盗在新疆进行文化掠夺的一本题名录，
自己画的供状！值得保存，以供观览，并有教育意义。

1962 年 4 月 29 日于北京

（原载《文物》1962 年 7、8 期，第 33—36 页）

新疆考古概况

（一九五三年九月在第二届考古人员训练班讲，
由刘慧达同志笔记，复经讲者予以修正。）

一、报告的目的：大概叙述一下新疆的历史地理和一般的考古情况，附带报道些关于河西走廊和邻近地方的考古情形，给要知道新疆考古的同志们一些初步知识。

二、内容分四个小题：（1）新疆的历史与地理；（2）北疆略记；（3）南疆考古行记；（4）总结。

三、参考书籍。大概可看以下四种：

《汉书西域传补注》和《西域水道记》：这两部书是徐松所作，他是清道光时人，充军到新疆，对新疆历史地理化了很多的功夫，因此才写成这两部书。其中《水道记》一书叙述古迹甚多。我们要是去新疆作调查工作，这两部书是很重要的。

斯坦因《西域考古记》：斯坦因是英国人，在我国西北做过考古调查。此书是他总结三次在新疆南部和河西一带的工作而成。他本来在印度教育部工作，是帝国主义的御用学者，因此，他的论点有许多是不正确的，特别在经济方面的言论更是荒谬的。我们只参考他书中的历史地理部分。有向达译本，中华书局出版。

羽田亨《西域文明史概论》：羽田亨是日本人。该书把新疆文化、历史作了一全面扼要的叙述。有郑元芳译本，商务印书馆出版。

以上的四种书，都是可以参考的，其他零散文章很多，不一一介绍。

一、新疆的历史与地理

一、新疆地理略述:从地图上看,新疆的面积是一七一一九三一方公里,比内地最大省份四川大六倍,有十五个半或十六个浙江那样大。迪化(乌鲁木齐)是它的省城。迪化之南为天山,由迪化翻过天山去南疆到和阗为二七○○公里,来回一万里。它的地形,北部到阿山塔城区,西以号称世界屋脊的葱岭为界,与苏联、印度、阿富汗相邻,南以昆仑山为界,与印度和(我国)西藏毗连。中间横贯天山,很自然的分成南北二部:天山之北为天山北路,是为北疆;天山之南为天山南路,是为南疆。南北疆地势不同。北疆是草原。南疆是沙漠区,只在天山昆仑山脚下散布着一些绿洲——沙漠田。绿洲处才有居民与城市。在气候方面,因天山以北靠近西伯利亚,天气寒冷,迪化往往冷到零下四十度。天山以南则不同,吐鲁番盆地低于海平面,天气极热,夏季最热达一百一二十度,热时人要藏在地窖中。吐鲁番以西也相当热,到处有无花果。

新疆是一个多民族的地区,以维族人最多,此外有哈萨克、蒙古、塔塔尔、柯尔克兹、塔吉克、回族、汉族、俄罗斯、满族、锡伯、索伦、乌孜别克。其中锡伯、索伦与满族,居住东北,十八世纪来新疆驻防,遂定居于此,现在尚通用满洲语文。维吾尔、塔塔尔、柯尔克兹、俄罗斯、乌孜别克这些民族,过去我们叫他为伊兰民族,分布在中国(内地)与西域之间(西域有广义和狭义两种意义。广义的西域是指由新疆过葱岭往西直到黑海欧洲地区,习用于汉唐时代;狭义的西域是指新疆,清朝时习用)。

新疆气候、地形、民族都很复杂,所以它的历史也是很复杂的。

二、新疆在历史上的地位：古代未发明罗盘时（在十二世纪以前），不能作远洋航行，与邻近国家交往，大多依靠陆地。中国大陆北为沙漠地带，南、东俱阻于海，惟有西行一途。因此，新疆就成了中西交通的大门或桥梁，以通往今天的阿富汗、印度及苏联地区。

从表面上看，新疆地区不是高山就是流沙，水极少，就是有也多为细流，有的流不到几里，就没入沙漠中去了，所以有人说新疆是穷山恶水之乡。但我们再细看一下，并不是那样简单。例如天山西支柯平山脉，山为红色，寸草不生，然而到处都是硫矿（含量达百分之八十以上），盐山（水晶盐，古时叫戎盐）。在葱岭区中有整个的山是纯洁的石膏。阿尔太山产金，昆仑山产玉（和阗玉、脂儿玉），天山南北多产石油（质量比玉门的还要好），天山以南出铁。因此，新疆并不是穷山，实皆富源。

新疆既为交通要道，矿产异常丰富，绿洲也很富饶，因此，特别是在南疆一带古代有好多小国（一城一个，西汉有三十六国，东汉以后分化为五十余国）分布其间，备见于《汉书·西域传》。这些国家位于中西交通的要道上，所以他的文化、历史也非常复杂。汉时中国文化西及新疆，因与其原有的伊兰、印度文化相连。第八世纪中叶阿剌伯人在葱岭和中国打了一仗，中国打败了，阿剌伯势力遂越过葱岭进入新疆，使伊兰、印度文化都受了很大的变化。今天维吾尔、哈萨克、柯尔克兹等民族都信回教，都是自八世纪以后逐渐转变的。

交通路线：汉武帝时，中国北部强大的匈奴民族，建立了强大的国家，威胁着南面的汉朝。中国历史虽自秦成为中央集权的一统帝国，但这一统局面的巩固是由汉武帝始，其前所以不巩固，主要是因为匈奴的威胁。游牧民族向南侵略开始于秦以前，所以秦建长城以防胡马南下，这是秦始皇的一桩有利于农业发展的大贡献。匈奴的粮台在西域,汉武帝想打败匈奴,须断匈奴与西域的联系,因此,必定要先取得河西走廊然后才能进入新疆(东汉时匈奴分化为南北两部,北匈奴西北迁去欧洲,影响到罗马帝国之衰亡)。通过新疆中外文化互相交流,丝绸经新疆抵欧洲。当时罗马社会奢侈成风,服着中国绸缎,价至一两黄金一两绸。因此称这条道路为丝道。近五十年来,在这条丝道上发现许多遗址和当时遗落的丝绸。

经过兰州以西海拔二千多公尺的乌鞘岭,到了武威、张掖、酒泉、安西、敦煌。乌鞘岭以西就是所谓河西走廊,走廊之南为祁连山,北为合黎山,走廊位于两山之间,成为一条大路。由敦煌西行即到新疆。自罗布淖尔分二道:北沿天山南坡水草之地西行,经吐鲁番、焉耆、库车、阿克苏、喀什噶尔,再西越葱岭到苏联境内;南沿昆仑山北坡西行,经婼羌、且末、于阗、和阗过葱岭到阿富汗、印度。这两条路上,西汉时有三十六国,东汉时有五十二国。古代无论由西到东或自东到西都要经过敦煌,因此敦煌就成为咽喉之地,好像近百年来的上海。

汉时为了巩固河西,由临洮将秦长城往西展修至敦煌。在长城上建了许多烽燧,日夜有人瞭望,有警则日举烟夜举火。敦煌西设玉门关和阳关二关。第五、六世纪时,除上述两道外,又另开一新道,由今安西北走哈密到吐鲁番,唐以来又由吐鲁番北行。一直到第八世纪中国力量因阿剌伯势力之侵入,才逐渐由塔里木向东撤退,于是这些交通大路,日渐荒废。……

后开的二条路我们暂且不提。晋法显、唐玄奘曾经之北道西去,玄奘由汉之南道归,法显由海道回。这两条路在中国文化史上是有很大关系的。喂牲口很好的草料苜蓿,是在公元前二世纪,张骞由西域带回来的,此外还有葡萄。佛教也由此路传入中国。沿此二路,有许多遗址,这是我们要特别注意的。

二、北疆略记

这一地区考古工作做的极少。近五十年来的考古工作主要的为了政治意义，不是为了历史科学。一九〇〇年以来，欧洲历史上是英、俄竞争时代，英国占了印度，帝俄占了中亚，英国感到受它的威胁，想在阿富汗一带找一分界，于是选中了天山，注意到南疆的地理、气候，进行测量调查，所谓考古工作，不过是一块招牌，是一个副产品，因此我们对南疆的知识比较多些，对北疆则非常生疏，这里只能举几个例子。

一、天山北路的古城遗址：今之镇西，有巴里坤湖，汉时为蒲类海，为汉与匈奴大战之地，因为要得哈密，必定要先占蒲类，这样才能保住楼兰。今镇西城内关帝庙有唐太宗打高昌的纪功碑。至于汉蒲类城的遗址，尚未发现。

唐金满城：今名古城子，唐北庭都护府所在地，十九世纪中叶曾在此地发现唐碑。一九二八—二九年，西北科学考查团，曾在此地发掘，报告尚未出版。

汉疏勒城：汉时匈奴击车师，汉将耿恭守疏勒，此城在今迪化附近。与汉疏勒国今疏勒县同名异地，今尚未知其遗址所在。

二、伊犁及阿山塔城区：据说伊犁霍尔果斯有元察合台墓，察为成吉思汗子，信回教，故其墓为回教形式，其外用琉璃瓦砖砌饰。

阿山塔城一带与南西伯利亚地域邻接，民族相同，考古学上尚未做过工作。但苏联在南西伯刊亚发现了丁零文化（斯基泰文化）。斯基泰民族活动中心在黑海，西及巴尔干半岛，东及蒙古，其文化特点是以动物图案装饰在带钩小刀上。阿、塔区域包括在斯基泰民族活动范围内，所以此地应有此类遗物。又哈萨克民族中分好多部落，如乃蛮、乞烈二部原属于成吉思汗初起时的十三翼。当时乃蛮、乞烈都信古基督教之一派——景教,此教唐时即到中国,元时盛行于中国边疆,后来乃蛮、乞烈并入哈萨克,到十三四世纪后哈萨克改信回教。十九世纪来苏联在中亚地带发现很多的景教遗物——如十字架之类。今伊犁一带应亦有此种遗迹的存在。

三、南疆考古行记

一、南疆古代几个文化中心:公元前二世纪以后,新疆可分几个文化中心:吐鲁番—高昌文化;往西行为库车—龟兹文化;昆仑山北麓和阗—于阗文化;其东北为罗布淖尔—楼兰文化。这四个文化各有不同,高昌在新疆最东边,靠近河西走廊,为中、印、伊三种文化融合之处,所出遗物可以证明。龟兹为印、伊文化较盛之区,发现有古印度文石刻。其地为丰富之绿洲,为古时西域的大国,晋时龟兹王宫,焕如神殿,其地人喜乐舞,与中国音乐关系甚大,一直到今天库车之"倛郎"仍很有名。于阗近印度,汉文化未到新疆时,为印度文化之区,公文用古印度文(佉卢字),佛教经典中亦时提及此国。楼兰近河西,由所出遗物可看到汉朝势力在此地之进退消长。总之,古代南疆是几个国家在此互相争雄的地区。公元前二世纪以前的南疆,印度、伊兰(摩尼教、景教)文化颇盛,公元前二世纪以后,汉文化向西发展,特别表现在高昌,七世纪(唐)时,唐朝势力更弥漫南疆,八世纪为阿剌伯所击败,一直到十四世纪左右,新疆遂逐渐成为回教文化区域。

二、南疆古代遗迹:从安西到哈密西行,经胜金口抵吐鲁番。胜金口两边为红山(维吾尔文称克兹尔〔红〕塔格〔山〕);所以又叫红山口,汉人传为火焰山;口北为克兹别力克,有石窟寺;口东为吐峪沟,也有石窟寺,都是凿在两岸的陡崖上,有一层或二层的,原有庙宇已圮。从残存壁画可知其年代自六朝到唐宋俱备，有汉文、回纥文、婆罗谜（古印度文）文题记。西行至吐鲁番，城三十里为葡萄沟，以产葡萄著名，其地为窄狭山谷，石壁上也凿有石窟寺，今已残废。再从胜金口南行三十里为三堡，古高昌国都，为考古重地，过去无数帝国主义学者都曾来此地，城垣宫城的遗迹犹在，其地元为火州。从三堡西行抵吐鲁番，城分东西两处。由吐鲁番西行二十里为雅尔湖，为较高的台地，东西两河交流，河今已涸，即古交河，为汉交河城，车师国故地，墓葬遗址，到处星罗棋布，为新疆考古重要之地。以上各处发现六朝到宋、明石窟寺、壁画、古文书等甚多，一直到解放前还有人时常在以上诸地发掘。

吐鲁番有坎儿井，井在地下，井与井之间通以一沟，井口以物盖上。有人说这工程之伟大可与长城、运河并提。从此西行，经干沟抵焉耆，为古时的大国，佛教的胜地。焉耆城下有开都河。渡河西南行四十里为明屋（千间房子之意），当为古焉耆都，有许多寺院废墟和石窟寺，也都空无所有，都是被英、德、日帝国主义的文化侵略强盗们抢掠所致。由残塑像一部可窥知为犍陀罗派。明屋北天山中有古城遗址，也被英、日帝国主义者所盗掘。更西为库车，古龟兹国都，在县南六十里沙雅县，多石窟寺遗址。库车西南六十里为三道桥，三道桥北为渭干河，河抵三道桥分支。河东岸绵延数十里，石窟错落如蜂房，直抵拜城界界。东西两岸俱有寺院遗址。河西遗址窄堵坡尚耸立。河东岸为丁谷山，河口山巅也有遗址与西岸相对峙，残破更甚。自六朝以至唐代，西行僧人皆曾经过此地，如智猛、玄奘等人著书中俱提及此二寺院。沿河东岸略偏西北行最后有大石窟六，最大的如六间屋，画已残破，仅存大石像残躯。另外一窟有许多婆罗谜文及汉文大中年号的铭刻。残存壁画中也有汉字题记。从丁谷山沿渭干河上行抵拜城境赫色尔镇南六十里，靠渭干河上游，有一排石窟，也遭到英、德、日帝国主义分子的盗掠，但石落沙封，内容比较完整之窟尚多，解放前韩乐然先生寓此甚久，描摹壁画。造像已不见，文字中有吐火罗文（古龟兹文），属伊兰语系（即印欧语系）。壁画上之人物由体格上看，不似东方人种，而近于伊兰人。由库车沿公路西行经拜城、阿克苏，沿柯平山再西南行，渡横亘千里杳无人烟之沙漠到喀什噶尔，为南疆的大城，号小北京。其地两城，一疏勒，一疏附，原分住汉回族。出疏勒东门约十里，为马札尔回教先贤墓，十八世纪清乾隆皇帝西征南疆，曾将回王和卓木妃名为"香妃"掳至北京，妃为回族英雄，矢志不屈，死于北京，尸运归葬于此，冢及墙垣俱饰以琉璃瓦，墓室内有七十余冢，皆香妃的家属。出疏勒北门西北行三十里小阿图什，为一小村，其下为阿图什河，流入喀什噶尔河。河侧有三石窟，高悬崖上，空无所有，壁上有帝俄、英、法、德、日如斯坦因、伯希和、橘瑞超等帝国主义国家的考古学者的题名，为近百年来帝国主义盗劫中国文物的铁证。清嘉庆时的驻防部队也题名在它上面。其地为北道之最后一站，经此翻越葱岭，即入中亚诸国境。自第九至十四世纪凡五百年，景教曾在此地盛行。景教文献上记十二世纪曾派主教驻于此地，是喀什噶尔亦为景教重心。由此南行抵英吉沙、莎车（叶尔羌）、和阗，古代景教文献中皆记有教区所派主教驻此。葱岭西为苏联属乌孜别克地方，曾发见六百多个景教徒墓志（叙利亚文，景教通用文字，刻有十字架、姓名职位等）。喀什噶尔虽未发现景教遗址，但由文献及附近情况可推知当亦有该教遗址。十二三世纪时，西辽（黑契丹）疆域及于莎城，十九世纪初徐松记其地有西辽墓，墓前有石人、石马和塔，一九五一年曾遍找未得。八世纪以后至十八世纪，新疆回教占绝对优势，回教入新疆之第一站即喀什噶尔。南疆之和加（回教徒之朝过麦加的穆圣后裔，宗教兼地主的人）制度，即发源于喀什噶尔。和阗位于白玉河墨玉河之间，今和阗西尚有墨玉县，所以名玉，是说河中出玉。其地天热，可以种桑养蚕，俱由中原传入。斯坦因曾发见壁画中也绘有此故事。和阗与印度近，公元一、二世纪时，中国班超与印度为贵霜王朝在此互争霸权，最后中国胜利，建立据点，政治力量逐渐巩固，汉文化因素渐重，故《西域传》记西域人多深目高鼻，惟于阗近华人。此地为南道中最重要之地。今和阗城西二十里约特干有古城遗址，久成废墟，内多流沙，英帝国主义者曾发掘其地。玄奘《西域记》记其地佛教甚盛，塑像精美，上贴金箔。古寺院遗址在和阗北百余里，是古和阗的绿洲北界，较今为远，今已后退百余里。古代遗址皆沦于流沙中，英人曾在此盗掘大批古文物。东六十里为洛浦县，其北百二十里有拉瓦克，有古代大寺院，斯坦因也曾在此盗掘大量古文物。

从和阗东行为于阗县；再东为且末、婼羌。于阗、且末、婼羌三县中，过去发现古代寺院遗址、古文书（汉文、佉卢文）甚多。由所出遗物中我们知道二世纪以后此地印度文化尚盛，壁画亦属于犍陀罗派（卷发，衣服作"曹衣出水"状）。又当公元前二世纪时，其地住有吐火罗人（可能是印欧人种，语言系统与北欧相近）。此民族在三世纪时向西迁移到中亚，玄奘《西域记》中尚记他看到和阗以东之吐火罗遗址废墟。这一个民族的真正历史我们知道尚少，和阗自己也有文字，一般称为古和阗文，系从印度梵文变化而来，可能是用梵文字母写其自己语言。寺院前有雕花柱子，花纹富有希腊风格（参看斯坦因《西域考古记》前几章）。

三、近五十年来欧洲及日本对南疆文物的掠夺：斯坦因从一九〇〇年开始在新疆工作，一直到一九三〇年，前后四次，除最后一次因当地人民反对无所得外，前三次都是饱掠而去。他从葱岭到河西张掖，工作范围甚广，主要是测量，所测地图最为详密，可供军用，也可做建设、旅行、考古之用。报告中于各地水文、生物、矿产情况记载甚详。在敦煌附近的党河即曾测过每秒流量。由甘肃到楼兰,都曾大事发掘,得有许多古文书。南疆古文书经过他的搜掠,精华差不多都尽了。他的主要目的为调查葱岭喀什米尔地方,因为这地方在军事上极有价值,勘测由印度通向中亚的道路,因为英国深惧帝俄由北方入侵印度的缘故。

一九〇二——一九一四年前后来中国考古的德国人甚多,勒柯克就来过两次,他是柏林博物馆派来的,主要工作地区为吐鲁番、库车,这两个地方的精美壁画都被他所剥去。他的掠夺方法极为凶狠,所剥去的壁画都复原陈列在柏林民族学博物馆。其中有库车一整个洞的壁画。曾写了两部大书,一部讲高昌,一部讲库车。德国人何以远来新疆?原因是十九世纪末,德国曾发动大伊斯兰运动,联合伊斯兰教国家,意图在他的领导下,夺取世界霸权以对付英国。所以德国人之调查东西土耳其斯坦,是挂着考古幌子而别有用心的。

橘瑞超,日本人,是日本黑龙会派来新疆,经天山南昆仑山北,到过敦煌和吐鲁番。在吐鲁番作过发掘工作,在敦煌掠去不少写经,其所得一部分尚存大连的旅顺博物馆。

四、总　结

新疆考古的回顾与瞻望:新疆考古过去多为帝国主义分子们所做,无计划,着重于军事、政治目的。从历史、考古方面注意的则由一九二九年西北科学考查团的中国团员的工作才开始。他们经过的地方有吐鲁番、罗布淖尔。在吐鲁番曾发掘百余个墓葬,因为有这些发现,对于高昌历史年代,大致可以确定,为新疆少数民族的历史研究打下很好的基础。不过详细的报告到现在还没有发表。总之,过去新疆的考古是破坏多,到今天我们去新疆,还看到满眼的残山剩水,破烂不堪的遗址。近百年来新疆考古工作最多,但当地并没有一所博物馆,因为蒐集的文物全被掠夺走了。印度德里中亚博物馆的藏品中就有斯担因掠夺去的一部分;德国的博物馆也有。新疆仍有很多遗址,沿南北两道还未很仔细工作过,如散布的很多墩子(十里一墩:烽火台),它下面就很可能有好多遗物。吐鲁番的墓葬还有很多未发掘,拜城赫色尔的石窟寺是凿在砂砾岩上,有许多因岩石倒坍而被埋藏起来,韩乐然先生曾掘出几个石窟,尚有不少还待我们去发现。阿山塔城区尚为处女地,在考古上其地可以同苏联西伯利亚和蒙古人民共和国连起来。第二次世界大战前苏联在乌孜别克发掘花剌子模遗址历十几年,发现汉康居文化。西辽就是被花剌子模所灭的,其势力曾侵入伊犁河上游。

附述河西走廊及其邻近地带:河西走廊在汉代有很多的建设,尤其是军事上的建设,敦煌设玉门关、阳关,现在还有汉代长城遗址。汉长城由敦煌向东北延展至宁夏境汉居延海附近。有些地方长城遗址尚存约三公尺高,每隔五—十里路设一烽燧。举火的苇把,古名苇炬,现疏勒河旁尚堆存不少,惟已近于化石了。今之小方盘城为汉玉门关遗址,大方盘城为当时仓库,抗日战争期间曾发现晋初石碣。汉长城与明长城不同,明长城纯为防御,汉长城是属于进攻的,因此,它差不多把附近有水草之地都括入城内,城外则一片沙漠,所以它在军事上、经济上都有很大意义,因为城内即可屯田为军队的粮台。其地风沙极大,不到三百年的清城已多被刮出缺口,而汉长城则依然完整。汉长城是用芦苇夹泥版筑而成,故略具弹性,所以能抵抗风力。英国斯坦因首先发见玉门关,并在附近掘出大批汉代木简,年代自公元前到公元后。这批汉简已被盗劫去英国。内多当时来往公文,记载边防情况、兵器账、医药簿等。由这些汉简中可以了解汉边防制度、公文制度等,是汉代最宝贵的史料。阳关(南湖)附近有寿昌城,已空无所有。敦煌东北行是安西县，其地亦多古城，如锁阳城等。

敦煌有千佛洞。敦煌为交通要道，文化极盛，后汉的著名太学生有许多是敦煌人。其地又为古代东西文化会合之地。一八九九年，在千佛洞发现一藏经洞，内贮古写本及幡画（古写本是卷子式）共二万多卷。一九〇七年斯坦因到敦煌盗去约一万卷。一九〇八年伯希和亦来敦煌盗掠，随后日本人橘瑞超、帝俄鄂登堡也来此地盗掠，所余卷子精华尽去。后来残余的卷子运到北京，现存北京图书馆。这些东西的发现，使我们中古史增加了二万卷史料，其中很多古代佚书，现存古书的错误，也可据卷子来校正。还有许多宗教书，如景教（由叙利亚文认出）、摩尼教、火祆教（后二者为波斯人所创，火祆教拜火，摩尼主善恶二元论），这些宗教过去只在文献中知道它的名字，现在可以知道它的内容了。文字方面，有各种各样的文字，有康居文、吐火罗文、梵文、西藏文等。又发现了各式的地毯，其花纹有中国的、中亚的、希腊的、印度的等。又发现许多画，内容多为佛教，年代约为晚唐、五代到宋初。过去讲中国美术史，宋以前资料甚少，有的还很不可靠，由敦煌发现的画可以补充资料的不足，并为鉴别唐及唐以前的画提供了有力的旁证。

万佛峡在安西，时代内容略与千佛洞同。两地的石窟建筑稍有不同，万佛峡建于踏实河东西两岸，两岸相距不到一百公尺，因此洞内光线就成问题。凿洞人就利用了太阳的反光，门洞凿得很长，其地早年壁画已无，多唐宋时代的画。

敦煌历史，自第八世纪为吐蕃（西藏古名）所占后，非常模糊，由于敦煌的发现才渐清楚。知其处尚奉唐朝正朔。由壁画中也可看出吐蕃侵占的情况，又敦煌出有古西藏文文书。这些都可以补充西藏民族的历史。（因西藏仅二书《甘珠尔》和《丹珠尔》，俱属大藏经。）

敦煌东行首为酒泉，酒泉北去居延海，沿今之额济纳河为汉与匈奴百战之场，额济纳河两边多烽燧，西北科学考查团在其地发现汉简——居延简，数达万片，现在都沦落在美国国会图书馆。这批汉简对汉代历史的研究，提供了很多宝贵的资料。除发现简外，又发现策。简中有七十余片连缀一起是为篇，这是我国书籍制度史上很好的证据（一九四三年在大方盘城附近也发现一些汉简）。沿额济纳河北行抵居延海（这一带俗称二里子河）。居延海东南行为武威、张掖、民勤，民勤出沙井期彩陶。武威、张掖之间的山丹、永昌也发现彩陶遗址。张掖发现吐谷浑的墓群，吐谷浑历史上谓之为慕容氏，后来逐渐汉化，甘肃今有很多慕姓，据说是他们的后裔。汉末中原变乱，而河西一带相当安定，所以很多都保存了汉风，例如经学就是承汉代传统。

凿石窟寺的风气，由敦煌东行抵武威（凉州），据唐人记载，北凉沮渠蒙逊在南山中开凿石窟，绵亘东西百余里。但唐以后已无人知道，最近在武威南祁连山中的天梯山附近发现了石窟遗址，大概就是北凉石窟。总之，自六朝以来，墓葬遗址以及石窟寺在河西一带分布极多。

黑城：黑城建于西夏，元灭后置亦集乃路，元末荒废，一八八九——八九〇年，帝俄的柯兹洛夫在甘肃西部、新疆、青海一带调查。南行抵居延海附近发现黑城，于其中得西夏文遗物。西夏文是按汉文偏旁所造，过去不认识，这次发现几种西夏、汉文对照的字典如《番汉合时掌中珠》等，才能认识出西夏文字。当时还印有西夏文经典名河西字大藏经，北京图书馆藏有残本百余册。英国的斯坦因、日本人、西北考察团也经过此地，一九四二年也有人去过。寺院遗址城市街路现今还存在。

新疆考古在中国历史科学上的意义：第一是建立新疆少数民族的历史。新疆许多民族，他们都迫切要求知道自己民族的历史,过去所谓"正史"中的西域传、外国传是有一些片断记载,但远不够,一定要靠地下资料来充实。如吐鲁番高昌的历史,现在可以知其大概,这是因为有若干的高昌墓砖的发现。除高昌外,仍缺乏史料,如回教历史在新疆六百年的情况是怎样的,文献无征,只有依靠地下发现。因此,新疆历史问题,就有待于考古工作。

南疆比较发达,那里用的耧就是二、三世纪时由中原传去的。吐鲁番一带的坎儿井,汉时长安附近就用此法。足见新疆从汉以来生产技术就受中原的影响。

第二,新疆少数民族史的研究,对中国文化史也有很大的影响。自从佛教艺术东来,对中国绘画有很大变化。在技术上,中国画用毛笔,有粗、细、顿、折,印度画用苇笔(新疆写字有的也用苇),没有粗、细、顿、折,到后来这二者就统一起来,即吴道子的蓴菜条(就是把中国固有的兰叶描和印度的铁线描混合)。中国的画是平面的,无立体的感觉,印度的则有阴影,有远近,六朝张僧繇的凹凸法,就是用印度画法。吴道子画嘉陵江,水石好像可以扪酌,就是利用了凹凸法。这些都是丰富了中国画的技巧。印度画法的传来就经过新疆的。又如佛经中的一些名辞,由于新疆古文字的发现,知道有许多不是直接由印度文翻译出来,而是由新疆古文字经典转译的。如梵文 sramana 龟兹文作 samane,中原的沙门就是由龟兹文译出。中国的音乐也是如此。六朝时中原音乐因乱散失,后找库车人苏祇婆帮助建立了新的音乐系统,印度七音阶遂传入中原(中国古代只五音)。中原舞乐中分九部,也多是印度作风,经新疆传来中原。

新疆在中国文化史上是很重要的,而新疆历史研究更足以阐明中国文化史上的一些问题。

(原载《文物参考资料》1953 年第 12 期,第 24—40 页)

陈诚、李暹《西域行程记》《西域番国志》跋^①

陈诚《西域行程记》据《千顷堂书目》及吴兔床《拜经楼藏书题跋记》俱作三卷，而行世之《学海类编》本则只一卷，且与《明一统志》及《名山藏》诸书所引诚书较，亦形简略，说者疑之。今年北平图书馆收得天津李氏藏书，中有《独寤园丛抄》四种一册，内二种为陈诚、李暹之《西域行程记》及《西域番国志》。所谓《西域番国志》即《学海类编》之陈诚《使西域记》，而详略迥殊，"哈烈"一篇尤甚。以之辜较，不惟《学海类编》本删节之迹显然，即《明一统志》及《名山藏》引，亦非原来面目。《西域行程记》一种尤为可宝，乃通行本所绝无。有此而永乐十二年陈诚、李暹奉使西行之程途，可以按图以求矣。原书两卷，正与《明史·艺文志》所记吻合，益以题跋，恰合三卷之数。陈李原书或即如此也。原抄本绿丝阑，版心上有"独寤园稿"，下有"淡泉书屋"四字，两者皆海宁郑端简公读书之所。郑公曾著《四夷考》，此册或其所抄以供取材之用者也。原本旧藏秀水朱氏潜采堂，今归图书馆。因抄一册，以资参览。题跋及赠诗据《东洋学报》神田喜一郎之《陈诚〈使西域记〉考证》所引补抄，未及一一查明篇第。又《渊鉴类函》有陈诚《使西域祀天文》，亦未检出。《明史》《永乐实录》及诚事尚多，当俟异日再

---

① 《禹贡》第 2 卷第 3 期、第 4 期刊载向达先生整理的明陈诚、李暹《西域行程记》《西域番国志》，前有向达先生所撰引言。兹收入本书，标题为编者所拟。

为汇录也。二十二年三月二十七日夜午，向达记于旧京寓庐。

（原载《禹贡》第 2 卷第 3 期，第 31—32 页）

记巩珍《西洋番国志》

　　明成祖永乐三年(公元一四〇五年)郑和第一次奉使下西洋，至宣宗宣德八年(公元一四三三年)第七次奉使西洋归国，前后历时二十九年，经二十余国，其使节所及远至非洲东部海岸。所带人员多至二万七千八百七十余人。所乘船名宝船，共六十三号：大船长四十四丈四四尺，阔一十八丈；中船长三十七丈，阔一十五丈。当时称郑和等人"维绡挂席际天而行"，为明初盛事。是以钱曾《读书敏求记》说："盖三保下西洋委巷流传甚广，内府之剧戏，看场之平话，子虚亡是，皆俗语流为丹青耳。"今《也是园古今杂剧》第四十册为《奉天命三保下西洋》，即钱曾所说的"内府之剧戏"，罗懋登的《三宝太监下西洋通俗演义》，也就是钱曾所说的"看场之平话"。郑和下西洋，一定有很多的档案，自然也曾轰动了宣宗以后的一些皇帝。《明史》卷一六四《张昭传》纪到英宗复辟之后，于天顺初(公元后一四五七年)欲遣都指挥马云等使西洋，为张昭所谏止。顾起元《客座赘语》卷一《宝船厂》条说关于郑和下西洋，"旧传册在兵部职方，成化中(公元一四七五年左右)中旨咨访下西洋故事，刘忠宣公大夏为郎中，即而焚之"。因为刘大夏这种荒唐的举动，致使十五世纪初年，世界上杰出的航海家郑和的许多事迹，就此湮没不彰，真堪令人惋惜。郑和下西洋，他的随从中有马欢、费信、巩珍三人，都写的有书，纪其见闻。马欢的《瀛涯胜览》，费信的《星槎胜览》，流传甚广，耳熟能详。只巩珍的《西洋番国志》，钱曾《读书敏求记》著录过，《四库全书》收入存目，

296

以后彭元瑞《知圣道斋读书跋尾》有关于巩珍《西洋番国志》的跋。此外没有人提到和著录此书。百多年来,总以为巩珍的书不在人间了。一九五○年始知彭元瑞的抄本巩珍《西洋番国志》现藏周叔弢先生处。一九五二年捐归北京图书馆,湮没百多年的有关郑和的头等史料复显于世,我们真应该感谢周叔弢先生。抄本《西洋番国志》共三十五叶,每半叶十行,行廿四字。首录永乐十八年十二月初十日、永乐十九年十月十六日、宣德五年五月初四日三道敕文,敕文大略见《读书敏求记》。次为巩珍自序,序文末段巩珍自述编辑此书大概的经过,其辞云:

> 顾愚菲陋庸材,叨从使节,涉历遐方,睹斯胜概,诚为千载之奇遇。凡所纪各国之事迹,或目及耳闻,或在处询访,汉言番语悉凭通事转译而得,记录无遗。中有往古流俗希诞变态,诡怪异端而可疑,或传译舛讹而未的者,莫能详究。其注意措辞直俗之语,不别更饰,惟依原记录者序集成编,存传于后,尚觊将来出使之晓达者增损而正之。时大明宣德九年岁在甲寅孟春之月吉旦,养素生金陵巩珍寓金台之馆舍谨志。

宣德九年为公元一四三四本。巩珍参加郑和第七次下西洋,归国后第二年写此书。自序后为诸番国名,计收:一、占城国,二、爪哇国,三、旧港国,四、暹罗,五、满剌加国,六、哑鲁国小邦,七、苏门答剌国,八、那姑儿小邦,九、黎代小邦,十、喃勃里国,十一、锡兰山国,十二、小葛兰国,十三、柯枝国,十四、古里国,十五、溜山国,十六、祖法儿国,十七、阿丹国,十八、榜葛剌国,十九、忽鲁谟厮国,二十、天方国。钱曾对于巩珍的书评价其高,以为"叙事详核,行文赡雅,非若《星槎胜览》等书之影略成编者"。总而言之,巩珍《西洋番国志》为研究郑和的一部重要史料,从未印过,孤本流传,历几百年,今天是应该为之重印行世的。

（原载《历史研究》1954 年第 2 期,第 52 页）

记现存几个古本《大唐西域记》

一、叙 言

唐朝玄奘法师于贞观初西行,到印度留学,前后历时十七年。贞观十九年(645)正月回到长安。二月,法师在洛阳见到太宗。太宗要玄奘法师写一部书,纪述西游行踪。贞观二十年(646)秋书成进献,"称为大唐西域记,凡十二卷"。慧立《大慈恩寺三藏法师传》卷六著录了玄奘法师《进西域记表》。

《大唐西域记》是玄奘法师奉太宗之命所撰,在唐代经录中本无异辞。今本《西域记》卷首结衔作:

三藏法师玄奘奉诏译

大总持寺沙门辩机撰

看来《西域记》似乎又是辩机所撰写的了。关于这一问题,贺昌群先生写的《〈大唐西域记〉之译与撰》一文已基本上解决了(贺文收入1955年文学古籍刊行社影印嘉兴藏本《西域记》后面的附册页21—30)。这种错误,始于宋代。到了宋代,晋、唐以来翻译佛经的译场组织和制度,人们已经不大清楚了。误会了《西域记》卷末辩机所写的记赞,因而杜撰出译同撰分题的古怪结衔。当时撰写《西域记》,按照译场规矩,由玄奘法师口述西游行踪,辩机为之笔记。在译场列位里,辩机的地位不过是"笔受"或兼"缀文"而已。这好像今天请人作报告,由好几个纪录员纪录。把纪录整理好,送原报告人看过,加以修改之后,付印公布。经过报告人修正后公布的文件,当然署报告人的姓名,而不应该写作纪录员某人撰。这个道理本很简单。只缘辩机在《西域记》卷末附了一篇记赞,表示个人对于玄奘法师赞美之意,略等于后序或跋。这篇记赞理应放在书后,另作一篇。不知如何把记赞与《西域记》连书,置于卷末,因而引起后来著录上的混乱。

《大唐西域记》译撰问题,其实际不过如此而已。

贺先生的文章提到敦煌本和金藏本。他的文章写于抗战前,那时他没有看到这两个本子,因致疑惑之辞。二十多年来,敦煌本《西域记》在海外发现了,金藏本《西域记》也历尽浩劫,仍然回到祖国人民的手里。此外还看到其他本子的《西域记》。因草此短篇,作为贺先生大文的一个注脚。

篇末附带提到吕秋逸先生校刊本《西域记》。吕校本于1957年由南京金陵刻经处刻版印行,是现行《西域记》最好的一个本子,以知者不多,因为介绍。

二、介绍敦煌本、金藏本和福州藏本
一共三个本子的《大唐西域记》

《大唐西域记》十二卷,纪录了中亚以至印度138个国家的历史、地理、风俗、习惯,以至于鸟兽草木、宗教,特别是佛教的盛衰、传说、遗迹等等。乃是研究公元后第七世纪以前中亚和印度历史的一部最重要的史籍,百余年来校订注释此书,作者如林。

在版本方面,以前通行1911年日本京都帝大校刊本《西域记》,和1928年出版的《大正新修大藏经》本《西域记》。二者都以高丽藏作底本,用日本所传宋藏本和一些古写本参校。京都本比较旧一些。大正藏本后出,见本较多,而校勘不精,句读错误,以致满纸黄茅白苇，为世诟病。如《西域记》卷首燕国公一序，不依日本古本作于志宁，而转据明本作张说制（南藏亦无张说制三字，当是据北藏或嘉兴藏本耳！），就不免粗心了。本文介绍近二三十年来发见的敦煌本、金藏本和福州藏本，都是前人校勘《西域记》所未见到的，其中有不少佳处，对《西域记》的版本校勘方面，可以有些帮助。

先讲敦煌本。

敦煌本《西域记》今存卷一、卷二、卷三，一共三个残卷。卷一残存 304 行，自阿耆尼国条"而寡略，好自称伐"起至卷末"大唐西域记一卷第一"标题止。原本今藏伦敦大英博物馆，编号 S. 2659。卷二残存 173 行，自健驮罗国卑钵罗树条"起窣堵波，吾身所（下残阙）"至卷末"大唐西域记卷第二"标题止。原本今藏巴黎国家图书馆，编号 P. 3814。卷三残存 4 行，只余卷首乌仗那国国名四行上半。原本今存伦敦大英博物馆，编号 S. 0958。

关于敦煌本《西域记》，抗战前北京图书馆从伦敦、巴黎摄回照片。我们今天参考北京图书馆所藏照片，并用中国科学院所藏伦敦的敦煌卷子显微胶卷来对照。

其次讲金藏本。金藏，一名赵城藏。金指刻于金代，称为赵城藏，因为原本藏于山西赵城县广胜寺，故名。这一部金藏，抗战前如皋范成法师最先发现，1933 年秋，南京"支那内学院"派蒋唯心先生去赵城调查，归写《金藏雕印始末考》一文，并附广胜寺大藏经简目。然后金藏梗概，始复显于世。当时曾选择金藏中流传较少的诸种，辑印为《宋藏遗珍》一书。可惜的是《遗珍》中竟未收《佛国记》和《西域记》诸书。据蒋著《始末考》所附简目，收千字文编号（疑星）《西域记》等三部十七卷，注云"存十一卷"。吕秋逸先生说是"赵城金藏本《西域记》，除第二卷残存两纸，第九卷末缺数纸外，余均完整"。（吕说见其致中华书局函。）

抗日战争期间,经中国人民解放军奋力抢救,牺牲了八名解放军战士,始得保住这部国宝金藏,不至沦于敌手。解放后由人民政府将所存全部金藏移交北京图书馆保存。《始末考》调查金藏实存总数,以为“综计原藏应有七千卷,今才存四千九百五十七卷,盖已残十之三矣”。抗战时抢救所存移交北京图书馆者,尚存四千卷左右。

现存的四千多卷金藏,以当时藏地窖中,受了潮湿,卷子多胶结不能展开。经过北京图书馆的精心修整,已整理好了三分之一以上。在这整理好的卷子之中,有《西域记》卷十一、卷十二,一共两个完整的卷子。我们现在能够看到的金藏本《西域记》,只此卷十一、卷十二两卷。但是我们希望其余的九卷多依然无恙,不久的将来可以修整出来,供学者的研究。

第三是福州藏本。

宋代福州东禅寺于神宗元丰三年(1080)开始刊刻全藏。徽宗政和二年(1112)福州开元寺也继踵而起。十一、十二世纪间福州所刊佛经,后世总称之为福州藏。福州藏流传国内的不多,清末杨守敬、李盛铎诸人,始从日本得到若干种。至今国内各图书馆所藏以及散布市肆和私人之手的,大都来自日本。我们见到的北京大学图书馆所藏福州藏本《西域记》卷四,原来是李盛铎的藏书,上钤“三圣寺”朱文印,是从日本寺院中散出来的。

福州藏本《西域记》只余卷四,首尾完整。此书刊于宋徽宗崇宁二年(1102),卷首有题记三行,其文如次:

福州等觉禅院住持传法沙门普明□(收)□(印)经板头钱恭为今上皇帝祝延圣寿阖郡官僚同资禄位雕造大藏经印板计五百余函 时崇宁二年十月日谨题

卷末另有“十三山官厚”和“郑宁印造”两个题记,那是另用木戳打上的,当是施经人或印经经坊的记号。

以上三个古本《西域记》，一共残存五卷，计完整的三卷，残缺的两卷，还不到原书的一半。但是就只这一点点，已经很可珍贵了。

三、上述三个本子在版本学上的一些长处

宋太祖开宝四年（971），开始刊刻《大藏经》，后世称此为开宝藏。这是宋以后佛经雕版的祖本。高丽藏、辽藏、金藏，都出自开宝本。莫友芝得到唐人写《说文·木部》残卷，诧为稀世之珍，当时有"世上何曾见唐本"之叹。不料过了几十年，敦煌石室藏书出现，不仅唐本，连三国、六朝的写本，我们也看到了。真是一件大事。

敦煌本《西域记》，虽仅存两个残卷另加上几行，就书写的字体看，两个残卷出于两手，时代够得上开天之际，即第八世纪的写本；约在《西域记》成书后一百年，比之开宝藏要早二百多年。这是《西域记》最古的本子，日本所传的中尊寺本、石山寺本、醍醐三宝院本几个古写本，都赶不上敦煌本。

敦煌本字句上和高丽藏很接近。如卷一屈支国条"其俗生子，以木押头，欲其匾匮也"。（据吕校本，以下同，不另注。）"匾匮"二字，敦煌本及高丽藏本俱作"遍递"。据慧琳《一切经音义·西域记音义》，唐本中是有作"遍递"的。又羯霜那国条"入铁门。铁门者云云"，"铁门"二字应重，敦煌本、高丽藏本同。鞠和衍那国条首应重"鞠和衍那国"五字，敦煌本、高丽藏本同。而在宋、元、明本都没有上举重出诸字。此等例证很多，不能遍举。高丽藏据宋开宝藏翻雕，由此可以推知开宝藏本《西域记》也应是很接近唐本的。

敦煌本有些地方和日本所传石山寺本等古本有相同之处。

如卷一迦毕试国条大城东三四里一段之"闻诸先志曰",敦煌本作"文(当是闻字笔误)之耆旧曰",石本古木亦作"闻之耆旧曰";下曷逻怙罗僧伽蓝一段之"闻诸先志曰",敦煌本"先志"作"其(当是耆字笔误)旧",石本古本同。下王国西北二百余里至大雪山一段之"闻诸先志曰",敦煌本、石本古本俱作"闻之耆旧"。卷二跋虏沙城条弹多落迦山一段之"石庐""仙庐"二"庐"字,敦煌本、石本俱作"闾"。日本诸古本大都是十一世纪以后的传钞本,相传出自唐本。今由敦煌本可以证明这一传说,还是有些根据的。

敦煌本和其他各本的异同不少,有的关系相当大。例如卷一迦毕试国条,说迦毕试国王"刹利种也"。刹利,敦煌本作"窣利"。刹利即刹帝利,是印度人,窣利是中亚细亚人,那就很不同了。又如卷二末至乌仗那国的小注"旧曰乌孙场",敦煌本、高丽藏本都作"旧曰乌场"。我们以为作"乌场"是对的。

以上只是举例说明敦煌本同其他若干本子比较的大概。以下略说金藏本和福州藏本。

金藏开雕于金熙宗皇统初,至世宗大定时刊成,历时三十余年(参看蒋著《金藏雕印始末考》),即在十二世纪下半期。福州藏《西域记》为东禅寺本,刻成于宋徽宗崇宁二年(1102)。二者都刻于十二世纪,都以开宝藏为祖本(金藏本经尾还留有开宝六年奉敕雕造题记)。在藏经的版本学上,这两个本子都是极可珍贵的。福州本《西域记》又是日本庆长本、宽永本以及承应本《西域记》的祖本,庆长、宽永、承应诸本在今天已不多见,福州藏原本自然更可重视了。金藏刊成,比福州藏的东禅寺本或开元寺两个本子都晚。但金藏本《西域记》是直接翻刻开宝藏的,其版本价值比福州藏似乎还高一些,因先谈金藏本。

金藏本《西域记》每行十四字,是开宝藏行款的格式,字体方严,也和开宝藏本一样。避弘、殷、敬诸字讳。卷十二末辩机记赞里的圣代、大唐、皇化、明诏、皇极、皇灵诸辞，和高丽藏同，俱另起一行。这些都可以证明二者之同出于一个祖本。金藏本《西域记》卷十一、十二两卷，文字上与高丽藏本几乎是完全一致。如卷十一信度国条的粟麦，钵伐多国、阿点婆翅罗国、臂多势罗国、阿𫗴荼国，以及卷十二尸弃尼国的菽麦，金藏本和高丽藏本都作宿麦，即是一例。

金藏本和高丽藏本也有彼此出入之处。最显著的如卷十二乌铩国条记入灭心定阿罗汉从定起后的问话："寻重问曰"和"诞灵导世"两句，高丽藏本如此，而金藏本作"寻重问其"和"语复云世"，便不如高丽藏本之明白晓畅了。现行高丽藏是十三世纪重刻本，根据旧宋本以及辽藏（亦名丹本）等重加校正。丹本校勘极精，胜于宋本，重刻高丽藏之可贵，根据丹本校正是一个原因。而金藏本《西域记》与现行高丽藏本大同小异，正足以证明金藏本是直接翻刻开宝藏本。开宝藏本《西域记》不能复见，得见金藏本，庶几虎贲中郎，仍不失为稀世之珍也！

福州藏本《西域记》卷四，在版本学上问题不如敦煌本和金藏本之突出，因暂置不论。

总而言之，以上介绍的几个古本《西域记》，虽然只剩下五卷左右，而为以前校勘《西域记》者所未曾参考引用，在版本校勘上确有胜处，实在是值得重视的。因不辞觊缕，与以介绍。

四、附带介绍 1957 年金陵刻经处刊 吕秋逸先生校本《大唐西域记》

以前常用的《西域记》，单行的以 1909 年常州天宁寺刻本为多。后来有商务印书馆的铅印国学基本丛书本《西域记》。解放后 1955 年文学古籍刊行社又影印了嘉兴藏本。三者就是一个本子。这是《西域记》各种版本中最坏的一个本子。卷十一僧伽罗国条羼入明朝永乐时郑和至锡兰山的纪事凡516字,作为大字正文。这是够荒唐的了。嘉兴藏本又好改字,乱加注语,往往可笑。反而不如守山阁丛书本《西域记》之可用。

解放前我们曾重刊全藏。影印碛砂藏本《西域记》根据的原本有残阙,卷十一补以嘉兴藏本,有关郑和的一段就在里边。主持影印碛砂藏的人,于用嘉兴藏本补足残阙事,不加说明,使人有颜鲁公书《赤壁赋》笑话又得一例之感。频伽藏本《西域记》反而没有这些错误!

除此以外,日本的京都本和大正藏本,算是后来使用得最多的好本子。二者都是用高丽藏本作底本,另附各本异同,便于对勘。但也有缺点。缺点之一是校勘不精,特别是大正藏,错字、破句,触目皆是。其次是以高丽藏本作底本,另附各本异同,可没有校定究以哪 本为好。因而要使读者自己去判断,对一般读者,尤其不便。所以一个校订好辞句,作出一个定本的《西域记》的工作,还有待于努力。1957年金陵刻经处刊行的吕秋逸先生校本《西域记》(以下简称吕本),基本上满足了这一个要求。在《西域记》的版本学研究方面,提高了一步。

吕本是木刻本,线装四册。其最大的优点是校出了一个定本,以前的一些疑似之处,现在都肯定了。所有经过校定的字,在字的左边加墨点为记,同以前"支那内学院"校勘《大慈恩寺三藏法师传》的办法一样。全书十二卷,经过校定,于字左加墨点的,将近四百个。改定了这三四百个字,于是《西域记》的文字比较好读了,使用起来比较放心。这比日本的京都本、大正藏本,都要高明,是现行《西域记》诸本中一个最好的本子。

改定的三百多个字,都是根据高丽藏本以及宋、元、明本,斟酌去取,定于一是,确凿可信。如卷一鞠和衍那国条首增"鞠和衍那国”五字，卷十二昏驮多城条首删去“尸弃尼国”四字，商弥国条末“登山履险，路无人里”八字，卷末记赞“拟憍赏弥国出爱王思慕如来刻檀写真像刻檀佛像一躯”其中增“写真像刻檀”五字，这些都是根据高丽藏本改定的，至为恰当。很多地方和敦煌本、金藏本暗合，足见吕本校勘之精。《西域记》中有许多梵文专名，辗转钞录，不无传讹之处。吕先生深通梵文，对这些问题的勘正，更其是出色当行。如卷六劫比罗伐窣堵国提到“嗢呾罗頞沙荼月”，“荼”依高丽藏本作“荼”，不依宋、元、明本作“荼”，是符合于梵文的对音的。

吕本长处甚多，约举一二如上。不过也有使读者感觉不足之处。第一，没有能像以前校勘《三藏法师传》一样，于卷首附一个校勘凡例。因此不知道新刊本《西域记》是以那一个本子作底本。是用宋本呢？还是高丽藏本？如其为宋本，是日本相传的宋本呢？还是《四部丛刊》所收的影宋本？新本改定之字旁加墨点，也是读时揣摩出来的，改定时根据何书，有何理由？自然更不清楚了。所以我们迫切希望吕本能够在再版的时候，补一个校勘凡例。对于改定各字，也尽可能加以说明。第二，1957 年本校勘相当仔细，但仍不免误字。如卷首于志宁序：“其先颍州人也”，“州”应作“川”；“子云鞶悦”，“悦”应作“帨”；“辕幰”，“幰”应作“轘”；“七百六十言”，“六”应作“八”。卷一：页 7 下 5 行，“王今监国”，“今”应作“令”；页 8 下 6 行，“洪涛浩汙”，“汙”应作“汗”；页 20 下 9 行，“髣鬀”，“鬀”应作“髴”。卷二：页 4 上 3 行，“苦草”，“苦”应作“苫”。卷三：页 14 下 8 行，“愿恒受洪”，“洪”应作“供”；页 21 上 4 行，“多甘芜”，“芜”应作“蔗”。卷六：页 15 上 1 行，“我出笼攀”，“攀”应作“樊”。卷七：页 6 上 9 行，“愍其薄祐”，“祐”应作“祜”。卷八：页 22 上 6 行，“昔在如来”，“在”应作“者”。卷九：页 4 下 3 行，“补山弥谷”，“补”应作“被”；页 13 下 3 行，“更有贺曰”，

"有"应作"相"。以上略举十五个字，当俱由于写刊之误，偶尔失校。第三，有些地方还是可以商讨的。如本文第三段介绍金藏本所举"宿麦"的例子，吕本不依高丽藏和金藏，而据他本作"粟麦""菽麦"。又如卷四页5下3行的"答秣苏伐那僧伽蓝"，吕本据他本作"阇林"，不依高丽藏本及日本古本作"闇林"。就梵文而言，似以高丽藏及日本古本为胜。我不懂梵文，姑献此疑，以供参考。

吕本是现行《西域记》的一个最好的本子，以上所举诸点，不足为病也。

一九六一年十二月一日写于北京

（原载《文物》1962年第1期，第31—36页）

《敦煌变文集》引言

一八九九年的初夏，敦煌千佛洞的藏经洞发见了。藏经洞的藏书总数量大约有两万个卷子，此外还有一些画幡之类的东西。五十多年来"敦煌石室藏书"遭受了种种的变化，至今分散在世界上的各个大图书馆里：收藏最多的是伦敦的不列颠博物院、巴黎的国家图书馆和我们的北京图书馆。其他如日本、苏联以及各国的私人手里还有一些，不过数量不如以上三处的多。英、法两国下手最早，掠夺去的都是精品，等到我们去收拾残余，剩下的大部分已是糟粕了。

这两万多卷的藏书，绝大多数是写本，一小部分是木刻本。写本的年代，大概自公元后四世纪末期起，至十世纪末期止。刻本中有公元后八六八年刻的《金刚经》，首尾完整，是世界上现存最早的木刻本书。藏书内容绝大多数是佛教经典，下余一部分为道教、景教、摩尼教的经典，以及经、史、子、集四部书籍，各种账籍等等。这些书籍多是汉文，此外也有不少用中亚古代习用的文字如回纥、康居、龟兹、和阗、梵、藏等文书写的卷子。古代敦煌为"华戎所交一都会"，是中西交通的咽喉之地，由石室藏书就可以见出其地位之复杂了。

两万多卷石室藏书的发见，使中国和西域中古史的研究增加了一大批新的史料，因而引起中外学者的注意，逐渐形成"敦煌学"的一门学问，在东方学的研究中占据了相当重要的地位。敦煌学的方面是很广泛的，几十年来中外学者研究的结果，对于中国和西域中古史作出了不少的贡献。

但是他们的研究不是没有缺点的。他们仍然不能摆脱正统派的思想，只注意于正经正史的方面。敦煌石室藏书中有不少的账籍、转帖和民间文学作品，都是研究中古时代社会经济史和人民文学史绝好的材料。几十年来，这一方面的东西，因为没有受到应有的重视，于是传布既然不多，研究的文章也寥寥可数；像本书所发表的一些作品，就是埋没不彰的一个显著例子。

敦煌石室藏书中和文学有关的东西内容很复杂：有唐人的诗，有唐末五代的词，而最多的是形式和后代弹词类似有说有唱的说唱体作品。这些说唱体作品的内容，多数取材于佛经，也有不少是取材于民间传说和历史故事。本书所收就是以说唱体为主的一些作品。

敦煌所出说唱体的文学作品，最初被误认为佛曲，如罗振玉在《敦煌零拾》中所著录的几篇，就是这样标题的。后来因为像《目连变》《八相变》等等，变文的名称尚保存在原卷之中，于是又把这一类作品泛指为变文。但是像这一类的作品，固然有些是题上变文的名称的，是否就可以一律称为变文文学呢？或者还是有其他的通称呢？二十年来，我们根据唐代段安节的《乐府杂录》《卢氏杂说》，以及九世纪上半期日本僧人圆仁入唐后所作的《入唐求法巡礼行记》，知道唐代寺院中盛行一种俗讲。后来又发见巴黎藏伯字三八四九号卷子纸背所书《俗讲仪式》，对于俗讲的内容算是比较清楚一点了。现在可以肯定地说佛曲的名称是错误的。同时我们也提出这样一个说法：唐代寺院中所盛行的说唱体作品，乃是俗讲的话本。变文云云，只是话本的一种名称而已。

这些话本如述说秋胡和庐山慧远的《庐山远公话》等故事，用的是散文体，大概有说无唱。如《目连变文》《八相变文》《王陵变文》以及以季布为题材的歌、词文、传文之类，则散文与韵文相间，有说有唱，和后世的讲唱文学如弹词等极其相似。

据日本僧人圆仁《入唐求法巡礼行记》的记载，九世纪上半期长安有名的俗讲法师，左街为海岸、体虚、齐高、光影四人，右街为文溆及其他二人。其中文溆尤为著名，为京国第一人。这些人可以称为俗讲大师，他们所讲的话本今俱不传。现存的作品中有作者之名的只《频婆娑罗王后宫彩女功德意供养塔生天因缘变文》末尾提到作者保宣的名字。此外如巴黎藏伯字二一八七《破魔变文》，北京藏云字二四号《八相变文》，末尾都有一段献词，可以看出即是话本作者的自述。巴黎藏伯字三八〇八号《长兴四年中兴殿应圣节讲经文》，又伯字二四一八号《父母恩重经讲经文》，也是出于俗讲法师之手。可惜这些人的名字除保宣而外，都不传了。圆仁还纪载了道教的俗讲，并提到讲《南华》等经的道士矩令费。至于道教俗讲的话本，还没有见到。

唐代讲唱变文一类话本的不限于寺院道观，民间也很流行，并为当时人民所喜爱。赵璘《因话录》和段安节《乐府杂录》都提到俗讲大师文溆的故事，说他"听者填咽寺舍"，说他"其声宛畅，感动里人"。人民喜爱之情于此可见。《全唐诗》里收有唐末诗人吉师老《看蜀女转昭君变》诗一首，是唐代还有妇女从事讲唱变文的。吉师老的诗里有"清词堪叹九秋文"和"画卷开时塞外云"两句，前一句指讲唱者一定持有话本，后一句则讲唱之际并有图画随时展开，与讲唱相辅而行。巴黎藏伯字四五二四号为《降魔变文》，述舍利弗降六师外道故事中的劳度叉斗圣一段，卷子背面有图画，画的就是劳度叉斗圣的故事，每段图画都和变文相应，相当于后世的带图本小说。道可为吉师老诗作证明。而现存敦煌话本卷末往往有立铺等话语，立铺或一铺指画而言。都可以说明开讲俗讲话本时是有图画的。

开讲俗讲时除用图画外，似乎也用音乐伴唱。变文唱辞上往往注有"平""侧""断"诸字，我们猜想这是指唱时用平调、侧调或断金调而言。

唐代寺院中盛行俗讲，各地方也"转"变文。变文之流究竟起于何时？先起于寺院？还是这一类讲唱文学，民间由来已久？这一些问题，都因文献不足，难以确定。我们知道，变文、变相是彼此相应的，变相是画，洛阳龙门石刻中有唐武后时所刻的《涅槃变》一铺，所知唐代变相以此为最早。因此可以这样说，最迟到七世纪的末期，变文便已经流行了。九世纪上半期有像文溆法师那样的名闻京国的俗讲大师，"历事五朝，二十余年，数经流放，声誉未堕"！上自帝王，下至氓庶，无不倾倒；势力和影响之大，可想而知。

唐代俗讲为宋代说话人开辟了道路，俗讲文学的本身，也和宋人话本有近似之点，是宋以后白话小说的一个雏形。一般认为韩愈"文起八代之衰"，那就是说韩愈一反梁齐以来文章绮靡之弊，改宗古文。古文运动就是散文运动。文体解放的一个影响是传奇文学的兴起，传奇就是一种短篇小说。八九世纪以后，正统文学方面古文兴起，苗发了传奇文学。戏曲方面参军戏、大曲之类也大盛了。这些对于俗讲文学都不能说是绝无关系的。

据唐代对于文溆的记载，文溆的俗讲，"释徒苟知真理及文义稍精，亦甚嗤鄙之"。那就是说俗讲太浅了，是以不登大雅之堂，不见赏于文人学士。可是也正因为这样"氓庶易诱"，于是"愚夫冶妇乐闻其说，听者填咽寺舍，瞻礼崇奉，呼为和尚。教坊效其声调以为歌曲"。成为人民大众所喜闻乐道的一种新的文学。这对于宋以后的说话人、话本以及民间文学的逐渐形成，是起了一定的先驱作用的。

首先是俗讲文学开辟了一个广阔的园地，利用种种题材来向人民群众讲唱。仅就本书所收的变文一类作品而言，其取材已甚广泛:有佛经,有民间传说,也有历史故事。其敷衍佛经故事,目的并不在于宣传宗教,如讲唱舍利弗降六师外道的《降魔变》,文殊向维摩诘居士问病的《维摩变》,场面极其热闹而又有趣味。宗教的意义几乎全为人情味所遮盖了。敷衍民间传说和历史故事的如秋胡小说、伍子胥、王陵、季布、昭君等,也都是一般人所喜欢听的。宋代说话人之讲经、说史,在俗讲文学中已经有了了萌芽了。

其次是采用了接近口语的文字,并搜集了一部分口语辞汇,为宋以后的民间文学初步地准备了条件。同时对于人物的心理以及动作,加以细致的分析和描写,因而像两卷本的《维摩诘经》可以敷衍成为数十万言的《维摩变文》,在技术方面给后来的话本和白话小说以很大的启示。

第三,宋代说话人在中国文学史,特别是民间文学方面,占有相当重要的地位。但是过去对于说话人的渊源关系很模糊,讲文学史的谈到这里戛然而止,无法追溯上去。自从发现了俗讲和保存在敦煌石室藏书中的俗讲话本以后,宋代说话人的来龙去脉,才算弄清楚了。对研究中国文学史和民间文学的人而言,这自然是一件大事。不仅如此,清末以来,因为找出了一部分所谓宋人话本,大家便很高兴,以为这一发现,一方面知道了"三言""二拍"的根据、来源,一方面可以帮助我们了解宋代说话人的话本情形,为中国文学史的研究写下了新的一页。现在所发表的七十八篇文学作品,就时间上讲,大概都是唐末到宋初的东西,比所谓宋人话本要早得多。在内容方面,如《维摩变文》一类,真可以当得起洋洋大文四字,虽然是残阙不全了,然其波澜壮阔、气势雄伟之处,还可以窥见一二。从研究中国文学史的眼光来看,其价值最少应和所谓宋人话本等量齐观,为中国文学史的研究者提供了一部崭新的材料。

至于这部书的编集经过我们也可以说一说。

敦煌石室藏书发现以后，首先是王国维先生，后来郑振铎先生和他的一些朋友们，才重视其中俗讲文学和其他的通俗文学作品。一九三四年以后，王重民先生到了巴黎和伦敦，周览了伯希和、斯坦因劫去的敦煌石室藏书，大量摄照了变文之类的作品。这些照片现在都藏在北京图书馆，清华大学图书馆也收藏了一部分。一九四八年，王庆菽先生留学伦敦，后来又去巴黎，她特别注意俗讲文学和其他的通俗文学作品，一面抄录，一面摄照了一大批的显微照片。本书所收伦敦、巴黎藏的变文一类作品，主要的是根据两位王先生的照片和抄本。北京图书馆所藏的，则以前《北平图书馆馆刊》上所发表的《敦煌丛抄》为根据，用原卷校勘并增补。这是本书的主要来源。其余一些零星篇章，有的是私人所藏据原卷或传抄本过录，有的是根据发表了的过录，在每篇里都予以说明。

大约是在一九五四年的时候，工重民、王庆菽两位先生发起编纂这一部集子，当时约了对敦煌所出通俗文学有兴趣有研究的周一良、启功、曾毅公三位先生，也约上了我，一齐来做编集校勘的工作。并承人民文学出版社的好意，答应出版这部书。这些工作，两位王先生和周、启、曾三位先生花的工夫最多，我只是相帮而已。

我们的工作大概是这样进行的：根据照片或原卷过录一个本子，然后由一人主校，其余五人轮流互校一遍，把各人校勘的意见，综合起来，作成校记，附在每一篇的后面。我们校勘的原则是绝不改动原文，如认为原卷有误字脱字之处，另为注出，附在下面。敦煌所出通俗文学作品，因为原来是在民间流传的，所以俗写别字不一而足。这些俗写别字，仔细推敲，也有一定的规律：一是多用笔画简单的同音字代替原来笔画繁复的字，如以"交"代替"教"之类。一是结合两字的字头成为一个字，如将"菩萨"二字简写为"茊"，"菩提"简写为"蕶"之类。像这些情形，我们都尽量保持原来的字形，而将我们所认为是的正字，注在下面。简字运动有很长的历史，并且是人民大众所迫切需要的，敦煌通俗文学作品就是一个最好的例子。我们之所以这样作，也想提供一点材料为简字运动作参考。校勘的详细规定，另见凡例，这里不多谈了。

我们六个人都是用业余和会后的时间从事于这一工作的。有的人往往是午夜以后，还在那里丹黄杂下，不以为苦。敦煌石室藏书发见已经五十多年了，直到解放以后我们才算是有机会把这一部分作品汇集起来出版，以供研究中国文学史者的参考。我们知道我们的工夫不是白费的，从事于中国文学史的研究工作者是会欣赏我们的工作的。我们的工作因为都是在匆忙中挤出来的，自然免不了错误，希望读者多多指教，我们愿意接受意见，随时改正我们的错误。

末了，我们还得谢谢郑振铎先生，没有他的鼓励和帮助，我们这一部书是不会这样顺利出版的。

一九五六年三月二十七日向达谨记于北京

（原载王重民、王庆菽、向达、周一良、启功、曾毅公编《敦煌变文集》，人民文学出版社 1957 年版，第 1—8 页）

冯承钧《西域南海史地考证论著汇辑》序

　　冯承钧先生于一九四六年二月逝世,至今整整十一年。生前翻译以及著作的专书和论文约有百余种,孜孜不倦,以至没世。他将法国近代几个汉学大家的著作,系统地转法为汉,介绍给我们学术界,使我们受益匪浅。为了说明冯先生的工作,现在将他的译述,择要介绍如下:

　　先生翻译的专书,属于一般性质者,有沙畹的《中国旅行家》,也是他最早的一部翻译作品;有荷兰史勒格的《中国史乘中未详诸国考证》,都远在三十年以前就和读者见了面。关于南洋古代史地方面:如费琅的《昆仑及南海古代航行考》和《苏门答腊古国考》,马伯乐的《占婆史》,鄂鲁梭的《秦代初平南越考》,伯希和的《交广印度两道考》,都是南海古代史地研究中的名著,一直到今天,还是研究这些方面的重要资料。《郑和下西洋考》是二十多年前伯希和集"郑和研究"的大成之作。先生译伯氏此文,在自序中又举出自己和朋友的一些新发现,以补足伯氏之不足,所以汉译本《郑和下西洋考》遂成为东西学者研究这一问题必不可少的书籍。他对于南海古代的史地研究,不仅在翻译方面有不可泯灭的贡献,并且他自己也写了一部《中国南洋交通史》,除采用前人的考证以外,也加入了不少个人的心得。赵汝适的《诸蕃志》,马欢的《瀛涯胜览》,费信的《星槎胜览》,黄省曾的《西洋朝贡典录》,谢清高的《海录》,为研究十三世纪以后南海古代史地的原始资料,除《诸蕃志》有夏德、柔克义的译注本,《瀛涯胜览》有兑温达的新考订的马欢专文讨论外，其余各种，西洋学者只不过作了一些零星的考据，先生综合各家之说，予以取舍，并据所能看到的各种本子，比较校勘，各成校注，使治南海古代史地者获得了不少的方便。

先生于佛学及语言学自谦为门外汉，所以关于印度学方面译著不多，但所译《佛学研究》《大孔雀经药叉名录舆地考》《正法念处经阎浮提洲地校勘录》《法住记及所记阿罗汉考》，虽是印度学专家译此，亦未能过。他所译的关于吐火罗语论文，生前只发表了一部分，今年也由他的学生整理，编成《吐火罗语考》出版了。里面迻译烈维及伯希和的论文各两篇，都是西洋学者在吐火罗语论战中，不同时期的总结性作品，对于研究中西交通史有不少的帮助。沙畹的《西突厥史料》是一部不朽之作，此书不仅在西域史的研究上有很大的贡献，对于世界史也增加了不少的资料。但是原书写成颇历时日，又以随时采取新的考证，遂致前后往往失去联络，所采史文，亦多遗漏，以后虽有补编之作，仍然有不少的错误和遗漏，先生迻译沙畹此书，尽可能将原作的错误和遗漏，予以补正，新旧考订纷歧之处，亦尽量整理一致，这并不是一件容易的事。

先生迻译关于西域南海的名家论文甚多，分别编入《西域南海史地考证译丛》之内，生前发表的已有四编，近两年他的学生整理遗稿，又连续出版了五六两编，这些碎金片玉，都是研究西域南海古代史地的珍贵资料。据闻尚有七八两编亦将刊出，对于研究这方面历史的人，却是值得高兴的消息。东西学者关于中亚古舆地考证既多，为了便于翻检，先生曾编著了《西域地名》一册，将西域古地的同名异译以及古今沿革，一一为之注明，出版后极为国内外学者推重。此书因匆匆草成，未能十分详尽。先生时时想重新编成一部较详细的《西域地名辞典》，但终为岁时所忌，不幸未能实现。冯先生已去世了,这部辞典的编撰,我们是应该考虑担负起来的。

元史的研究,特别是西域汗国的历史方面,在中国历史科学中还是很薄弱的一环,主要的原因:一在于语言;二在于西域方面的史料。西域史家著作,多用波斯、阿剌伯等文,能阅读者较少,因之一般不能不借重多桑的《蒙古史》。洪钧的《元史译文证补》开辟了清代治元史的新局面,但所依据的主要的还是多桑的书,以后柯劭忞的《新元史》,屠寄的《蒙兀儿史记》也都如此,不过是转引日本田中萃一郎的译本而已。多桑书卷帙过巨,一般翻译者视为畏途,日本田中氏译此,也仅译了前三卷,至今尚未能全部译出。先生却排除艰苦,以二三年时间,审慎用力,悍然的将全书译完,使出版了百余年的多桑《蒙古史》,得与中国学者发生了直接关系,他的功绩,真是值得我们纪念的。

译多桑书同时,为了便于通俗阅读之用,又将法国格鲁赛所著《极东史》中的蒙古部分译出,名为《蒙古史略》。多桑书译毕,他又译了布哇的《帖木儿帝国》,也可以说是多桑《蒙古史》的续编。

除了翻译的以外,他自己还作了一本《元代白话碑》,从金石书画以及方志内哀集了元代的白话圣旨碑,成为一书,并对于元代白话语法加以研究讨论。他写的《成吉思汗传》,原来目的是想对屠寄《蒙兀儿史记》的《太祖本纪》和《西域列传》作一纠误,结果成了一部专书,但亦非其他专写成吉思汗传者所能及了。

元帝国时期,欧洲有不少的旅行家到过中国,他们归国以后大都写有行记,其中以马可·波罗的记载最为详细,为研究元史者所珍重。西洋学者在这方面作了不少的研究工作,仅仅译注的本子就有几十种,以伯希和、穆尔合译的注本为最后出。冯先生翻译时,因伯氏的译注本尚未出版,感到沙海昂的译注本在当时尚较完备，遂予以迻译。沙氏原书舛错之处，一一为之订正，原注未详者，亦为之补注不少。《马可·波罗行记》，在中国现有五种译本：张亮尘先生据玉尔和科狄译注的《马哥·孛罗游记导言》和第一卷，林纾、魏易合译的《马哥·博罗游记》，张亮尘先生又据邦内戴拖译注的《马哥·孛罗游记》，李季据科曼洛夫的《马哥·孛罗游记》，和先生的译本。五种译本仍然推先生所译沙海昂译注本最审慎最完备。

伯希和的《蒙古与教廷》，是一篇关于考证元代与教廷关系的杰作，先生早在一九四一年译出，其原稿最近才辗转寻出，不久将刊印出版。

他在考古学方面，翻译了法国色伽兰的《中国西部考古记》，闵宣化（原作牟里，后改）的《东蒙古辽代旧城探考记》，沙畹、伯希和的《摩尼教流行中国考》，和郭鲁柏的《西域考古记举要》。在《举要》内又附格鲁赛《极东史》中的《中亚佛教艺术》一章。

他所著的《景教碑考》，裒集近代欧洲汉学家的考证综为一书，参考价值可与夏鸣雷和日本佐伯好郎的著作媲美。

在他所有的译著中，还有一部费赖之的《入华耶稣会士列传》，里面所包括的教士，凡有四百多人，为研究明清之际天主教传布中国的重要资料。全书共分十卷，仅发表了前三卷，希望以后有人能将全书出版，使研究近代史和近代中西文化交通史的人，能多得一些参考文献。另外他译的《卜弥格传》，也有不少明末的史料，不能认为是一个教士的个人传记而予以忽视。

先生所著论文数十篇，晚年作品论证精凿，用力更勤。本编汇辑的二十二篇论文，大都是他晚年时发表在各种旧杂志或报刊上的。年时逾久，不易寻览。现在收集一起，以供研究这方面历史的人参考。

我和先生认识在一九三一年，后因出国以及抗战，一别十余年。一九四六年先生去世，我在昆明的《文讯》上写了一篇悼念他的文章。自一九四六年到今十一年，又为他的论文汇辑写这一序文。十一年的变化，使人有无限的感触，先生如能活至现在，看到祖国的日新月异，繁荣幸福，学术上也在欣欣向荣，其高兴兴奋将是不言而喻的。

一九五七.七.十六向达序于北京

（原载冯承钧《西域南海史地考证论著汇辑》，中华书局1957年版，第1—5页）

评黄文弼近著高昌三种

《高昌》，《西北科学考查团丛刊》之二《考古学》第一辑第一分本，民国二十年二月出版。定价五角。

《高昌专集》，《西北科学考查团丛刊》之二《考古学》第一辑第二分本，民国二十年八月出版。定价八圆。

《高昌疆域郡城考》，西北科学考查团短篇论文之一，见北京大学《国学季刊》二卷一号，民国二十一年三月出版。

黄君《高昌》及《高昌专集》二书，余在本刊五卷六号已略为介绍，唯多所遗漏，深以为歉。最近得睹黄君所著《高昌疆域郡城考》，因不辞重赘，写为此篇，以就正大方。"旧学商量加邃密"，黄君或不以为非乎？

19世纪以来，西洋考古学大盛。至其末叶，一部分因政治上之原因，考古学家之目光，乃转而及于中亚一带。于是新疆一隅遂成为考古学上之宝藏。俄国倡之于先，英国继之于后，而法、而德、而瑞典、而日、而美，莫不望风兴起，若百川之汇海焉。此辈考古者之目的，学术而外，大率附带政治上之使命，是以其所调查考古学不过其一支，余若气象、地质、动物、植物、矿物、经济状况以及风俗习惯、政治军事，在其报告书中莫不有所叙述。此第就其已经公开之报告书而言，其未公开者之一笔糊涂账，尚无从算起也。

近三十年来,中国学者亦渐知注意于此辈之所发现,而敦煌遗书尤为脍炙人口。一时"敦煌学"之研究,竟成为学术界之风尚。罗、王诸大师胥有所述作,而罗氏流通佚籍,厥功尤伟。中国中古史之研究,盖因此万余卷帙书之重光,而呈不少之新辉焉。顾其所究心者不过考古之一部,有裨于古史之阐明,于其他方面,俱未遑及。至于西渡流沙,穷年兀兀,用科学方法以追随西洋先进之后,与之协力合作,为各方面之探讨者,以前尚未之有也。

民国十六年,北平中国学术团体协会与瑞典斯文·赫定博士订定合作办法,组织西北科学考查团,所考查之事项包涵地质学、地磁学、气象学、天文学、人类学、考古学、民俗学在内。考查团正式开始于十六年五月,至今犹未竣事。其成绩如袁复礼氏之发现天山恐龙,丁道衡氏之发现茂明安旗大铁矿,皆足以震惊世人。其在考古学方面,贝格满(Bergman)在居延一带所发现之汉代简牍,数达万余片,为自来所未有,而七十余片之月言簿以及古笔,尤足以考见汉代文化之一斑。其考查梗概,以及中外学术合作之融洽,开从来未有之先例,为后来者作一模范,具见徐炳昶氏著《徐旭生西游日记》,兹不赘。惜乎团中绌于经费,影布考释,尚复有待,嗜古者未免有望古遥集之感耳。

考古组方面,黄文弼君于十七年、十九年曾两度往访今土鲁番、库车一带,在土鲁番雅尔湖发掘古坟群,获高昌砖志一百二十四方,其他器物称是。二十年,黄君返平,二月于北平女师大开西北科学考查团展览会,发刊其《高昌》第一分本,八月《高昌专集》出书,今冬复得睹其《高昌疆域郡城考》。西北科学考查团之成绩,在中文著述方面,目前不能不以黄君之收获为最大焉。

黄君又曾刊行《高昌专集赘言》一小册,申述研究计划,于所得高昌、蒲昌、焉耆、龟兹之古器物、古美术品、古文字之属,俱欲有所致力,分别勒成专著。在《高昌疆域郡城考》引首,又发表其纂辑《高昌国志》之意，欲继续研究高昌之疆域、宗教、农林、工艺、交通诸端，汇为一书。阐明绝学，志愿之弘可为叹服。黄君文引首有云："研究此问题，当根据余此次获得之材料。"按研究高昌，文献而外，黄君所获自属重要史料。唯黄君以前，东西人士考古高昌者不乏其人：如日本大谷光瑞之《西域考古图谱》，斯坦因之 *Innermost Asia*，其中俱有不少关于高昌之材料；而勒柯克（Le Coq）之《高昌》（*Chotscho*）及其他关于考古吐鲁番之著作，尤为研究高昌者不可不看之书。作史者在于广蒐博咨，决不能以一己所知者为即足。黄君三种大抵根据实物以及实地调查，文献方面亦复博求证据，偶有漏略，或亦千虑之失，而其贡献实瑕不掩瑜。夫学术为天下之公器，非一人所得而私，因为介绍，并敢略举所知，分述如次，以资商讨。

按《高昌》第一分本为西北考查团丛刊之一，内中录文五篇：曰《吐鲁番发现墓专记》；曰《墓专目录》；曰《高昌麹氏纪年》；曰《高昌官制表》；而以《新疆发现古物概要》一文为之殿。

高昌有国始于北魏中叶。麹氏崛起，奕世相承，百四十余年。其刑法、风俗、婚姻、丧葬，与华夏大同；有《毛诗》《论语》《孝经》、历代子史诸集，学官子弟以相教授，可谓文质彬彬者矣。中夏民族及文明之移植西域，当以高昌为第一站，而成绩又最为卓著；研究华化西被史及西域史，于此俱宜三致意也。惟六朝隋唐诸史记述高昌，大率沿袭旧说，疏漏抵牾，不一而足。日本明治大正间（1902—1914 年），大谷光瑞及橘瑞超等探险新疆及敦煌诸地，得高昌麹氏一代墓砖十余方，罗振玉氏遂据之以作《高昌麹氏年表》，而后高昌年历，始约略可寻。顾罗氏所能依据者，只延昌、延和、延寿三纪年，缺漏实多：麹嘉、麹坚、麹光、玄喜诸代，俱不能举其年号；麹嘉即高昌王位时次，亦只能依据文献，为之推定，而无实物，以相证明。黄君此次所获高昌墓砖至一百二十四方之多，即就数量而言，便已为自来所未有，而其对于高昌史之最大贡献尚有二焉。一曰重光元年墓表之发见也。麴嘉年号，诸史不记；又其即位之年，亦无明文，《魏书》《北史》《通鉴》均叙于太和二十一年。复次，高昌麴氏享年史有一百四十四年及一百三十四年两说；若能知麴嘉即位之年，则二说之为孰是孰非，抑或两者俱无是处，方可得一解决。黄君今得重光元年庚辰刘保欢墓表（见《高昌专集》叶一），重光二年辛巳张保守墓表（见《专集》叶二），重光三年壬午范法子墓表、麴庆瑜墓表（见《专集》专文叶一），于是麴嘉即位之年始能确定为魏景明元年（西五〇〇），《魏书》《北史》《通鉴》之文，可以因此订正。又由魏景明元年下推至唐贞观十四年，麴氏亡国得一百四十一年，于是一百四十四年及一百四十三年两歧之说俱得以知其非。高昌年历，有此首尾两干支之确定，而后不复有游移上下之感。黄君之发见，不惟一己为之踌躇满志，即吾辈读史者亦复因而欣幸不置也。

二曰章和、永平、和平、建昌、义和诸年号墓表之发见也。罗氏所据延昌、延和、延寿三纪年，率在麴氏末代。黄君今于延昌、延和、延寿、重光而外，别得章和、永平、和平、建昌、义和诸年号墓表，干支俱备。为之整齐排比，不唯高昌纪年粲然复明，即麴氏九代亦确实有据矣。高昌麴氏之年表与世系，得黄君之发见，而后始有确凿之实物可证也。

又按黄君所作《高昌麴氏纪年》大率依据罗氏《年表》，益以新知，其所推算大致可靠，而其不能决者尚有三事：一曰麴光之年号为何？二曰和平为何人改元？三曰延昌为何人年号？今按麴光年号及和平年号属于何人，尚待新材料之发见以为证明；至于延昌，黄君疑为仍系麴宝茂年号，似属不确。大谷光瑞《西域考古图谱》卷下佛典附录有写经残卷一纸，纸尾跋语首行为"延昌卅三年癸丑岁八月十五日白衣弟子高昌王麴□□……"，"麴"字下二字渤损。《考古图谱》编者定为"麹伯雅",然"麹"字下一字尚残存少许,谛视绝非"伯雅"之"伯"字,亦非"宝茂"之"宝"字,必另为一人。法国马伯乐教授(H. Maspero)于1915年之《河内远东学校校刊》(*Bulletin de l'École Française d'Extrême Orient*)第四号中介绍《西域考古图谱》,即评及《图谱》编者定为伯雅之非。1928年马氏于斯坦因之 *Innermost Asia* 第二册释斯氏在阿斯塔纳(Astana)所得高昌诸墓砖文中,复及此事,以为延昌系韩固年号,《考古图谱》延昌三十三年写经之高昌王麹氏下渤损二字即为韩固。马氏所举之韩固,未云出于何书,余于高昌史所知甚浅,只能悬以待考;惟延昌之非麹宝茂与麹伯雅二人年号,而别为一人;而宝茂以后,伯雅之前,尚有一王建号延昌,由《图谱》残经可以得一确证。又延昌三十三年写经残卷跋尾有"愿七世先灵考妣往识济……同证常乐"之语,自麹光建号重光下推,依现知之高昌王名与年号参伍互证,从延昌一王起至重光之麹嘉,恰为七世,而和平之又为一王。《麹斌造寺碑》之"昭武已下五王之灵"一语之应将宝茂除外,伯雅之非麹嘉六代孙,俱因此残卷而有解矣。黄君宝茂之疑,不可据也。

复次,黄君《纪年》大体依据罗氏《年表》,而两家者于《册府元龟》俱未之及,不知何故?今按《元龟》纪及高昌者不少,颇多足以补正之处:如《高昌》第一分本《麹纪》叶二(以下只举叶数),重光九年麹嘉遣兄子孝亮来朝求内徙,两家据《魏书·宣武纪》及《通鉴》,俱不著何月。《元龟》卷九九九纪此为"宣武永平元年十月,高昌国王麹嘉遣其兄子私署左卫将军孝亮奉表来朝,因求徙,乞师迎接"。叶四,重光十九年据《魏书·孝明纪》及《高昌传》,高昌于五月遣使朝贡,《元龟》卷九六九遣使作四月。同叶,重光二十一年,据《元龟》卷九六九,是年六月、十一月,高昌并遣使朝贡。叶六,章和二年,两家据《魏书·出帝纪》只纪九月遣使朝贡一事,今按《元龟》卷九六九尚有六月一次。叶十一,延昌二十六年,据《隋书·音乐志》及《元龟》卷五七〇,高昌曾于是年献圣明乐;同叶,延昌三十年引《北史·高昌传》,按亦见《隋书·高昌传》。叶十五,延寿四年,《元龟》卷九七〇谓"贞观元年闰三月,高昌遣使朝贡";同叶,延寿六年,据《元龟》卷九七〇,高昌贡使尚有二月一次;同月,延寿十年,据《元龟》卷九七〇,是年七月高昌遣使朝贡。叶十六,延寿十一年遣使不著何月,据《元龟》卷九七〇,在是年十二月。凡此俱可以补黄君《纪年》之缺漏也。

又按《慈恩大师传》,玄奘西行,曾留高昌月余,与高昌王麹文泰约为兄弟。此在高昌史上当然为一大事。玄奘西行,据陈援庵先生考证,仍以贞观三年为是。其年八月自长安西迈,至凉州、伊吾,沿途停歇,当已岁暮。与高昌使人(此或即是贞观三年十一月来朝之使返国者亦未可知)至高昌,据陈先生说,应是贞观四年。夏坐讲《仁王经》后,始复西行;则其至高昌,似在四年四月左右。《纪年》应为补入,庶几可瞻高昌与佛教之关系也。

又按高昌于隋末即已臣属突厥,《元龟》卷九七四纪大业五年六月高昌王吐屯设来朝,此吐屯设即麹伯雅,纪年据《隋书》及《旧唐书》,俱未及伯雅之突厥官名;又《隋书·西突厥传》纪处罗可汗于大业六年为射匮可汗所败,遁保时罗漫山,伯雅上状。凡此可见高昌与突厥关系之一斑,而为黄君《纪年》所漏载者也。

黄君《高昌官制表》大率以《北史》及《周书·高昌传》为据,而以墓砖所记官阶制为三表。高昌官制有侍郎,黄君已举《北史》《周书》为言,顾未列入表内,今按《张怀寂墓志》有吏部侍郎,斯坦因在阿斯塔纳所得高昌墓砖亦有延寿九年张侍郎一砖也。又第二表之兵曹参军当即侯庆伯墓表中之兵部参军(按庆伯墓表见《西陲石刻后录》及《西域考古图谱》,马伯乐氏误读侯庆伯春秋五十有八之语,以"侯庆伯春"四字断句,作一人名,当系偶误),表中未为说明；麹孝嵩墓表中并无兵曹参军之名，当属黄君笔误。又司马一阶中据《考古图谱》卷下《佛典附录》，麹廉妻阚氏写经跋，麹廉为王府司马，王府司马不见黄君《官制表》。又第三表，麹孝嵩墓表中尚有鹿门子弟将；明威将军亦见张相欢墓表；虎牙将军，范永隆故夫人贾氏墓表作武牙将军；殿中将军亦见氾崇庆墓表；箱上将，贾氏墓表、贾买苟墓表亦作相上将。又《西陲石刻后录》侯府君夫人张氏墓志有云麾将军，不见其他墓表，是否高昌官制，今不敢定。《官制表》第三表以箱上将、曲尺将、巷中将平列一栏。今按麹孝嵩妻张氏墓表麹孝嵩新除箱上将，后迁为曲尺将，后迁为巷中将，似乎三者并非同阶；顾别无可证，只有付诸盖缺而已。

《高昌专集》（"专"即"砖"字古写），为《高昌》第二分本，亦黄君所编，盖从所得一百二十四方墓砖中，择其字迹显明者八十四方付之铜版影印而成者也。每方注明原来尺寸、墨色及出土地点。至于砖文可识而影印略晦者，则录释文于下，以资比验。余四十方或因墨底红字影映不显，或字迹模糊，必用水浸湿，始可辨识，故皆录其文于后。砖志出自西陲，文字讹误，月日乖牾不一而足；或则初出土时可识后转模糊者，黄君别为校专记，附之于后。西陲专文，前惟《考古图谱》及斯坦因书中选影若干，若此集之八十四方，蔚为大观，尚属创见，其足以见西陲文化之概，盖不仅如黄君所云有益于俗字土语之研究而已。惟所选影之八十四方中，其影印不甚显明者固已附有释文，而所谓明显可识者，模糊影响亦复不少；如氾灵岳墓表、麹谦友墓表、马阿卷墓表、苏胜妻贾氏墓表、张氏墓表、□□将妻周氏墓表、麹怀祭墓表、张氏墓表、赵荣宗妻赵氏墓表、贾羊皮墓表、任相住墓表，皆有不能辨识之字，原砖文当较明显；诚能一一附以释文，岂不尽善！

汉唐以来，西域康国人素以善于货殖驰名，其足迹遍于漠北（关于康国人在漠北情形，日本羽田亨氏有一文论此，可以参看）。

入居中土者即就唐代长安一隅而言,便已不少(余为《唐代长安与西域文明》一文,第一节《来住长安之西域人》论及此辈),而据斯坦因氏所得唐光启元年写本沙州伊州地志残卷,伯希和氏所得《沙州都督府图经》卷三,以及《新唐书·地理志》文,贞观中沙州一隅且有康国人聚居,筑为四城,其首领康艳典、康拂诞延、地舍拨等尤为著称于世。今按黄君所得高昌墓砖中有麟德元年翟郍昏宁母康波蜜提及神龙元年康富多夫人二志;其康波蜜提及康富多疑俱是康国人;如其不误,则康国人东徙之连琐,得此而更密矣。又隋末伊州沦于群胡,据斯坦因氏所得沙伊两州地志残卷,伊吾县有火祆庙,"有祆主翟槃陀者,高昌未破以前,槃陀因入朝至京,即下祆神"云云。此处之翟郍昏宁,或即为翟槃陀之族类居于西州者钦? 此二事黄君《专集》俱未暇及,用述私臆,聊佐谈助,不敢以为是也。

《高昌疆域郡城考》,为西北科学考查团短篇论文之一,发表于北京大学《国学季刊》三卷一号中。文分疆域、郡城两部分。末附高昌疆域郡城图一幅,盖以德国赫尔满原图为根据而制成者也。

按高昌疆域,南北以有库鲁克达格及雪山之天然界限,故诸书大率相同。至于东西则流沙浩浩,茫无涯际,诸书记述,因亦互歧:有二百、三百、八百及八百九十里之异。黄君释此以为二百乃高昌初兴之疆域;三百系国势扩充以后之里数;八百以及八百九十里则举东西边城以外之荒碛而言;其说宜若可通。唯是推考高昌疆域,应兼及瓜、沙、伊州,焉耆以及安西诸州之疆域,验之诸地而皆涣然冰释,而后高昌国境可定也。余愧无力事此,谨待方闻之士为之,以验黄君之说是否揆之地形而至当,求之文献而无不通也。

关于郡城方面,黄君举高昌、田地、交河、蒲昌、天山五大城为纲，而以散见群籍之诸城镇附论于次。(一)高昌城，旧俱以为在今哈剌和卓附近，黄君主在今吐鲁番东南七十里地名阿斯塔纳(黄君文作阿斯塔拉，图作阿斯塔纳)之二堡，并于伯希和氏《高昌和州火州哈剌和卓考》之说，有所商榷。(二)田地城即今二堡西三十里鲁克沁地。(三)交河城，即今二堡西北八十里，吐鲁番西二十里雅尔湖地。(四)蒲昌城，当在今汉墩与柯柯雅之间。(五)天山城，黄氏主在今托克逊东二十余里汉名大墩子之窝额梯木，或其北十余里之故城。五大城而外，黄君并表举白力城(即白棘城)、横截、高宁、新兴(当在今三堡附近)、临川(据《辛卯侍行记》，疑在今连木沁)、柳婆(据《侍行记》，疑今勒木丕)、浯林(据《侍行记》，疑今汗和罗)、宁由(据《侍行记》，在今吐鲁番东南洋海)、笃进(据《侍行记》，在今托克逊)、白刃(疑皆白力之讹)、南平(让布工尚)、安昌(柏克布拉克)、安乐城(疑即吐鲁番附郭古城)共十三城，以为适合《隋书》十八城之数。

今按，道咸以后，因为政治的原因，西北地理之研究成为学术界之风气。其中谪戍西陲、归而著书者尤不乏人。其所述作，颇有本之亲历考验，以与文献相证明者，不尽为无稽之谈也。黄君今兹所考，即有与前人之说暗合者。今举数例如次，以见持同一方法，考索问题，其结果之相同，固不间乎古今；而表彰前贤，后学固不能辞其责焉。

(一)白力。黄君谓《慈恩传》中之白力"疑即《魏书》中之白棘"，又谓王延德《使高昌记》中之宝庄，"疑即白棘城"，又谓《南史·高昌传》中之白刃，"按《梁书》作白刀，疑即白力之讹"。今按此说不始于黄君，陶葆廉《辛卯侍行记》卷六云："辟展汉车师前国东境，北魏以后为高昌国之白棘城，或作白刃，讹为白力、白刀；宋人称宝庄，明曰北昌。今呼辟展，仍白棘、白刃之音。译以回语之芦柴，恐未必然也。"

（二）交河。黄氏又谓吾人"断定雅尔崖旧城为古交河城，因现有两河绕城之遗迹与古物可证"。按以吐鲁番西二十里（一作二十三里，黄君文西作东，当系偶尔笔误）雅尔湖故城为古交河城，自来即无异说。《新疆识略》卷一谓："唐交河县治崖儿城，城东二十里有安乐城，为交河县属城。今雅尔湖在吐鲁番城西二十里，雅尔即崖儿之讹。"徐松《汉书西域传补注》卷下车师前王国治交河城注，"补曰：《唐书·地理志》，交河县有交河水，源出县北天山。今吐鲁番广安城西二十里雅儿湖有故城，周七里，即古交河城。城北三里许有山谷：一谷出四泉，流径城东；一谷出五泉，流径城西；至城南三十余里，入沙而伏"。（俞浩《西域考古录》即采徐说）《西域水道记》卷二并谓"广安城西二十里为汉交河城"。李光廷《汉西域图考》卷二谓交河城在"今雅尔湖地，东去广安城二十里也"。其言皆同。

（三）赤亭。《唐书·地理志》纳职条下有赤亭守捉，王延德《使高昌记》有泽田寺，黄君文云，"赤亭、泽田当为一地之转音，《新疆图志》谓齐克腾木之对音，近是"。按《新疆图志》实本《辛卯侍行记》，《侍行记》卷六云，"齐克塔木一作七克腾，回云齐克塔木者，言得泉水矣。余按《唐·地志》罗护西百九十里至赤亭守捉。王延德《高昌记》鬼谷口西至泽田寺。窃意赤亭、泽田皆七克腾之本音也"。

至于田地之即汉柳中、宋六种、元鲁克尘、明柳城、清鲁克沁，已见《西域图志》（卷十四）、《辛卯侍行记》（卷六）诸书。柳六双声，可以对转，六为入声字，以 K 音收声，所谓鲁克沁、鲁克尘以至鲁谷庆，要皆柳中之古读耳。

又新疆地名大都沿袭汉唐以来旧称，声音虽有微异，而往往可以溯其原始。《西域图志》卷二十七招哈郭勒条下云，"按西域山川名号，古今互易，征引典籍，率以道里方位为定，而于音韵转移间得之者"。以近世缠语附会解释，每多讹误，是以陶葆廉氏，痛论其弊，以为"释西域土地，必先考汉唐时有无此称；往往沿用旧名，无意义可释。若听彼族断为近世回语，强为立解，象鞮不学，妄言妄听；虽声履其境，传讹更甚"（《侍行记》卷六）。黄君根据当地一种传说，以哈剌和卓意为回语黑圣裔，原系人名，复以名地，而致疑于伯希和氏和卓一名出于高昌之说。按元欧阳玄《高昌偰氏家传》谓"高昌者，哈剌和绰也。和绰本汉言高昌，高之音近和，昌之意近绰，遂为和绰也"。可见和卓一名出于高昌，实为元明以来旧说。黄君于较古之传说不之信，而信现今之传说，谓其"必有根据"，所不解也。

《新唐书·地理志》伊州纳职条，"自县西经独泉、东华、西华、驼泉，渡茨箕水，过神泉；三百九十里有罗护守捉。又西南经达匪、草堆，百九十里至赤亭守捉，与伊西路合"。按伯希和氏敦煌所得《西州志》残卷（《鸣沙石室佚书》及《石室秘宝》收此志，阙首八行；《敦煌石室遗书》本全），首行道十一达，二行赤亭道，三行残存"右道出蒲"四字，以下花谷诸道推之，"右道出蒲"下当尚有"昌县界"三字，则赤亭守捉亦在蒲昌县境。据《旧唐书·突厥传》，开元九年秋，拔悉密临突厥衙帐，突厥毗伽可汗击之，由暾欲谷分兵间道先掩北庭，回兵因而出赤亭以掠凉州羊马。可见赤庭一地西北通北庭，东北达伊州，盖伊西道中一要隘也。黄君考蒲昌县，疑在今通木垒河及古城子间道之柯柯雅（当即《新疆识略》之呵呵雅尔）地方，而以赤亭守捉为高昌东境之卡伦，盖近是矣。

至于折罗漫山，《史记·李广传》正义引《括地志》作初罗漫山，《后汉书·明帝纪》注作折罗汉山，《隋书·突厥传》、唐姜行本纪功碑、光启本《沙州伊州地志》残卷作时罗漫山，意为白山，即是天山。余疑此系译音，还原或即为梵文 Cukla-mandara 之音亦未可知。Cukla 意为白，译作折罗、析罗（析为收 K 音之入声字），

mandara 之意为山,漫即此字译音。唯按《括地志》、《隋书·突厥传》、光启地志、姜行本碑,初罗漫山俱指伊吾北境之天山而言,称高昌北三十里之山亦为初罗漫山,始见于《元和志》。吐鲁番北郊近城诸山为天山之分支,皆黄赤色,无寸草,三、四月间炎热逾于闽粤,是以古名赤石山,今名红山或火焰山,何能称之为初罗漫山或白山? 黄君以为赤石山即《元和志》之折罗漫山,似尚可以商榷也。

以上所举,率近琐屑。《侍行记》诸书,黄君文中,屡见征引,并加评骘;上引各则,或系匆匆属稿,偶尔失检,不足以为黄君病。黄君在高昌史上之贡献,实驾罗振玉氏而上之,此盖学术界之公论,非余一个人之阿私。所冀者,《高昌国志》能早日杀青,庶几更足以慰吾辈之渴望耳!

(原载《国立北平图书馆馆刊》第 6 卷第 5 号,1933 年 10 月,第 119—131 页;又载《国风》第 2 卷第 4 号,1933 年 2 月,第 8—15 页;收入朱玉麒、王新春编《黄文弼研究论集》,科学出版社 2013 年版)

附新书介绍①

《高昌》,黄文弼编。出版期:民国二十年;出版处:北平西北科学考查团;定价:五角。

《高昌专集》,黄文弼编。出版期:民国二十年;出版处:北平

---

① 编者按,此"新书介绍"即向达先生上文所言"黄君《高昌》及《高昌专集》二书,余在本刊五卷六号已略为介绍"者,虽《评黄文弼近著高昌三种》后出而评述全备,而此文所及内容仍有上文所省略者,因附于此,以备参考。

西北科学考查团；定价：八元。

　　《高昌》第一分本，黄文弼编，为西北科学考查团丛刊之二考古学第一辑。内容计有《吐鲁番发现墓专记》《墓专目录》《高昌麴氏纪年》《高昌官制表》及附录之《新疆发现古物概要》，共文五篇。黄君于民国十七年、十九年两至吐鲁番考古，在雅尔湖地方发掘古坟群，获北魏至唐高昌墓砖一百二十余方，可以补正高昌麴氏一代之史实，而为上虞罗氏《高昌麴氏年表》所未知者不少，因撰为此书。黄君此书根据地下之新发见，自可以补正罗氏之作，尤其为重光、章和、永平、和平、建昌、义和六年号墓志之发见，为罗氏所不及知。而重光元年一砖使高昌纪年确知为一百四十一年，而一百三十四年及一百四十四年之歧说，俱得一至当之解决，尤为黄君之大贡献。此书收文五篇，《发现墓专记》及《附录》，纪述事实。《墓专目录》中尚有"麟德元年四月卅日翟郍宁昏母康波蜜提壤至既"一砖，不见著录，大约系偶尔失检。至于《纪年》一篇，大率依据罗氏《年表》，正以新得诸砖。然罗氏之作，本甚疏漏，文献方面遗失颇多，《纪年》沿而未增，此所不解。今即以《册府元龟》一书校之，可补者便已不少。如《高昌》叶四（以下只举叶数）重光十九年，据《魏书·孝明纪》《高昌传》，高昌于五月遣使朝贡，《元龟》卷九六九遣使作四月。同叶重光二十一年，据《元龟》九六九，是年六月、十一月高昌并遣朝贡。叶六章和二年，据《元龟》九六九，高昌遣使尚有六月一次。叶二十一延昌二十六年，据《元龟》五七〇（又见《隋书·音乐志》），高昌曾于是年献圣明乐。叶十五延寿六年，据《元龟》九七〇，高昌贡使尚有二月一次。叶十五延寿十年，据《元龟》九七〇，是年七月高昌遣使朝贡。而高昌至隋唐之际已臣于突厥，《元龟》九七四纪大业五年六月高昌王吐屯设来朝，此吐屯设即麴伯雅，已易吐突厥官名；又《隋书·西突厥传》纪处罗可汗于大业六年为射匮可汗所败,遁保时罗漫山,伯雅上状。凡此可见高昌与突厥关系之一斑,而黄君俱未之及也。又延昌为何人改元,史无明文,黄君疑为宝茂年号,亦无确据。今按日本大谷光瑞《西域考古图谱》卷下有延昌卅三年高昌王写经跋文,首作"延昌卅三年癸丑岁八月十五日白衣弟子高昌王麴□□","麴"字下二字泐去,《图谱》谓是"麴伯雅",然"麴"下一字所残存笔画绝非"伯"字,顾亦非"宝"字,法国马伯乐(H. Maspero)考此,谓系"韩固",不知何据。要之宝茂以后、伯雅之前,尚有一王建号延昌,由《图谱》残经可以得一确证。又跋末有"愿七世先灵考妣往识济……同证常乐"之语,自麴嘉建号重光下推,依现知之高昌王名与年号参互比考,从延昌一王起,至重光之麴嘉,恰为七世,其非宝茂,不待烦说。而和平之又为一王,《麴斌造寺碑》之"昭武已下五王之灵"一语之应将宝茂除外,伯雅非为嘉六代孙,俱因此而得其证矣。黄君宝茂之疑,不可恃也。复次,《高昌官制表》一篇,黄君所考亦有未尽。斯坦因第三次中亚探险报告记所得高昌墓砖,有延寿九年张侍郎墓志一方,黄君未收。《西域考古图谱》卷下佛典附录第二图有王府司马麴廉妻阚氏写经,王府司马不见黄君《官制表》。又按《西陲石刻后录·侯庆伯墓表》有兵部参军;《麴孝嵩墓表》并无兵曹参军,黄君表二于兵曹参军举《孝嵩墓表》,不知何据。又《孝嵩墓表》有鹿门子弟将;《侯府君夫人张氏墓志》有云麾将军;殿中将军又见《氾崇庆墓表》;明威将军又见《张相欢墓志》;虎牙将军,《范永隆故夫人贾氏墓志》作武牙将军;黄君表俱未之及。黄君后又为《高昌赘集》,泛陈计画,于此诸端俱未及论,因为举陈,或足以备高明之一览也。

《高昌专集》为高昌第二分本,亦黄君所编,盖从所得一百二十四方墓砖中,择其字迹显明者八十四方付之影印而成者也。每砖并注明原来尺寸、墨色,及出土地点。至于砖文可识而影印不显者则录释文于下，以作比验。余四十方或因墨底红字影映不显，或字迹模糊，必用水浸湿方可认识，故皆最录其文后。砖文出自边陲，文字讹误，月日乖谬不一而足，黄君并刊正，写为校记，附之集末。西陲砖文，前惟日人之《西域考古图谱》及斯坦因氏书中选影若干，若此集之八十四方，汇为大观，尚属创见，其足以见西陲文化之概，盖不仅如黄君所云有益于俗字土语之研究而已也。唯所选影之八十四方中，其影印不显者固已附有释文，而所谓明显可识者模糊影响亦复不少，如《氾灵岳墓表》《麹谦友墓表》《马阿卷墓表》《苏玄胜妻贾氏墓表》《张氏墓表》《□□将妻周氏墓表》《麹怀祭墓表》《张氏墓表》《赵荣宗妻赵氏墓表》《贾羊皮墓表》《任相住墓表》，率皆有不能辨识之字，原砖当不如是模糊。诚能一一附以释文，检阅者之日力当因而节省多矣。

（原载《国立北平图书馆馆刊》第 5 卷第 6 号，1931 年 12 月，第 99—101 页）

［书评］我的探险生涯、亚洲腹地旅行记

我的探险生涯

斯文·赫丁著。孙仲宽译，丁道衡校。西北科学考查团丛刊之一。民国二十二年十月出版。上下二册。定价四元。

亚洲腹地旅行记

斯文·赫定著。李述礼译。民国二十三年四月上海开明书店出版。定价一元五角。

这两部译本都译自 Dr. Sven Hedin 所著 *My Life as an Explorer* 一书；孙译所据大约是英文本，李译所据大约是德文本。孙译校者为丁道衡，前面并附一九三三年斯文·赫定为中译本所特写的英文长序一篇，原序影印附入，并附中译。李译有徐炳昶氏的一篇序，说李氏此译已比以前所译的《长征记》进步，"已经达到明白如话的程度"。李氏《译后记》也说译此书时以"信""达"为目标，而于"雅"则自谦未遑。

赫定此书一共分六十五章，自一至六十四，从一八八五年春天他到波斯巴库（Baku）当家庭教师叙起，至一九〇八年秋他从西藏探险归国为止；第六十五章则叙述一九〇九年以后以至于一九二三年为止的一些琐屑经过。所有这一位征服未知地带的大探险家在新疆一带考古探险的经过大概，都被他自己用简洁流利而又富于诗情画意的笔墨叙入这一册形同自传的书中了。

有人讨论东西文化的区别，以为是有静与动的不同。这种区

别之当否姑且不谈，但是东方人与西方人因为他们文化的背景——农业文明与工商业文明——各异，所表现的精神确实有静与动的不同。陈诚使西域的日记不到一万字，郑和七下西洋，而马欢、费信所记的每一部书都不过一万余字。中国历史上像《徐霞客游记》一类的书，真是难以找出第二部。这仅是就量而言，精神方面之被动与自动更不可同日而语。

文化是经济制度同社会组织的一个反映。我们国家的文化似乎在转变期中了。转变到如何地步，固然不得而知，然而需要动的精神以起沉疴，以箴废疾，那是无疑的。近年开发西北，甚嚣尘上，此中真义，不必深究。不过像新疆一带在二千年前为我先民活跃之场，单就文化史而言，已不能不使我们后人去下一番探索的工夫，何况这一带地方在国防上还自有其重要！所以西北的探险，是我们下一代青年义不容辞的一种责任，也是我们养成应付未来变局的精神的一个最理想的训练场所。徐炳昶氏在李译本的序上说："我希望这个译本不久能成了全国青年学生最爱好的读物，那对于国民精神将有不可限量的良好的影响了。"我敢补充一句：读此一书，胜读十百部公民训练，以及生吞活剥的旧式修身教科书一类的书籍！

我现在愿意把赫定的精神介绍给我们的青年：

本书十八至二十二共五章，都是纪载的一八九五年四月至五月间第一次从巴楚（Maral-bashi）地方想横渡塔克拉马干（Taklamakan）大沙漠，中途绝水遇险的经过。自四月三十日起绝水，至五月五日夜始得到一个水潭；全个旅行队几乎全归毁灭，剩下的只有赫定和旅行队中其他两个队员。赫定自记此次为最危险的一次。但是我们读完这几节，只看见赫定在那里挣扎奋斗，和死神争最后的胜利，无丝毫的失望和颓废。这种坚毅的精神，真不能不令人感动、兴奋。西藏的探险，这种精神有加无已。

赫定不仅有一副坚毅的精神，对于历史，也有极丰富的同情。这看他于一九〇一年春间发现楼兰古址的纪述，可以相信我所说的不是过誉之辞。在本书第四十一章，对于千五百年前的楼兰有很生动的描述，同情的赞叹。读赫定书中纪述到考古的部分，便可以看出这位大探险家到处"发思古之幽情，撼怀旧之蓄念"，对于前人的精神同成就，无不徘徊赞叹，不能自已。这种充满了人文主义修养的风度，在斯坦因一辈那些冷冰冰的纪述里是找不出来的！斯坦因的通俗著作如一九三三年出版的 *On Ancient Central Asian Tracks* 纯然是一些事实的纪载，文字笨重而无风趣；赫定此书直是一部美丽的记叙文，佳处正不下于徐霞客的《游记》。赫定不仅文学上的修养甚佳，艺术的趣味也不差，本书所附的一些漫画，虽只廖寥数笔，却已尽态极妍，所可惜者译本重复制版，不免逊色耳。

赫定还有一种精神，是我们青年所应师法的。赫定自亚洲考古归来，俄、英两国的皇家地理学会都请他为名誉会员。一九一二年至一九一四年间欧战开始酝酿，赫定从着祖国自由独立的立场上，发表反对俄国侵害的宣传册子，此外，又同情于德国的态度；结果是先后为俄、英两国的皇家地理学会所除名了。在这人欲横流、忘弃宗邦的我们的国度里，这种重视独立自由、不为富贵虚名所淫的精神，正是我们青年所亟应汲取的一份资粮！

最后我要说到孙、李二氏的译文。

赫定此书的文笔甚佳，两种译本虽都不免有若干的错误，还能传出原著大部分的风韵。然而要译此书，对于历史地理以及佛教史方面，得具有普通的常识，方不至于下笔茫然。孙氏译本虽经丁道衡氏看过，作为西北科学考查团的丛刊之一，李氏译本似乎徐炳昶氏也曾稍稍加以校阅，而仍不免于错误，可谓千虑一失。今略举几点如次：

　　孙、李二氏对于史地的知识，不无欠缺之处：如元代的旭烈兀（Hulagu）、拖雷（Tulai）同察合台（Jagatai），孙译作"赫雷属"（二七页）、都雷（七三）、若加塔（七九），李译作胡拉古（三二）、吐赖（八四）同札加台（九二）。波斯王朝末主 Yesdegerd III 即是《唐书》上的伊嗣候，而孙译作业兹狄泽德第三（七二），李译作约斯得吉尔第三（八四）。至于元史上的月即别人（Uzbegs）而译作阿兹柏格人（孙七四）、乌斯彼肯人（李八六），同是一样的错误。尤其粗心的是李译本，同时月即别人，形容词的 Usbekisch 译作乌斯彼吉斯（八〇），名词的 Usbeken 译作乌斯彼肯人（八六）。回教中的十叶派，Schiiten 一字在德文中是名词，shiitisch 是形容词，而一译西腾派（七九），一译西替斯派的（五三）。这些已是够滑稽的了，然而还不止此。李译本二〇〇页将 indohellenisch 译为印度希腊的，Grakobuddhistisch 却译作格勒柯佛教的，那未免有点说不过去了。知 Hellenisch 之为希腊的，而不知 Grako 之亦为希腊的，真所谓知二五而不知一十。

　　至于新疆地名之译汉，孙译比较错误得少，李译几于全部译音，不查原来汉名，未免偷懒一点！此处限于篇幅，不能一一指出，我只有奉劝李氏查阅孙译一遍，以备再版时的改正，冯承钧氏的《西域地名》也可备参考。西藏地名的汉译，孙、李二氏译本同有错误，如日喀则孙译作施嘎资；哲孟雄，孙译作西金，李译作锡谦；亚东孙译作耶同，江孜作格扬子。又赫定一九〇七年入藏，此时的驻藏大臣为联豫，赫定此书中称之为 Lien Darin，意即联大人，孙译作吕统领，固绝无理由，李译作林大人，也是不对。

　　佛教史一方面的知识，孙、李二氏似俱不甚充足，以致译名都不免错误，如：阿弥陀佛，孙译作阿迷塔巴，李译作亚米达巴；慈氏菩萨（Bodhisattva Avoloktesvara）孙译作菩萨托机阿发罗启德士发拉，李译布地沙特发亚发罗吉特什发拉；释迦牟尼，李译作沙强模尼佛；甘珠尔、丹珠尔，李译作康珠尔、唐珠尔；法轮，李译作祈祷之磨，俱似无稽。

赫定此书曾提到几个日本人，孙、李二氏都有误译处。如朝鲜总督伊藤，孙氏误作依多，德川误作德芳，天洋丸误作大羽丸，大谷（光瑞）误作小谷，橘瑞超（Tachibana）孙译误作大吉本内（三〇五），李译音作达西巴那（三七四）。这是二书再版时所应改正的。

此外如糌粑，孙译之误作杂拌，令人误会为北京之杂拌儿，李译误作参巴；哈达，李译误作哈地克；阿富汗，李译之作阿夫哈尼；一呎二呎深李译之作一脚深二脚深；以及李译之校勘粗疏等等，不能一一枚举，只有存而不论。

最后我还要指出孙、李二译中两个比较不可恕的错误。赫定此书第四十一章记古楼兰城，译者译此章时，似乎都不曾查阅孔好古氏（A. Conrady）的 *Die Chinesischen Handschriften-und Sonstigen Kleinfunde Sven Hedins in Lou-lan* 一书中所附汉文，所以除去超济白诸函外，其余的屯戍官名，都是信笔直译，以致有所谓文官、法官等等的名称。又赫定此书第二十四章纪一八九六年在和阗沙漠中所发见的古城，内中曾引了两段《大唐西域记》的文字，俱见《西域记》卷十二；一节纪的是曷劳落迦城雕檀立佛像移至媲摩城故事，一节纪的是从沙漠入睹货逻故国。孙、李二氏译赫定书，似乎未查《西域记》，只是从西文直译回来，于是媲摩变成皮马，"曷劳落迦"变成"和老鲁恰"（孙译一六八）和"贺来罗羌"（李译一九九），"睹货逻"变成了"都和鲁"（孙译一六八）和"图贺楼"（李译二〇〇）。古人说"书经三写，乌焉成虎"，如今是书经三译不知所云了！

孙、李二氏的译本虽有以上的错误，不足以当理想的标准，然而我并不因此就抹杀了两种译本的价值。原书的美丽和作者的精神,在两种译本都还可以看出一个大概,仍不失其为青年人的一种好读物,一种可以箴膏肓起废疾的良药。

（原载《图书季刊》第 1 卷第 3 号,1934 年 9 月,第 142—146 页）

[书评]佛游天竺记考释

岑仲勉著。民国二十三年一月上海商务印书馆出版,定价三角五分。

岑仲勉先生是近来研究中西交通史最用功的人,他的著作散见于广东圣心中学出版的《圣心杂志》上;只因此志流传不广,是以不大为人知道。这部对于法显《佛国记》的考释,大致根据他的旧作《法显年谱》增订而成。以《佛国记》作据,分年编次,考定法显西行以后,逐年的游踪,以及归国以后译经的事迹,凡一四〇页,《附录》两页,《异名汇录》一六页。书中关于西域地名的考订,大都以 Samuel Beal, *Buddhist Records of the Western World* 一书所附法显《佛国记》译本为根据,此外参以别家的学说以及自己的考证。岑先生在《自序》中对于东西各家沿袭《西域图志》之误,认竭叉又即喀什噶尔,不以为然,于是在本书的一九—二六页作了一番详尽的考证,结论以为竭叉同迦罗奢末(Hara-Syamuka)乃是同名异译,即 Kashkar 即今 Chitral。这一个考证,我们大致可以承认。

关于西域地名的考证,S. Beal 书出以后,又已二三十年,在这二三十年中 *Journal Asiatique*,*T'oung Pao*,*J. R. A. S.*,以及印度政府出版的考古报告中又有不少的新考证与新发现,其中可以改正 S. Beal 的说法者自然不少。此外考证地名,不可沿袭日本学者用字音相近以为比合的方法,似乎还当另求其在语言学上的根据。我现在不想用这两点来衡量本书，因为我的力量不够，只有留待别人去做。现在只就我所知道的几点，献给作者：

（一）法显的游记，唐以后通称为《法显传》或《佛国记》，也有题作《历游天竺记》者。岑先生根据梁僧祐《出三藏记集》卷二，以为应作《佛游天竺记》，所以书名也称为《佛游天竺记考释》。不过僧祐《出三藏记集·铨名录》一部分的工作，大部分是依据道安的《综理众经目录》（简称安录），到了第五卷才著录本土的著述，自卷二至卷四，著录的都是译籍。所以卷二的法显《佛游天竺记》，依《出三藏记集》的体例看来，应是翻译，而非本土著述。还有，书名既为《佛游天竺记》，望文生义，也应是纪载佛的游踪行迹，名德高僧断乎不可以称佛的。隋法经的《众经目录》上有一段纪载，似乎可以为我的推想作一证明。法经《目录》卷六佛涅槃后传记录第八，西域圣贤传记一共收十三部，其中有《佛游天竺记》一卷，末谓"右十三传记并是西域圣贤所撰"（卍藏本结一，页一一四下）。这是很明白肯定的说，《佛游天竺记》是一部西域圣贤所撰，中土翻译的书，所以僧祐将他归入《出三藏记集》卷二，而不归入卷五《本土著述》以内。隋费长房《历代三宝纪》卷七《始出历游天竺记传》一卷（卍藏本六，页四九）。唐智昇《开元释教录》卷三著录法显译著七部，收有《历游天竺记传》一卷，《佛游天竺记》一卷。在《历游天竺记传》下有一段小注："亦云《法显传》，法显自撰，述往来天竺事，见长房录。"（卍藏本结四，页二六下）将《佛游天竺记》同一作《历游天竺记》又作《佛国记》的《法显传》之为二书，更明白的指示出来。所以称纪述法显西行之书为《历游天竺记传》，方是恢复古名，作为《佛国记》或《法显传》也不失为约定俗成。岑先生径依僧祐《记集》改为《佛游天竺记》，虽然标新立异，未免有点失考。至于《历游天竺记传》同现行的《佛国记》是一书还是两书，这是另一问题，今不备论。

（二）法显的事迹，隆安三年以前，慧皎《高僧传》只及其三岁十岁时的情形，余只以"志行明敏，仪轨整肃"八字结隆安三年以前法显十岁以后之局。今按《出三藏记集》卷十五《法显法师传》尚明言其"二十受大戒"（卍藏本结六，页九一上），这也是编年考订法显事迹的一点材料。

（三）法显的享年共有两说，《出三藏记集》法显传作"春秋八十有二"（仝上页九一下），《高僧传》卷三法显传作"春秋八十有六"（卍藏本致二，页一三下）。《考释》不及僧祐一说。不过岑先生因推算法显"出行之年已六十以上，回国之年行将八十"，遂疑其"如此风烛，而犹经历多险，殊不可信"。因此以为《高僧传》关于法显享龄的记载不大可靠（《考释》页八）。其实高龄远游，在历史上不是没有的事，如元太宗定宗之际奉教皇使命东来的方济会士柏朗嘉宾（John of Plano Carpini），他的年龄便已六十五岁，犹能于风雪漫天之时跋涉万里，历时年余，以至和林。法显于隆安三年西行，那时的年龄依《高僧传》最多也不过六十三岁左右，比柏朗嘉宾还少两岁，依《出三藏记集》，那便只有五十九岁，不到六十岁，又有何不可。至于瑞典斯文·赫定以七十高龄，尚往返新疆，行若无事，更是眼前的例子；中国民族在体格方面自唐以后已有很大的变迁，我们不可以拿自己作标准来衡量古人！

（四）法显在京师道场寺译经的事业止于晋安帝义熙十四年正二月间。《大般泥洹经》的开译始于十三年十月一日，译竣在十四年正月二日。《摩诃僧祇律》的开译始于十二年十一月，何时译竣，载籍无征，《考释》依据汤用彤先生的《竺道生与涅槃学》一文（《考释》引用此文"彤"俱误作"彬"），谓译竣在十四年二月底。我总疑惑法显何以要同时出《僧祇律》同《大般泥洹经》是否有大不得已处？所以我以前的推想是《僧祇律》之译竣在十三年九月，接着便译《大般泥洹经》——自然这也只是一个推想而已。至于法显何以在十四年三月决然舍去京师，远适荆州，以至三月十日觉贤开译《华严经》，像法显那样久游西土、深通梵学的大师也不去参预盛业？这一点岑先生《考释》并未予以解答。关于法显所以适荆州游的史料太阙乏，我现在也只能作一个推想，以为法显西去的近似解释：义熙十三四年，正是刘裕气焰熏天的时候，所以到十四年六月便受九锡之命。这种空气当然匪一朝一夕。而十四年三月请觉贤译出《华严经》的吴郡内史孟顗和右卫将军褚叔度二人中，孟顗无考，褚叔度《宋书》卷五十二有传，叔度是有名的外戚，恭帝褚皇后之兄，在广州刺史任上，曾因"广营贿货，家财丰积，坐免官，禁锢终身"。还至京师又大行贿略，"凡诸旧友有一面之旧，无不厚加赠遗"。不仅如此，他虽是外戚，然而却依附刘裕，后来恭帝被弑，他即负有一部分责任（参看《晋书·恭帝纪》）。那时的建康是这样的混乱，晋室危在旦夕，而主持请觉贤译大部《华严》的又都是那般依草附木、丧弃节操之辈。法显以一代大师，负人伦雅望，如仍在建康，则不能不与孟顗、褚叔度之流合作。法显是一位意志坚拔、爱道如命的人，然而也是一位世外的人，也许不愿同流合污，所以只好一走了之，跑到当时第二个文化的中心区荆州去。法显从建康跑到荆州，中间是否到过别处，不得而知。总之在离开建康以后，大约过了四五年才死，在这一个时期，再也听不到他从事译述了。以那样一个不避艰险、舍身求法的人，忽然消沉到这一步田地，这一定有他大不得已的原因——也许就是我上面所说的那个原因！这自然只是一种解释——推论多于事实的解释，我所以提出来，不过供岑先生和读先生书者的参考而已。至于法显卒年，据《高僧传》佛驮什传（卍藏本致二，页一四），佛驮什于宋景平元年七月到扬州，而法显先已迁化，就《高僧传》的语气看来，法显之卒大约是死在景平元年之前，所以我的推想，法显之死，最迟不能过永初三年。如以《高僧传》所纪的享龄为据，由此上推，年经月纬，法显的行事，大约可考。

以上所说，不敢自信，还请岑先生和读者指教！

（原载《图书季刊》第 1 卷第 4 号，1934 年 12 月，第 194—197 页）

悼冯承钧先生

　　法国的汉学研究源远流长，在十七、十八世纪，正当中国的康雍乾三代，那时在中国传教以及为宫廷供奉的天主教士，几多为法国人。如测绘《皇舆全图》的杜德美、雷孝思、费隐，中俄缔结《尼布楚条约》在其间奔走通译的张诚，为清高宗创修长春园西洋楼的蒋友仁、王致诚诸人，都是籍隶法国，名传后世。至今翻读十八世纪法国出版的耶稣会士书札以及中国论丛，其中文章大都范围广博，观察和议论精确敏锐而又清晰明快，充分表现了法国的学风，奠定了十九世纪以后法国汉学研究的基础。至今法国学者在西洋的汉学研究上居于领袖群伦的地位，真不是偶然的。

　　十九世纪的法国学者如日玉莲，如雷缪赛，对于汉学的研究俱有开创之功。至沙畹出，遂为法国的汉学研究，划一新时代。到了伯希和，不仅表现了法国学者研究汉学的最高成就，并且也是西洋汉学家中最大的大师。陈援庵先生曾说，伯希和所用的方法，就是清代乾嘉诸老治朴学的方法。我以为还不止此。法国的汉学家因能运用比较语言学的工具，加上对于中亚、印度、波斯、阿拉伯以及中国的渊博的历史地理知识，所以在汉学研究上能有光辉灿烂的成就。他们所用的比较研究的方法，以及对于一个问题的新的看法、新的解释，还都不是我们的乾嘉学者所能办得到的。

　　法国近代有名的汉学家的著作，除去专著而外，其余重要的论文，大都散见于巴黎亚洲学会出版的《亚洲报》、荷兰莱登出版的《通报》，以及安南河内《法国远东学院院刊》三种刊物上。因为中国习学法文的不甚多，所以上述三种刊物和其他专著如沙畹的《西突厥史料》、多桑的《蒙古史》等，我们学术界能够利用参考的便寥寥可数。近二三十年来孜孜不倦以个人的力量将法国近代汉学大家精深的研究，有系统地转法为汉，介绍给我们的学术界，使我们对于中国历史的研究，特别是陈寅恪先生所谓近缘学，如西域南海诸国古代的历史和地理，能有一种新的认识、新的启发者，这只有冯承钧先生！

冯承钧先生号子衡，湖北汉口人，清末赴欧洲留学。初在比国上中学，后入巴黎大学，专攻法律。民国初年返国，曾任职教育部，又曾一度在北京大学教书。冯先生虽然专攻法律，但是他所译的书中只有黎明著的《群众心理》和《世界的纷乱》两种，还多少与他所学的相近，其余则都是与西域南海有关的论文以及专著。他在法国学问兴趣旁及于语言文字以及西域南海古代的历史地理，因此搜罗的各种语言的字典、文法之类的书籍甚多。又以安南自沦为法国殖民地以后，废弃汉字及字喃，改用罗马字注音，于是研究安南史地的人，翻阅法国人所著关于安南史地的文章以及近代出版的地图，于地名往往茫然，不知应与汉籍何名相合。他在巴黎时，曾想将安南古今地名依照汉字和近代罗马字对音，作一对照表，以便研究安南史地者的检查。以此请教于留法的安南学生，竟不得要领。后来先生归国，以生活困迫，不得已将所搜罗的各种语言的字典、文法书籍卖给北平图书馆，而安南古今地名对照表也因材料不凑手，始终没有写成。他每一说到这两件事，便不胜感叹。

先生翻译以及自著的专著和论文甚多，昆明方面能够看得到的不过一二十种，所以不能以著作发表的先后开列一个详细的目录。现在只可就个人所知道的，按照性质，约略介绍一下。（关于社会科学所译黎明的两种已见上述，兹不赘。)属于一般性质者，有沙畹的《中国之旅行家》，内述自张骞以降中国历史上远适异国的旅行家二十八人事迹及其经历。有荷兰史勒格尔的《中国史乘中未详诸国考证》，考证所及凡有扶桑、文身、女国、小人、大汉、大人、君子、白民、青丘、黑齿、玄服、劳民、泥离、昔明、郁夷、含明、吴明、三神山、古琉求、女人等，凡二十国。据他所译《东蒙古辽代旧城探考记》自序，以上二书之译成，大概在民国十六年以前。他所翻译的成单本印行者，以关于南海古代史地考证之作为多：如费琅的《昆仑及南海古代航行考》(民十六)，马司帛洛的《占婆史》，费琅的《苏门答剌古国考》，都是南海古代史地研究中的名著。鄂罗棱著的《秦代初平南越考》，是研究安南古代地理和历史的重要文章。伯希和的《交广印度两道考》，于考证《新唐书·地理志》所记贾耽《边州入四夷路程》中之安南通天竺道和广州通海夷道两道而外，对于唐宋时代云南以及暹罗的古史，都有所阐发，其渊博与精确，远非吴承仕所能企及。伯希和的《郑和下西洋考》，则是集近代学者研究郑和下西洋的大成。先生译伯氏此文，于自序中又举出自己和友朋对于这一问题的一些新发见，以补充伯氏之不足。所以汉译本《郑和下西洋考》遂成为东西学者研究此一问题必不可少之书。他对于南海古代的史地，不仅翻译了许多法国汉学家的名作，并且自己也写了一部《中国南洋交通史》，除采用前人的考证之外，也加入了不少个人的心得，赵汝适的《诸蕃志》、马欢的《瀛涯胜览》、费信的《星槎胜览》、黄省曾的《西洋朝贡典录》、杨炳南的《海录》，为研究十三世纪以后南海古代史地的重要资料。除《诸蕃志》有夏德、柔克义的译注本，《瀛涯胜览》有戴闻达的《重再考订的马欢书》专文讨论外，其余各种，西洋学者不过做了一些零星的考据。先生综合各家的考证，予以抉择，并根据所能看到的各种本子，比较校勘，于上举《诸蕃志》以降五种各成校注，为治南海古代史地者供给不少的方便。

先生自谦以为于佛学及语言学为门外汉，所以其所译著关于印度者不多。但是他所作的《王玄策事辑》，远比法国列维的《王玄策使印度记》为细密详尽。所译的佛学研究，《大孔雀经药叉名录舆地考》《正法念处经阎浮提州地志校勘录》《法住记及所记阿罗汉考》，虽是印度学专家译此，亦未能过。其余关于西域南海的名家著作，先生所译分别收入《史地丛考》凡三编、《西域南海史地考证译丛》凡四编，碎金片玉，俱是研究西域南海古代史地的珍贵资料。又有《西域地名》一册，则是先生应中瑞合组西北科学考查团之请而作。于西域古地之同名异译所及古今沿革，一一为之著明；其实就是一部简略的西域古地名辞典。此书因为考查团催促甚急，匆匆草成，未能十分详尽，他每一提到，便有遗憾，希望将来能有机会以此为根据，另作一部更详尽的辞典。但就此区区小册，一般治西域史的人便已受赐不浅了。在近代西域史地的研究上，沙畹的《西突厥史料》是一部不朽之作。沙畹此书不仅在西域史的研究上有很大的贡献，对于世界史也增加了不少的资料。但是原书写成颇历时日，随时采取新的考证，遂致前后往往失去联络，所采中国史文，亦多遗漏，以后虽有补编之作，仍然有不少的错误和遗漏。先生迻译沙畹此书，俱尽可能将原作的错误和遗漏予以补正，考订纷歧之处，则根据后来的考订为之整理划一。这不是一件容易的事。

在中国的正史中，《元史》以成书太快，久为人所诟病。清代的学者如钱大昕、魏源，对于《元史》都曾下过整理和重编的工夫。到了洪钧，因为看到了一些西方的材料，于是成《元史译文证补》一书，为清代元史学展开了一个新的面目。其后曾廉的《元书》、柯劭忞的《新元史》、屠寄的《蒙兀儿史记》，虽各有短长，然大都是综合之功多于创发。元史的问题，一在于语言，二在于西域方面的史料，我们无法见到。洪钧《证补》引用西域书目，所举甚多，如拉施特、志费尼、瓦萨甫诸人著作，都是研究元史特别是西域诸汗国的头等史料。细考洪氏《证补》，其所依据似乎还是多桑的《蒙古史》，甚而至于霍渥尔特《蒙古史》为多。此中多桑书又比霍渥尔特为好。西域史家的著作多用波斯、阿拉伯等文，能够阅读者不多，一般都利用多桑书。日本田中萃一郎曾译多桑书前三卷，未能全译。柯凤孙、屠敬山的著书，除根据《证补》外，有时也迻译些霍渥尔特书，至于多桑的著作，则不过是转引田中的译本而已。今日研究元史，在未能翻译或直接利用拉施特诸人的著作之先，我们不能不借重多桑的《蒙古史》。但是自《证补》刊行至今历时五十年，研究元史已成为史学界的一种风气，学法文的固然不少，懂波斯、阿拉伯文的也比以前加多，然而多桑书的转法为汉，却出自于一位留法专攻法律的学生之手。冯先生之译多桑书，我一方面感到惭愧，一方面又感到庆幸。有学数学的章俊之傻头傻脑去校勘《名理探》，又有学法律的冯子衡悍然不顾地去译多桑书，天下事真是无独有偶！至于他翻译多桑书之审慎以及用力之勤，具见译本的两篇自序，兹可不赘。多桑《蒙古史》汉译成于民国二十二年至二十三年，在此之前他还自己作了一本《元代白话碑》，从金石书以及方志内裒集了元代所有的白话圣旨碑，成为一书，卷首对于元代白话语法并有所讨论。二十二年三月又将法国格鲁赛著《极东史》中的蒙古一部译出，名为《蒙古史略》，以备通俗阅读之用。多桑书译毕，又译布哇的《帖木儿帝国》，以为多桑书的续编。元代到过中国的西洋人如柏朗嘉宾、罗伯鲁、马可·波罗和德理诸人，归国后都写有行记，都是研究元代历史的重要资料。其中《马可·波罗行记》最为脍炙人口，中国知道得也最早。同治时刊行的《中西闻见录》中就曾提到马可·波罗，并有人要访求马可在华的事迹和遗物。洪钧《元史释文证补》中也引用了马可的行记。民国初年张亮尘先生始专考此书,根据玉尔和科狄的译注本转为汉文,刊出导言以及卷一、卷二,一共三册。清宣统年间,林纾、魏易曾合译了一部《马可·波罗游记》,以所据本子不好,译者又不谙元史,时有讹误,因而不为治史的人注意。张译本出,甚快人意,而卷三以下迟迟不刊,仍是遗憾。民二十三年左右,伯希和、穆尔合译校注本尚未付印,冯先生因取法国沙海昂的译注本转为汉文,沙氏译注有误之处,则据伯希和的批评以及他自己的研究在附注中予以改正。其后张亮尘先生又将拜内戴拖的《马哥·孛罗游记》转为汉文。李季也译有科曼罗夫的《马哥·孛罗游记》。于是马可的书一共有五种汉译本,五种译本中仍然推先生所译沙海昂本最审慎最完备。元朝与教廷的关系,伯希和曾有一篇长文考证。中古时代游历东方的阿拉伯人如苏莱曼、伊本拔都他诸人都有记行之作,法国费琅汇译成为一书。这两种先生都曾有意转为汉文,而当时北平竟找不到。后来我在伦敦买到了这两部书,将费琅所译先为寄去。先生写《中国南洋交通史》,其中地名考证,即多据费琅之说,伯希和书则因得到稍迟,抗战军兴,始终留置行箧;如今每一翻检,不胜人琴之感!

十九世纪中叶以后,西洋考古学大盛,考古学家探险所及,遍于中亚以及中国诸地。其中如瑞典的斯文·海定、英国的斯坦因、法国的伯希和、德国的勒柯克、俄国的科斯洛夫诸人,发掘探险所得,为中亚和中国的历史研究增加了不少的资料,并且影响了中国近代学者研究古代历史的态度。这些考古学家探险发掘的报告都是皇皇巨册。先生对于这一方面的工作,只翻译了法国色伽兰著的《中国西部考古记》和牟里神甫的《东蒙古辽代旧城探考记》两种。因为中亚考古学上的发见,于是古代流布中国的宗教如景教、火祆教、摩尼教的研究,呈现了新的光明。先生著有《景教碑考》,裒集近代欧洲汉学家的考证综为一书,其参考的价值不下于夏鸣雷神甫和日本佐伯好郎教授的著作。又译有沙畹、伯希和二人合著的《摩尼教流行中国考》，与陈援庵先生的《摩尼教入中国考》可谓异曲同工。

传入中国的外国宗教，除去佛教，自然要以基督教最为源远流长：唐代传入的有基督教的别派景教，到了元朝则有也里可温人；十六世纪以后天主教又卷土重来。天主教的声势尤为浩大，自十六世纪到十八世纪东来传教的教士仅耶稣会一个团体，入华教士有姓名事迹可稽者，据费赖之的《入华耶稣会士列传》所记，就有四百多人。多明我会、方济会、奥古斯丁会的教士还不在内。当时这些传教士带来彼中图书达七千余部，而他们到了中国以后，寄回去的信札，写的专著、论文以及报告之类，也真够得上汗牛充栋四个字。这一部分的文献，固然是研究明清之际天主教传布中国的重要资料，而两代的朝章国故以及奇事异闻，散见其间者亦复不少。研究近代史和近代中西文化交通史，这些天主教教士的信札、专著、论文实是一座宝库。先生所著《景教碑考》，也留心及此。于是先译费赖之的《入华耶稣会士列传》，以为大辂椎轮。以前在北平时我们常常见面，也曾谈到翻译《耶稣会士书札》和《中国论丛》两书，先生以卷帙过钜，不易下手，留待将来再说。一转眼已是十余年，想不到今日言犹在耳，竟隔人天！

先生于今年二月九日以肾脏炎不治，逝于北平，年六十岁。我接到他家里的来信，信封上用墨画成一道黑框，当时就觉得有点奇怪，打开一看，几乎不相信自己的眼睛，一连看了几遍，还得到他的学生自天津来的一封信，也是报告他的噩耗的，才知道他是真的死了，为穷病忧愁所迫而死了！他的身体本来就不甚好，民国十几年以后，得了风痹之症，行动起居都要人扶持。于是不能不放弃教书的生活，翻译也不能执笔，都是由他口授，他的长公子先恕笔记。其间一度曾因人介绍，在立法院兼一小差，不久立法院改组，也随着去职。那时胡适之先生适主持中华教育文化基金会的编译委员会事，因请先生担任长期编译，按月先送二百元。先生遂靠着这一点钱，维持一家生活。如《西域南海史地考证译丛》《郑和下西洋考》《入华耶稣会士列传》等书，都是由基金会帮助出版的。先生一家人口不少，儿婚女嫁，在在需钱，于是只有另外写一点稿子出卖。二十五年五月先生的长女公子出阁，那时我在英国，九月间先生来信，说如果《中国南洋交通史》的稿费拿到手的话，便打算于十一月间娶儿媳妇。其情况之窘可以想见。我于二十四年秋冬之际离开北平，自此以后至廿六七年间，先生给我的信甚多，但是对于个人生活的穷迫，从无一言及此。他的为人真可当得起安贫乐道四字而无愧。二十六年七月，抗战军兴，先生因病不能南下，仍然留在北平。二十七年基金会稿费中断，生活日窘，仅靠着他的长公子先恕教书来维持。是年夏，又因先恕参加华北地下工作，致遭敌伪搜查拷打。二十八年的三月，我已回国，在广西宜山浙大教书，得到先生自平来书，隐隐约约提到去年的事，说他"遭无妄灾，祸几覆巢，后虽化凶为吉，然藏书之念已灰。现所存书仅少数限度必须者，余皆捐赠辅大图书馆。际此时会，读书不易，此在从前所梦想不及者也"。自此以后，遂只有典当衣物度日，而先恕又积劳成疾，于三十二年夏逝世。在三十年的时候，先生一家生活，实在已到山穷水尽的地步，始得主持华北地下工作的机关允许，准予先生教书，乃勉强执教于伪北京大学。自去秋日本投降，禹域重光，南方的一些朋友不明个中情形，对于先生任教伪北大一事，不免有些批评。先生出而任教，原已得到允许，此事沈兼士先生自可替他昭雪。我同先生过从较密，知道先生为人，于是非之间，认识最明，义利之际，辨别最清，今愿举出一事，以为先生辩白。当二十三四年的时候，日本浪人桥川时雄正在北平主持东厂胡同日本人所设的人文科学研究所（原名东方文化委员会），采纳了伦哲如的续四库全书的计画，用种种方法到处找人写提要。先生那时一则受不了一些朋友的纠缠，一则实在也为生计所迫，只好勉强答应，但是心上只想摆脱此事，另寻生路。二十四年冬，我已去到英国，十二月六日先生有信给我，托我在英国访购可以翻译的书，以好摆脱东方的束缚。他的信上有这样的几句："北平图书馆善本书早已装走，近又将杂志装箱，不知已否运出。弟因此颇有绝粮之痛。请兄代我调查，若有可翻的书，开一书单，注明价钱寄我，以便寄钱定购。如此将来营业或有复兴之望。盖提要终非久局。弟之作提要者，一在挽回点利权，一在补助点私人生计。学术合作尚且勉强，再进一步，便无以对天理良心矣。此情为兄所素知，将来行状中还请加此一笔。国势日危，邱墓日近，此邱墓之国籍现尚未决，可叹！"先生生性冲旷，出语诙谐。当日接读此信，认为又是他的幽默。虽知他确有先见之明，世界真的会有这一日！原来八年陷虏之士，不尽为屈节之人。而那些遁居后方，操奇计赢的奸商，贪赃枉法的墨吏，克扣军粮的悍将，压迫人民的党棍，论其罪更浮于汉奸。为甚么我们对于这些人既恭且敬不赞一辞？为甚么我们对于为虎作伥的真正汉奸以及伪军，又既恭且敬不赞一辞？而于老病无力，无可奈何，以致八年陷虏的学人，事先既不予以爱护，事后又不予以救助，等到今日，落井下石。这难道算是是非么？这难道算是正义么？

我和先生认识是在民二十以后。那时初到北平不久，在天津《大公报》的《文学副刊》上看到先生关于龟兹的文章，看了之后我也妄有所论列。先生不以为非，经朋友介绍，在西四牌楼二道栅栏他的家里见面。以后为着代他借书等小事，常常往看。先生谈风甚健，却不爱臧否人物，即与人讨论学术上的问题，也很平正通达，不蔽不固，挑人的眼，他是最不愿做的。见面时我受到不少的启示，也受到不少的鼓励。但是十几年的漂泊，到而今还是垂老无成。每一想到西四牌楼二道栅栏他家里的聚会,便不胜怀念,不胜怅惘! 二十八年以后,我自己投荒南峤,浪迹西北,行踪不定,和先生便少有通信。去秋日本投降,袁守和先生去北平,回重庆后来信说及先生无恙。当时甚为高兴,学校也决定秋后迁平,一心以为十二年的阔别,今年秋冬之际又可以在旧京相见,执手道念,慰问劳苦。不料当年西四一别,遂成永诀!

三十四年十一月伯希和逝于巴黎,法国汉学界陨坠了这样的一颗巨星,一时为之黯然无光。而今年二月冯先生病逝于旧京,这在我们史学界上也是一个不可补偿的损失。先生一生介绍法国学者,特别是伯希和的著作最多。两人俱遭逢国家巨变,俱留于沦陷区内,俱克睹河山光复,又先后逝世。两人生前没有见过面,死后相逢天国,应都可以无憾罢! 他们两人之逝,是中法两国学术界巨大的损失,也是中法文化交流中的巨大损失,中法两国的朋友都应为之悼惜!

先生著译之作,就上面所介绍的而论,已有三十余种,近三百万言。而未刊布的关于西域南海的著作,犹复积稿盈箧,尚待朋好为之整理。遗孤俱幼,身后萧条,也待一般朋友为之帮忙照料。近二十年来,先生始终在疾病之中,而又遭逢巨变,困苦颠连,生人趣尽。然而他却不以为意,扶病从事欧洲汉学的介绍,孜孜不倦,二十年如一日。其间除去几个朋友以及北平图书馆、文化基金会曾予以帮忙及方便而外,其他的学术机关对于先生曾不屑一顾。然而他竟能在中国的史学界上有这样的成就和贡献,我们还能对他又甚么苛求,有甚么奢望呢!

三十五年二月二十八日草于昆明

(原载《民主周刊》第 3 卷第 3 期,1946 年 3 月 15 日,第 9—13 页;又载《文讯》新 6 卷第 4 期,1946 年 4 月 15 日,第 63—67 页)

怀章俊之

Here is one whose name was write on water.

——John Keats

　　1938 年的 9 月中旬，我在香港第一次会见章俊之。至于我之知道俊之，却是 1938 年以前好几年。

　　李乐知先生的《中国算学史》出版时，我有机会拜读。在第九章《西洋历算之输入》中看到三幅插图：一幅是金尼阁的《大明景教流行中国》（Nicolas Trigault：*De Christiana Expeditioneapud Sinas*）的扉页，一幅是丁先生注释的《几何原本》（Christoph Clavius：*Euclidis Elementorum*，Lib. XV）书的扉页，一幅是丁先生撰的《同文算指》（*Epitome Arithmeticae*）书的扉页。三幅插图俱注明原书长沙章用藏。我看了便觉着奇怪，同乡中有这样一位博学好古之士，我怎么竟会不知道？我自己也在留心明清之际天主教的文献，而同乡中有这样一位渊博的同调，我竟一无所知！为了自己的孤陋曾懊丧了好几天。其时我心目中的章用，以为一定是四十以上的老先生。——在中国，年轻人学数学的就不多，学数学而留心到中国数学史，注意到金尼阁的书，并且有很名贵的收藏，那更是少之又少。所以我那时的推测，以为章用其人，一定是四十以上、孤洁自好、不求知于世的一位老先生。等到 1938 年 9 月在香港会到俊之，才知道我以前所推测的年岁错了。俊之不仅不到四十，而且还是三十以下的一位翩翩少年。但是我所推测的孤洁自好、不求知于世,却并没有错。

1938 年 9 月,我因为归途经过香港,在那里住了几天,会到的第一个熟朋友是俞大纲先生。俞先生告诉我,章用章俊之住在九龙,我们可以见见面。我说好极了,久闻章先生的大名,就是无缘见面。第二天俞先生约我在一家四川饭馆里吃饭,在座只俊之和我们一共三人。那时看到俊之那样年轻,真出乎意料!于是大家南腔北调乱谈一阵。我才知道俊之不仅专攻数学,对于明清之际天主教的历史也有很深的认识。恰好我带有从巴黎抄回的一些天主教文献,因同俊之到我的寓所里检阅一过。我也有一部丁先生的《几何原本》原书,是 1574 年罗马所印,为此书第一版本,俊之颇为赏识,遂连其他几种抄本一同借去。俊之所藏的《几何原本》是 1589 年罗马印本,是为此书的第二版本。因谈《几何原本》,俊之说起八 ·三沪战起时,他恰好向俞大维先生那里借来一部 1607 年 Frankfult 印的《几何原本》,从上海回到杭州,路上遇到敌人飞机轰炸,他什么也顾不得了,手里只抱着那部借来的《几何原本》紧紧不放。后来总算好,他固然幸逃性命,而借来的《几何原本》也得免于劫火。据说大维先生的藏书后来在杭州都丢了,俊之因此颇为叹息。从那时起,我才知道俊之对于学问,对于书,真当得起"笃好"二字。

后来我到九龙俊之的寓所去过一次。俊之拿他所抄的一部《名理探》给我看。《名理探》原是葡萄牙 Coimbra 大学讲亚理斯多德形式论理学的一部课本,崇祯时由耶稣会士傅汎际(P. Fustado)和我国李之藻二人转为汉文。原本是拉丁文,颇为难得。俊之从柏林图书馆用打字机过录一部,将傅、李所译汉文录在一起,下面略仿 foot-notes 形式加以校注。《名理探》翻译已有三百余年,讲亚理斯多德的形式论理学的也不乏其人,但是像这样的将拉丁文和汉译仔细互校的,据我所知要以俊之为第一人。

校勘本来是一种枯燥的学问，校《名理探》大约尤其乏味。不料这一种最枯燥的工作，天主教人自己不曾干，讲论理学的人不屑干，而竟成于一位未满三十的学数学的人之手，叫人怎得不佩服！

在俊之那里曾见到他的老太太吴弱男女士。俊之的老太太颇以俊之的健康为虑，要他到瑞士去养病。俊之只是微笑，说："你们都在这里，那怎么可以？"后来，俊之也不再谈此事，但是俊之的意思我们是可以推测得到的。过后听说俊之的尊人行严先生有到欧洲去的可能，以为俊之自然可以同行。最后始知行严先生西行只不过是一种传说，并无其事。那时俊之容貌虽然清癯，还不见有别的征象，以为也许不甚要紧，所以随即撇诸脑后。

我在香港住一星期，急于想回故乡去看一看，所以匆匆就走了。离开香港，只托大纲先生转向俊之致意。那时还带有一种初回来的勇气，把别离看得很平常。想不到人间的事，全不得由人打算。

我从香港经安南入滇，由滇而黔而湘，包着西南绕了一个大圈子回到湘西。离别故乡已是十年了，城郭如故，人物全非。在那里一住就是半年。1939 年的 3 月，又从那古老窄狭的山城跑了出来，经长沙、衡阳而到桂林，由桂林到宜山浙江大学。俊之原也在浙大，学校迁到宜山之后，俊之才回到香港。3 月间学校开学，俊之因病不能来，只把在香港所借的一些抄本留给一位朋友转交给我。我来君去，那时始有点惘然之感。

7 月离开宜山，8 月初旬到昆明。在昆明时，从闻在宥先生处常常听到俊之的消息，说俊之已病入医院，当时就颇替他担心。后来借到他寄来的一篇《僰夷仏历考》，文中无衰征，以为这样的人是不会有意外的。到去年 12 月底，我从乡间进城看见在宥先生，在宥先生第一句话就是"章俊之死了！"我们彼此好一会儿都相对无言。像俊之这样的年轻，这样的笃学，竟会夭折，人间的事,难道真由不得人打算么?

济慈说他的名字是写在水上的。但是有许多人自以为他的名字不是写在水上的,如今这些人都到哪里去了呢!

我所知道的俊之仅止于此。俊之还能写小诗,无伧俗气,那自有别的朋友来说,不用我来饶舌。

(原载《书品》2006 年第 3 辑,第 3—5 页)

"浙江学者丝路敦煌学术书系"已出书目

序号	作者	书名	定价/元
1	朱　雷	敦煌吐鲁番文书研究	36
2	柴剑虹	丝绸之路与敦煌学	38
3	刘进宝	敦煌文书与中古社会经济	38
4	吴丽娱	礼俗之间:敦煌书仪散论	45
5	施萍婷	敦煌石窟与文献研究	45
6	王惠民	敦煌佛教图像研究	42
7	齐陈骏	敦煌学与古代西部文化	38
8	黄　征	敦煌语言文献研究	36
9	张涌泉	敦煌文献整理导论	39
10	许建平	敦煌经学文献论稿	38
11	方　豪	中西交通史	45
12	冯培红	敦煌学与五凉史论稿	38
13	黄永武	敦煌文献与文学丛考	45
14	姜亮夫	敦煌学论稿	42
15	徐文堪	丝路历史语言与吐火罗学论稿	48
16	施新荣	吐鲁番学与西域史论稿	36
17	郭在贻	敦煌文献整理论集	39
18	夏　鼐	丝绸之路考古学研究	40
19	卢向前	敦煌吐鲁番与唐史研究	48
20	贺昌群	丝绸之路历史文化论稿	48
21	张金泉	唐西北方音丛考	48
22	郑学檬	敦煌吐鲁番经济文书和海上丝路研究	78
23	尚永琪	敦煌文书与经像传译	78
24	常书鸿	敦煌石窟艺术	58
25	向　达	中西交通与西北史地研究	78